教学设计研究

学科的视角

刘美凤 康翠 董丽丽 著

北京师范大学出版集团
BEIJING NORMAL UNIVERSITY PUBLISHING GROUP
北京师范大学出版社

此著作为北京市教育科学“十二五”规划重点课题“基于教师专业发展的学科教学设计研究——以北京市中小学为例”(课题号：AJA11172)的研究成果。

编委会

前言

早在21世纪初，笔者应邀参加一个省会城市的教研活动，为上课的青年教师做点评。当时，正值提倡计算机多媒体在教学中应用的年代，作为教育技术学专业的学者，也更多地被期盼对这些先进媒体在教学中的应用多做些点评。那次经历让笔者领悟到一个影响我们团队后来研究方向的道理，那就是，没有学科研究背景的教育技术人员如果不深入理解各个学科的本质，很难准确地判定媒体应用是否恰当，也很难让教育技术发挥其解决教育教学实践问题的作用。应该说从那时开始，笔者就在心里埋下了研究学科教学设计的种子。

再反观20世纪80年代教学设计从美国传入我国后的情况，我们经历了吸收、消化、实践，并不断研究与推广的历程。但时至今日，对于大多数中小学教师而言，他们对教学设计的理论和方法仍然感到陌生，他们的教学设计也大多仍停留在经验层面，距有意识地、科学地进行教学设计还有不小的距离。这一方面与教学设计的培训与学习不够普及和深入有关，另一方面，也与一般性的教学设计理论和方法没有转化为学科教学设计的理论和方法，教师掌握与操作有困难有关。

基于此，从2005年开始，我们研究团队就正式开始深入学校的课堂教学中，开始了学科教学设计的研究。经过了一段时间的积累，我们的研究在2011年成功获批成为北京市教育科学"十二五"规划2011年度立项课题——"基于教师专业发展的学科教学设计研究——以北京市中小学为例"(AJA11172)。

按照时间顺序，我们对课题的研究焦点依次为：

(1)一般的教学设计过程模式学科化。把大家相对公认的教学设计过程的一般模式应用到小学语文、小学数学、小学英语、小学科学和小学信息技术等学科，帮助教师按照教学设计的流程设计教学，提高他们的教学效果。形成了《小学语文口语交际的教学设计研究》(史力范，2008；硕士论文，刘美凤指导)、《小学数学教师教学设计存在的问题及其对策研究》(刘志平，2008；硕士论文，刘美凤指导)、《小学科学教师专业素质存在的问题及对策研究》(刘美娟，2008；硕士论文，刘美凤指导)、《小学英语教师教学设计能力体系的构建研究》(孙少坤，2010；硕士论文，刘美凤指导)、《小学科学课程中科学态度的教学设计研究》(张梅琳，2010；硕士论文，刘美凤指导)、《小学中年级写作的教学设计研究》(黄丹，2011；硕士论文，刘美凤指导)、《小学信息技术教师工作的民族志研究》(王蓉，2012；硕士论文，刘美凤指导)、《山东省高中信息技术教师专业素质现状调查研究》(郭凤广，2013；硕士论文，刘美凤指导)、《小学低年级课外科学探究活动的设计与开发——以“玩转纸世界”系列活动为例》(唐菁君，2015；硕士论文，刘美凤指导)等研究成果。

(2)教学设计过程要素的追踪研究与学科化。我们对教学设计过程模式中的重要要素进行了前沿发展追踪，并对各个过程要素的学科化进行了实践研究，构建了各要素学科化操作流程。形成了《学习者分析研究——以小学英语为例》(李静，2012；硕士论文，刘美凤指导)、《教学目标阐明的理论与实践研究——以小学信息技术课为例》(李璐，2013；硕士论文，刘美凤指导)、《教学设计评价的理论研究——从教学设计三个层次出发》(董丽丽，2013；硕士论文，刘美凤指导)、《教学设计视野下的教学策略研究》(翁宁娟，2014；硕士论文，刘美凤指导)、《初中物理教师对探究教学的适应性研究》(谢绍平，2014；博士论文，刘美凤指导)等研究成果。

(3)教学设计绩效支持研究。在以上研究的过程中，我们发现，如果没有专业人员的指导，教师按照这些操作流程进行教学设计存在一定的困难。于是，我们开始调查教师面临的问题与困难，并相应地设计了有关绩效支持的模板、工具或系统。形成了《基于教师专业发展的学科教学设计研究——教案编制的视角》(康翠，2011；博士论文，刘美凤指导)、《学习者分析模版的编制——以小学英语为例》(陈智敏，2015；硕士论文，刘美凤指导)等研究成果。

(4)综合性的学科教学设计实践研究。综合以上研究成果，我们在这些研究成果的基础之上，进行了学科课程教学设计的综合实践研究，并试图形成支持教师教学设计的工具。形成了《高中信息技术教学设计研究——以某区高一信息技术必修课〈信息技术基础〉为例》(周慧，2014；硕士论文，刘美凤指导)的研究成果。

本著作的篇章结构，也基本上是按照这个研究思路的顺序进行呈现的。

这本著作是我们研究团队十几年学科教学设计探索的部分研究成果(限于篇幅和著作结构，不能囊括所有研究成果)，凝聚了研究团队所有人的心血。在成书的过程中，康翠、董丽丽、吕巾娇付出了大量的心血。除了以上研究成果的研究人员之外，刘希、刘文辉和张禹昕等也为本著作的成稿做出了很多贡献。在这里一并对所有研究人员以及参与我们研究工作的有关专家和教师致敬并致谢。

在研究的过程以及本著作的撰写过程中参考和引用了大量的相关资料和文献，在此谨向原作者和出版者表示由衷的感谢。由于研究时间跨度大，时间紧迫，加上研究者、著者学识与水平的局限，本著作肯定存在诸如“不能及时反映当前的发展”等不足之处，恳请广大读者不吝赐教。

最后，衷心感谢北京师范大学出版社王剑虹编辑自始至终的支持、督促、帮助，以及提出的修改意见！

北京师范大学教育学部教育技术学院　教授刘美凤

2017年5月

目 录

第 1 章　教学设计学科化的必要性

由于具有较强的操作性，教学设计受到了使用者和研究者的广泛关注。作为学科，教学设计最早产生于 20 世纪 60 年代的美国，无论是理论上，还是实践上，美国的教学设计都发展得比较成熟，形成了很多研究成果。相比而言，我国的教学设计理论和方法基本上处于引介和消化国外研究成果的状态。虽然教学设计存在超越国界的一般性理论，但不同的国家有不同的教育背景，存在不同的教育教学问题，有可能形成具有一定文化特色的教学设计理论。况且，我国中小学教育教学实践也积累了很多宝贵的教学设计经验，值得总结和提炼。因此，我国教学设计要健康并持续地发展，必然要走本土化道路。

当前，教学设计的理论和方法大多掌握在专业人员手中，供中小学教师参阅的教学设计书籍其内容，或者是教学设计一般理论的介绍，缺乏结合学科教学实际的案例，抑或是学科教学设计的案例集，但这些案例往往是对教学设计理论的一般推演，常使教师知其然而不知其所以然。以上的情况常常导致教师很难将教学设计的一般理论应用到他们的教学实践中去。只有教师真正掌握了教学设计的理论，教学设计的理论才能最终走向课堂，才会发挥教学设计提高教学效果、效率，让教学更加吸引人的作用。因此，教学设计学科化研究非常有必要，它是一座桥梁，将一般性教学设计与具体的教学实践连接起来，有利于学科教育教学问题的解决，进而优化学校学科教育教学效果。以学科为切入点，是教学设计走向课堂，真正作用于教育实践的理想选择。

1.1　教学设计理论形成与发展路径

有两个关于教学设计的定义最能展现教学设计学科的本质。一个是，教学设计是连接学与教的理论和教学实践的桥梁学科，是运用系统方法分析教学中的问题，寻找最佳解决方案的基本理论与方法。① 另一个是，教学设计是把学与教的原理转化到教学材料、教学过程或专业教学计划等的计划方案中的系统过程。②

这两个定义鲜明地指出了教学设计理论形成与发展的两个可能路径，即教学设计来源于对教学实践的研究，将人们有效解决教学实践问题的各种方案不断提炼、升华，形成教学设计理论；另外一个路径就是，从教学设计依据的相关理论，特别是教与学的理论，演绎出教学实践问题的解决方案，并通过研究与实践检验不断形成教学设计理论。当然，这两个路径也可以交叉，即依据教学设计的相关理论形成能够解决实际教学问题的方案，并在研究和实践中不断形成教学设计理论。

从这两个教学设计理论形成与发展的路径中可以看到，最早产生于 20 世纪 60 年代的

① Kemp J. E., *The instructional design process*, New York, Haper and Row, 1985.

② Patricia L. Smith, Tillman J. Ragan, *Instructional Design*, 3rd Edition, Hoboken, John Wiley & Sons, 2004.

美国的教学设计的一般理论本身就应当是产生于早期各个学科或领域的具体教学实践当中，并从这些具体的学科教学实践中不断抽象形成的。用引进的并还处于消化状态的这些剥离了具体学科内容的一般教学设计理论指导学科教师的教学设计的实践，显然，会给教师的实际应用造成一定的困难。

综上，我国教学设计理论和实践要想得到发展，并进一步应用于学校教育教学实践中，需要我们走入学科实践，提炼经验并将其升华为本土理论，形成具体学科的教学设计理论。这应当是我国教学设计发展的必由之路。

1.2 教学设计在学校教育中的重要性

教学设计在教育技术学学科体系中占据核心地位，被认为是"教育技术对整个教育科学领域具有最大理论贡献"的一个范畴。① 它作为一门连接教与学的理论和教学实践的桥梁学科，具有较强的实践性和应用性。目前教学设计已经在军队、企业等领域得到了广泛的应用，成效显著。学校教育也是教学设计广阔且意义重大的实践领域，教学设计同理应当起到重要的作用。

教学设计有助于教学科学化，可以大面积地提高教育教学质量。这主要是因为教学设计是依据学习理论、教学理论等科学理论，对教学进行系统规划的过程。其中不仅涵盖了对教学系统中各个要素(学习者、教学目标、教学内容、教学策略和教学评价等)之间的本质联系的把握，而且试图为每一个程序都找出相应的理论和方法作为科学依据。只有当教学工作走上科学化、规范化的轨道，我们才有可能大面积、大幅度地提高教学质量。"学有定律、教有优法"，教学设计的目的是让教学变得"效率高、质量好、吸引人"，从而实现减负增效，把教学失误减少到最少。

教学设计有助于教师专业发展。教师的专业发展能力可以从教师的宏观教育教学过程，即"为什么教？教什么？如何教？效果如何?"的视角进行规定。为什么教，主要指教师的职业道德；教什么，指教师的学科专业知识以及相关普通科学文化知识；如何教，指教师的教育技术能力；效果如何，指教师的反思与研究能力。② 其中，教师的教育技术能力指由教学设计、教学实施、教学评价与修改完善、教学反思等组成的闭合环路。教师的教学设计能力是其教育技术能力中的首要能力，后面的教学实施和教学评价都是在教学设计的基础之上进行的，是教师应该掌握的重要的专业技能。掌握科学规范的教学设计是教师尤其是新手教师快速成长的重要途径。

1.3 教学设计在我国学校教育中的应用现状

如上所述，教学设计对学校教育的重要性一目了然。然而，当前教学设计在我国中小学教师教学中的应用现状并不乐观。

已有研究表明，目前中小学教学设计存在着比较严重的形式化、教条化的倾向，如

① 何克抗，郑永柏，谢幼如：《教学系统设计》，1页，北京，北京师范大学出版社，2002。

② 刘美凤：《教育技术教程》，1～9页，北京，清华大学出版社，2014。

"教学设计与实施忽视学生差异，教学设计忽视目标的作用、未对教材进行适应性处理，教学方法的选用忽视学生主动性、忽视现代媒体设备的教育功能等是当前我国中小学教学设计的主要问题"①。我们经实地调研了解到，目前我国的中小学教师中掌握教学设计的理论、方法与技术并能在课堂教学中很好地应用的还比较少，这也导致很多中小学教师的教学设计不能有效地指导教学实施，甚至还会限制教学的实施。所以，如何将教学设计理论在中小学教师中普及，指导教师根据学科本质进行科学规范的教学设计，就显得特别重要。

长期以来，人们习惯于将教学成功归因于教师个人的天赋特质和教学艺术风格。教师的备课行为在教学设计这门科学诞生之前就有，备课程序来自教师个人或者集体的经验积累，是一种经验性行为，设计思想的精华只掌握在少数优秀的教师手中，很多属于隐性知识，难以大范围普及和推广。目前大多数一线教师的教学设计仍然属于为了完成教学任务而进行的经验式的备课活动，所以备课的质量往往取决于教师经验的多少，备课的决策往往取决个人的主观意向。② 中小学教师的教学设计不是在一定科学理论的指导下，为了促进学习者的学习而系统地分析、解决教学问题的过程，因此，还不能称之为真正意义上的教学设计。

此外，教学设计理论自身也存在一定不足。一般性的教学设计理论与方法虽然具有一定的普适性，但是教师不可能将其自动转化为具有特定学科情境的具体解决问题的方案。一般的教学设计理论对于从事具体教学工作的教师来说，则如同一具"骨架"而非"有血有肉的身体"。目前掌握在专业人员手中的教学设计理论和方法仍然为一般性知识，没有与具体学科特点结合，很不利于教学设计理论在中小学教师中的普及、推广与应用。所以教学设计理论要想真正为我国广大的中小学教师所接受和有效应用，必须要走进学科，走进广阔的中小学教学实践。有研究者③提出，通过关于教师专业发展的研究和日常观察发现，中小学教师很难将学术界的教育学理论运用到日常教育教学实践中，即使通过培训或读书，在概念上理解了甚至在理念上认同了这些理论，但在工作中通常还是不能运用。

前期，基于"十一五"国家一般课题"信息技术环境下创建区域性教师学习共同体的理论与实践研究"子课题"学科教学设计研究"(课题编号：BCA060017)，我们调研了我国部分省市(无锡锡山实验区、上海浦东实验区和河北任丘实验区)学校的中小学教师教学设计情况。从2005年起，我们就开始深入北京市中小学的课堂，听课、观察、分析教师的教案，与教研员进行合作研究等。2013年1月，我们针对北京市中小学各区县多学科的教师进行了问卷调查研究，共发放问卷1024份，回收824份，回收率约为80.5%。通过调查研究我们发现，一线教师普遍缺乏教学设计的知识与技能，具体表现为：忽视学科知识整体之间的联系，只注重"知识点"的设计；对单元设计的理解存在偏差，把单元理解为"课"的简单叠加；过于依赖教材与教参，不太关注课程标准的要求；对学生的学习基础和生活经验不够关注，漠视学生个体之间的差异；对"教学目标、内容、策略、评价的整体搭配设计"感到非常困难。另外，从教师教学设计的成果——教案来看，教师的教

① 鲍同梅：《中小学教学设计的问题透视》，硕士学位论文，华东师范大学，2004。

② 奚定华：《数学教学设计》，3页，上海，华东师范大学出版社，2001。

③ 陈向明：《理论在教师专业发展中的作用》，载《北京大学教育评论》，2008(1)：39～50。

案撰写也存在着比较严重的形式化、教条化倾向，各环节设计意图不够明确，教案不能指导教学的实施，甚至会限制教学的有效实施，如教学目标虚化，缺乏可操作性；情境创设舍本逐末，缺少连续性；活动设计缺少对学生思维参与的关注；教学反思针对性不强，反思水平较低；学科特征凸显不够，教学模式单一，等等。

可见，教学设计对学校教育的重要性与其在学校教育中应用的现状之间还存在很大差距。如何让教师相对容易地掌握并应用教学设计理论，实现教学设计应有的理论和实践价值，值得研究者思考并探索。其中，教学设计学科化，是途径之一。

1.4 学科教学设计的研究现状

美国学者在教学设计理论和实践方面的研究较为深入，并产生了一系列的成果，如美国学者斯帕克特(J. Michael Spector)等人主编的《教育传播与技术手册》(*Handbook of Research on Educational Communications and Technology*, *The Third Edition*)第三版中有对教学设计理论与实践的研究(2008)[①]；瑞格鲁斯(Charles M. Reigeluth)持续进行的对教育变革系统设计的研究(2007)[②③④⑤]；安德森(Lorin W. Anderson)[⑥]、克拉斯沃(David R. Krathwohl)[⑦]、梅耶(Richard E. Mayer)[⑧]等人对布卢姆的教育目标进行了新分类；厄特莫(Peggy A. Ertmer)等人从 1998 年开始的对教学设计案例进行了系列研究(2013)[⑨]，等等。这些研究成果能够为我国的教学设计教材和资料的编写提供很好的借鉴和参考作用。斯帕克特(J. Michael Spector)等人主编的《教育传播与技术手册》(*Hand-*

---

① J. Michael Spector, M. David Merrill, Jeroen van Merrienboer, Marcy P. Driscoll, *Handbook of Research on Educational Communications and Technology*, Third Edition, London, Routledge, 2008.

② Reigeluth C. M. & Stinson D., "The Decatur story: Reinvention of a School Corporation—Mission and values for Decatur's school transformation," *The Indiana School Boards Association Journal*, 2007(1), pp. 17-19.

③ Reigeluth C. M. & Stinson D., "The Decatur story: Reinvention of a school corporation—Leadership and empowerment in Decatur's school transformation," *The Indiana School Boards Association Journal*, 2007(2), pp. 13-15.

④ Reigeluth C. M. & Stinson D., "The Decatur story: Reinvention of a school corporation—Collaboration: Developing partners in education," *The Indiana School Boards Association Journal*, 2007(3), pp. 13-15.

⑤ Reigeluth C. M. & Stinson D., "The Decatur story: Reinvention of a school corporation—Culture and climate: The personality of school governance," *The Indiana School Boards Association Journal*, 2007(4), pp. 11-13.

⑥ [美]安德森·L. W.,《布卢姆教育目标分类学修订版(完整版)》，蒋小平译，北京，外语教学与研究出版社，2009。

⑦ Krathwohl D. R., "A Revision of Bloom's Taxonomy: An Overview," *Theory into Practice*, 2002(4), pp. 212-218.

⑧ M. David Merill, "Levels of Instructional Strategy," *Educational Technology*, 2006(6), pp. 5-10.

⑨ Ertmer P. A., Quinn, J. & Glazewski, K. D., *The ID CaseBook: Case Studies in Instructional Design*, 4th Edition, Upper Saddle River, N. J.: Pearson/Merrill Prentice Hall, 2013.

book of Research on Educational Communications and Technology, *The Fourth Edition*)第四版①已经开始有专门的学科领域教学设计的研究成果了。可见，教学设计学科化已成为国际教育技术领域的共识。

前期我们对与教学设计相关的教材和资料进行调研时发现，我国的教学设计教材和资料上的内容还相对比较滞后，基本上处于"延后引进、消化，或循环重复"等发展状态。如何跟踪教学设计理论基础的发展前沿，追随教学设计理论和过程的发展前沿，联系具体学科的教学实践，并在此基础上创造性地研究出不断发展的一般教学设计理论和过程模式，并有效指导学科教学的实践，是研究者的核心任务。

当前，国内的一些研究者也开始进行教学设计学科化的探索，归纳起来主要有以下四种方式，这也是我们开展教学设计学科化研究的四种主要方式。一是探索学科教师应该具备的教学设计能力体系，旨在建立学科教师教学设计能力标准；二是研究教师在具体学科运用教学设计理论和过程方法时呈现出的实际现状，并在此基础上，提出相应的改进措施，帮助教师提高教学设计水平；三是把一般的教学设计过程模式应用于具体学科(如小学语文)或学科中某一方面(如科学教育中的科学态度)，对其进行教学设计，帮助教师提高教学效果；四是把教学设计过程模式的某个环节(如学习者分析)与某个具体学科结合，将这一环节的内容、流程、方法和工具学科化，并顺便发现教师在具体学科教学中该环节的实施现状，采取针对性的措施帮助教师提高在该环节的教学设计水平等。还有一种教学设计学科化研究的方式，即"研究教师在具体学科运用教学设计理论和过程方法时呈现出的实际现状，并在此基础上，提出相应的改进措施，帮助教师提高教学设计水平"，我们进行了多次调查研究，结果部分呈现在问题提出部分，部分呈现于我们指导的本科生和硕士研究生的论文当中，因此，我们在此就不再赘述，本著作的内容主要是按照我们前言所述的研究顺序，针对教学设计学科化的研究方式一、三和四做具体展开。

由于教学设计理论本身是一个不断发展、不断完善的过程，这就要求教学设计理论在运用于具体学科的过程中要不断地完善和改进；再加上中小学学科数目众多，每一个学科都有其独特的学科特征，这就需要更多的与具体学科相结合的教学设计研究。尽管当前的学科教学设计研究在教学论研究者、学科专家或学科教师，以及教育技术学专业学者的共同努力下取得了一些成果，但与中小学的教学实践需求相比，还远远不够。尤其是从学科教学实践中存在的问题出发，深入研究不同学科的本质特征，并从我国一线教师的实际需求出发，研究出的帮助一线教师进行学科教学设计的成果还比较少。

因此，追踪国际教学设计及其理论基础的发展前沿，从上述几个方面更系统、更深入地进行学科教学设计的研究，发展教学设计理论，需要研究者和实践者一起共同努力。

1.5 教学设计学科化的重要意义

如前所述，当前，剥离开早期学科或领域特征的一般教学设计理论和过程模式，很

① Spector J. M., Merrill M. D., Elen Jan, Bishop M. J., *Handbook of Research on Educational Communications and Technology*, The Fourth Edition, New York: Springer, 2014.

难让我国学科教师掌握，从而在其学科教学实践中应用，也很难发挥教学设计“效果好、效率高、吸引人”的作用。将所形成的一般的教学设计理论和过程模式与学科相结合，可以让学科教师感同身受，更好地理解并消化教学设计的理论、过程、方法和工具，更能有效应用于教学实践。因此，教学设计学科化，有助于大面积向一线教师推广教学设计的理论与方法(而不是让它们仅仅掌握在教育技术学专业人员手中)。教师在理解所教学科本质的基础上，科学规范地设计教学，可以提高教师的学科教学设计能力和水平，唤醒学科教师的自我反思意识，缩短从新手到专家型教师的成长周期，促进学科教师专业化发展，从而在一定程度上促进学科教学工作的科学化和规范化，进而大幅度、大面积地提高学科教学质量。

从教学设计理论的发展来看，早期学科或领域教学实践形成的一般的教学设计理论也面临不断扩展并不断完善的问题。教学设计是运用系统方法分析教学中的问题，寻找最佳解决方案的基本理论与方法。时代不同，问题就不同；学科不同，问题也不同。因此，在教学设计学科形成50多年后的今天，再走入学科，发现不同的教学实际问题，形成不同的有效地解决问题的方案，并进而升华成理论，对扩展和完善教学设计理论具有非常重要的意义。一方面可以形成各个学科的教学设计理论，另一方面，还可以进一步提炼出不断发展的一般教学设计理论。

总之，“教学设计的应用研究是学科生存和发展的命脉，没有应用研究，理论和实践就不能结合，就没有发展的目标，就没有检验和实证的机会，就没有理论创新的源泉，也就没有了生命力”①。当一般教学设计理论融入学科教学时，我们就可能发现教学设计理论中需要修正和进一步丰富完善的地方。同时，教学设计的理论和方法的归宿是各个学科②，把学科的特殊规律和教学设计的一般理论相结合，创建用来解决实际教学问题的方法体系，既可以为一线的教育教学工作贡献一份教育研究工作者的力量，也可以丰富扩展并检验教学设计理论本身。

① 李芒：《论教学设计学的学科独特性与研究体系》，载《中国电化教育》，2005(7)：5～8。

② 李芒，周玉芬，李子运：《论教学设计研究的十个方向》，载《电化教育研究》，2004(11)：23。

第 2 章　教师的教学设计能力学科化研究

这一章，将呈现我们进行教学设计学科化研究的第一种方式，即教师的学科教学设计能力的研究。我们首先对教学设计能力进行阐述，之后建立教师的教学设计能力的框架，最后，以小学数学教师和小学英语教师为例，阐述学科教师教学设计能力体系构建的过程与方法。

2.1　教学设计能力概述

教师的教育技术能力是教师专业发展能力结构的重要组成部分，它包括教师的教学设计能力、教学实施能力、教学评价与教学反思能力等。其中，教师的教学设计能力最为关键，它是教学实施、教学评价与反思的基础。

2.1.1　概念界定

1. 能力

关于能力的定义，以及一般能力与专业能力之间的关系存在许多不同的观点。有的侧重心理学层面，有的侧重哲学层面，还有的侧重职业能力开发方面。这里列举几个具有代表性的观点。

在《辞海》中，能力通常指完成一定活动的本领，包括完成一定活动的具体方式，以及顺利完成一定活动所必需的心理特征。各种活动所必需的心理特征在个人身上的发展程度是不同的，因而能力特征人和人之间也是各不相同的。能力是在人的生理素质的基础上，经过教育和培养，并在实践活动中吸取人民群众的智慧和经验而形成和发展起来的。

麦克卢兰(Patricia A. McLagan)①指出：对于能力的定义，一些人把能力看成工作一任务、结果、产出；而另一些人认为能力是知识、技能和态度；而她认为能力是这两者的混合体，即能力可以被看作工作的任务、结果、产品、知识、技能和态度。

派瑞(Scott B. Parry)②指出，当时很多人把能力误认为是人的个性品质或个性特征，或认为是个人的风格或价值标准，他提出，能力是影响工作绩效的关键性的相关知识、态度和技能，并且他认为能力很难用一个公认的标准来测量，但是能通过培训或培养得到提高。

国际培训、绩效、教学标准委员会(the International Board of Standards for Training Performance and Instruction，IBSTPI) 将能力定义为：“……使一个人有效完成既定的职

① McLagan P. A.，“Competencies：the Next Generation，”*Training & Development*，1997(5)，p. 83.

② Parry Scott B.，“Just what is a competency? (And why should you care?)，”*Training*，1998(6)，pp. 58-61.

业或职责活动，并达到预期的职业标准应该具备的知识、技能和态度。①”该定义一方面指出能力标准是对一些行为的描述，而不是个性品质或信仰，他们行为中确实经常反映出某种态度；另一方面还表明了可以通过培训逐渐达到 IBSTPI 的能力标准。

总体来说，心理学领域对能力的界定侧重个性心理特征，哲学领域对能力的界定侧重价值的实现，职业能力开发领域则认为“能力是知识、技能和态度与具体的职位或工作情境的结合”②。

本研究关注的学科教师教学设计能力，属于职业能力开发领域的研究内容，因而将采用职业能力开发视角的“能力”定义：能力是为达到特定工作要求的知识、技能、态度的总和。

2. 教学设计能力

国内外相关研究关于教师的教学设计能力并没有给出明确的定义，而是将其作为不言自明的概念来用。已有的定义基本上是从教学设计的定义，或从教学设计过程出发，抑或从教师教学设计的胜任力角度出发对教学设计能力进行的解释。

有从教学设计定义出发解释教学设计能力的，比如，秦政坤将教学设计能力定义为运用系统方法来分析教学问题，设计教学问题的解决方案，检验方案的有效性并做出相应修改的能力。③

有从教学设计过程出发解释教学设计能力的，比如，张景焕认为教学设计能力体现在教学任务分析、教学对象分析、教学目标的编制、教学方法的选择与运用、教学媒体的选择与运用、教学结果的评价的过程中。④ 再如，马会梅认为教学设计能力是诸多技能的组合，包括教学目标的设计能力、课题分析的能力、教学内容的整合能力、教学方法的选择能力和教学评价的能力⑤。

有从胜任力的角度解释教学设计能力的，比如，齐媛认为教学设计能力是使得教师能有效完成教学设计的一系列个人特征，像知识、技能、情感、动机、自我概念等。⑥ 周亚娟认为教学设计能力是指在进行教学设计和实践过程中的个人知识、技能、态度、价值观、自我形象等自我概念、特质和动机的总和。⑦

从胜任力的角度对教学设计能力进行的定义，不但考虑了教师进行教学设计的具体行为，而且考虑了影响行为的意识、态度等内容，而这些潜在的看不见的因素实质上很大程度上决定了教师教学设计的行为，因此，本研究拟采用从“胜任力模型”的角度对教

① Rita Richey, Dennis C. Fields & Marguerite Foxon, *Instructional design competencies: The standards*, Third Edition, Syracuse, NY: ERIC Clearinghouse on Information and Technology, 2000: 207.

② 吴晓义，杜晓颖：《能力概念的多维透视》，载《吉林工程技术师范学院学报》，2006(4)：1～5。

③ 秦政坤：《浅析高师生的教学设计能力及其结构》，载《松辽学刊(人文社会科学版)》，2001(4)：16～17。

④ 张景焕，金盛华，陈秀珍：《小学教师课堂教学设计能力发展特点及影响因素》，载《心理发展与教育》，2004(1)：59～63。

⑤ 马会梅：《关于提高教师教学设计能力的思考》，载《教育与职业》，2008 (29)：154～155。

⑥ 齐媛，张生：《教师教学设计能力述评》，载《现代教育技术》，2009(1)：43～46。

⑦ 周亚娟：《信息技术环境下新入职中小学教师教学设计能力现状及发展对策研究——以广州某地区为例》，硕士学位论文，东北师范大学，2011。

学设计能力进行的定义，具体内容如下。

教学设计是人类一种特殊的设计活动，它是运用系统方法分析教学问题和确定教学目标，建立解决教学问题的策略方案，试行解决方案，评价试行结果和对方案进行修改的过程，它以优化教学效果为目的，以学习理论、教学理论和传播学为理论基础。① 因此，可以认为，教师的教学设计能力是指教师能够运用系统方法分析教学问题，设计教学问题的解决方案，检验方案的有效性并做出修正时应该具备的知识、技能、态度等的总和。

2.1.2　教师的教学设计能力研究状况

在国内，教学设计能力最早是作为教育技术人员的专业能力之一而被提出的，但是随着学习理论、教学理论以及新技术的发展，教学设计能力的研究对象逐渐由教育技术人员转向了中小学的学科教师。2004 年 12 月 15 日，我国教育部正式颁布我国中小学教师的第一个专业能力标准——《中小学教师教育技术能力标准(试行)》，将教学设计能力纳为教师教育技术能力的核心。自此之后，教学设计能力成为研究热点。

通过文献研究，我们发现，国内与教学设计能力相关的已有研究大致有两类，一类是对教师教学设计能力的现状、问题、影响因素等进行的调查研究，另一类是对教师教学设计能力的培养策略和发展途径进行的实践研究。已有的调查研究的基本流程是，在明确了教学设计定义和构成的基础上，构建教学设计能力分析框架，然后通过问卷调查法、访谈法、作品分析法、观察法等对教师教学设计能力的现状进行调研，如张景焕通过对山东省滨州市所辖范围内教师提交的 226 份教案进行评价，分析了教师教学设计能力发展的特点及影响因素，又通过对提交教案的 226 位教师进行的问卷调查和半结构访谈，得出了山东省滨州市小学教师的教学设计能力现状。② 此外还有向葵花对湖北省武汉市两所小学教师的研究③，以及周亚娟对广州市部分地区新入职的中小学教师的教学设计能力的研究等。④ 对教师教学设计能力的培养策略和发展途径进行的实践研究大多是基于对现状的调查结果进行的，如刘志平针对北京朝阳、河北任丘、江苏锡山和上海浦东的 414 名小学数学教师的教学设计能力进行调查，提出促进小学数学教师教学设计能力要遵循理论学习和实践反思相结合、自主探索和合作交流相结合、教学设计和教学研究相结合的原则，同时相应提出了三个方面的对策：加强小学数学教师的职前教育和职后培训；加强学校对教师教学的科学管理；加强融合学科特点的教学设计研究。⑤

在国外，尤其是美国，教学设计师已经成为一种独立的职业。因此，对教学设计能力的研究也大多以教学设计师为出发点，探讨教学设计师的教学设计能力，并形成了比

---

① 乌美娜：《教学设计》，11 页，北京，高等教育出版社，1994。

② 张景焕，金盛华，陈秀珍：《小学教师课堂教学设计能力发展特点及影响因素》，载《心理发展与教育》，2004 (1)：59～63。

③ 向葵花：《小学教师教学设计现状调查与分析》. 载《师资培训研究》，2004(4)：46～50，62。

④ 周亚娟：《信息技术环境下新入职中小学教师教学设计能力现状及发展对策研究——以广州某地区为例》，硕士学位论文，东北师范大学，2011。

⑤ 刘志平：《小学数学教师教学设计存在的问题及其对策研究》，硕士学位论文，北京师范大学，2008：5～25。

较丰厚的研究成果。近几年的研究大多是探讨教学设计能力的培养策略。例如，对不同环境下的教学设计师的培养方式进行研究①，或者对处于不同发展阶段的教学设计师进行对比研究②。此外，美国教育技术国际协会(International society for Technology in Education，ISTE) 牵头编写了《美国国家教育技术标准》，IBSTPI 在 1986 年颁布了第一个教学设计能力标准，并于 2000 年对其进行了修订；美国教育与传播技术协会 (Association for Educational Communication and Technology，AECT)于 2000 年颁布了关于教学设计能力的标准，这些标准对教师教学设计能力结构的分析很有借鉴意义。

建立教师的教学设计能力的标准，对教师教学设计能力的现状进行调查，探讨培养教师的教学设计能力的策略与途径，等等，是当前关于教学设计能力研究的重点，也是当前教学设计研究的重中之重。在本章的后面几个小节中，我们建立了教师的教学设计能力框架，并以小学数学教师和小学英语教师为例，提出了具有学科特色的教师教学设计能力框架，也希望为其他学科教师教学设计能力体系的构建提供参考。

2.2 教师的教学设计能力框架的构建

关于教学设计能力构成的研究主要有两种取向——行为取向和认知取向。行为取向的研究关注教师教学设计能力中可以测量的外显行为；认知取向的研究关注的是影响教师教学设计能力的潜在因素。单纯从认知角度进行的研究相对较少，大多数学者采用的是将行为取向和认知取向的研究相结合的方法。

2.2.1 行为取向

行为取向的研究认为教师教学设计能力就是教师进行教学设计可以测量的知识和技能，研究者从教学设计过程的角度对教学设计能力结构进行了划分，包括教学任务分析(学习内容分析)、教学对象分析(学习者分析)、教学目标的编写、教学策略的制定、教学设计成果的评价等教学设计过程的各个环节。

国外权威机构颁布的教学设计能力标准旨在用标准促进教学设计人员行为的规范化。IBSTPI 将教学设计能力划分为基础能力、计划和分析能力、设计和开发能力、执行和管理能力 4 个维度，以及 23 个主能力，并对每个能力进行了详细描述。AECT 颁布的标准将教学设计能力的标准划分为 5 个维度：设计、开发、利用、管理、评价。两个机构划分的维度不同，但都包含了教学设计知识与技能。

2.2.2 行为取向与认知取向结合

将行为取向和认知取向相结合的研究认为教师教学设计能力不但包含教师进行教学设计的知识和技能，还应该包含影响教师教学设计的意识、态度、动机等内在要素，即

---

① Larson M. B. & Lockee B. B.，"Preparing instructional designers for different career environments：a case study,"*Educaitonal Technology Research and Development*，2009(1)，pp. 1-24.

② Uduma L . & Morrison G. R.，"How do instructional designers use automated instructional design tool,"*Computers In Human Behavior*，2007(1)，pp. 536-553.

在教师教学设计行为技能的基础上增加了影响教学设计的基本教学观念、教学设计理念、情感态度动机等有关的内容。比如，周亚娟按照麦克利兰(David C. McClelland)的冰山模型，将教学设计能力划分为知识与技能、自我概念、特质和动机 4 个部分①。张晓②认为教学设计能力包括理论知识和实践能力两个方面，理论知识部分包括教育理论、心理学、学习理论、系统科学、传播学、教学设计系统论和教学模式相关知识的掌握；实践能力分为外生能力群和核心能力群，其中外生能力群包括教学个性、教学效能感、职业倾向，核心能力群包括教师对教学目标的剖析能力、学生学习特征的把握能力、设计管理课堂的能力、教学内容的概括伸展能力、对学生学习效果的评价能力、各种教学方法的选择与应用能力等。

总体来看，国内对教学设计能力的研究经历了一个“由外到内”不断深入的过程，从行为取向的研究向认知取向的研究扩展，不但关注教师教学设计的知识和技能，而且关注影响教师教学设计能力的内在因素，教师教学设计能力构成也不断丰富，内部层次结构也越来越清晰(教学设计能力分析框架总结如表 2-1 所示)。

表 2-1　教学设计能力分析框架总结

作者	教学设计能力分析框架
杨新荣(2006)	教学理念、对学生的分析能力、对教学任务的分析能力、教学目标编写能力、教学过程设计能力、教学媒体设计能力、教学策略能力、教学设计评价能力③
姜春霄(2007)	教师的基本教学观念、教师的教学设计观念、教师教学设计方法的应用情况、教师对学习方式的掌握程度及应用情况、教师的教学媒体观以及教学设计媒体的应用情况、教师对培训的态度④
刘丙利(2007)	专业基础：教学设计基础知识、信息技术基本技能 分析能力：学习者特征分析能力、教学目标分析能力 设计能力：教学策略设计能力、学习环境设计能力、学习评价设计能力 评价能力：教学设计方案的评价 情感态度：基本知识和教学技能、情感态度⑤

① 周亚娟：《信息技术环境下新入职中小学教师教学设计能力现状及发展对策研究——以广州某地区为例》，硕士学位论文，东北师范大学，2011。

② 张晓：《中小学教师教学设计能力培训平台的设计与实现》，硕士学位论文，曲阜师范大学，2012。

③ 杨新荣：《新课程下小学数学教师课堂教学设计能力的现状研究》，硕士学位论文，西南大学，2006。

④ 姜春霄，林刚：《“教学设计”培训策略研究——中小学教师教学设计能力现状的调查与思考》，载《现代教育技术》，2007(2)：68～71。

⑤ 刘丙利：《信息技术环境下中小学教师教学设计能力的现状与发展研究》，硕士学位论文，华南师范大学，2007。

续表

作者	教学设计能力分析框架
刘志平(2008)	能力基础：学科知识、学与教知识、教学设计的理论和方法 核心能力：分析能力、设计能力、评价能力、调整/研究能力 发展性能力：知识管理意识和能力、终身学习意识和能力、合作交流意识和能力、信息素养①
齐媛(2009)	知识：关于内部因素的知识、关于外部因素的知识 技能：教学目标分析的能力、学习者特征分析的技能、课堂管理设计的技能、教学内容设计的技能、教学方法教学策略设计的技能、教学评价设计的技能②
庞静(2010)	意识与态度：重要性意识、应用意识、评价与反思意识、终身学习意识 知识与技能：前段分析能力、学习目标编写能力、教学策略制定能力、教学媒体的选择与运用能力、教学评价能力 应用与创新：教学实施能力、教学支持与管理能力、合作设计能力、创新能力 社会责任：对学生负责的能力、对社会负责的能力③
周亚娟(2011)	知识与技能：分析学习需要的知识和技能、分析学习内容的知识和技能、分析学习对象的知识和技能、确定教学目标的知识和技能、选择与制定教学策略的知识和技能、设计教学评价的知识和技能、自我概念、动机、特质④
张晓(2012)	理论知识：教育理论、心理学、学习理论、系统科学、传播学、教学设计系统论、教学模式相关知识 实践能力外省能力群：教学个性、教学效能感、职业倾向 实践能力核心能力群：教学目标的剖析能力、学生学习特征的把握能力、设计管理课堂的能力、教学内容的概括和伸展能力、对学生学习效果的评价能力、各种教学方法的选择与应用能力⑤

综合国内外关于教学设计能力的研究，本研究也将综合行为取向和认知取向的研究，认为教学设计能力即教师在进行教学设计的过程中的个人知识、技能和态度等的总和，并在已有研究的基础上构建出教学设计能力研究框架，如图 2-1 所示。

在这个教学设计能力框架中，态度分为四个维度：重要性认识、应用意识、评价与反思意识和终身学习意识。即教师应该能意识到教学设计对教学的重要指导意义，在教学实践中应用教学设计指导教学实践，并在教学中不断的反思、评价和修改，完善不足，

① 刘志平：《小学数学教师教学设计存在的问题及其对策研究》，硕士学位论文，北京师范大学，2008。

② 齐媛：《信息技术环境下中小学教师教学设计能力研究》，博士学位论文，东北师范大学，2009。

③ 庞静：《云计算辅助教学支持的师范生教学设计能力培养研究》，硕士学位论文，上海师范大学，2010。

④ 周亚娟：《信息技术环境下新入职中小学教师教学设计能力现状及发展对策研究——以广州某地区为例》，硕士学位论文，东北师范大学，2011。

⑤ 张晓：《中小学教师教学设计能力培训平台的设计与实现》，硕士学位论文，曲阜师范大学，2012。

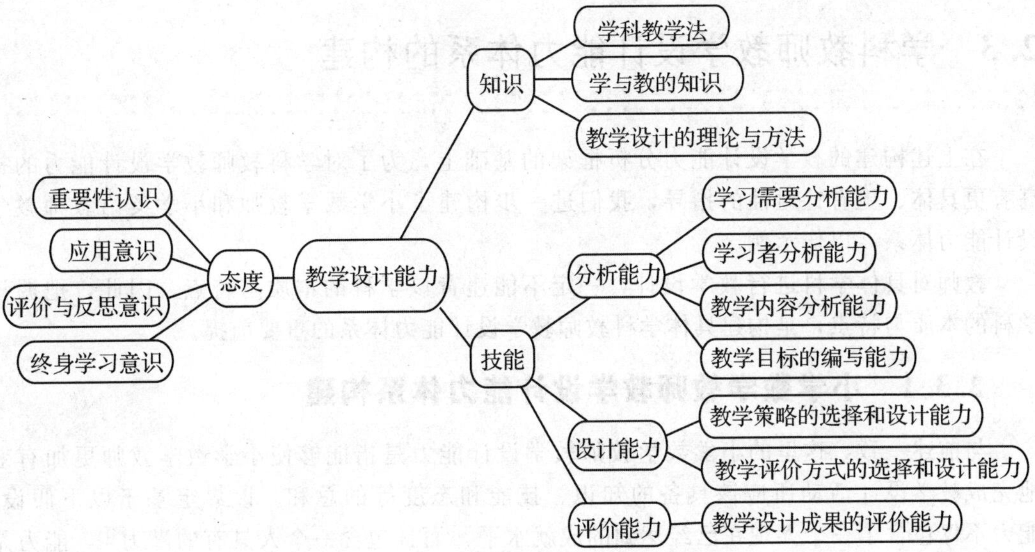

图 2-1　教师教学设计能力分析框架

并有意识地通过各种方式不断地提高自己的教学设计能力。

在知识方面，除了专业知识之外，教师还应掌握学科教学法的知识、学与教的知识以及教学设计的理论与方法。只有在掌握这些知识的基础之上，才能对教学设计有深入的理解，进而应用教学设计的原理和方法来有效地指导教学实践。

在技能层面，按照教学设计的流程，研究者将教学设计能力分为三个维度：分析能力、设计能力和评价能力。即教师在对教学情境进行详细分析的基础上，设计有效的教学设计方案，对教学设计方案的效果进行评价，并不断进行修改和调整，以提高教学的效果和效率。其中分析能力包括学习需要分析能力、学习者分析能力、教学内容分析能力以及教学目标的编写能力。教师以总的课程标准为导向，了解学生的学习需求并建立教学目标，深入理解所教学科内容的范围、深度和各组成部分之间的联系，并在充分了解学生的学习准备以及学习风格的基础之上，阐明学习者在教学活动中要达到的学习结果或标准，并使其能够形成一个体系。设计能力包括教学策略的选择和设计能力、教学评价方式的选择和设计能力。教师根据教学目标，选择和设计教学顺序、教学媒体、教学活动和教学组织形式，对课堂教学实施进行整体的规划，从而使课堂教学满足以下几点：能够适合学习者的学习准备，调动学习者的积极性，照顾到学习者的差异性，能够让学习者明确教学目标，对学习者的反应提供积极的反馈和指导，能够使内容按照逻辑层次和心理程序组织起来。在课堂教学过程中和课堂教学结束后对学习者的学习情况进行评价，检测学习者是否达到教学目标，为之后的教学活动提供依据。评价能力即教学设计成果的评价能力，即教师在完成教学设计方案后，应有意识地通过各种方式对自己的教学设计方案进行评价，并根据评价结果进行修改，反思自己教学设计方案的优点和不足，实施之后还能够不断反思教学中的问题并积累生成性的素材，修改教案，从而使教学设计能力得到不断的提升。

2.3 学科教师教学设计能力体系的构建

在上述构建的教学设计能力分析框架的基础上，为了对学科教师教学设计能力的提高有更具体、更有针对性的指导，我们进一步构建了小学数学教师和小学英语教师教学设计能力体系，以作示例。

教师对具体学科进行教学设计，一定不能违背该学科的本质与特点。因此，把握该学科的本质与特点，是构建具体学科教师教学设计能力体系的重要前提。

2.3.1 小学数学教师教学设计能力体系构建

与前述一致，这里的小学数学教师教学设计能力是指能够使小学数学教师更加有效地完成教学设计活动所应该具备的知识、技能和态度等的总和。该界定基于以下假设：能力不仅包含了一个人现在已经达到的成就水平，而且包含一个人具有的潜力①，能力是可以培养和发展的；有了知识、技能和态度并不等于就形成了能力，只有那些能够广泛应用和迁移的知识、技能和态度，才能转化成能力②，所以我们还需要考察在活动完成中表现出来的行为过程特征和行为结果。

1. 对数学学科本质及其教与学的把握

(1)对数学本质特点的认识

对数学本质的认识，即回答“数学是什么”的问题，这是历来被数学哲学家与数学教育工作者所重视的根本性问题。然而，数学本质是一个时代性、发展性、综合性的问题，数学发展的过程中出现过几次对数学本质较大的讨论。从不同时代、不同角度来看数学本质，产生了不同的数学观。总体而言，数学在本质上越来越表现出其特有的二重性(数学的经验性和演绎性的辩证统一)，并从绝对主义向经验主义转变。

数学的现代本质特征越来越丰富，出现了数学是工具、语言、方法、活动、过程、模式、技术、文化等种种观点。“数学是人们生活、劳动和学习必不可少的工具，能够帮助人们处理数据、进行计算、推理和证明，数学模型可以有效地描述自然现象和社会现象；数学为其他科学提供了语言、思想和方法，是一切重大技术发展的基础；数学在提高人的推理能力、抽象能力、想象力和创造力等方面有着独特的作用；数学是人类的一种文化，它的内容、思想、方法和语言是现代文明的重要组成部分。”③这就需要人们更加全面辩证地认识到数学的本质特点。

作为一门科学，数学有它独有的特点：数学的抽象性、数学的逻辑性、数学应用的广泛性。④ 作为学生学习的数学知识，不应是独立于学生生活的“外来物”，不应是封闭的“知识体系”，更不应只是由抽象的符号所构成的一系列客观数学事实(概念、定理、公式、法则等)。数学知识大体上有这样四个特点：数学知识尽管表现为形式化的符号，但它可视为具体生活经验和常识的系统化；数学知识具有一定的结构，形成了特有的逻辑

① 彭聃龄：《普通心理学》，391页，北京，北京师范大学出版社，2004。

② 冯忠良，伍新春，姚梅林，等：《教育心理学》，北京，人民教育出版社，2000。

③ 刘兼，孙晓天：《数学课程标准解读》，北京，北京师范大学出版社，2002。

④ 沃建中：《小学数学教学心理学》，52页，北京，北京教育出版社，2001。

顺序；数学知识都具有两种属性，既表现为一种算法、操作过程，又表现为一种对象、结构；数学知识的抽象程度、概括程度表现出层次性。①

(2)对数学教育价值和小学数学学习目的的认识

“为什么学数学？”是数学教育价值观的核心问题。数学本身具有多元性，数学教育在不同的历史时期呈现出具有时代特征的价值取向。当今数学教育根据个体的不同需求，其价值具有多样性与多层次性。② 对于数学教育价值众说纷纭，如“重视挖掘与发挥数学内在的思维训练价值”③“提高数学素养的基础上，促进学生理性和非理性精神的和谐发展”④“抓住了数学思想教学就是抓住了数学教育的本质”⑤“数学教育的价值是其科学价值、实用价值及文化价值的整合”⑥等。纵观数学教育的发展历史，始终存在着两种基本的价值取向，其一是注重数学的实用性，其二是注重数学的思维训练功能。新课程从知识与技能，过程与方法，情感、态度和价值观的培养目标出发，将数学教育科学价值、文化价值诸方面综合起来建构了数学教育的价值体系，不仅反映了数学本身的特性，同时也是社会与个体多样化与多层次化发展的需求。

每一个教师的数学观和数学教育观都会影响他的数学教学观，英国学者珀尔·欧尼内特(Paul Ernest)认为，数学教学观念对数学教师的教学实践会产生直接影响。他认为数学教学观念主要有三个层次⑦。第一个层次是“工具主义(Instrumentalist)”的数学观念，认为数学是事实、规律和技能的累积，而后应用于某种需要，是孤立但有用的规律和事实的组合。第二个层次是“柏拉图主义(Platonist)”的数学观念，认为数学是一个完美的结合，固定不变地等待着人们去发现，即数学知识不是人类的创造，而是人类的发现。第三个层次是“问题解决(Problem Solving View of Mathematics)”的数学观，认为数学是通过人类的创造、发明而不断扩充的动态领域，是人类文化的成果。数学是不断探索的过程，数学的结果具有开放性，是可以反思的，而不是已经完成且一成不变的。实际上，数学教师的数学观不一定很明确地显示出属于哪种类型，往往是以上三种互不相容的观点的混合，但在不同时期与不同内容中，相应地显现出某一方面的倾向。

从我国几次数学教育改革中的小学数学教学目标来看，由“计算能力和逻辑思维能力”到“三大能力”(增加空间想象能力)，后来加入“问题解决能力”。虽然在提法上不尽相同，但是每一次都有所继承，有所发展，也有所概括。目前各国数学教育发展虽然各有侧重和特色，但理念上有一些共同特点：更加关注人的发展，关注学生数学素养的提高；面向全体学生，从精英转向大众；注重联系现实生活与社会等。小学数学学习目的大致分为两个方面：一是促进学生的认知和情感品质的一般发展(主要为情感、认知、思

---

① 孔企平，张维忠，黄荣金：《数学新课程与数学学习》，北京：高等教育出版社，2003。

② 曹一鸣：《从数学本质的多元性看数学教育的价值》，载《中国教育学刊》，2005(2)：41～43。

③ 王光明：《数学教育应该重视数学的内在价值》，载《教育理论与实践》，2005(22)：45～47。

④ 黄秦安：《数学教师的数学观和数学教育观》，载《数学教育学报》，2004(4)：24～27。

⑤ 程新民：《把握数学教育本质 重视数学思想教学》，载《山东教育(中学刊)》，2000(6)：26～27。

⑥ 马秋英：《论数学的价值及数学教育的价值取向》，载《山东行政学院·山东省经济管理干部学院学报》，2005(4)：105～106。

⑦ Paul Ernest，“The impact of beliefs on the teaching of mathematica,”in *Mathematics Teaching：The State of the Art*，ed. Paul Ernest，London：Falmer Press，1989，pp. 249-254.

维和能力的发展)，二是形成学生基本的数学素养(包括逻辑思维、常规方法和数学应用)。①

小学数学教师应该不断地认识和思考数学和数学教育的本质问题，从静态的、形而上学的、绝对主义的、功利主义的和科学主义的数学观向动态的、辩证的、发展的、建构的、人文主义与科学主义相结合的数学观转变②，逐渐形成全面深刻的数学观和数学教育观，使小学数学教学全面地展示出这些多样化的特征，同时体现数学学科的本质特点，使数学教育更加有价值。

(3)小学生数学教与学的特点

有效的教学活动是建立在对学习理论以及对儿童心理特征的深刻认识的基础之上的。其中对小学数学教学有较大影响的理论有：斯金纳(Burrhus Frederic Skinner)的强化理论、布鲁纳(Jerome Seymour Bruner)的认知结构理论、奥苏贝尔(David Pawl Ausubel)的有意义学习理论、加涅(Robert Mills Gagné)的积累学习理论和建构主义学习理论等。任何一种学习理论都不能解决所有的问题，应博采众家之长，针对不同的学习类型、不同学习目的、不同对象，采用合适的学习理论。除此之外，我们还要了解小学生的一般年龄特点，思维发展过程、不同数学学习的分类和学习方式等。

皮亚杰(Jean Piaget)把儿童的思维发展分为四个阶段：感知运动阶段(0～2岁)，前运算阶段(2～7岁)，具体运算阶段(7～11岁)，形式运算阶段(11～15岁)。而小学生处于具体运算向形式运算转化的阶段，从具体形象思维为主要形式逐步过渡到以抽象逻辑思维为主要形式，但这种抽象逻辑思维在很大程度上，仍然是直接与感性经验相联系的，仍然具有很大成分的具体形象性。小学生虽已具有较强的思维能力，可以同时考虑事物的不同纬度，并能进行互补性和可逆性的心理操作，但小学生的思维仍具有很大程度的具体形象性。

弗赖登塔尔(H. Freudenthal)认为学生数学学习要经历一个"数学化"的过程，如图2-2所示。

首先由现实世界直接抽象形成数学概念，随后进行抽象化和形式化的加工，再用之于现实世界问题的解决。经过数学化的深化，可转而形成新的理论工具，以此为基础又可组织更高层次的数学现实，并进而创造出更新的数学观念。经反思可以使数学现实与数学化相互反馈，协调发展，这是数学理论发展的动力，也是数学教育所追求的目标。弗赖登塔尔为自己的数学教育思想体系绘制出一个总体框图(如图2-2所示)。在他看来，数学教育具有以下五种特征：情境问题是教学的平台，数学化是数学教育的目标，学生通过自己努力得到的结论和创造是教育内容的一部分，"互动"是主要的学习方式，学科交织是数学教育内容的呈现方式。这些特征又可概括为数学现实，数学化，再创造。③

小学数学教学既要符合一般教学活动的特点，又得考虑到小学生的年龄特点、数学学科特点。总的来说，要注意小学数学教学的发展性、层次性、连续性、应用性、形象

① 孔企平：《小学儿童如何学数学》，27页，上海，华东师范大学出版社，2001。

② 黄秦安：《数学教师的数学观和数学教育观》，载《数学教育学报》，2004(4)：24～27。

③ 弗赖登塔尔：《作为教育任务的数学》，陈昌平，唐瑞芬等译，2～103页，上海，上海教育出版社，1995。

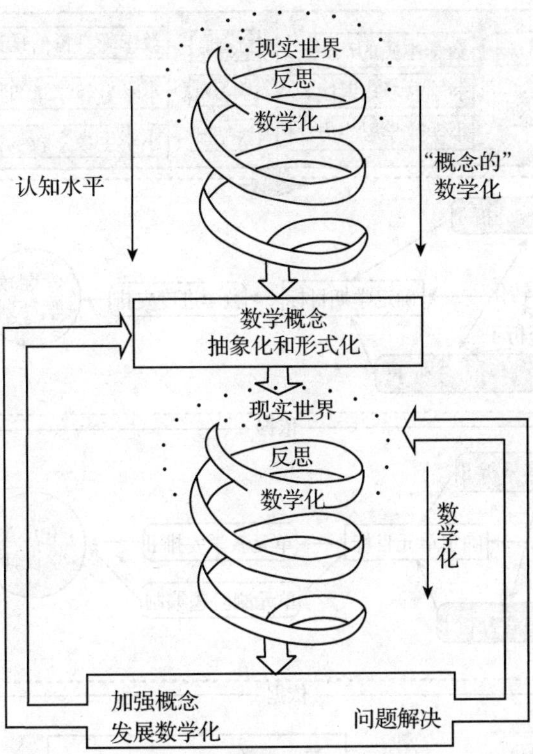

图 2-2　弗赖登塔尔数学教育思想结构

性等。具体而言，在小学数学教学中必须要处理好几个关系：数学知识的高度抽象与儿童思维的具体形象的关系；数学知识的逻辑严谨与儿童理解的片面、肤浅、简单之间的关系；数学知识应用的广泛与儿童生活经验的狭窄之间的关系。①

新一轮数学课程改革的核心是改善学生的学习方式，要改变以往被动听课和反复练习为主的学习方式。首先，要改变教师课堂教学观念和教学方式，引导学生主动学习，从而培养学生的主体意识、创新意识和实践能力；其次，教学方法要新颖多变，有趣味性、直观性，如游戏和操作等，强调从学生已有的生活经验出发，让学生亲身经历将实际问题抽象成数学模型并进行解释与应用的过程，进而使学生获得对数学理解的同时提高学生数学学习的兴趣，同时逐渐培养发自内心的求知欲。让学生通过小学数学学习在思维能力、情感态度与价值观等多方面得到进步和发展。②

2. 小学数学教师教学设计能力

依据我们构建的教师教学设计能力框架，结合前述小学数学课堂教学的特点，通过实地调研和观察，我们认为，小学数学教师在学期前、单元前和课堂教学前都会进行教学设计活动，从整体到局部，都必须经历一个完整的教学设计过程(图 2-3)。

① 周玉仁，胡克英：《小学数学教学》，10 页，北京，教育科学出版社，1988。

② 中华人民共和国教育部：《全日制义务教育数学课程标准(实验稿)》，北京：北京师范大学出版社，2001。

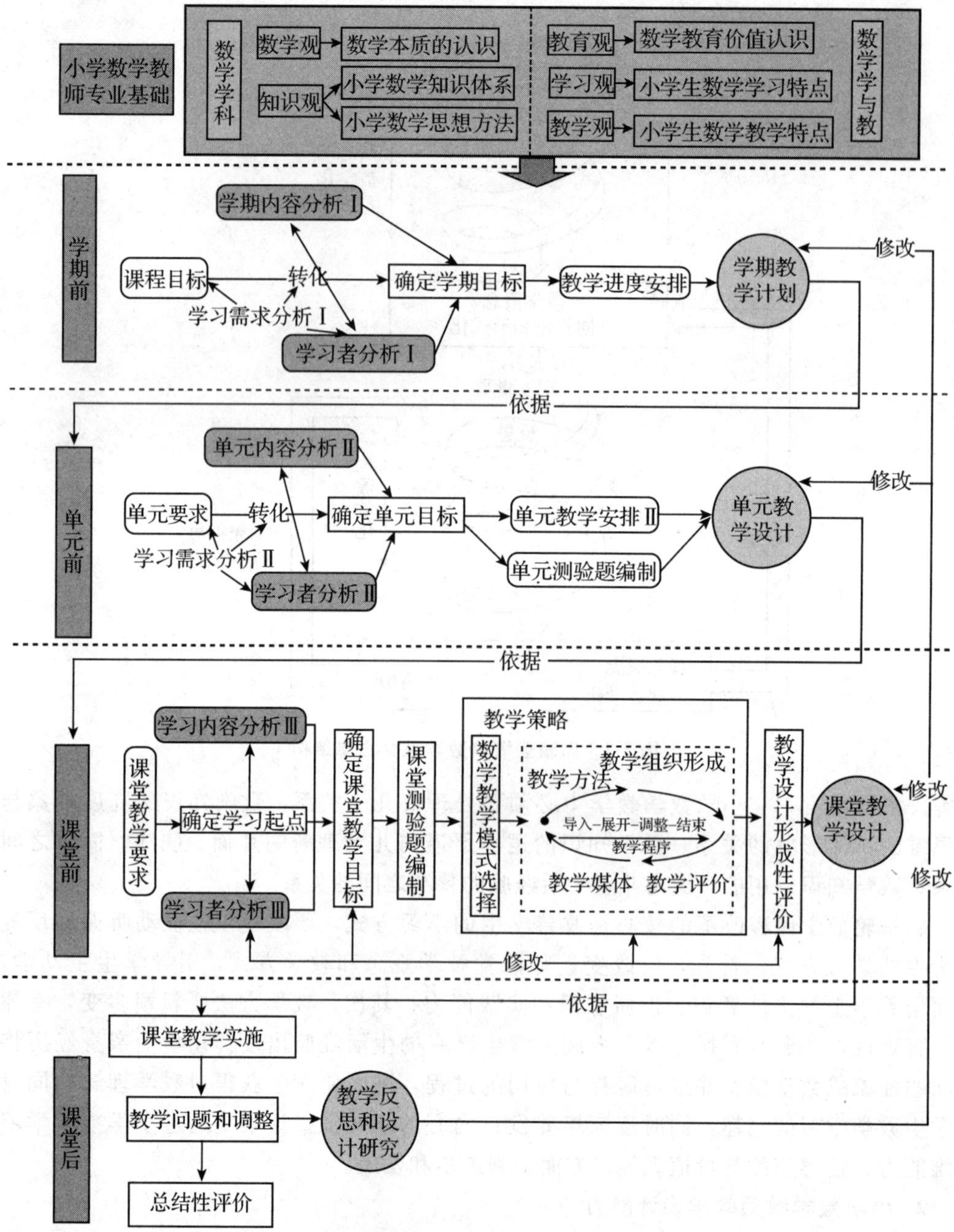

图 2-3　小学数学教师课堂教学设计一般过程

可以看出，不同阶段的教学设计活动虽各有侧重，但一般都要经历分析—设计—评价—调整的完整过程。① 因此，小学数学教师教学设计能力一般包括四个方面的能力：分析能力、设计能力、评价能力和调整/研究能力(图 2-4)。每个能力又需要完成一系列活动(如学习者分析、教学策略设计等)，这些活动又需要相应的能力，在具体活动中体现小学数学的特点。

① 注：本研究中的教学设计不包含课堂教学实施环节。

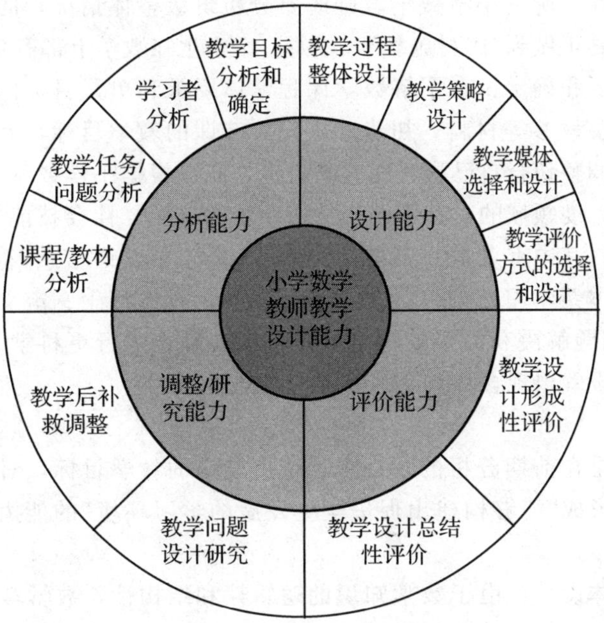

图 2-4　小学数学教师教学设计能力结构图

（1）分析能力

分析能力是小学数学教师教学设计能力的重要组成部分，任何教学设计都始于分析，主要对课程/教材、教学任务/问题、学习者、教学目标等进行分析，各内容分析没有固定的线性流程，彼此之间相互影响促进理解，分析的最终结果是制定出切实、可操作的课堂教学目标。

• 课程/教材分析：相比以前，数学课程标准和教材给教师提供了更大的设计空间，但是对小学数学教师的指导作用仍然是不容忽视的。数学新课程顺应时代发展和社会潮流，提出很多新理念，需要小学数学教师深刻理解和领悟，从而落实到具体的课堂教学中去，同时教材的编排上也相对比较灵活，鼓励教师创造性地使用教材。所以，需要小学数学教师更加精心地钻研和思考数学课程标准和数学教材，力求对小学数学教育教学有一个全面深刻地认识。

• 教学任务/问题分析：确定教学内容的广度、深度以及可能出现的教学问题。主要包括了解所教的数学内容领域以及知识类型、选择不同的任务分析方法(如信息加工分析法和层级分析法)，对各数学教学任务进行深入细致分析，包括各知识与技能以及它们之间的关系，能培养哪些数学能力和数学学习态度，等等，从对教学任务的分析中了解学生对于某一数学内容学习的思维操作过程以及其中的系列决策点，根据学生的不同水平，就会形成不同教学路径，真正落实根据学生的实际能力和差异进行教学。对于数学教学重点和难点，以及可能出现的教学问题，要进行特别分析。

• 学习者分析：既要考虑学习者之间稳定、相似的一般特征，又要分析学习者之间变化的、差异性的学习风格特征等。既要把握小学生的一般年龄特点，还要关注与数学学习密切相关的数学思维能力水平的分析。因为数学学习具有很强的前后联系和层次性，还要分析与所教内容相关的学生已有知识技能、经验以及学习者的学习习惯、学习动机/兴趣、情感态度、意志品质等非智力因素。数学学习对学生的思维要求很高，因此经常会出现较大的差异性，所以小学数学教师既要分析班级整体情况，同时还要关心个体差异。只有这样才能真正做到“因材施教”，使每一个学生在数学上都有各自的发展。

· 教学目标分析和确定：在了解数学课程整体要求和单元目标的基础上，教师通过分析数学教科书以及教参等材料，初步确定每一节课的教学目标，然后再根据学生的实际情况和特点，来调整切合自己班级的教学目标，应该根据小学数学学习结果类型(认知领域的目标、情感态度领域的目标、动作技能领域的目标、社会技能领域的目标)来确定小学数学教学目标，其中重点是认知领域目标，主要包括言语信息(符号表征学习、事实性知识学习、知识体系学习)、基本智力技能(辨别、具体概念、定义性概念、规则的应用)、学习策略、问题解决和高级规则学习。这样有利于进行更科学、理性的教学设计，才能避免教学目标设置出现含混、交叉或遗漏等问题。

(2)设计能力

设计能力主要是在前期分析的基础上，依据确定的教学目标，对教学过程和教学活动进行设计，最终形成“能够构建出促进学生发展的学习环境”的能力。一般包括以下四个方面：

· 教学过程整体设计：由于数学知识的逻辑性和结构性，数学学习呈现出螺旋上升的特点，所以整体优化意识对小学数学教师教学设计很重要。一方面，小学数学教师应该具有从整体到局部的设计思想。学期前应该有整体的学期教学规划，每单元也应该有整体的单元设计，然后在此基础上去设计每堂课，这样就能从整体上去把握每节课在整个学期中位置、地位以及前后关系。另一方面，小学数学教师应该把课堂教学设计看成一个创造性的、互动的、发现问题和解决问题的过程。先对教学过程进行整体设计，然后才是对各个具体活动的局部设计，目标—策略—评价应该一以贯之，相互匹配，整体优化。

· 教学策略设计：分为教学组织策略、教学传递策略和教学管理策略，主要包括教学顺序、教学活动、教学组织形式等方面的能力。教师在谙熟各种适合小学数学教学策略特点的基础上，根据不同的教学目标、教学内容、学生、环境、教学时间和教学技术等条件，组合出不同的教学方案，同时由于小学生有注意较差、好动、学习习惯较差等特点，这就需要小学数学教师对课堂教学组织和管理方面进行更加细致周密地设计。

· 教学媒体选择和设计①：由于小学数学教学具有直观性和形象性等特点，因此，教学媒体对于小学数学教师教学就显得特别重要，所以我们这里把教学媒体从教学策略中独立出来予以强调。首先，根据不同教学目标、教学内容和学生的学习风格，选择媒体，媒体没有优劣之分，只有适合与否。要注意综合多种媒体的优势，体现针对性和多样性。然后，对媒体的应用进行精心地设计，包括呈现内容、呈现时间等的设计。

· 教学评价方式的选择和设计：就是小学数学教师依据教学目标，对学生学习过程和结果进行评价反馈。首先要根据小学生和数学学习的特点选择教学评价方式(如自评和他评)和方法(如作业、测验、概念图、档案袋、数学日记等)，以及进行评价内容、评价指标和评价时机等的设计。小学数学学习要经历“数学化”过程才能真正地发展数学思维和能力，所以注意总结性评价与形成性评价结合，关注学习过程评价；面向全体、尊重

---

① 注：教学媒体选择本属于教学传递策略的一部分，由于课程改革强调信息技术在教学中的应用，同时已有研究表明，小学数学教师的教学媒体选择和设计能力还明显不足，所以本研究将教学媒体选择和设计能力单提出来，表示强调。

差异；小学阶段是义务教育的基础，应该重视学生的发展，淡化甄别与选拔。

(3)评价能力

主要包括课堂前教学设计形成性评价和课堂后教学设计总结性评价。教学设计是一个动态的过程，课堂前为了实现教学目标，对教学过程中教学策略和评价的选择进行必要的重组和调整，从而达到整体优化。课堂后教师也应该对教学设计进行总结性评价，找出设计中的得与失，不断修改完善，在这个过程中真正实现小学数学教师与学生双发展。

(4)调整/研究能力

本研究的调整能力是在对课堂教学有精心设计和充分预设的前提下，根据课堂教学互动中出现的学生学习需求和问题进行课后的调整研究而表现出来的能力。

在数学课堂教学中，学生可能总是会出现教师难以预料的问题，就需要教师进行课后补救设计。主要为教学后没有达成的目标和部分没有达到目标的学生进行补救性设计，从而根据这节课学生的学习情况对下一节课教学设计进行适当调整。同时对于在教学中表现出来的新问题或者经常出现的问题进行深入分析和研究，从而设计出行之有效的解决问题的方案。

2.3.2　小学英语教师教学设计能力体系构建

建立了小学数学教师的教学设计能力体系之后，我们又试图建立学科性质与小学数学有很大区别的小学英语教师的教学设计能力体系。从上述教学设计能力界定进行推演，英语教师教学设计的能力是运用系统方法分析英语教学问题、设计英语教学问题的解决方案、检验方案的有效性并做出相应修改时所应具备的知识、技能和态度等的总和。对于能力界定的假设与数学学科相同。

1. 小学英语学科的学科本质与特点

要建立小学英语教师教学设计能力体系框架，同数学学科一样，我们需要首先了解小学英语学科的学科本质与特点。

小学阶段英语教学相对简单，其主要任务是激发学生学习英语的兴趣，培养其学习英语的积极态度，使其建立初步的英语学习自信，培养学生一定的语感、语调基础，使其形成运用英语进行简单日常交流的能力，为其进一步学习打下基础。所以在小学阶段，英语教学的主要任务是培养学生的英语学习兴趣，不宜以语音、语法知识为主，更不能进行成人化教学。在此阶段，英语教学不宜超出小学生的接受能力范围。

我国的英语课程标准，对小学英语教学提出了不少指导性意见，如教学主题内容贴近生活，教学内容应与学生生活息息相关；语言功能、结构、话题、任务有机结合；教学主要以话题为核心，以功能和结构为主线，以任务型活动为目标安排各单元教学；教学方法多样，兼容并蓄，通过创设情境以及设置任务型活动让学生参与到学习中来；采用多媒体现代化手段，让英语学习生动、形象、感染力强；教学评价多样化。这些建议较多地考虑了小学生发展的特点。

2. 小学英语教师教学设计能力体系框架初建

要构建科学而完整的小学英语教师教学设计能力体系，首先要厘清有效的小学英语教学设计过程。国家课程标准是对教学的宏观指导，同时任何教学都是以学生的当前基础为起点、以学生的发展为目的的。因此，在进行教学设计时必须贯彻课程标准的要求，针对学生的需要设计解决方案。课程标准规定的是一个学段结束后学生应达到的目标，这些目标的达成是靠多个学期、单元、课时的积累而实现的，因此教师在进行某个具体单元的教学设计前，首先应有对整个学年/学期教学的规划。单元教学设计上启学期教学规划，下达课时教学设计，是基本的教学设计单元。教学设计方案经过实施后，应根据实施情况进行改进。

图 2-5 是小学英语教学设计过程模型图，其中掌握英语课程标准和学情分析贯穿在整个教学设计过程之中，对教学设计过程的各个环节起作用。在每学期初，教师应对学生进行起点水平测试，考查学生与课程标准相应级别的差距，教师可从已有的测试资料中选择测试项目，也可自行编制。测试后教师应对学生的测试结果进行群体和个体水平的分析，分析结果进入学情分析档案。此外，通过学生群体水平分析将得出整体的薄弱之处，亦即学期教学目标，学期教学目标将贯穿到该学期各个单元的教学中。英语教学是基于话题开展的，教科书中每个单元讨论一个话题，教师应熟悉各个单元，并根据本地情况需要，确定单元的主题和顺序，至此学期教学规划完成。进入单元教学，教师应围绕单元主题查找尽量多的语言材料，增强对该主题的理解；根据学期教学目标、学生水平确定单元教学目标，并对其进行分析和细化，根据细化后的单元教学目标体系对学生进行前测，确定教学的起点和侧重点。在单元教学目标分析的基础上划分课时、确定课时顺序，编写课时教学目标并对目标进行分类，设计教学策略和评价，最后进行教学材料的搜索、选择和设计，至此教学设计方案完成，教师实施方案，并在实施后进行教学反思和再设计。

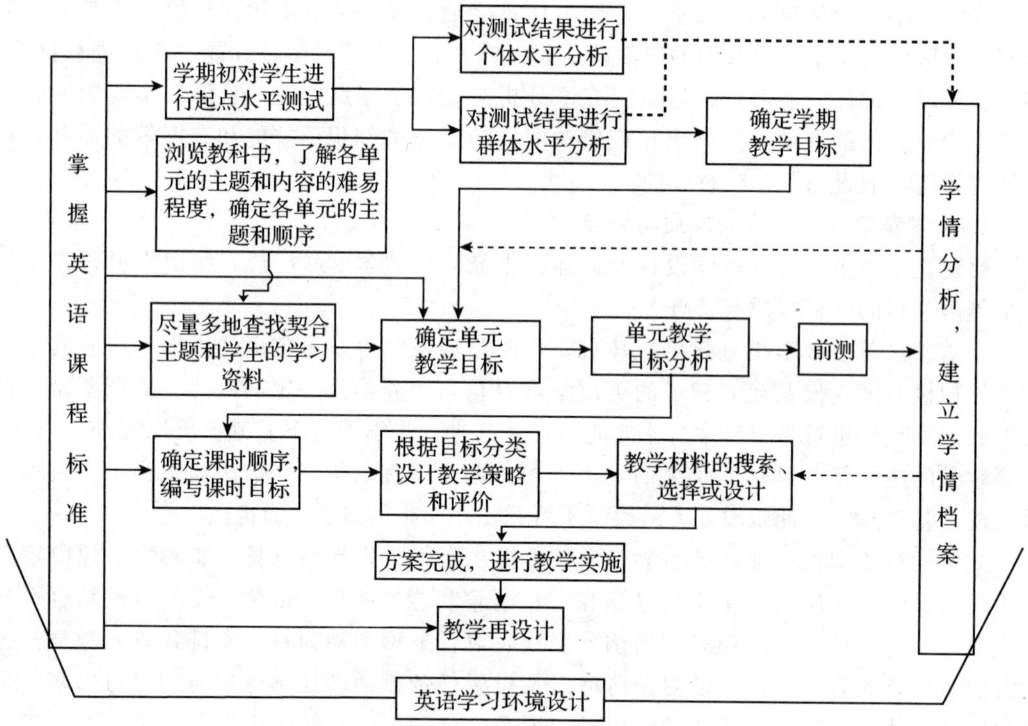

图 2-5　小学英语教学设计过程模型

基于上述教学设计过程，提炼出小学英语教师教学设计能力的一级维度：掌握课程标准；学情分析；教学目标分析与阐明；教学策略和教学评价设计；教学材料的搜索、选择与设计；教学再设计以及跨学科综合教学设计和英语学习环境设计的能力。这八大能力的结构可参见图 2-6，其中，掌握课程标准和学情分析的能力位于整个能力体系的核心，外圈是目标、评价、内容、策略的分析和设计，图中将教学策略和教学评价设计分为了两部分，教学设计方案在实施后需要经过再设计加以完善。此外，考虑到英语学科的工具性特点，我们将英语与其他学科的整合设计能力作为一项单独的能力提出来。英语学习作为外语学习，需要大量的语言输入，因此，英语学习环境的设计也是英语教师的一项重要能力。

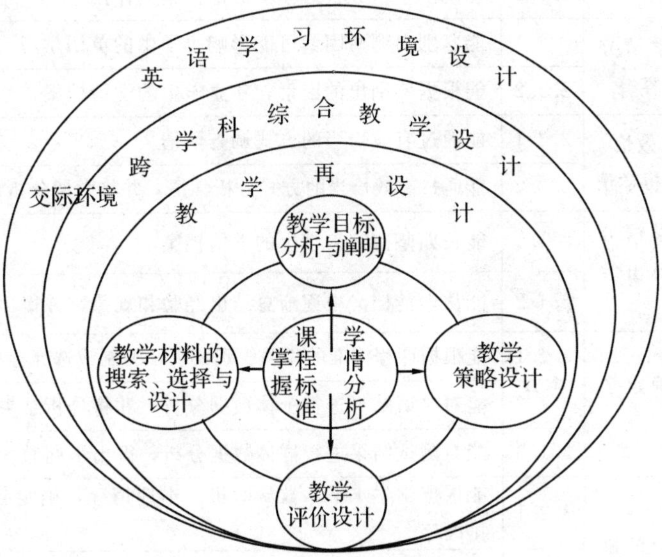

图 2-6　小学英语教师教学设计能力体系结构

在上述能力结构框架的基础上，结合文献调研和优秀小学英语教师访谈，我们对小学英语教师应具备的二级能力群、三级能力项进行了推演、细化，得出了初步的小学英语教师教学设计能力体系，见表 2-2。

表 2-2　初步构建的小学英语教师教学设计能力体系

一级	二级	三级	
掌握课程标准	1. 熟悉英语课程标准	1.1.1	能阐述小学开设英语课的目的及其对学生发展和社会发展的影响
		1.1.2	能描述课程标准规定的总体目标和一、二级具体目标要求
		1.1.3	熟悉英语课程标准中的五项内容标准分类及其一、二级要求
		1.1.4	熟悉英语课程标准中二级以上要求，有衔接意识
	2. 能说出英语课程标准的作用	1.2.1	能说出教育方针政策、课程标准、课堂教学目标之间的关系
		1.2.2	能认识到英语课程标准的指导和规范作用
	3. 能总结出英语课程标准中蕴含的教育教学理念	1.3.1	能认识到英语课程是人文性和工具性的统一
		1.3.2	能说出语言知识和语言技能的关系
		1.3.3	能说出语言输入(input)、吸入(intake)、输出(output)的关系
		1.3.4	能说出语言能力和交际能力的关系
		1.3.5	建立面向全体学生和面向学生全面发展的英语教学观
		1.3.6	建立以学生为中心的学生观
	4. 能自觉用英语课程标准指导日常教学	1.4.1	在设计、实施、评价教学时，自觉、主动地接受课程标准的引领和指导

续表

一级	二级	三级	
学情分析	1. 能说出为什么要分析学情	2.1.1	在设计英语教学时，能面向全体、关注学生的差异
		2.1.2	能说出学情分析对小学英语教学的作用
	2. 能说出学情分析包括的内容	2.2.1	能鉴别出哪些因素可能影响小学生的英语学习
		2.2.2	能根据鉴别出的因素，建立学生的学情档案
	3. 能通过有效恰当的方式分析学情	2.3.1	能通过有效恰当的方式调查学情
		2.3.2	能通过有效恰当的方式分析学情，并将学情分析结果写入学情档案
	4. 能根据学情分析的结果得出教学建议	2.4.1	能长期坚持完善学生的学情档案
		2.4.2	能从学情档案中逐渐总结出经验和规律，并得出有效的教学策略
教学目标分析与阐明	1. 学期初确定学期教学目标	3.1.1	能根据课程标准的相关级别要求，编制或选择标准化等级测试题目
		3.1.2	能对测试结果进行个体数据分析，并将分析结果写入学情档案
		3.1.3	能对测试结果进行群体数据分析，得出学期教学目标
	2. 单元教学前确定和编写单元教学目标	3.2.1	能根据学生水平、教学时机、本地情况，确定各单元的主题并安排顺序
		3.2.2	查找尽量多的契合主题和学生的英语学习材料
		3.2.3	根据课程标准、学期教学目标，结合语言学习材料，确定单元目标
		3.2.4	能准确、清晰地编写单元教学目标
	3. 单元教学目标分析	3.3.1	能运用层级分析等方法对单元教学目标进行分析和细化
		3.3.2	能参考加涅的学习结果分类方法对细化的教学目标进行分类
		3.3.3	前测以了解学生的起点和对目标技能的掌握，确定教学侧重点
	4. 确定课时顺序，编写课时教学目标	3.4.1	根据目标分析结果和课时时间，划分课时
		3.4.2	能准确、清晰地编写课时教学目标
教学策略与评价设计	1. 动作技能类(读音和书写)目标的策略和评价设计	4.1.1	能说出书写和语音教学的共同之处和基本过程
		4.1.2	能说出材料示范和教师示范在书写和语音教学中的作用
		4.1.3	能选择合适的书写/语音示范材料，进行材料示范
		4.1.4	能带领学生总结书写/语音规则，并采用口诀的方式帮助学生记忆
		4.1.5	能设计多种形式的练习方式，帮助学生在操练中熟练书写/语音技能
		4.1.6	能设计要求学生快速反应的综合练习，促进书写/语音技能掌握的自动化
		4.1.7	能评价学生在书写/语音上的准确性和流利性

续表

一级	二级	三级	
教学策略与评价设计	2. 言语信息类(字母/单词、听/读)目标的策略和评价设计	4.2.1	能通过恰当的示例或活动，帮助学生意识到字母学习的重要性
		4.2.2	能通过有效的方式同时呈现字母的音和形，建立字母的形—音联系
		4.2.3	能通过形象的方式或口诀，帮助学生建立大小写字母的形—形联系
		4.2.4	能巧用歌曲和活动，帮助学生建立和巩固字母连锁
		4.2.5	能说出语境在单词学习中的作用
		4.2.6	能为新学单词设计简单而典型的语境
		4.2.7	能判断新学单词词义的最佳呈现方式(表情、图片、实物、简笔画、动作等)
		4.2.8	能根据新学单词的特点和形与音之间的联系设计活动，帮助学生建立单词音—义—形之间的联系
		4.2.9	能根据"以旧带新"的原则，有意识地用已学单词、句型来带学新单词
		4.2.10	能设计学生感兴趣的单词专题任务，帮助学生巩固词汇网络
		4.2.11	能设计评价活动，检测学生对单词的音形义及其运用的掌握情况
		4.2.12	能选择适合学生的、可理解的英语学习材料
		4.2.13	能鉴别出哪些听/读材料需要事先帮助学生激活和补充背景知识
		4.2.14	能根据学生的情况设计恰当的背景知识和必要语言知识的激活方式
		4.2.15	能有层次地设计听/读问题，引导学生带着问题有目的、有层次地去听/读
		4.2.16	能根据学生情况和材料特点，选择相应的注意策略和猜测策略进行提示
		4.2.17	能根据学生情况和听/读活动特点，设计不同类型的理解性任务
		4.2.18	能根据学生情况和听/读活动特点，将听和读的活动科学结合
		4.2.19	能根据学生情况和听/读活动特点，设计不同类型的综合输出性任务
		4.2.20	能根据学生情况和听/读活动特点，设计不同类型的评价性任务，衡量学生的理解程度
	3. 智慧技能类(音/形辨、定义性概念、语言规则、交际性的说/写)目标的策略和评价设计	4.3.1	知道在英语学习中辨音和辨形的重要性
		4.3.2	能和学生一起发现字母形状/音素读音学习的诀窍、口诀等
		4.3.3	能运用最恰当的方法帮助学生掌握每个音/形的特点
		4.3.4	能发现学生容易混淆的音/形，并进行对比教学，帮助学生进行区分
		4.3.5	能及时发现学生的读音或书写错误，并采用适当的方式进行纠正
		4.3.6	能设计适合学生的音辨、形辨练习
		4.3.7	能说出语法概念学习在小学英语教学中的作用
		4.3.8	能发现小学生在理解哪些语法概念时有困难，困难在哪里
		4.3.9	能运用简单、典型的实例呈现语法概念

续表

一级	二级	三级	
教学策略与评价设计	3. 智慧技能类(音/形辨、定义性概念、语言规则、交际性的说/写)目标的策略和评价设计	4.3.10	能根据学生情况，设计形象活动，帮助学生理解语法概念的含义
		4.3.11	能自编或查找口诀促进学生对语法概念特征的记忆
		4.3.12	能设置概念运用的情景，在运用中帮助学生提升对语法概念的理解
		4.3.13	能说出语言意义学习和语言形式学习的关系
		4.3.14	能为将要学习的语言规则设置契合的、简单的引入情境
		4.3.15	能围绕所学语言规则设计多种示例变式，促进学生对语言规则的理解
		4.3.16	能在学生对语言规则已有充分认识的基础上，带领学生发现和总结出规则
		4.3.17	能围绕所学语言规则设计多种变式，让学生在操练中熟练语言规则
		4.3.18	围绕所学语言规则设置综合的、契合的运用情境，促进学生的流利表达
		4.3.19	能根据“以旧带新”的原则，用已学单词或句型带学新句型
		4.3.20	能说出交际性的说和写所具有的特点
		4.3.21	能阐明语言生成的心理机制
		4.3.22	能运用实物、多媒体等巧妙布置课堂，重现现实的交际场景
		4.3.23	能帮助学生搜索话题交际的素材，并激活关键词和关键句型
		4.3.24	能帮助学生合理地取舍和选择素材
		4.3.25	能帮助学生确定素材使用的最佳顺序
		4.3.26	能设计有挑战性的、适合学生的交际活动或任务
		4.3.27	能运用恰当的方式帮助学生对交际行为进行修正调整
		4.3.28	能为交际活动确定评价维度、评价方式和评价主体
	4. 学习策略类(认知、元认知、社会情感、交际、资源)目标的策略和评价设计	4.4.1	能阐明学习策略在小学英语学习中的作用
		4.4.2	能说出在小学英语教学中，策略学习的目标
		4.4.3	能根据学生情况，帮助其了解学习策略的重要性
		4.4.4	能采用恰当的方法了解学生对各项学习策略的掌握情况，明确班级整体和学生个体的优势和薄弱处
		4.4.5	了解不同的策略有不同的使用情境，策略教学应结合日常英语教学进行
		4.4.6	能选择最佳的新策略使用场景，示范策略使用的思维过程
		4.4.7	能指导学生练习使用新策略
		4.4.8	知道策略学习的长期性，指导学生建立“英语学习方法笔记本”
		4.4.9	知道交流学习策略对学生的益处，定期组织学生交流总结
		4.4.10	能通过科学有效的方法，评价学生对学习策略的掌握

续表

一级	二级	三级	
教学策略与评价设计	5. 情感态度类目标的策略和评价设计	4.5.1	能阐明情感因素对英语学习的促进和阻碍作用
		4.5.2	在课堂上，能用激情、友好的情绪感染学生
		4.5.3	能运用恰当的歌谣，进行课前热身
		4.5.4	能设计多样的、参与性的教学活动，以激发和维持学生学习英语的兴趣
		4.5.5	能用生动有趣的教学内容调动学生学习英语的积极性
		4.5.6	能通过有效方式了解和评价学生学习英语的积极性
		4.5.7	能持之以恒设计好每一节课
		4.5.8	善用优美、幽默的教学语言和丰富的体态语等，建立和维持师生的良好关系
		4.5.9	能运用暗示教育、以长带短、适时点拨等方法帮助英语学困生
		4.5.10	在英语教学中，能引导学生自己发现错误、纠正错误
		4.5.11	在学生口语表达出现障碍时，能适当提示
		4.5.12	善于运用小组合作学习，减低学生焦虑情绪
教学材料的搜索、选择和设计	1. 能评价和选用教科书	5.1.1	能分析所用教科书的优点和缺陷，在教学中发扬优势、弥补缺陷
		5.1.2	能说出教科书评价和选择的基本原则
		5.1.3	能根据教学需要，对教科书进行科学合理的取舍
	2. 能根据教学需要，评价和选用教科书之外的教学材料	5.2.1	能鉴别学习材料是否符合教学需要
		5.2.2	能鉴别学习材料是否适合学生
	3. 能根据教学需要，自主设计教学材料	5.3.1	能鉴别教学中要求教师自主设计教学材料的情况
		5.3.2	能说出自主设计教学材料应遵循的原则
跨学科综合教学设计	1. 能识别什么时候需要进行跨学科教学	6.1.1	能发现单元主题与其他学科的交叉
		6.1.2	能发现具体教学活动与其他学科的交叉
		6.1.3	能发现综合学习活动中英语与其他学科的交叉
	2. 能进行跨学科综合教学设计	6.2.1	能与其他学科教师合作确定跨学科教学的主题
		6.2.2	能与其他学科教师合作制定跨学科教学的目标
		6.2.3	能与其他学科教师合作设计教学策略方案
	3. 能评价跨学科教学设计的效果	6.3.1	能根据跨学科教学的目标设计评价，以检验跨学科教学效果
		6.3.2	能通过有效的方式获得学生对跨学科教学的反馈和建议

续表

一级	二级	三级	
英语学习环境设计	1. 班级英语学习环境的设计	7.1.1	能进行班级物理环境中英语学习氛围的创设
		7.1.2	能根据英语课时教学的要求，灵活合理地安排座位
		7.1.3	能利用多媒体网络构建虚拟班级英语学习环境
	2. 学校英语学习环境的设计	7.2.1	能进行校园英语文化氛围的设计
		7.2.3	能进行英语广播内容的选择和设计
		7.2.4	能进行全校英语学习/展示活动的组织和设计
		7.2.5	能通过中外交流活动帮助学生获得学习和运用英语的机会
	3. 家庭英语学习环境的辅助设计	7.3.1	能推荐适合学生的英语读物
		7.3.2	能设计学生与家人进行英语交流的家庭作业
		7.3.3	能通过提建议的方式，帮助学生构建家里的英语小世界
教学再设计	1. 能积极反思自身教学设计的优点和不足	8.1.1	能根据科学的维度理性考查自己和他人的教案
		8.1.2	建立个人“教学方案集”，不断修改更新
	2. 根据学生、同行、教研员、专家等的反馈意见，改进教学设计	8.2.1	能通过观察学生的课堂反应和课后反应反思自身的教学设计
		8.2.2	能虚心听取同行、教研员、专家等的意见，改进教学设计
	3. 能对同行的课进行科学评价，并能据此反思、改进自己的教学设计	8.3.1	能根据科学的维度对同行的课进行评价
		8.3.2	能根据同行的课进行反思，改进自身的教学设计

3. 小学英语教师教学设计能力的修订与确立

为考查上述能力体系中能力项的描述是否准确、能力项是否必要以及能力项所属的级别，我们对 8 位相关专家进行了咨询——1 位国家英语课程标准研制小组核心成员、两位北京市小学英语特级教师、1 位北京市东城区小学英语教研员、两位北京教育学院英语系专家、1 位英语教育研究专家，1 位教学设计专家。在“必要性”一列中，1 为不必要，2 为一般，3 为很必要。在级别一列中，1 为“基础”，代表为实现课程标准要求的“培养学生的综合语言运用能力”，所有小学英语教师都应具备的基本能力，2 为“高级”，代表为更好地促进学生的英语学习和全面发展，教师可以拓展的高阶能力。

(1)对能力项必要性的重新考查

根据专家意见统计结果，我们挑选出所有必要性得分低于 2.6(含)的能力项，见表 2-3，进行了必要性的重新考查。

表 2-3 必要性低于 2.6(含)的能力项汇总

类别	编号	描述	必要性	级别
掌握课程标准	1.1.4	熟悉英语课程标准中二级以上要求，有衔接意识	2.4	1.7
	1.2.1	能说出教育方针政策、课程标准、课堂教学目标之间的关系	2.4	1.7
教学目标分析	3.3.2	能参考加涅的学习结果分类方法对细化的教学目标进行分类	2.1	1.4
教学策略与教学评价设计	4.1.1	能说出书写教学和语音教学的共同之处和基本过程	2.6	1.1
	4.1.4	能带领学生总结书写/语音规则，并采用口诀的方式帮助学生记忆	2.4	1
	4.1.6	能设计要求学生快速反应的综合练习，促进书写/语音技能掌握的自动化	2.6	1.3
	4.2.3	能通过形象的方式或口诀，帮助学生建立大小写字母的形—形联系	2.6	1.1
	4.3.2	能和学生一起发现字母形状/音素读音学习的诀窍、口诀等	2.4	1
	4.3.7	能说出语法概念学习在小学英语教学中的作用	2.6	1
	4.3.11	能自编或查找口诀促进学生对语法概念特征的记忆	2	0.9
	4.3.12	能设置概念运用的情景，在运用中帮助学生提升对语法概念的理解	2.6	1
	4.3.13	能说出语言意义学习和语言形式学习的关系	2.4	1.1
	4.3.15	能围绕所学语言规则设计多种示例变式，促进学生对语言规则的理解	2.6	1.1
	4.3.21	能阐明语言生成的心理机制	2.6	1.4
	4.3.25	能帮助学生确定素材使用的最佳顺序	2.6	1.6
	4.4.8	知道策略学习的长期性，指导学生建立“英语学习方法笔记本”	2.1	1.4
	4.4.9	知道交流学习策略对学生的益处，定期组织学生交流总结	2.3	1.4
	4.4.10	能通过科学有效的方法，评价学生对学习策略的掌握	2.3	1
	4.5.7	能持之以恒设计好每一节课	2.6	1
教学材料的搜索、选择与设计	5.1.2	能说出教科书评价和选择的基本原则	2.4	1.7
跨学科综合教学设计	6.1.2	能发现具体教学活动与其他学科的交叉	2.6	1.7
	6.1.3	能发现综合学习活动中英语与其他学科的交叉	2.6	1.7
	6.2.1	能与其他学科教师合作确定跨学科教学的主题	2.6	1.9
	6.2.2	能与其他学科教师合作制定跨学科教学的目标	2.6	1.9
	6.2.3	能与其他学科教师合作设计教学策略方案	2.6	1.9
	6.3.1	能根据跨学科教学的目标设计评价，以检验跨学科教学效果	2.6	1.9
英语学习环境设计	7.1.3	能利用多媒体网络构建虚拟班级英语学习环境	2.6	1.6

导致上述能力项平均分偏低的原因有很多种，如教学设计与英语教育话语体系的差异(自动化、示例变式、学习结果分类)、教学内容本身有争议(语法概念的教学)、方法是否对小学生适用(策略教学的方法)、教学专题尚未得到充分重视(跨学科教学)等。经过重新考查，对下列能力项进行重新调整。

• 能力项 1.1.4：熟悉英语课程标准中二级以上要求，有衔接意识

本项必要性平均分为 2.4，我们从教师访谈中得知，在英语学习条件较好的学校，确实有部分学生超过了课程标准中相应级别的要求，因此，标准衔接意识是有必要的。鉴于四年级以下的学生也有可能超过一级水平，需要教师提高目标要求，因此，能力项调整为“熟悉英语课程标准中比当前学生阶段高一级的要求，有衔接意识”。

• 能力项 1.2.1：能说出教育方针政策、课程标准、课堂教学目标之间的关系

本项必要性平均分为 2.4，研究者考虑到教育方针政策更多地体现在学校管理层面，在本教学设计能力体系中的必要性不明显。据此，能力项调整为“能说出课程标准与课堂教学目标之间的关系”。

• 能力项 3.3.2：能参考加涅的学习结果分类方法对细化的教学目标进行分类

本项必要性平均分为 2.1，由于英语教育专家对教学设计理论能给英语教学带来的益处认识还不深，导致本项得分偏低。有专家提出，加涅的学习结果分类只是对学习目标进行分类的方法之一，因此，本项调整为“能对细化的教学目标进行分类”。

• 能力项 4.1.1：能说出书写教学和语音教学的共同之处和基本过程

本项必要性平均分为 2.6，有专家提出，知道书写和语音教学的共同之处是没有必要的，因此，本项调整成“能说出书写教学和语音教学的基本过程”。

• “口诀”相关能力项

从统计中发现，能力项中带有“口诀”的，必要性得分都不高。例如，“能力项 4.1.4：能带领学生总结书写/语音规则，并采用口诀的方式帮助学生记忆”“能力项 4.3.2：能和学生一起发现字母形状/音素读音学习的诀窍、口诀等”“能力项 4.2.3：能通过形象的方式或口诀，帮助学生建立大小写字母的形—形联系”。

有专家提出，在语言教学中，口诀要慎用，否则可能导致学生学会的是口诀，而非语言知识和技能本身。因此调整为“能力项 4.1.4：能带领学生总结书写/语音规则”“能力项 4.3.2：能和学生一起发现字母形状/音素读音学习的规律”“能力项 4.2.3：能通过形象的方式，帮助学生建立大小写字母的形—形联系”。

• 能力项 4.3.11：能自编或查找口诀促进学生对语法概念特征的记忆

此项必要性平均分为 2，要不要教学语法概念以及如何教语法概念是当前小学英语教育领域存在争议的问题。我们认为，语法概念是应该在教学中介绍的，否则师生之间无法就相关教学问题进行交流，但考虑到小学生的特点，应在感知中领会语法概念，而非通过记忆特征掌握语法概念。因此，能力项调整为“能运用形象有趣的方式促进学生对语法概念特征的记忆”。

• 能力项 4.4.8：知道策略学习的长期性，指导学生建立“英语学习方法笔记本”

• 能力项 4.4.9：知道交流学习策略对学生的益处，定期组织学生交流总结

有专家提出，“学习方法笔记本”太抽象，小学生的抽象思维还不够强，因此，这种方法更适合初中生、高中生，不太适合小学生。据此，能力项调整为“知道应在日常教学中长期渗透策略教学”“运用恰当的方式促进有效学习策略在学生中的传播使用”。

·能力项 4.5.7：能持之以恒地设计好每一节课

本项必要性平均分为 2.6，咨询中有专家指出，本项更多是对英语教师职业态度的要求，不能作为一项教学设计能力。据此，在能力体系中删除此项。

·跨学科综合教学设计能力项

咨询中，有专家提出，不能为了“跨学科”而“跨学科”。因此，在“能识别什么时候需要进行跨学科教学”二级能力群下增加“能鉴别需与其他学科教师合作进行教学设计的情况”，即只有存在跨学科教学的需要的时候，才有必要进行跨学科教学设计。该能力项的级别为“高级”。

(2)对表述不科学、不规范的能力项的修正

表述不科学是指能力项的描述有瑕疵，可能导致读者对英语教学理解上的偏差，以下是对表述不科学能力项的修正。

·能力项 1.3.3：能说出语言输入(input)、吸入(intake)、输出(output)的关系

有专家提出，在当前小学英语教研话语体系中，intake 翻译成“内化”，而非“吸入”；output 翻译成“产出”，而非“输出”。据此，能力项调整为“能说出语言输入(input)、内化(intake)、产出(output)的关系”。

·能力项 3.1.1：能根据课程标准的相关级别要求，编制或选择标准化等级测试题目

有专家对“标准化等级测试”的提法提出了质疑，认为“标准化”概念本身难以界定清楚，可能导致读者难以准确理解此项。据此，本项调整成“能根据课程标准的相关级别要求，编制或选择起点水平测试题目”。

·能力项 4.2.6：能为新学单词设计简单而典型的语境

·能力项 4.3.14：能为将要学习的语言规则设置契合的、简单的引入情境

·能力项 4.3.9：能运用简单、典型的实例呈现语法概念

有专家提出“简单”的说法比较模糊。据此，能力项调整为“能为新学单词设计恰当而典型的语境”“能为将要学习的语言规则设置契合的、适合学生水平的引入情境”“能运用恰当、典型的实例呈现语法概念”。

·能力项 4.2.11：能设计评价活动，检测学生对单词的音形义及其运用的掌握情况

有专家提出尽管“音形义”是通常的说法，但音义之间的联系是首要的，据此，能力项调整为“能设计评价活动，检测学生对单词的音义形及其运用的掌握情况”。

·能力项：5.1.3 能根据教学需要，对教科书进行科学合理的取舍

有专家指出，教师对教科书不单有取舍，还有补充。据此，能力项调整为“能根据教学需要，对教科书进行科学合理的取舍和补充”。

·能力项：7.3.1 能推荐适合学生的英语读物

有专家建议改成不仅有读物，还有多媒体学习材料等。据此，本项调整为“能推荐适合学生的英语学习材料”。

咨询中，多位专家提出，一、二、三级能力体系的表述最好采用统一的行为描述法，即“能做什么”，更便于读者理解，同时也更规范；同时，能力体系的描述应力求简洁，据此，我们对能力体系的描述进行了重新考量和修正，在此不一一罗列。

(3)对能力项顺序和级别的修正

咨询中，有专家提出，同一分类中的能力项应按照由易到难的顺序排列。通常，“能说出”是比“能做到”相对简单的层次，“能说出”的不一定能“能做到”。据此，我们对能力

项的先后顺序进行了重新考量和修正，在此不一一罗列。

还有，基础能力指的是为帮助学生达到课程标准规定的相应级别要求，教师必须具备的能力；高级是指为更好地促进学生英语学习和全面发展，教师可以拓展的高阶能力。表 2-4 是对 18 项高级能力的汇总。

表 2-4 专家咨询初步确定的 18 项高级能力

类别	编号	描述
掌握课程标准	1.1.4	熟悉英语课程标准中二级以上要求，有衔接意识
	1.2.1	能说出教育方针政策、课程标准、课堂教学目标之间的关系
学情分析	2.4.1	能长期坚持完善学生的学情档案
	2.4.2	能从学情档案中总结出经验和规律，得出有效的教学策略
教学目标分析与阐明	3.1.2	能对测试结果进行个体数据分析，并将分析结果写入学情档案
	3.1.3	能对测试结果进行群体数据分析，得出学期教学目标
教学策略与教学评价设计	4.3.25	能帮助学生确定素材使用的最佳顺序
教学材料的搜索、选择与设计	5.1.1	能分析所用教科书的优点和缺陷，在教学中发扬优势、弥补缺陷
	5.1.2	能说出教科书评价和选择的基本原则
跨学科综合教学设计	6.1.2	能发现具体教学活动与其他学科的交叉
	6.1.3	能发现综合学习活动中英语与其他学科的交叉
	6.2.1	能与其他学科教师合作确定跨学科教学的主题
	6.2.2	能与其他学科教师合作制定跨学科教学的目标
	6.2.3	能与其他学科教师合作设计教学策略方案
	6.3.1	能根据跨学科教学的目标设计评价，以检验跨学科教学效果
	6.3.2	能通过有效的方式获得学生对跨学科教学的反馈和建议
英语学习环境设计	7.1.3	能利用多媒体网络构建虚拟班级英语学习环境

对上述高级能力项重新考量，具体调整如下。

· 能力项 1.2.1：能说出教育方针政策、课程标准、课堂教学目标之间的关系

该项调整成了“能说出课程标准与课堂教学目标之间的关系”，由于英语教学应是基于课程标准的教学，明确课程标准与课堂教学目标之间的关系是必需的，从教师访谈中我们也发现绝大多数教师具备此项能力，因此该能力项级别调整为“基础”。

· 能力项 3.1.2：能对测试结果进行个体数据分析，并将分析结果写入学情档案

· 能力项 3.1.3：能对测试结果进行群体数据分析，得出学期教学目标

对测试结果进行基本的数据分析是所有学科教师应具备的能力，因此该两项级别调整为“基础”。

此外，根据本研究对“基础”和“高级”能力项的定义，对专家们认为是“基础”的能力项进行重新考量，具体调整如下。

・能力项 2.4.1：能长期坚持完善学生的学情档案

该项可与“能力项 2.2.2：能根据鉴别出的因素，建立学生的学情档案”合并，调整为“能力项 2.2.2：能根据鉴别出的因素，建立并不断完善学生的学情档案”，原有能力项 2.4.1 删除，原有能力项 2.2.2 调整为“高级”。

・能力项 3.2.1：能根据学生水平、教学时机、本地情况，确定各单元的主题并安排顺序

教师因地制宜调整教科书对单元预先安排，体现了教师能灵活运用教科书的能力，因此，该项调整为“高级”。

・能力项 6.1.1：能发现单元主题与其他学科的交叉

此项的级别评分为 1.4，是跨学科教学设计下唯一为基础的能力项，考虑到跨学科教学设计更有助于学生的全面发展。因此，本项级别调整为“高级”。

・英语学习环境设计相关能力项

英语教师参与学校的英语学习环境设计，以及帮助学生构建良好的家庭英语学习环境，是在课堂教学之外促进学生英语学习和全面发展的工作，因此，相关的能力项级别调整为“高级”。

・小学英语教学设计原理类能力项

在“教学策略与评价设计”能力群下，除了教师“做什么”的能力项之外，还有一些涉及小学英语教学设计原理类的能力项，如“能力项 4.1.2：能说出材料示范和教师示范在书写和语音教学中的作用”“能力项 4.2.5：能说出语境在单词学习中的作用”“能力项 4.3.7：能说出语法概念学习在小学英语教学中的作用”“能力项 4.3.13：能说出语言意义学习和语言形式学习的关系”“能力项 4.3.21：能阐明语言生成的心理机制”“能力项 4.4.1：能阐明学习策略在小学英语学习中的作用”“能力项 4.5.1：能阐明情感因素对英语学习的促进和阻碍作用”。这些能力项代表教师能理解小学英语相关项目教学设计的关键问题，因此，上述能力项调整为“高级”。

经过专家咨询，140 个能力项区分出了基础(107 项，约占 76%)、高级(33 项，约占 24%)。最终，确定了经过专家咨询修正的小学英语教师教学设计能力体系，见表 2-5。

表 2-5　小学英语教师教学设计能力体系

一级	二级	三级		级别
1. 掌握英语课程标准	1. 熟悉英语课程标准	1.1.1	能阐述小学开设英语课的目的及其对学生发展和社会发展的影响	1
		1.1.2	能描述课程标准规定的总体目标和一二级具体目标要求	1
		1.1.3	熟悉英语课程标准中的五项内容标准分类及其一二级要求	1
		1.1.4	熟悉英语课程标准中比当前学段高一级的要求，有衔接意识	2
	2. 能说出英语课程标准的作用	1.2.1	能说出课程标准与课堂教学目标之间的关系	1
		1.2.2	能阐明英语课程标准的指导和规范作用	1

续表

一级	二级	三级		级别
1. 掌握英语课程标准	3. 能总结英语课程标准中蕴含的教育教学理念	1.3.1	能阐明英语课程是人文性和工具性的统一	1
		1.3.2	能说出语言知识和语言技能的关系	1
		1.3.3	能说出语言输入(input)、内化(intake)、产出(output)的关系	1
		1.3.4	能说出语言能力和交际能力的关系	1
		1.3.5	能面向全体学生和面向学生全面发展设计教学	1
		1.3.6	能以学生为中心设计教学	1
	4. 能自觉用英语课程标准指导日常教学	1.4.1	在设计、实施、评价教学时，能自觉、主动地接受英语课程标准的引领和指导	1
2. 学情分析	1. 能说出为什么要分析学情	2.1.1	能面向全体、关注学生的差异	1
		2.1.2	能阐明学情分析对小学英语教学的作用	1
	2. 能说出学情分析包括的内容	2.2.1	能鉴别出哪些因素可能影响小学生的英语学习	1
		2.2.2	能根据鉴别出的因素，建立并不断完善学生的学情档案	2
	3. 能通过有效恰当的方式分析学情	2.3.1	能通过有效恰当的方式调查学情	1
		2.3.2	能通过有效恰当的方式分析学情，并将分析结果写入学情档案	1
	4. 能根据学情分析的结果得出教学建议	2.4.2	能从学情档案中总结出经验和规律，得出有效的教学策略	2
3. 教学目标分析与阐明	1. 确定学期教学目标	3.1.1	能根据课程标准的相关级别要求，编制或选择起点水平测试题目	1
		3.1.2	能对测试结果进行个体数据分析，并将分析结果写入学情档案	1
		3.1.3	能对测试结果进行群体数据分析，得出学期教学目标	1
	2. 确定和阐明单元教学目标	3.2.1	能查找尽量多的契合主题和学生的英语学习材料	1
		3.2.2	根据学生水平、教学时机、本地情况，确定各单元的主题并安排顺序	2
		3.2.3	能根据课程标准、学期教学目标，结合语言学习材料，确定单元教学目标	1
		3.2.4	能准确、清晰地阐明单元教学目标	1
	3. 单元教学目标分析	3.3.1	能对单元教学目标进行分析和细化	1
		3.3.2	能对细化的单元教学目标进行分类	1
		3.3.3	能通过前测了解学生的起点和对目标技能的掌握，确定教学侧重点	1
	4. 确定课时顺序，编写课时教学目标	3.4.1	能根据单元教学目标分析和课时时间，划分课时	1
		3.4.2	能准确、清晰地阐明课时教学目标	1

续表

<table>
<tr><th>一级</th><th colspan="2">二级</th><th colspan="2">三级</th><th>级别</th></tr>
<tr><td rowspan="27">4. 教学策略与教学评价设计</td><td rowspan="7">1. 动作技能类目标的教学策略和评价设计</td><td rowspan="7">读音和书写教学</td><td>4.1.1</td><td>能说出书写教学和语音教学的基本过程</td><td>1</td></tr>
<tr><td>4.1.2</td><td>能说出材料示范和教师示范在书写和语音教学中的作用</td><td>2</td></tr>
<tr><td>4.1.3</td><td>能选择合适的书写/语音示范材料，进行材料示范</td><td>1</td></tr>
<tr><td>4.1.4</td><td>能带领学生总结书写/语音内容的规则</td><td>1</td></tr>
<tr><td>4.1.5</td><td>能设计多种形式的练习方式，帮助学生在操练中熟练书写/语音技能</td><td>1</td></tr>
<tr><td>4.1.6</td><td>能设计要求学生快速反应的综合练习，促进书写/语音技能掌握的自动化</td><td>1</td></tr>
<tr><td>4.1.7</td><td>能评价学生书写、语音学习的准确性和流利性</td><td>1</td></tr>
<tr><td rowspan="20">2. 言语信息类目标的教学策略和评价设计</td><td rowspan="4">字母教学</td><td>4.2.1</td><td>能帮助学生意识到字母学习的意义</td><td>1</td></tr>
<tr><td>4.2.2</td><td>能通过有效的方式同时呈现字母的音和形，建立字母的音—形联系</td><td>1</td></tr>
<tr><td>4.2.3</td><td>能通过形象的方式，帮助学生建立大小写字母的形—形联系</td><td>1</td></tr>
<tr><td>4.2.4</td><td>能有效帮助学生建立和巩固字母连锁</td><td>1</td></tr>
<tr><td rowspan="7">单词教学</td><td>4.2.5</td><td>能说出语境在单词学习中的作用</td><td>2</td></tr>
<tr><td>4.2.6</td><td>能为新学单词设计恰当而典型的语境</td><td>1</td></tr>
<tr><td>4.2.7</td><td>能判断新学单词词义的最佳呈现方式</td><td>1</td></tr>
<tr><td>4.2.8</td><td>能根据新学单词的特点，帮助学生建立单词音义形之间的联系</td><td>1</td></tr>
<tr><td>4.2.9</td><td>能有意识地用已学单词、句型来带学新单词</td><td>1</td></tr>
<tr><td>4.2.10</td><td>能设计学生感兴趣的专题任务，帮助学生巩固词汇网络</td><td>1</td></tr>
<tr><td>4.2.11</td><td>能设计评价活动，检测学生对单词的音义形及其运用的掌握情况</td><td>1</td></tr>
<tr><td rowspan="9">听/读教学</td><td>4.2.12</td><td>能选择适合学生的、可理解的英语学习材料</td><td>1</td></tr>
<tr><td>4.2.13</td><td>能鉴别出哪些听/读材料需要事先帮助学生激活和补充背景知识</td><td>1</td></tr>
<tr><td>4.2.14</td><td>能根据学生的需要设计恰当的背景知识、必要语言知识的激活方式</td><td>1</td></tr>
<tr><td>4.2.15</td><td>能为听/读活动设计引导性问题</td><td>1</td></tr>
<tr><td>4.2.16</td><td>能根据学生情况和材料特点，选择相应的注意策略和猜测策略进行提示</td><td>1</td></tr>
<tr><td>4.2.17</td><td>能根据学生情况和听/读活动特点，设计不同类型的理解性任务</td><td>1</td></tr>
<tr><td>4.2.18</td><td>能根据学生情况和听/读活动特点，将听和读的活动科学结合</td><td>1</td></tr>
<tr><td>4.2.19</td><td>能根据学生情况和听/读活动特点，设计不同类型的综合输出性任务</td><td>1</td></tr>
<tr><td>4.2.20</td><td>能根据学生情况和听/读活动特点，设计不同类型的评价性任务</td><td>1</td></tr>
</table>

续表

一级	二级		三级		级别
4. 教学策略与教学评价设计	3. 智慧技能类目标的教学策略和评价设计	辨音/形	4.3.1	能说出英语学习中辨音和辨形的重要性	1
			4.3.2	能和学生一起发现字母形状、音素读音学习的规律	1
			4.3.3	能运用恰当的方法帮助学生掌握每个音、形的特点	1
			4.3.4	能发现学生容易混淆的音、形，运用恰当的方式帮助学生进行区分	1
			4.3.5	能及时发现学生的读音或书写错误，采用适当的方式进行纠正	1
			4.3.6	能设计适合学生的辨音、辨形练习	1
		定义性概念	4.3.7	能说出语法概念学习在小学英语教学中的作用	2
			4.3.8	能发现小学生理解语法概念的难点	1
			4.3.9	能运用恰当、典型的实例呈现语法概念	1
			4.3.10	能设计形象活动，帮助学生理解语法概念的含义	1
			4.3.11	能运用形象有趣的方式促进学生对语法概念特征的记忆	1
			4.3.12	能设置概念运用的情景，帮助学生提升对语法概念的理解	1
		语言规则	4.3.13	能说出语言意义学习和语言形式学习的关系	2
			4.3.14	能为将要学习的语言规则设置契合的、适合学生水平的引入情境	1
			4.3.15	能围绕所学语言规则设计多种变式练习，促进学生对语言规则的理解	1
			4.3.16	能带领学生发现和总结出所学语言规则	1
			4.3.17	能围绕所学语言规则设计多种变式，帮助学生熟练语言规则	1
			4.3.18	围绕所学语言规则设置综合的、契合的运用情境，促进学生的流利表达	1
			4.3.19	能用已学单词或句型带学新句型	1
		交际性的说/写	4.3.20	能说出交际性的说和写的特点	1
			4.3.21	能阐明语言生成的心理机制	2
			4.3.22	能运用实物、多媒体等布置课堂，重现现实的交际场景	1
			4.3.23	能帮助学生搜索话题交际的语言素材，激活关键词和句型	1
			4.3.24	能帮助学生合理地取舍和选择语言素材	1
			4.3.25	能帮助学生确定语言素材使用的最佳顺序	2
			4.3.26	能设计有挑战性的、适合学生的交际活动或任务	1
			4.3.27	能运用恰当的方式帮助学生调整交际行为	1
			4.3.28	能为交际活动确定评价维度、评价方式和评价主体	1

续表

一级	二级	三级		级别
4. 教学策略与教学评价设计	4. 学习策略类目标的教学策略和评价设计	4.4.1	能阐明学习策略在小学英语学习中的作用	2
		4.4.2	能说出英语学习策略的学习目标	1
		4.4.3	能帮助小学生了解学习策略的意义	1
		4.4.4	能准确了解学生的学习策略掌握情况，明确班级整体和学生个体的优势和薄弱处	1
		4.4.5	能选择最佳的学习策略使用情境进行引入	1
		4.4.6	知道应在日常教学中长期渗透策略教学	1
		4.4.7	能示范策略使用的思维过程，指导学生练习使用新策略	1
		4.4.8	能运用恰当的方式促进有效学习策略在学生中传播、使用	1
		4.4.9	能通过科学有效的方法，评价学生对学习策略的掌握	1
	5. 情感态度类目标的教学策略和评价设计	4.5.1	能阐明情感因素对英语学习的促进和阻碍作用	2
		4.5.2	能用激情、友好的情绪感染学生	1
		4.5.3	能为课前热身环节设计有效的教学活动	1
		4.5.4	能设计多样的参与性教学活动，激发和维持学生学习英语的兴趣	1
		4.5.5	能用生动有趣的教学内容调动学生学习英语的积极性	1
		4.5.6	能通过有效方式了解和评价学生学习英语的积极性	1
		4.5.7	能恰当设计教学语言和体态语等，维持师生的良好关系	1
		4.5.8	能通过有效方式帮助英语学困生	1
		4.5.9	能引导学生自己发现错误、自我纠正错误	1
		4.5.10	当学生口语表达出现障碍时，能适当提示	1
		4.5.11	能恰当运用小组合作学习，降低学生的学习焦虑	1
5. 教学材料的搜索、选择与设计	1. 能评价和选用教科书	5.1.1	能分析所用教科书的优点和缺陷，发扬优势、弥补缺陷	2
		5.1.2	能说出教科书评价和选择的基本原则	2
		5.1.3	能根据教学需要，对教科书进行科学合理的取舍和补充	1
	2. 能评价和选用教科书之外的学习材料	5.2.1	能鉴别学习材料是否符合教学需要	1
		5.2.2	能鉴别学习材料是否适合学生	1
	3. 能自主设计教学材料	5.3.1	能鉴别教学中需要自主设计教学材料的情况	1
		5.3.2	能说出自主设计教学材料应遵循的原则	1
		5.3.3	能根据教学需要，自主设计有效的教学材料	1

续表

一级	二级	三级		级别
6. 跨学科综合教学设计	1. 能识别什么时候需要进行跨学科教学	6.1.1	能发现单元主题与其他学科的交叉	2
		6.1.2	能发现具体教学活动与其他学科的交叉	2
		6.1.3	能发现综合学习活动中英语与其他学科的交叉	2
	2. 能进行跨学科综合教学设计	6.1.4	能鉴别需与其他学科教师合作进行教学设计的情况	2
		6.2.1	能与其他学科教师合作确定跨学科教学的主题	2
		6.2.2	能与其他学科教师合作制订跨学科教学的目标	2
		6.2.3	能与其他学科教师合作设计教学策略方案	2
	3. 能评价跨学科教学设计的效果	6.3.1	能根据跨学科教学的目标设计评价，检验教学效果	2
		6.3.2	能通过有效的方式获得学生对跨学科教学的反馈和建议	2
7. 英语学习环境设计	1. 班级英语学习环境的设计	7.1.1	能进行班级物理环境中英语学习氛围的创设	2
		7.1.2	能根据教学需求，灵活合理地安排座位	2
		7.1.3	能利用多媒体网络构建虚拟班级英语学习环境	2
	2. 学校英语学习环境的设计	7.2.1	能进行校园英语文化氛围的设计	2
		7.2.2	能进行英语广播内容的选择和设计	2
		7.2.3	能进行全校英语综合活动的组织和设计	2
		7.2.4	能通过中外交流活动等为学生创造运用英语的真实情境	2
	3. 家庭英语学习环境的辅助设计	7.3.1	能推荐适合学生的英语学习材料	2
		7.3.2	能设计学生与家人进行英语交流的家庭作业	2
		7.3.3	能通过提建议等方式，帮助学生构建家里的英语小世界	2
8. 教学再设计	1. 能积极反思自己的教学设计	8.1.1	能根据科学的维度理性考查自己和他人的教案	1
		8.1.2	能持续修改更新自己的教案	1
	2. 能根据反馈意见 改进教学设计	8.2.1	能通过学生的课堂、课后反应反思自身的教学设计	1
		8.2.2	能虚心听取同行、教研员、专家等的意见，改进教学设计	1
	3. 能对同行的教案、课堂教学进行科学评价	8.3.1	能根据科学的维度对教案进行评价	1
		8.3.2	能根据同行的课、教案进行反思，改进自身的教学设计	1

从小学英语教师教学设计能力体系的构建过程可以看出，学科教师教学设计能力体系的构建需要学科专家、学科教研员、学科教师、教学设计人员等的共同参与。

当然，这里我们只是提供了小学数学教师和小学英语教师的教学设计能力体系的研究成果，作为教学设计学科化在教师教学设计能力方面的一个示例。按照这个思路，还可以从事不同学段不同学科的教师教学设计能力体系的构建研究。可以看出，具体到不同学段不同学科的教师教学设计能力体系，确实可以作为学科教师的教学设计能力标准。依据这个标准，我们更能判断出教师存在的差距，也能更有针对性地提出提高教师学科教学设计能力的策略和途径。

第 3 章　教学设计过程模式学科化应用研究

上一章阐述了我们关于教学设计学科化研究的成果之一——学科教师教学设计能力体系的研究。按照我们研究的时间顺序，这一章将呈现我们和学科教师一起将整个教学设计过程模式应用于某些学科部分内容的学科教学设计研究成果。

本章我们首先呈现出教学设计过程的一般模式，之后，选择小学语文教学中的口语交际和中年段写作教学，以及小学科学态度教学为主要内容，对它们进行全过程的教学设计。这些内容涉及认知、动作技能和情感态度领域的教学目标，因此具有一定的学科内容代表性。

3.1　教学设计过程的一般模式

教学设计理论与实践发展至今，形成了数百种教学设计过程模式，表 3-1 中呈现了教学设计过程模式的具有代表性的部分研究成果。而这些教学设计模式大致又可以分为三大类：以系统为中心的模式(IDI 教学开发模式，1971；西尔斯和格拉斯哥模式，1990)、以产品为中心的模式(Van Patten 模式，1989)、以课堂为中心的模式(格拉奇和伊利模式，1980；肯普模式，1996)。[①] 我国的教学设计模式大多是以早期国外的这大三类教学设计模式为基石，结合某种理论或方法，借鉴或仿照国外模式不断演变而来的。

表 3-1　教学设计过程模式相关研究成果

研究者	研究结论
格拉齐和埃利(1980)	格拉齐和埃利模式，该模式是以课堂为中心的教学设计过程模式，首先对内容和目标作一详细说明，然后评定学习者的初始能力，在此基础上确定教学策略、安排教学组织形式、分配时间和空间、选择教学资源，最后评价学生行为
肯普(1985)	十要素椭圆结构模式中关键要素为：教学问题、学习者特征、学科内容任务分析、学习目标、教学活动、教学资源、提供的辅助性服务、学习评价、预测、形成性评价和总结性评价
西尔斯和格拉斯哥(1990)	西尔斯和格拉斯哥模式，该模式是以系统为中心的教学设计过程模式，包含以下要素：问题分析、任务和教学分析、目标与测试、教学策略、媒体决策、材料开发、形成性评价、实施维持、总结性评价、普及推广
乌美娜(1994)	基于国外众多模式归纳出一般的教学设计过程模式要素为：学习需要分析、学习内容分析、学习目标的阐明、学习者分析、教学策略的制定、教学媒体的选择和利用、教学设计成果的评价

① 乌美娜：《教学设计》，44 页，北京，高等教育出版社，1994。

续表

研究者	研究结论
迪克和凯瑞（1990，1996）	迪克和凯瑞模式是比较著名的系统化教学设计过程模式，包括：确定教学目标、进行教学分析、分析学生与情境、陈述行为目标、编制标准参照测验、选择或开发教学策略、设计和选择教学材料、设计和进行形成性评价、修改教学、设计和进行总结性评价
史密斯和雷根（1993）	史密斯和雷根模式，该模式要回答"我们去哪里""我们如何到达那里""我们如何知道已到达那里"这三个问题(Mager，1984)，教学设计者要从事三项主要活动：分析(学习情境、学习者、学习任务)，选择教学策略(组织策略、传输策略、管理策略)，评价(实施形成性评价、修改教学)
迪克和凯瑞（2005）	2005 年在其著作的修订版中，迪克等人对系统化教学设计过程模式进行了补充和完善：评估需求、确定目的、进行教学分析、分析学习者与情境、书写行为表现目标、开发评估工具、开发教学策略、开发和选择教学材料、设计和进行形成性评价、修改教学、设计和进行总结性评价
刘美凤(2011)	通过实践对乌美娜模式做了调整：学习需要分析和教学环境分析、学习内容分析、学习者分析、学习目标的阐明、教学策略的制定(教学顺序、教学活动、教学组织形式、教学媒体)、教学设计成果的评价、教学设计成果推广
ADDIE 模式	ADDIE 模式是最基本的教学系统设计过程模式，包括五个阶段或成分：分析、设计、开发、实施、评价

在总结国内外教学设计各种模式的基础上，乌美娜教授提出了教学设计的一般模式①(图 3-1)，这对教学设计实践工作具有很好的指导作用，尤其是该模式以学习理论、教学理论、传播理论、系统理论为理论基础，相对系统地考虑了教学设计的整体。

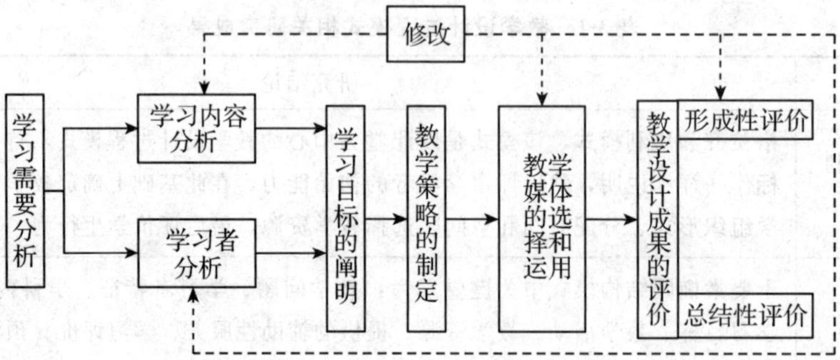

图 3-1　教学设计的一般过程模式

3.2　小学语文口语交际教学设计

口语交际教学在我国的历史不长，它的发展离不开语文学科的发展。1903 年，《奏定

① 乌美娜：《教学设计》，53 页，北京，高等教育出版社，1994。

学堂章程》设有“中国文字”“中国文学”，语文学科作为一门课程正式建立。[①] 其最初形态是语文教学中的听说教学，听说教学随着语文教学的沉浮经历了发端、停滞、复苏和发展四个阶段。[②] 2000年，听说教学正式更名为口语交际，随后关于口语交际教学的研究才开始出现。然而由于其发展历史较短以及对其进行相关研究的根基薄弱，还有其自身的复杂性，口语交际教学成了语文学科教学中的一个难点。因此我们选取了语文学科中的口语交际教学内容作为语文学科教学设计的切入点。

口语交际是交际的一种重要形式，涉及交际学的理论、语言教学理论。因此，交际学理论、语言教学理论、教学设计理论和小学生心理发展规律等均是我们对小学口语交际课程进行教学设计时需要依据的理论基础。

3.2.1　小学语文口语交际课程目标的设计

课程目标是教师设计教学的重要基础，也是单元目标和课堂教学目标的基础。调研发现，我国的口语交际课程目标过于概括和笼统，教师普遍反映课程目标的模糊使得口语交际教学没有方向性。因此，有必要重新为教师设计详细、丰富、易于操作的口语交际课程目标。

施良方在《课程开发论》里提出，课程目标的编写应该考虑到三方面的因素：社会需求、学科结构和学生的心理特征。口语交际课程目标的设定同样可以从这三方面考虑。第一，从社会需求看，根据口语交际的定义，社会对人的口语交际能力的要求主要有传递信息和表情达意两个方面。第二，从学科结构上看，口语交际课程目标应该包括口语交际能力构成。第三，从学生的心理特征看，不同学段的学生的口语交际能力差异显著，课程目标应该表现出学段的差异性。

根据这三方面因素，我们设计口语交际课程目标经历了四个研究过程。①确定口语交际能力构成：通过对交际学、语言学等与口语交际有关的文献进行研究而形成。这不仅从学科结构方面保证了目标的全面准确，也为课程目标的设计提供了框架。②分析各国小学口语交际课程目标：首先分析其整体结构设计，然后逐条分析其条目表述，依据年段，将各国的类似的表述合并归类。③课程目标的初步提出：首先确定课程目标的整体结构，然后根据口语交际能力构成确定一级、二级维度，最后用条目性要求对每个维度进行了详细阐述。④修改确定课程目标：为了提高课程目标的精确性和适用性，我们访谈了两位语文教育专家，根据他们的意见修改了课程目标。课程目标的一级、二级维度依据的是口语交际能力构成，目标的条目阐述着重强调了“传递信息和表情达意”的社会功能，并标注了条目适合的年段，体现了口语交际能力在不同年段的不同要求，这样我们就从社会需求、学科结构和学生心理特征三方面保证了课程目标构建的科学性与合理性。

1. 口语交际能力构成

要确定口语交际能力构成，首先，我们需要分析口语交际的特点对口语交际能力构成的独特要求。其次，我们需要从交际能力构成角度分析口语交际能力构成，综合两者确定口语交际能力构成。最后，以交际的核心要素做框架，对口语交际能力构成进行

① 李海林：《言语教学论》，上海，上海教育出版社，2000。

② 邱娟飞：《小学语文口语交际教学现状及对策研究》，硕士学位论文，华东师范大学，2005。

分类。

(1)口语的特点对口语交际能力构成的要求

口语的特点使得口语交际和书面语交际有着很大的不同。口语有着明确的说话对象，并在特定的情境下发生，对情境性的独特要求使得交际主体应该具备语境适应能力。口语表达伴随着副语言手段，并经常用体态语辅助表达效果，因而要求交际主体具备体态语能力；口语交际听说即时转换，对思维敏捷性的要求较高，因而要求交际主体具备一定的思维能力和心理素质。同时，口语表达要求具备基本的听说能力，即倾听能力和语音能力。综上所述，从口语的特点出发，口语交际能力构成应该包括语境适应能力、体态语能力、思维能力、心理素质、倾听能力和语音能力。

(2)交际能力构成对口语交际能力构成的要求

以上我们是通过分析口语的特点来确定口语交际过程中交际主体需要的能力，我们再通过分析交际语言能力机构来确定一般的交际过程所需要的交际能力。对交际语言能力结构的分析主要通过对比巴奇曼的交际性语言能力模型与卡纳尔和斯温的交际语言模式来进行。

巴奇曼(L. Bachman)的交际性语言能力模型中包含的“情境的背景”既包括宏观的社会文化背景，也包括微观的时空背景。这个“情境”包含了卡纳尔和斯温模式中社会语言能力中所说的“各种语境”和语篇能力中所指的“口头和书面语境”。巴奇曼的模型中“策略能力”是指有效应用“语言知识”和“对世界的知识”在符合“心理生理运动机制”的基础上，适应“情境的背景”，完成交际任务。在完成交际任务的过程中，体现了交际者的“语法能力、社会语言能力、语篇能力和策略能力”，也就是卡纳尔和斯温模式的构成。因此，可以说两者对于交际能力构成的分析是殊途同归，只是卡纳尔和斯温的模式着重从目标能力的角度，而巴奇曼是从交际过程能力的角度对口语交际能力结构分析。从交际能力的角度，我们可以理解交际过程为：交际主体运用策略能力，在符合生理心理运行机制的基础上，使得语言知识适应各种情境。因此，交际过程需要交际主体的语言知识、适应语境的能力、策略能力和交际心理。综合两种分析的结果，口语交际能力构成包括语言知识、语境适应能力、策略能力、体态语能力、思维能力、交际心理、倾听能力和语音能力。

(3)依据交际核心要素对口语交际能力构成分类

交际的核心要素包括交际主体、交际语境和交际工具。口语交际属于交际的一种，它的能力构成也应该体现了这三个要素之间的构成关系。在口语交际中，交际工具就是语言。口语交际的过程就是交际主体在一定的心理素质基础上，通过倾听能力、语音能力、思维能力、策略能力使用语言，并通过体态语的辅助适应交际环境来完成交际主体的交际目的的过程。

这些能力中，语言的基本结构包括词汇、句子和语法。但是口语交际过程没必要遵循严格的语法要求，很多时候正是超乎常理的一些不合语法的表达方式获得了意想不到的沟通效果。因此我们认为，口语交际对语言知识的要求中不要求学习严格的语法，而应该包括一定的“表达内容”的知识。这里的“表达内容”是指与交际双方交流的信息相关的知识。所以语言可以细分为词汇、句子和特定的表达内容。交际语境能力可以细分为社会语境、时空语境、上下文语境和人物语境。交际过程中对心理素质的要求我们可以称之为交际心理能力，它和倾听能力、语音能力、思维能力、体态语能力、策略能力都是交际过程中交际主体应该具备的能力。综上所述，口语交际能力构成如图 3-2 所示。

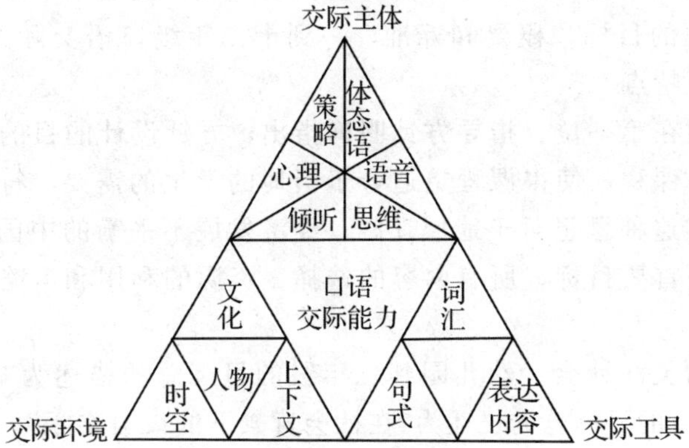

图 3-2　口语交际能力构成

2. 口语交际课程目标的提出

田良臣指出："诸如口语习得的关键期、口语发展的身心条件、学习者对言语环境的感受编码、口语知识的心理表征等，这些都是具有共性的。正是基于这些共同特性各国的母语课程才有了相互学习、借鉴的可能。"①基于此，我们对美国、英国和日本等国的口语交际教学目标进行了研究，以供我们的研究参考借鉴。

(1)英国

英国的小学语文听说教学目标总体上重视年级之间的层递性，螺旋上升。在结构上，他们把小学分为两个阶段(5～7 岁为第一阶段，7～11 岁为第二阶段)，每个阶段都包括总目标、学生已有基础的分析、基本目标和拓展目标。总目标不仅包括英语听说教学总目标，还包括了英语教学总目标，着重突出了两者之间部分和整体的关系。同时在目标中包括了对学生已有基础的分析。虽然"英语教学总目标 "和"学生已有基础的分析"所占篇幅都不多，但是置于总目标中并处于和"听说教学总目标"并列的位置上，自然会格外引起教育工作者的重视。我们设计课程目标的时候也采用了这样的结构。除了结构之外，我们借鉴了英国教学目标的具有特点的表述。

具体可操作。英国的教学目标注重通过目标对教师教学给以一定的指导性，"小组讨论""戏剧"作为目标划分中的一个分类，同时也是进行听说活动的方式；"轮流发言""在不同的情境下""考虑不同说话的对象"等要求既是目标，更是对具体教学活动的指导。由此可见英国注重目标的实践可操作性，使教师在实践教学中有据可依。

注重交互性。虽然英国的课程标准没有使用"口语交际"的说法，但是却多处体现了交互的思想。例如，在第一阶段中要求学生"考虑听话者的需要""提问以澄清自己的理解""考虑来自不同方面的观点"，在第二阶段又提出"获得并保持对不同听众的兴趣，做出回应""恰当地回应他人，考虑他人所说的话""根据活动和目的适当的改变说话的内容和方式"等要求，这些都是对听说互动性，交际性的重视，可以作为我们编制目标的基础。

(2)美国

美国没有统一的课程标准，但是美国交际协会为幼儿园到十二年级的口语交际课程

① 田良臣：《语文科口语课程的多维研究》，博士学位论文，华东师范大学，2006。

制定了指导方针。这个指导方针并不是固定的国家课程标准，它的主要目的是为地方教育者形成地方课程提供帮助。指导方针主要包括三部分：提高中小学教育中口语交际的地位，口语交际课程的目标、概要和标准，一到十二年级口语交际的能力和内容领域。指导方针主要有以下特点。

①学生的需要放在第一位。指导方针明确指出，方针设计的目的是帮助地方管理者和教学人员发展地方课程，使得课程更适合于当地的学生的需要，符合当地的教育目标和教学资源的现状。这种思想对于地域辽阔、经济发展不平衡的中国是十分需要的。促进当地学生的发展是首要目标，所有内容的选择、资源的利用和策略的制定等都是为了这一目标服务的。

②从三年级开始关注社会。幼儿园到二年级的目标总的描述为“基本的口头语言技能”，三年级到六年级的目标总的描述为“在社会背景下的口语交际”。从提高自我技能到逐渐关注社会可以作为我们设计课程目标划分年段的依据。

③提出了口语交际的五个领域。指导方针中指出小学 6 年口语交际的范围应该包括说、听、创造性的戏剧、非言语交际和大众媒体五个领域。这其中听、说、非言语交际必然包含在我们所制定的课程目标中，“创造性的戏剧”可以作为国内某些地区的选择，大众媒体领域可以引导学生关注社会，应该被吸收进我们制定的课程标准。

④明确阐明了口语交际课程和其他学科的关系。口语交际不应该是学生已经超负荷的肩膀上的额外的负担，而应该是能加强各种教学的一种无形财富。指导方针中还对口语交际在其他学科中的作用进行了举例说明。例如，如果学生能够通过表演历史文献重现过去的经验，他们的社会研究的鉴别力就会加强。在课程目标的编制过程中，我们着重把学生的发展需要作为课程目标编制的指导原则，并从中年级开始引导学生关注社会，同时加强对非言语交际的重视。

(3)日本

现行日本《学习指导要领 国语》于 1998 年 12 月 14 日颁布，2002 年 4 月开始正式在日本的全国中小学使用。新版《学习指导要领 国语》在结构上做了调整，把原来的“理解”“表达”两个领域改为“说话听话”“写”“读”三个领域。这充分表明了对言语交际功能的重视和对表达能力培养的强调。① 把“听话说话”放在“写”“读”的前面，也是为了扭转重读轻听、重写轻说的习惯。它有以下几个特点。

①既明确规定了目标要点，又提供了听说指导内容。同时重点突出，“对应不同的对象和目的，有条理地说”“能抓住对方说话的中心和意图”是强调的重点。而“有效的言语交际能力”中，“能有对方意识、并能站在对方立场上，考虑对方的想法而积极主动地进行交谈”被认为是培养的核心能力与内容。

②目标表述螺旋上升。从低年级的“积极与人交流的态度”到中年级的“进一步主动与人交流的态度”，再到高年级的“有计划地主动、积极地与人交流的态度”清晰明确地表现出了对交际态度要求的逐渐提高。

③围绕目标和内容，还提示了活动的事例，如一、二年级的“询问、应答”“诉说自己经历的事”；三、四年级的“就身边的事演讲”“说明或报告身边发生的事或自己调查的事”；五、六年级的“带着明确的目的意识倾听朋友的观点”“交流自己的调查结果或总结”。

① 付宜红：《日本语文教育研究》，46 页，北京，北京师范大学出版社，2003。

④教学方式丰富多样。日本的课堂大体通过导入单元、大单元、小单元和关联单元教学等多种方式对学生进行指导。导入单元设置在每学期听说教学的开始，不同学年主题不一，基本思想是为整学期的听说教学做铺垫；大单元教学是带有综合性质的教学；小单元教学着眼于训练、提高学生听、说以及交流技能；关联单元是把听说与读写以及其他学科的学习关联起来。

3. 小学口语交际课程目标的构建

在课程目标结构的构建上，我们借鉴了英国课程目标的结构，制定的目标结构包含了听说教学总目标，用语文教学的新课程理念代替了语文教学总目标，而舍弃了学生的已有基础分析。因为口语交际是在新课程的背景下提出的，新课程的理念能够加深教师对于口语交际的理解；而不同地区、学校、班级的学生差异性是很明显的，学生已有基础分析普适性太小，因此在课程目标的结构中放弃了这一部分。

在维度的划分上，我们一级维度采用了交际能力的核心要素，二级维度采用了口语交际能力构成。这样做一方面是为了保证课程目标的设计涵盖口语交际能力构成的要素，保证学科结构上的科学性；另一方面是为了突出交际性在口语交际教学中的地位，使得教师在理解课程标准的时候深刻理解口语交际教学和听说教学的区别。

在分析各国小学的课程目标的时候，我们归纳抽取了一些目标要点。例如，“交际态度”“主要内容、细节”“条理性”“音量”“表情”等。同时依据对每一项口语交际能力的分析，综合比较确定了目标的三级维度，之后分别用字母编码。对每一项目标能力进行条目表述，并标注所适应的年段。小学阶段的最大转变发生在具体思维向抽象思维转换阶段，一般发生在三年级。这个时期，学生社会认知能力开始发展，逐渐从关注自身转向关注自身与周围世界的关系。学生的社会意识的出现，是口语交际活动的至关重要的转折点。因此研究者在制定课程目标时把年龄阶段划分为两个阶段。中高年段没有划分，是考虑到不同地区、不同学生逻辑思维发展不一样，且有的地区小学是五年制，所以中高年段没有详细区分。综上分析，最终形成课程目标的框架如表3-2所示，课程目标的二级、三级维度如表3-2和表3-3所示。

表3-2 口语交际课程目标框架

<table>
<tr><td colspan="3">新课程的基本理念</td><td colspan="3">1. 全面提高学生的语文素养
2. 正确把握语文教育的特点
3. 积极倡导自主、合作、探究的学习方式
4. 努力建设开放而有活力的语文课程</td></tr>
<tr><td colspan="3">口语交际教学总目标</td><td colspan="3">具有日常口语交际的基本能力，在各种交际活动中，学会倾听、表达与交流，初步学会文明地进行人际沟通和社会交往，发展合作精神</td></tr>
<tr><td>一级维度</td><td>二级维度</td><td>三级维度</td><td>编码</td><td>条目表述</td><td>年段</td></tr>
<tr><td>交际主体</td><td>交际心理</td><td>自信心</td><td>A1</td><td>有表达的自信心</td><td>低</td></tr>
<tr><td>……</td><td>……</td><td>……</td><td>……</td><td>……</td><td>……</td></tr>
</table>

表 3-3　口语交际课程目标的前三级维度

A	交际心理	A1	自信心	E	体态语	E1	站姿与目光语
		A2	交际态度			E2	表情与手势
		A3	理解他人	F	策略能力	F1	反馈调整
B	思维能力	B1	记忆			F2	主动调整
		B2	概括	G	语境适应	G1	人物语境
		B3	推理			G2	上下文语境
C	倾听能力	C1	注意感知			G3	时空语境
		C2	评判话语			G4	社会语境
D	语音能力	D1	普通话	H	语言知识	H1	词汇和句式
		D2	音量				
		D3	标准语音			H2	特定表达内容
		D4	语调语气				

4. 口语交际课程目标的修改与确定

口语交际课程目标初步构建之后，研究者对两名语文教育专家就课程目标以及教学设计方案进行了访谈。两位语文教育专家都是语文教育的资深专家，凭借多年的教学和科研经验，他们对课程目标的修改提出了建设性的意见，并为方案的设计提出了建议。根据专家的意见，我们对课程目标做了以下修改：

修改一级维度为基础能力、核心能力和发展性能力。专家甲认为“第一级维度很难让教师理解”，专家乙认为应该把语音能力和倾听能力并列，因为“听说是口语表达的核心，而心理、思维都是基础。对语境的适应、体态语等又是更高的能力要求了”。研究者吸取两位专家的建议，重新定义一级维度，并相应调整了二级维度的归属。

修改二级维度的“策略能力”为“调控能力” 专家乙认为“策略能力”不如“调控能力”更通俗易懂，同时策略能力下的“反馈调整”和“主动调整”更多是基于交际学的角度进行的划分，“过于学术化，教师接受不了，不适宜作为目标的表达”。因此，我们修改为“调控能力”，并且下面不再区分“反馈调整”和“主动调整”。同时把思维能力更改为最为常见的“形象思维”和“逻辑思维”，以更加引起教师对于发展学生逻辑思维的重视。

最终确定的小学语文口语交际课程目标如表 3-4 所示。

表 3-4　小学语文口语交际课程目标

新课程的基本理念	1. 全面提高学生的语文素养 2. 正确把握语文教育的特点 3. 积极倡导自主、合作、探究的学习方式 4. 努力建设开放而有活力的语文课程
口语交际教学总目标	具有日常口语交际的基本能力，在各种交际活动中，学会倾听、表达与交流，初步学会文明地进行人际沟通和社会交往，发展合作精神

续表

	一级	二级维度	编码	条目表述	年段
基础能力	A 交际心理	自信心	A11	有表达的自信心	低
		交际态度	A21	乐于参见讨论，敢于发表自己的意见	
			A22	积极参见讨论，对感兴趣的话题主动发表意见	
			A23	有计划地积极主动地与人交流	中、高
		理解他人	A31	能够察觉他人的情绪变化，理解他人的心理	
			A32	意识到不同情境下，交谈者的心理变化	
	B 思维能力	形象思维	B11	记住自己感兴趣的具体信息	低
			B12	能够回忆并再现一段谈话或电视节目的重点	
		逻辑思维	B21	听人说话把握主要内容，个人发言集中主要观点	
			B22	听出他人发言的细节，能够讲述精彩细节	中、高
			B31	组织要说的话，按顺序报告事件	
			B32	引入和结束讲话时，表现出清晰的结构和组织	
			B33	逻辑性较强的陈述一种观点	
			B34	能进行解释、概括以增进理解	
			B35	理解原因与结果	
			B36	区别事实与观点	
核心能力	C 倾听能力	注意感知	C11	认真的倾听	低
			C12	持续的注意	
			C13	认识到倾听的重要性并意识到倾听能给人带来享受	
		理解	C21	就不理解的地方向对方请教	
			C22	就不同的意见与人商讨	中、高
		评判话语	C31	能响应的尊敬的倾听别人的观点	
			C32	一边考虑说话者的意图一边倾听	
			C33	对他人的观点表现出耐心与宽容	
			C34	做出相应的评论	
	D 语音能力	标准语音	D11	学讲普通话，逐步养成讲普通话的习惯	低
			D12	能用普通话与人交谈	
			D13	语音标准，发音准确	
			D14	能够准确、流利地朗读文章	
		音量	D21	大声地朗读和背诵	
			D22	以别人能够听见的声音清楚地说	中、高

续表

	一级	二级维度	编码	条目表述	年段
核心能力	D 语音能力	语调语气	D31	注意朗读中的停顿、重音和语速	中、高
			D32	恰当地使用语气语调	
			D33	发言时能恰当地运用停顿、重音来增强表达效果	
			D34	能够根据文章的基调、句式选用不同的语速、语调	
			D35	根据交谈对象和情境调整语速、语调	
	E 语言能力	词汇和句式	E11	抵制不文明语言	
			E12	积累词汇，运用学到的句式	低
			E13	使用可供选择的语言，表现出词汇量的扩大	
			E14	使用更复杂一些的词汇和句式	中、高
		特定内容	E2	识别出由于特定目的而使用的语言的特点	
发展性能力	F 体态语	站姿与目光语	F11	注意站姿和目光	低
			F12	倾听时能用目光给予赞同 、疑问的反馈	
			F13	小组讨论、当众发言能用目光进行交流	中、高
		表情与手势	F21	让学生具有体态语能够传达信息的意识	
			F22	能够识别演讲者、电视电影中人物体态语传递的信息	
			F23	演讲时能够运用简单的表情和手势增强演讲效果	
			F24	能富有表现力地使用体态语	
			F25	学会微笑	
	G 语境适应能力	人物语境	G11	和不同的人讲话，考虑不同说话的对象	
			G12	注意交谈内容自己的身份适应	低
			G13	对应不同对象和目的，选择不同的表达方式和内容	
			G14	考虑来自不同方面的观点	中、高
		上下文语境	G21	发言应该与前后讨论的主题和内容相关	
			G22	选择与话题和听众相关的材料	
		时空语境	G3	注意交谈内容要和场合适应	
		社会语境	G4	辨别不同文化背景下的人的不同观念意识	
	H 调控能力		H11	识别交谈者言语传达的赞同、疑惑、反对的情绪	
			H12	识别听众或交谈者体态语传达的赞同、疑惑、反对的情绪	中、高
			H13	根据听众的反应加强或者转换自己的表达	
			H14	根据不同的交际目的选择不同的表达方式	

3.2.2　小学语文口语交际教学的内容分析

根据口语交际能力构成分析，口语交际的教学内容应该包括交际心理教学、思维教学、倾听教学、语音教学、体态语教学、调控能力教学和语境教学、语言知识教学。我们首先介绍各部分所包括的内容，然后分析他们之间的逻辑关系。

1. 口语交际的各部分教学内容分析

(1)交际心理教学

交际心理是对交际主体在交际过程中的心理能力的要求，特指表达中的自信心、交际的态度和对他人心理状况的了解。它是交际主体进行口语交际活动的基础。交际者在交际过程中经常面临着变换的、生疏的对象和环境，交际中最重要的是要增强自信，自身努力克服羞怯、自卑等一些不合适的心理；要乐于交往，并不断由愿意参与发展提升为主动参与和主导话题；更高一个层次就是要能够察觉并判断对方的心理状态。这其中，具有表达的自信心和积极的交往态度是了解他人心理的基础性条件。

(2)思维教学

在口语交际活动中，逻辑思维保证表达有理有据，形象思维使得表达有声有色。它们都是口语交际表达过程中的必备能力。小学中年级是形象思维向抽象思维发展的关键时期，在这个时期，教学要有效促进抽象思维能力的发展。在小学低年级，要通过各种游戏、表演等活动促进学生形象思维能力的发展。

(3)倾听教学

听话过程分为注意与感知、理解、反应和品评三个阶段，注意与感知过程要求学生具有形象思维能力，一定的语言知识才能够敏锐的感知他人的语言；理解过程需要逻辑思维进行判断推理才能够理解传递的信息的含义；反应与品评是对他人的发言进行评判，这不仅需要更高级的逻辑思维能力，而且需要在了解他人心理的基础上才能够更准确地进行反应品评。因此，倾听能力的注意与感知阶段需要形象思维能力和语言知识的具备为基础，理解阶段需要逻辑思维的加入，反应与品评阶段需要了解他人的交际心理。有的时候，对他人说话内容的理解以及评判需要考虑语境的影响作用。

(4)语音教学

语音能力最基本的应该达到发音准确，音量适当，以保证听者能够听清楚，在中国突出的表现在对于普通话能力的要求上。语音包括发音、语调和语气三部分。其中发音能力一般情况下学生都具备，不做教学要求。语调一般包括停顿、重音、语速和升降调，节奏感是对这四种技能的综合运用。语气包括表意语气、表情语气、表态语气三种，在小学阶段只需要掌握它的简单应用就好，对此不做具体区分。语调语气的训练应该是以标准语音为基础，合理运用语气语调需要以一定的语言知识为基础。为了适应交际语境，语调语气需要灵活变换，因此高级的语音能力需要适应语境的能力。

(5)体态语教学

体态语言又叫态势语、人体语言、行为语言、无声语言等，是指通过人的表情、手势、动作等来交流思想、表达情感的一种辅助性言语表现方式。[①] 它是一种没有声音的伴随性语言，在交际中主要对有声语言起辅助作用。但是在交际过程中它却传递了重要的

① 马志强:《语言交际艺术》，54页，北京，中国社会科学出版社，2006。

信息。1968年美国心理学家艾伯特·梅拉宾(Albert Mehrabian)在论及人际沟通时，经过大量的实验提出了如下公式：7%文字+38%声音+55%肢体语言=交流总效果[①]，这充分表明了体态语在交际过程中的重要作用。

体态语言主要包括表情、眼神、手势和身势。表情，就是感情或者情绪的外在的或表面的表现形式，主要是指面部表情。面部表情可以表现出不同的信息，比如，喜笑颜开、眉飞色舞、横眉怒目、愁眉苦脸、目瞪口呆、龇牙咧嘴、咬牙切齿等。眼神也称“目光”，是人们内心情感的自然流露。人心灵深处的各种微妙的变化都会从眼神中细微地表现出来。小学生首先要学会敢于目光平视观众，用目光给予反馈。手势常用来表示数字、方位，也可以表情达意，或者表示某种象征意义。身势语主要包括头部动作、腿部动作、行走和坐立动作。手势语和身势语都带有很大的文化特性，不同国家，不同民族，不同地区往往相同的手势语或者身势语表达了不同的意思。因此教师的教学既要让学生掌握共同认可的手势语，身势语，同时也要让学生了解不同的文化背景下手势语，身势语可能会有不同含义。

(6)调控能力教学

调控能力又称调整能力，调整是指在口语表达全过程中，表达者适应语境、对象的情况，对表达内容、形式所做的适应性变动。它是谋求表达效果的必要手段。[②] 调控能力的获得是以其他所有能力的获得为基础的。

调整分为主动式调整和被动式调整。主动式调整：表达者在表达过程中发现新情况，或意识到说话内容与环境不协调时不待听众做出反应主动自觉地调整其谈吐的方式。[③] 引起主动调整的因素经常有：环境特色 、有趣现象、时间变动、事实出入、方向偏离。被动式调整：表达者在表达过程中由于不当的内容或意外的情况而导致听众做出强烈反应时，表达者不得不进行的内容调整。[④] 引起被动调整的因素主要有自身的语言失误和偶发事件的发生。

(7)语境教学

语境适应就是交际主体对于交际环境的适应。交际环境即人们常说的语境，简略的说是时、空、人、言之间的一种整体复合关系。语境适应能力是在动态交际过程中表现出来的能力，其获得只能在动态交际过程中实现，而且是以倾听能力、语音能力和体态语能力的获得为基础的。

根据口语交际的特点，一般情况下我们可以把它划分为以下四种语境：人物语境、上下文语境、时空语境和社会语境。

人物语境：也称关系语境，指口语表达主体和对象之间构成的人际关系。[⑤] 从感情上讲有亲疏之分，从距离上讲有远近之别。俗话说“看菜吃饭，量体裁衣”，在交际场合中看人说话相当重要。不仅要知道对方讲的是什么内容，还要知道对方的个性、爱好等心理特征。只有有针对性地交谈，才能在人际交往中左右逢源，处处顺畅。对于小学生来

---

① 刘玄恩，刘永发：《实用体态语——社交中的身姿与体态》，14页，北京，华文出版社，1995。

② 王东，高永华：《口才艺术》，96页，北京，光明日报出版社，1991。

③ 王东，高永华：《口才艺术》，97页，北京，光明日报出版社，1991。

④ 王东，高永华：《口才艺术》，99页，北京，光明日报出版社，1991。

⑤ 王东，高永华：《口才艺术》，57页，北京，光明日报出版社，1991。

说，可以通过向不同的人介绍同一事物，给不同身份地位的人指路等简单方式让学生认识到人物语境的区别。

上下文语境：上下文(context)是指交谈者的说话内容，以及刚刚说过的言语等即时因素构成的一种语境信息。它内在地包含了话题环境和言辞环境。话题环境是指言语交际活动中，交际双方共同涉及的谈话中心。① 言辞环境是交际双方在沟通、交流中，彼此涉及、运用的言辞给他方的发送或接受营造的条件。② 上下文语境具有临时性、突发性和不可预测性的特点。例如，大家正在聊刚刚打完的一场篮球比赛，突然一人接到电话得知孩子考上大学了，那么话题就应该立即转为祝贺。

时空语境：交际双方交谈时，时空环境很大程度上制约着交际双方的谈话。例如，既是母女，又是师生关系的两个人在家里和在课堂的谈话方式、内容都会不同。在欢乐喜庆的场合和悲哀伤感的场合说话选择的语言和语气就会有很大的不同。

社会语境：口语表达的宏观背景情况，像时代、社会、民族、地域、文化构成社会环境。例如，现代就不适宜满嘴"之乎者也"，说话要入乡随俗，等等，就是对文化语境的适应。

(8)语言知识教学

口语交际的交际工具就是语言。语言的基本知识主要包括词汇、句式和语法。但对于口语交际来说，语法知识的作用是很微弱的。因此我们主要了解一下词汇和句式。

词汇包括一般词汇、基本词汇和熟语。句子是在一定语境中运用的，具有一个语调，能表达完整信息的语言运用的单位③，它具有表述性特点。具体的交际过程应该有特定的交际主题，需要交际者具有特定领域内容的知识。这些语言知识也是交际过程所必需的。因此交际工具应该包括词汇、句式和特定表达内容的语言知识。语言知识的活动是有效倾听和语音能力获得的基础。

2. 口语交际教学内容之间的逻辑分析

在对各部分教学内容进行介绍的时候，我们已经简要分析了各部分内容和其他部分之间的关系。我们用逻辑分析的方法表示了各部分教学内容之间的关系。基于以上的分析，我们可以简单画出口语交际各项教学内容之间的关系图(图3-3)。

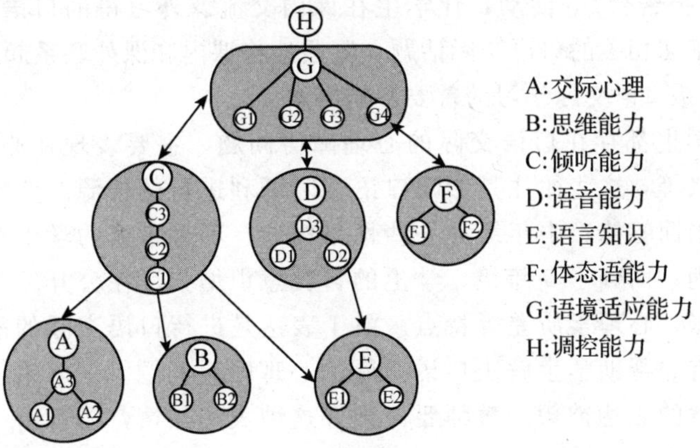

图3-3 口语交际教学内容的逻辑分析

---

① 莫非：《实用口才学》，291页，广州，暨南大学出版社，2000。

② 莫非：《实用口才学》，293页，广州，暨南大学出版社，2000。

③ 崔春：《语音与交际》，31页，杭州，浙江大学出版社，2006。

从上图我们可以看出，交际心理、思维能力、语言知识和体态语能力的获得不需要以其他能力的获得为基础，因此可以单独对其进行训练；而语境适应能力和调控能力的获得是在其他各项能力的获得基础上进行的，因此应该在综合性训练中进行。

3.2.3 小学语文口语交际教学的学习者分析

课程目标不能直接用于指导教学，课程目标只有转化为学期教学目标、课堂教学目标才能够指导教学。对于口语交际教学，学期教学目标比课堂教学目标更具有指导意义。因为口语交际活动不仅仅发生在口语交际课堂上，而是贯穿于教学的各个环节。学期教学目标不仅可以指导口语交际教学课堂，还可以指导语文课堂的口语交际活动。因此，在确定口语交际教学期望状态之后的第一步就是分析学习者，以确定学期教学目标。按照学期层次，分析口语交际的学习者包括分析学习者的口语交际学习特点、学习口语交际的学期起点能力和年段的一般特征对口语交际教学的影响。

1. 口语交际学习者的特点

(1)学习者之间差异显著

与其他学科内容教学的不同之处在于，学生在入学之前已经习得了一定的口语交际能力。由于学习者的家庭环境、生活环境的巨大差异性，以及父母教育方式的影响，使得学生习得的口语交际能力表现出很大的差异性。有的学生在入学前已经能够较完整叙述简单的事情，而有的学生还不能把一句完整的话说全。同时，口语交际还受到交际主体的思想性格、文化修养、经历等因素的影响，内向的孩子在口语交际中往往处于一种被动的地位。这就要求教师在制定教学目标、安排教学活动以及最后对学生的评价时都要考虑到对不同起点能力的学生的关注。

(2)学习者的口语交际学习受到课外环境的重大影响

学习者课外实践口语交际的时间远远多于课内学习口语交际的教学时间，因此我们一定要考虑学校环境、家庭环境和社会环境对口语交际学习的影响。最常见的影响就是方言地区的普通话教学。教师不可以无视这种影响，而应该适当引导。例如，可以通过“每日见闻”“读书报告会”等活动，让学生在课内交流课外习得的口语交际知识和能力，选择课外和学生密切相关的口语交际话题，紧紧地将课内和课外联系起来。

(3)心理障碍是口语交际学习的首要影响因素

不同年段的学生都存在口语交际的心理障碍问题，主要表现在心理素质差、自卑、胆怯、顾虑、紧张等，这些往往是影响口语交际顺利进行的根源。低年级的学生主要表现在胆子小，害怕回答错；中年级的一些性格内向、不善言谈的学生对于交际表达已经成了一种自卑心理；而到了高年级，学生的自我意识增强，在公开发言中逐渐表现出来了顾虑重重、紧张、心理素质差等特点。敢于表达是进行口语交际的前提，因此在不同年段，教师都要首先帮助学生解决口语交际的心理障碍问题。一般来讲，低年级的孩子天真单纯，有天然的表达欲望。教师要保护好这种表达热情，妥善引导和规范，纠正心理障碍的工作就会事半功倍。

(4)非智力因素对学习者的口语交际学习有重要影响

语言的习得过程会受到“情感过滤”因素的影响，这些情感因素包括学习动机、自信心、焦虑感等①，它影响着学习者学习口语交际的积极性，是影响口语交际学习的非智力因素。口语交际的教学要注意激发学生的兴趣，维持他们的学习动机和积极的情感，使其逐渐养成良好的交际习惯。对于因为原有经历的影响而对口语交际失去兴趣和动机的同学要给予矫正。

2. 学习起点能力分析

这里的学习起点是指针对学期课程目标的起点，包括认知能力的起点、知识技能的起点和态度的起点。对于口语交际教学来说，学生认知能力的起点主要是指学生记忆能力、概括思维能力和逻辑思维能力的发展；技能的起点主要包括学生词汇、句式的掌握情况，以及学生的倾听能力、语音能力、体态语能力、调控能力以及语境适应能力的发展；学生的态度起点主要看学生是否乐于、敢于表达，是否有表达的自信心。这三个方面基本涵盖了口语交际能力构成的要素成分。

教师判定学生的口语交际学习起点能力，主要根据对学生表现的观察。而学校的语言交流是去情境化的，学生在学校的口语交际表现和在家的表现可能完全不同，在学校也存在着课上和课下的表现截然相反的现象。问卷中，一位教师写道："但这些学生在家中，在父母面前却能滔滔不绝地表达自己的愿望和要求，……这些学生的家长常常不相信教师说自己的孩子在学校不敢讲话。"因此，需要通过家长的帮助了解学生课外的口语交际表现，以全面了解学生的口语交际能力的起点，可以通过问卷进行调查。问卷的编制可以依据小学口语交际课程标准，考查相应的能力是否体现在学生的实际行动中，以此来判断学生的学习能力起点。每一个题目可以注明相应的考查点，以便教师能清晰明了问卷统计结果。

3. 年段特征分析

小学低年级学生的独白能力发展缓慢，这是因为他们的概括思维、逻辑思维没有发展，复述能力差。因此，低年级应着重培养交际的自信心、交际态度、形象思维能力、持续的注意，着重学习词汇、注意站姿和目光等基本的体态语。教学过程中教师要运用提问、追问等方式发展学生的表达能力，学生能说、敢说、说话成句即可，不可以操之过急，损伤学生的表达积极性。低年级小学生注意力不稳定，爱做小动作。小学生，尤其是刚入学的小学生没有倾听能力，教师要在教学过程中逐步引导，多使用一些有助于提高听说能力的习惯性的教师用语，如"一二三，别插嘴""听的本领要好好练"，等等。

小学中年级是形象思维向逻辑思维过渡的重要时期，这时期学生书面语言能力得到很大发展。因此中年级的口语交际教学应该偏重逻辑思维的发展、语言知识的学习，并进一步提高倾听能力、语音能力和体态语能力。教师要引导学生注意自身言语表达的条理性、顺序性，以促进学生思维的发展，反过来思维的发展可以优化学生的表达。教师要鼓励学生应用储备的词汇、句式，变惰性语言为积极的语言。

小学高年级学生言语表达的个体间差异已经表现出来了，自我评价能力也从对表面行为的评价延伸到对内心世界的深入评价。因此高年级的口语交际教学要引导学生了解他人的心理，适应交际语境，并能够对交际过程进行有效调控。教师要注意运用合作学习等教学方式，通过对他人的评价、小组评价等形式逐渐发展学生的自我评价能力。让学生形成监控自己口语交际过程的习惯，知道从哪些方面来评价、改正自己。口语交际

① 李桂明：《第二语言习得者获得不同习得能力的原因探微》，载《长沙大学学报》，2001(3)。

时时刻刻发生在学习者的生活中，训练学习的机会无所不在。学习者自己评价、自我改正才是口语交际的源头活水。

根据学生年龄段的特征，研究者给出了不同目标在不同年龄段的侧重点，以供教师参考，如表 3-5 所示。

表 3-5　教学目标与年段

	交际心理	思维能力	倾听能力	语音能力	语言知识	体态语	调控能力	语境适应
低年级	A1、A2	B1	C1	D1、D2	H1	E1		H1
	★	△	★	□	△	○	○	△
中年级	A1、A2	B2、B3	C2	D1、D3	H1	E2		H2、H3
	□	□	□	□	□	★	○	△
高年级	A3	B3	C2	D3	H1	E2		H2、H3、H4
	□	★	△	★	★	★	△	□

★	□	△	○
最重要	比较重要	一般重要	很少涉及

经过学习者分析，确定了学期教学目标之后，我们需要根据不同的目标选择不同的教学策略。

3.2.4　小学语文口语交际教学的策略设计

口语交际是综合性的技能，但是训练的时候也不宜过分强调其综合性的一面，而应对其内在技能因素做一番剖析，有分有合地进行训练。分解训练又可以称为单项能力训练，就是对口语交际的单项技能，如倾听技能、语音技能等能力分别进行训练；综合训练，就是在活动中综合训练口语交际的各种能力。这两种训练方式都可以在课堂的口语交际教学中运用，以提高学生的口语交际能力。同时，在语文课堂中，进行着大量的口语交际活动，教师应该有效利用这些活动来锻炼学生的口语交际能力。因为这些课堂的主要任务不是发展学生的口语交际能力，所以在这些课堂中锻炼学生的口语交际能力的方式我们称之为渗透性训练。综上所述，在口语交际的课堂教学中，我们可以采取单项能力训练、综合能力训练和渗透性训练三种方式。

1. 单项能力训练

依据前面的口语交际教学内容的逻辑分析，我们发现除了语境适应能力和调控能力之外，其他能力都有单独训练。语言知识教学不是口语交际课堂的任务，因此这里不做研究。交际心理、思维能力、体态语能力和语音能力都适合于进行单项能力训练。

进行单项训练，首先要确定训练哪一种能力，这主要依据于两点：一是学生的年段特征，二是学生的某种能力缺失。依据学生的年段特征可以参见上文中的“学生年段特征分析”以及依据学生的某种能力缺失，是指教师可以根据课堂观察以及问卷调查的结果发现学生的某种能力缺失而做出补救性的单项能力的决定。例如，发现学生“发言目光不正视他人”“身体摇晃”“朗读表达没有抑扬顿挫”的时候，做出进行专项的体态语训练和朗读训练的决定。

确定了训练何种目标能力，我们就要考虑单项能力训练的方式。这里我们介绍两种训练方式：分要点训练和分程序训练。前者借鉴于口才训练的书籍，后者是我们受到“微格”教学的思想，对单项能力训练课堂的教学程序提出的建议。

(1)分要点训练

在口语交际能力中，每一项能力都有一些训练要点，我们可以针对这些要点进行事例教学，为每一个训练要点设计一段社交的场景，拍摄成可以广泛利用的教学资源。让学生看到真实的场景中不同的交际行为产生的不同交际效果，自然会强化每项能力的训练要点，而不必要教师过多的说教。下面我们简要介绍交际心理和语音能力的训练要点。

心理训练包括心理素质训练、心理调节训练。心理素质训练包括自信心的培养、怯场心理的克服。调节训练要考虑话题结论、分析方式、听众情绪、情感和理性以及人际关系对听众心理的调节作用，以及“首位律”和“新奇律”的作用。① 我们可以通过“面对众人站立不语，每次几分钟，直到不紧张为止；不加限制地随便说话、命题演讲、即兴演讲”②等方式进行心理训练。

语音训练包括发音训练、语调训练和语气训练。语调训练是语音能力的重点，包括停顿、重音、语速和升降调，其中停顿包括语法停顿、逻辑停顿和心理停顿；重音是指在口语中用改变音强和音长的方法以突出强调，包括语法重音和强调重音；语速的快慢是语言节奏的主要标志；升降调一般包括高声调、降抑调、平直调和曲折调。语音能力的训练可以通过“把握重音：轻重调节、句间停顿、口齿清晰、声气传情、一语多调”③等方式训练。

(2)分程序训练

在有限的课堂内，我们可以运用“微格”的思想，即只训练口语交际的一种技能，使被训练者容易掌握、指导者容易评估。教学过程，可以采取“观察(或对比)—讨论—实践”的教学程序。我们以体态语能力训练为例解释单向能力训练的过程。

首先，做出体态语训练的决定。当教师发现学生发言目光不直视观众，有的学生回答问题身体摇晃，有的学生有弄衣角、挠头等习惯时，做出学生体态语能力欠缺，需要着重训练的判断，然后决定采取单项能力训练的方式。

其次，为课上的“观察”做准备。教师需要把学生平时忽视的行为定格展现在学生面前，就是在课堂上再现“发言者不直视观众、弄衣角”等动作，让学生观察讨论。如有条件，可以采取事先录像，上课播放的方式，没有条件的话可以请同学事先演练，上课的时候当场表演。最好是能够将正确的行为和错误的行为同时展现，对比观察能够加深学生的印象。

再次，教师要引导学生讨论观察到的行为，教师此时要作为一个引导者，不要轻易评论某一种行为的对错。要让学生自己去七嘴八舌地评判哪一种行为有更好的交际效果。让学生自己讨论的目的是为了发展学生的评价能力，使得学生日后能够监控自己的行为。

最后，要给学生自己实践的机会。要求学生联系自己的生活，模拟表演运用体态语的场合。教师事先要有充分的准备，当学生想不到的时候，要能够给学生指导。如果有

---

① 王东，高永华：《口才艺术》，183～185页，北京，光明日报出版社，1991。

② 艾跃进：《大学生实用口才学》，186页，天津，南开大学出版社，2004。

③ 舒丹：《实用口才培训手册》，北京，中国电影出版社，2005。

录像设备，学生的实践活动可以作为下一次观察、讨论的例子。

2. 综合性训练

综合性训练创设了一定的情境，更适合于锻炼学生的语境适应能力、调控能力以及交际心理。同时也可以辅助锻炼体态语能力、语音能力等各种能力。课堂教学的综合性训练主要是以话题为主，作为口语交际教学的主训练场，它应该满足口语交际教学的三个重要特征：全面性、反思性和思辨性。[①] 全面性是指在课堂上要选择尽量全面的交际话题，操练尽可能多的口语交际形式，尽可能多地体验各种场合和文化中的交际行为。反思性和思辨性是指教学要培养学生的反思能力和思辨能力，它们以学生的评价能力为基础，在多次口语交际的实践中逐渐发展而成的。因此教学设计要保证话题选择的全面性，通过小组合作方式给学生更多的表达实践的机会，通过交流评价环节发展学生的评价能力。

(1)选择交际话题

①话题避免日常化和书面化。

我国口语研究专家陈建民依据交际的场合和语体把口语分为四类：亲朋之间使用的家常口语体(俚俗成分多一些)，在一般交际场合使用的正式口语体(普通话)，在隆重场合使用的典雅口语体(接近书面语)，在特殊场合的书面语有声表达。口语交际教学主要关注的是正式口语体的教学，而不是教授家常口语体。所以，在教学中，教师要避免把一些生活场景转移到课堂；同时典雅口语体也不应该过多占用口语交际教学的时间。

②话题要和学生的年段、教学目标匹配。

对于口语交际训练来说，交际话题作为承载目标的一种载体，本身不宜太复杂，应该以学生日常生活能接触到的人、事、物为主，使得学生能更容易的进入交际情境。但是，对于不同年龄段的学生，教学内容的侧重点应该不一样。对于低年级来说，教学内容要以发生在他们身边的、和他们自己密切相关的事情为主；对于中年级的孩子，要注意适应他们社会性开始发展的特征，选取他们身边的社会性交往的一些实例；高年级的孩子，已经有了初步的思考判断能力，可以适当选取一部分社会上发生的，远离学生生活的事情。

教师的教学很多时候还是要以教材为依据，因此研究者以现行的一种教材中小学口语交际的交际话题为依据，分别考察每类话题和教学目标间的关系。这种教材中的交际话题主要有以下五类："介绍"类、"独白"类、"交往"类、"表演"类和"讨论"类。[②] 我们认为这种分类还比较全面，每一种类型的话题对于每一种教学目标有不同的侧重，研究者做了分析，提供给一线教师思考。具体见表 3-6。

表 3-6　教学目标与交际话题

目标类型 话题类型	交际心理	思维能力	倾听能力	语音能力	体态语	调整能力	语境适应	语言知识
介绍	★	△	△	△	□	△	★	△
独白	△	□	△	★	★	□	△	□

① 李明洁：《口语课程要教什么?》，载《语文教学通讯：初中刊》，2005(9)。

② 巢宗祺，雷实，陆志平：《语文新课程标准》，77 页，武汉，湖北教育出版社，2002。

续表

目标类型 / 话题类型	交际心理	思维能力	倾听能力	语音能力	体态语	调整能力	语境适应	语言知识
交往	□	□	□	□	□	★	□	△
表演	△	○	○	□	★	○	○	△
讨论	□	★	□	△	△	★	△	□

★	□	△	○
最相关	比较相关	一般相关	不确定

(2)创设情境

课程标准中关于口语交际的教学建议中明确指出："口语交际是听与说双方的互动过程。教学活动主要应在具体的交际情境中进行。"这也正是适应口语交际情境性的特点。

创设情境可以从以下几个方面入手。

①深入挖掘教材，创设交际情境。

可以利用课文中的对话，这些对话一般都是比较规范的语言，通过复述、模拟或改编，学生可以受到典范语言的熏陶；可以从补充课文内容入手，教材中的许多课文有很大的开放度，以课文内容为基础拓展，会生发出许多学生感兴趣的交际话题。可以利用课文插图，可以对教材进行"二度设计"。教师要根据教学要求，善于凭借教材，因时、因地、因人制宜创设合适的交际情境，引发学生的交际欲望、交际情感，进行有效的交际训练。这种设计包括：对情境的类别、场次等做适当的规定。

②借助媒体，创设交际情境。

可以利用媒体不受时空限制，可以扩大范围的特点，使许多在教室里当时当地无法看到的景象，通过媒体展现在学生的面前，把他们的视野引向古今中外，延伸到微观和宏观世界的各个领域；借助媒体形声结合，声画并茂的特点，围绕说话内容，有目的、有计划地创设各种情境，引起和维持学生的无意注意，使学生主动说、积极说，提高训练的有效性；利用媒体进行直观教学，使学生的思维、想象等心理活动有一定的物质基础，让学生有话可说；借助媒体的可剪辑性，指导学生细致观察，厘清思路，教给学生观察的方法，让学生懂得观察要有一定的顺序，分清主次，把话说具体，有次序。

(3)小组合作

在集体教学、小组合作学习和自学三种教学组织形式中，小组合作学习最有利于提高学生组织和表达自己见解的能力，最适合于口语交际教学。小组合作可以提供给学习者更多的实践机会，提供更多可学习的伙伴语言，有利于发展学生的评价能力。

组织口语交际的小组合作学习，教师要注意以下几个方面。

①让学生明确合作学习的目标。合作学习，尤其是小学生的合作学习，最怕的就是流于形式，看起来很热闹，学生没有获得任何发展。因此教师要让学生在合作模拟情境的时候能够明确交际的过程中自己担负的责任。

②适当变换小组的人员组成。避免固定的小组组成，让学生有机会通过小组合作和全班不同的人交往。和不同的人交际，让学生在交际中习得对不同人物语境的适应；而

且可以吸收不同的伙伴语言，丰富自己的词汇。规模大的活动，教师可以根据学生的性别、性格、能力的搭配组合来组建不同的组；小活动可以采取就近组合的原则。

③关注小组发言方式。组内交流方式主要有：中心发言式(有1个人发言，其余的人聆听)、小组长发言式、推选组员发言式、茶馆发言式(各抒己见)、两两相对式(针对某一个问题或从某一角度首先由两两讨论)、接力式发言(一个接一个依次发表见解)。①

(4)交流评价

设置交流与评价的环节，目的主要是让学生发展评价能力并彼此学习。有效地进行交流评价，教师要从以下几方面引导学生。

①学生主导，教师点拨共建评价标准。发展评价能力的最好方式是让学生参与评价标准的制定。在口语交际教学中，教师可以通过引导性的提问让学生逐步关注自己的表达，如低年级可以提示“他的声音够大吗?”“他看我们大家了吗?”，中年级可以提问“主要内容说清楚了吗?”“还能不能换个词表达一下?”，高年级可以和情境联系“在这种时候，你应该怎么说话呢?”“当对方对你的演讲表现出来困倦的时候，你应该怎么调节呢?”。教师一定要以学生的实践行为为基础，循循善诱，而不可以强行灌输。

②联系课外，实践评价行为。教学要发展学生举一反三的能力，要形成解决问题的能力。课堂上的口语交际评价主要是为了学生形成评价能力，能够自我监控。因此，教师应该根据评价的内容，提供课堂之外的交际现象，让学生进行评价。也可以由学生自己联想课外的生活，进行评价。

3. 渗透性训练

日常语文教学活动离不开听说活动，因此很多活动都是训练听说的良好机会，即渗透性训练。这里主要介绍了如何在最普遍的三种教学活动中贯穿口语交际训练。

(1)听讲

听讲是各种课堂上发生最多的一种教学活动，在听讲中培养学生的倾听能力，不仅仅有助于学生口语交际能力的提高，更有助于学生各科的学习(图 3-4)。在听讲中，教师要注意从以下三个方面着手。

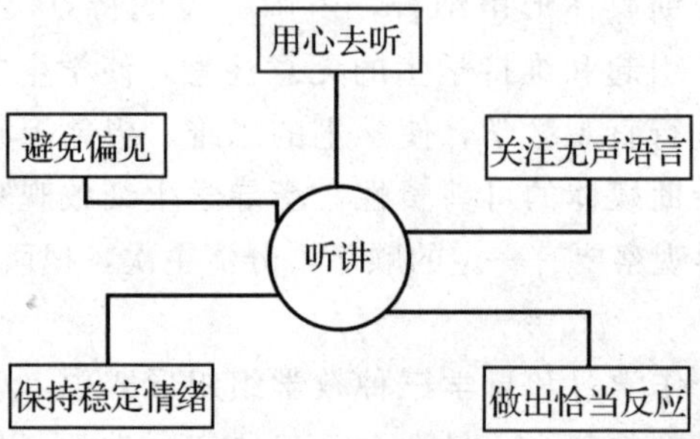

图 3-4　听讲整体策略

①培养学生持续注意的能力。这对低年级学生尤其重要。教师要经常表扬听课认真的同学，形成一个很好的示范作用；同时要及时纠正溜号的同学，用目光或者提问使他们的注意力重新转回课堂。

②培养学生的听记能力。很多学生都有听课做笔记的习惯，但是有部分同学却把记

① 刘巧平：《试论合作观下的口语交际教学》，硕士学位论文，华东师范大学，2005。

在纸上当成了任务。听记的主要目的是要学生把握住内容要点记忆，记在纸上只是为了方便日后复习。

③教给学生基本的听讲策略。教师可以参考，指导学生从这样几个方面注意。关注无声语言主要是要观察发言者的面部表情，注意语调和音色同时注意姿势和表情。做出恰当反应要注意不轻易打断别人，要注意用眼睛和别人交流。

(2)问答

提问回答是课堂中发生最多的教学互动环节，也是课堂上学生言语表达实践机会最多的时候。在提问回答中，教师要着重锻炼学生表达的条理性，教师要妥善利用这个环节，最大限度地发挥对口语交际能力的训练作用。教师要注意以下几个方面。

①要求学生用自己的语言回答问题。阅读课堂上经常出现，学生用课文中的话回答问题的现象。这就白白浪费了锻炼语言组织能力的机会。

②注意不同年段的不同侧重点。小学低年级学生独白语言还没有发展起来，提问过程中，教师要注意循循善诱，通过不断的追问帮助学生清晰完整地回答问题；中年级是概括、抽象思维发展的重要时期，注意学生表达的条理性、逻辑性。

③关注学生的体态。声音的洪亮、站姿的端正、目光的交流、表达的重点突出、有条理性等简单的要求可以重复出现，以加深学生的印象，逐渐的习惯成自然。

(3)朗读

随着对诵读课文的重视，朗读日益成为重要的课堂活动。朗读是训练学生语音能力的最直接最有效的方法。同时也可以间接训练学生的面部表情。教师在教学中要注意从以下几个方面进行指导。

①注意标准语音的指导。所说标准语音就是要注意让学生使用普通话，同时要注意纠正学生的错读、误读。年龄越小，标准语音的可塑性越大。假定小学低年级正音数字率为100%，高年级为90%，七年级为80%，九年级为60%，高中低于50%。[①] 因此，一定要养学生从小养成说普通话、正确发音的习惯。

②注意对朗读技能的指导。最基本的朗读技能有四项，即：停顿、重音、语调和语速。让学生了解如何通过停顿、重音来加强表达的效果，如何用语调和语速表达不同的感情。并让学生在交际中有意识地运用这种技能来增强表达效果。

③朗读训练，一定要给予示范。示范最好是采取教师范读的方式，因为真实可见的感染力是最理想的。如果教师感觉自己示范不够理想，就要给教师播放课文规范的录音带，好让学生有模仿的标准。

3.2.5　小学语文口语交际教学的评价设计

由于口语交际的情境性、实践性等特点，使得口语交际评价有着不同于一般评价的特点。根据这些特点和课程标准，我们编制了用于自评、互评和教师评价的口语交际评价量表，为教师的教学提供参考。

---

①　林崇德：《学习与发展——中小学生心理能力发展与培养》，368页，北京，北京教育出版社，1992。

1. 口语交际评价的特点

(1)以表现性评价为主

课程标准中口语交际教学评价建议明确提出“评价必须在具体的交际情境中进行，让学生承担有实际意义的交际任务，以反映学生真实的口语交际水平”。这正适合采用表现性评价。因为表现性评价具有很强的任务感和真实性，而且强调考核学生多方面的综合能力和实际生活表现①。口语交际正是在真实的生活中表现出来的能力。

(2)评价主体多元化

学生的口语交际活动发生在学校、家庭和学生的社会生活中，因此需要教师、同学、家长以及自己的多种评价主体参与，才能全面地评价小学生的口语交际能力。多种评价主体的参与，有利于学生从被动接受评价逐渐转为主动参与评价。通过借鉴他人的评价，实践自我评价，逐渐发展自我评价能力，使得日后能够监控自我的口语交际活动，不断地学习发展。

(3)口语交际评价本地化

“言语是个人化的行为”，口语交际也是一个明显的因人而异的活动。地区差异、学校的差异必然反应在学生的口语交际活动中。学校是影响学生的主要的环境，有必要建立体现学校特色的口语交际评价指标。

2. 口语交际评价的方式和指标

学习者如果想在口语交际能力方面获得持久的发展，那么就必须具有自我评价、自我改正个人口语交际技能的能力。这种能力也是个人母语能力的重要组成部分。它是学习者离开学校之后能够应对语言与环境问题的元能力，控制、驾驭口语能力的能力，以及对自己或别人的话语进行分析、评价和调整校正的能力。一方面，自我评价能力的发展和学生的心理发展有直接关系，小学中高年级的学生对自我的评价已经从表象逐渐转化到了内部，具有自我评价并改进口语交际水平的能力；另一方面，自我评价能力是经过实践逐渐发展起来的一种技能，教学应该提供这样的机会。

学生的自我评价能力的发展需要教师的引导，最有效的方式是让学生参与评价标准的制定。在教学中，要通过学生自评、互评和教师点评的方式来实现。小学生需要教师评价给他们做评价的示范，然后通过学生之间的互评、自评的实践方式逐步发展自我评价的能力。对于口语交际教学，自我评价的方式更适合于一些内隐目标，如交际心理。因此教学中应该采用教师评价、学生互评和自我评价相结合的方式。

评价不能够仅凭经验，凭感觉进行，口语交际评价适合采用表现性评价。表现性评价也应有相应的评分标准，通过评价能够反映学生在发展上的差异。因此，我们依据课程标准和对教师的访谈，编制了用于互评的核实表(表 3-7)和用于自评的核对清单(表 3-8)，提供给一线教师做参考。教师可以根据学生的实际情况，增删条目。同时，依据三维目标的要求，我们为教师编制了口语交际三维评价指标，希望能给一线教师一定的借鉴。

① 吴红梅：《表现性评价的实证研究》，硕士学位论文，南京师范大学，2007。

(1)提供给学生使用的互评、自评的评价指标

表 3-7　核实表(互评)

评价维度	适合年级	评价要点	是否观察到
交际心理	低、中	看起来很有自信心	
	低、中	乐于与他人交流	
思维能力	低、中	围绕中心表述拖沓少、啰唆少	
	中、高	说话条理清楚，表现出一定的结构性	
倾听能力	低、中	听人说话很专注	
	中、高	能够和发言者进行目光、言语的交流	
语音能力	低、中	经常使用普通话	
	低、中	当众发言声音洪亮	
	低、中	多次出现口头语，比如“然后然后”等	
	中、高	语速适当、抑扬顿挫	
体态语	低、中	发言不紧张，表情自然	
	低、中	有咬手指、抓头等习惯	
	中、高	目光能与听众保持交流	
	中、高	有一定态势动作	
语言知识	低、中	出现不文明语言	
	中、高	表达时候词汇丰富	
语境适应	低、中	和不同人说话采取不同的方式	
	中、高	说话注意时间场合	
调控能力	高	能够根据他人反应调整说话内容	
		根据交际目的调整交际内容	
……	……	……	……

表 3-8　核对清单(自评)

评价维度	适合年级	评价要点	分值				
			5	4	3	2	1
交际心理	低、中	相信自己能够准确表达					
	中、高	主动与人交流自己的想法					
听话能力	低、中	能够专注地听别人讲话					
	低、中	能记住别人发言的主要内容					
	中、高	能够对别人的发言给予言语或者目光的反馈					

续表

评价维度	适合年级	评价要点	分值				
			5	4	3	2	1
说话能力	低、中	坚持用普通话发言					
	低、中	当众发言声音洪亮					
	中、高	讲话有条理，有重点					
	中、高	目光能与听众保持交流					
	中、高	能根据别人的反馈调整自己的发言					
……	……	……	……	……	……	……	……

(2)提供给教师使用的三维评价指标

2000年课程改革的一大特色就是三维教学目标的提出。在语文学科中，“知识和能力”“过程与方法”和“情感态度价值观”的有效整合，正体现了语文教学工具性和人文性的统一。口语交际是一个高效整合各种目标的教学内容。为了使得评价量表符合教师的教学习惯，更是为了显现口语交际教学对三维教学目标的整合，我们为教师编制了三维评价指标，并在不同年级为不同的目标能力规定了权重，如表3-9，表3-10和表3-11所示。

表3-9 小学低年级口语交际三维评价指标

一级指标	二级指标	三级指标	权重	等级分值					单项得分	评价记录
				A	B	C	D	E		
知识与能力(40)	倾听能力	能够认真地倾听	0.2							
		持续地注意	0.1							
	语音能力	说普通话	0.2							
		口齿清楚	0.1							
		声音响亮	0.1							
	语言知识	使用文明用语	0.2							
		说话能够运用所学词汇	0.1							
过程与方法(20)	思维能力	记住别人说话的重点	0.2							
		说话重点突出	0.2							
	体态语	态度自然大方	0.1							
		注意站姿和目光	0.3							
	语境适应	和家长、老师、同学说话表达方式不同	0.2							
情感态度价值观(40)	交际心理	有表达的自信心	0.5							
		敢于交往	0.2							
		乐于交往	0.3							
学生姓名		班级			总体得分					
评价人		身份(教师或家长)			评价时间					

表 3-10　小学中年级口语交际三维评价指标

一级指标	二级指标	三级指标	权重	等级分值					单项得分	评价记录
				A	B	C	D	E		
知识与能力(30)	倾听能力	能够边听边思考	0.2							
		听到不理解的时候请教	0.1							
	语音能力	能够准确、流利的朗读	0.2							
		恰当使用停顿、重音	0.2							
		说话语速适当	0.1							
	语言知识	能够使用丰富的词汇	0.2							
过程与方法(50)	思维能力	能够复述主要内容	0.1							
		把握别人讲话的主要内容	0.2							
		说话有条理性	0.2							
		交流中能够把握要点	0.1							
	体态语	用目光表达情绪	0.1							
		能根据交流的对象和场合进行眼神、手势等感情交流	0.1							
	语境适应	说话注意时间、场合、地点	0.2							
情感态度价值(20)	交际心理	敢于发表自己的意见	0.5							
		积极地与人交往	0.5							
学生姓名		班级		总体得分						
评价人		身份(教师或家长)		评价时间						

表 3-11　小学高年级口语交际三维评价指标

一级指标	二级指标	三级指标	权重	等级分值					单项得分	评价记录
				A	B	C	D	E		
知识与能力(20)	倾听能力	对他人观点表现出耐心和宽容	0.1							
		听人说话能够给予反馈	0.3							
	语音能力	恰当地使用语气语调	0.1							
		根据交谈对象和情境调整语速、语调	0.2							
	语言知识	使用丰富的词汇	0.1							
		使用更复杂一些的词汇和句式	0.2							

续表

一级指标	二级指标	三级指标	权重	等级分值					单项得分	评价记录
				A	B	C	D	E		
过程与方法(60)	思维能力	复述能够把握精彩细节	0.1							
		能够转述	0.2							
	体态语	态度自然大方	0.1							
	语境适应	根据场合，稍做准备，做简短的发言	0.4							
		与人交流尊重理解对方	0.2							
情感态度价值观(20)	交际心理	能够理解他人的心理	0.5							
		有计划地积极主动地与人交流	0.5							
学生姓名		班级			总体得分					
评价人		身份(教师或家长)			评价时间					

3.2.6 小学语文口语交际教学设计流程图

为了让教师更直观的理解口语交际教学设计过程，基于以上研究，我们绘制了口语交际教学设计流程图(图 3-5)。关于这个流程图，我们有几点说明。

(1)为教师做学期的口语交际教学设计提供参考

我们所提供的教学设计流程图，是针对学期教学提出的。因为口语交际的学习可以发生在学生生活的任何场合，理论上学生随时可以学习。但是教学不能够预见学生生活的各个场景，而只能影响到学校的学习，语文教师的能力范围仅仅限于语文课堂。因此，我们的研究立足于语文课堂为教师提供教学设计指导。口语交际教学不一定发生在单独的口语交际课堂，因此，教学设计应从学期的角度而不是从单节课的角度进行。同时，这也是由于研究者的个人能力和时间有限，我们没有机会从事长时间的教学实践，因此对于课堂的具体教学细节的把握程度不够，难以保证课堂教学研究的科学性和可行性。

(2)目标导向贯穿教学设计全过程

目标是我们进行口语交际研究的着力点，也是我们进行教学设计的依据。因此我们对口语交际课程目标的制定做了大量的研究工作。在我们的每一步设计过程中，都保证了和目标的一致性。从对学习者的分析，到教学训练方式的选择，以及最后的评价，都是依据目标进行的，充分体现了教学设计的目标导向作用。

(3)着重培养学生的自我评价能力

无论是单项能力训练中让学生的观察、讨论环节，还是综合性训练中的交流评价，以及为学生自评、互评编制的核实表和核对清单，目的都是一个：发展学生的自我评价能力。口语交际的自学能力是以自我评价为基础的，只有发展了自我评价能力，学生才能够自我监控，自我改进。

(4)评价量表作为参考，不是标准

口语交际是个性化的行为，学生的差异，使得口语交际教学有着巨大的差异性。我

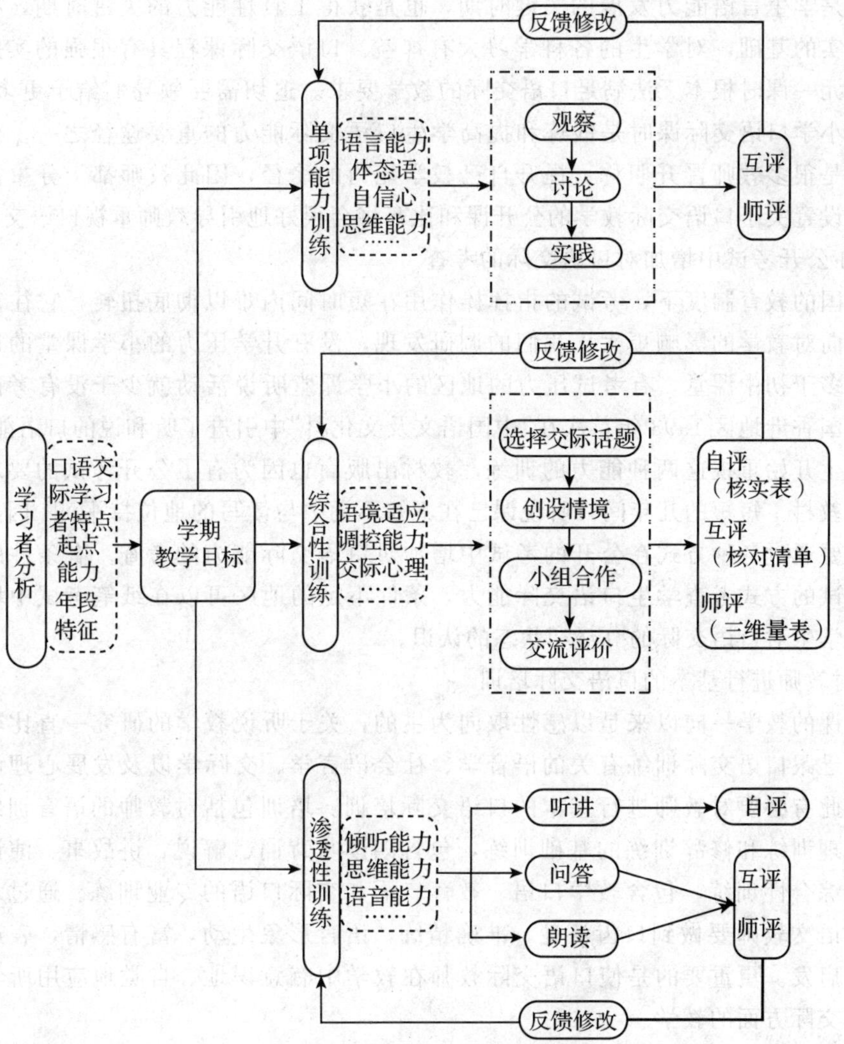

图 3-5　口语交际教学设计流程图

们提供的评价指标，希望尽量满足广大教师的不同的需要，因而也就没有了针对性。一线教师需要根据所在地区、学校、班级学生的具体特征增删条目。而且，评价指标针对综合性能力提出，在单项训练和渗透性训练时，教师需要依据这种编制思想自己改编。如果能有机会收集所有教师关于口语交际的评价条目并加以整理，相信那会是口语交际教学评价的宝贵财富，也是分析口语交际学习者的珍贵材料。

3.2.7　小学语文口语交际教学设计建议

在研究过程中，我们深刻感受到管理层面以及研究层面的不足对教师教学设计的制约。为此，我们根据研究过程中的发现，针对语文口语交际教学中存在的问题，提出了一些建议，供有关部门参考，进而引导教师改善口语交际的教学。

1. 对口语交际教学管理层面的建议

(1)增加口语交际的课时、公开课和比赛

口语交际能力是学生学习的工具性能力，它的提高可以促进其他学科内容的学习。

小学阶段是学生言语能力发展的关键时期，也是获得工具性能力的关键时期，在这个阶段打下坚实的基础，对学生的各科学习大有裨益。口语交际课程具有很强的实践性，现行的一单元一课时根本无法满足口语交际的教学要求。迫切需要领导们给予更多的重视，适当增加小学口语交际课时是锻炼和提高学生口语交际能力的重要途径之一。公开课和演讲比赛是很多教师晋升职称、提升自己教学能力的途径，因此教师都十分重视公开课的教学。设置关于口语交际教学的公开课和比赛将会很好地引导教师重视口语交际教学。

(2)在公开考试中增加对口语交际的考查

在我国的教育制度下，考试的指挥棒作用在短时间内难以彻底扭转，它往往比课程目标的取向对教学的影响更大。我们的调研发现，没有升学压力的小学课堂的口语交际活动明显多于初中课堂。有考试压力的地区的小学课堂听说活动就少于没有考试压力的地区。我国香港地区1993年首次在“中国语文及文化科”中引进了听和说的口语能力考试，教师和学生开始重视这两种能力的训练，教材出版商也因为有了公开考试的要求，大量出版听说教材。短短的几年间，听说课已在不知不觉中与读写的地位持平。① 因此，教育部门有必要通过各种方式在公开的考试中增加对口语交际能力的考查。有条件的地区可以采用面试的方式考查学生口语交际能力，条件不足的地区可以在纸笔考试中增加情景对话考查学生对口语交际的“应然”状态的认识。

(3)对教师进行基本的口语交际培训

语文课的教学一向以来是以感性取向为主的，关于听说教学的研究一直比较少。语文教师缺乏跟口语交际训练有关的语音学、社会语言学、交际学以及发展心理语言学的认识。因此有必要对教师进行基本的口语交际培训。培训包括对教师的语音训练、思维训练、心理训练和修辞训练的基础训练，包含朗读与背诵、解说、讲故事、演讲、交谈和论辩的综合性训练，包含教学口语、教育口语和交际口语的专业训练。通过培训，力求使小学语文教师要做到口齿清楚、准确精练，语言形象生动，富有感情，表达言之有序，富于启发。更重要的是使口语交际教师在教学中有意识地、自觉地应用所学对学生进行口语交际方面的教学。

(4)制作专门的口语交际教材和口语交际教学资源

口语交际应该和阅读、作文的教学一样有专门的教材，而不仅仅是作为综合性学习的一部分而存在，成为口头作文的附庸，体现不了自身存在的价值。听说教材中可以有叙述，有活动，有提示，有事例，有明确的学习要点、方法说明，也可以通过学生的实践，让学生自己去体验、感悟的内容。② 教材可以形式上松散，但无论活动也好，说明也好，应该处处围绕并体现明确的学习意图。日本《光村图书》2002版教材中一篇题为《指路》的教材充分体现了这种思想。③

口语交际的教学需要大量的音像资源，资源的制作要有一定的分类。用于起示范功能的，要求音质良好、画面清晰，视频资源中表演的人物尽量和学生的年段一致，让学生看到的是自己同龄人的优秀表现，能更好地激发学生模拟的愿望；用于创设情境的，制作之前要有一定的教学设计。成品制作出来后，应该附有编制的意图，对教师教学使

① 倪文锦，欧阳汝颖：《语文教育展望》，363页，上海，华东师范大学出版社，2002。

② 付宜红：《日本语文教育研究》，46页，北京，北京师范大学出版社，2003。

③ 付宜红：《日本语文教育研究》，44～46页，北京，北京师范大学出版社，2003。

用建议。这样才能更好地在教学中应用。另外，将优秀的电视节目编辑成短小的音像制品也可以供教学使用，还可以建立网上资源库，供教师共享和借鉴。

2. 对口语交际教学研究层面的建议

(1)加强对口语交际学习者的研究

田良臣在博士论文《语文科口语课程的多维度研究》中提出的口语课程模型包括口语知识、口语知识应用、学习者和口语文化四个维度。目前关于口语交际的研究多数是关于口语交际的应用的研究，而对系统的口语交际知识、口语交际的学习者以及口语文化的研究比较少。而对教学来说，尤其应该加强关于口语交际的学习者的研究，这对于口语交际教学有着直接的指导作用。田良臣提出从学习者的自我意识、学习者的生活积累与思维发展、学习者的口语策略等方面考虑口语交际的学习者。①

(2)由专业人员编制多层次的口语交际评价指标

口语交际评价指标要包含多个层次。从内容的角度，不仅要包含对整体的口语交际能力的评价，还应该包括对单独的语音能力、交际心理、语境适应能力等单项能力的评价；从教学活动角度，应该包括对朗读技能、复述技能、讲故事技能、演讲技能、讨论技能、辩论技能等常见口语交际活动评价；从通俗说法的角度，还可以包含对听话能力、说话能力和交流能力的评价。

(3)加强对口语交际的环境研究

口语交际深入人们学习、工作和生活的各个环节，家庭环境、社会环境以及媒体环境对学生口语交际能力的影响不容忽视。加强这些层面的研究能够优化口语交际的练习环境，直接提高口语交际能力。家庭是社会的细胞，是最直接、最普通、最具体的学习和实践口语运用的场所，也是学生练习口语交际最轻松的场合。提供家庭口语交际练习的指导手册，可以满足家长提高学生的口语交际能力的愿望。社会是一个大课堂，丰富多彩的社会生活为人们的口才训练提供了最广阔的素材。社会环境是训练语境适应能力的最佳场所。个人从哪些方面，以及如何从社会环境中学习口语交际、提高口语交际能力是研究者应该为口语交际学习者解决的问题。媒体环境有着广泛的影响力，它主要包括广播、电视、电影、录音、录像、互联网、报纸、杂志、图书、资料等。一方面，优秀的电视节目给人的口语交际提供了示范；另一方面，大众媒体产生了新鲜词和时髦语言。研究媒体对口语交际学习者如何产生影响，产生何种影响，对于口语交际学习是十分有益的。

3. 对口语交际教学执行层面——教师——的建议

(1)做时刻准备着的口语交际素材的收集者

口语交际发生在生活的方方面面，很多生活场景稍做加工就是很好的教学内容。取材于学生生活的素材，学生喜闻乐见，更容易被学生接受。因此，教师要做一个有心人，时刻准备着收集口语交际的素材。教师要深刻理解课程目标，以课程目标为基准，对生活场景进行二次设计，做到化腐朽为神奇。

(2)尝试在课堂中应用口才学的训练方法

口才学中有很多训练口语交际的方法，但是由于课堂教学的时间限制和环境限制，使得很多内容难以直接迁移到口语交际的课堂教学中。我们可以尝试依据口才学的训练

① 田良臣：《语文科口语课程的多维度研究》，博士学位论文，华东师范大学，2006。

方法，形成适合于学校教学的口语交际训练体系。在初高中，可以考虑设立除语文学科的口语交际教学内容之外的单独的课程，如社交艺术课、人际交往课。这种课程旨在培养学生运用口语交际进行社交的能力，为学生继续学习和走入工作场所做准备，从而更明确地实现教学为学生将来的社会生活做准备的任务。

3.3 小学中年级语文写作教学设计

在2002年出版的《全日制义务教育语文课程标准(实验稿)》中，小学写作教学被分成了两个阶段：一至二年级的写话阶段和三至六年级的习作阶段。[①] 在写话阶段，小学生只需要写自己想说的话，写出自己对周围事物的认识和感想，能够根据表达的需要，学习使用逗号、句号、问号、感叹号即可达到要求。写话是小学生接触写作的最初阶段，对写作只是停留在一个比较感性的认识阶段。而三至四年级的习作则是由低年级的写话向高年级的习作的过渡阶段，起着承上启下的作用。小学中年级指小学三至四年级[②]，这一学段学生的年龄一般是9～11岁，大脑发育正好处于内部结构和功能完善的关键期。有研究表明这一时期是培养学生学习能力、情绪能力、意志能力和学习习惯的最佳时期，同时也是培养学生写作和阅读能力的关键时期。

小学中年级的写作教学非常重要，但现状却不尽如人意。安徽某镇小学语文教师就曾用"举步维艰"来形容现在小学中年级的写作现状。许多学校的每个写作专题仅安排一节课的时间，学生基本上都要在家完成写作任务。面对写作基础迥异的学生、来自各方面的考试压力和紧迫的时间，许多教师都深感写作难教。从学生写作现状来看，从写话过渡到习作，由段过渡到篇，写作的任务明显增加，学生表现出诸多的不适应，主要体现在内容空洞、作文结构不明、语言组织水平低等方面。学生写作中出现的问题直接反映了写作教学中的问题，从教师的写作教学现状来看，主要表现在新课程目标比较宽泛，不利于操作；学习者分析不深入；教学内容比较单一；教学策略缺乏针对性；作文评价缺乏情感交流；"下水"作文很少等方面。因此我们选取了小学中年级写作教学设计作为切入点。

3.3.1 写作的基础理论

要研究写作教学的教学设计，就必须对写作的基础理论有较深入的理解，因为内容决定形式。这里，限于篇幅，我们仅就写作含义和写作特性做一阐述。

1. 写作的含义

写作的含义主要回答写作是什么的问题，从不同角度切入的研究者，他们的认识也不尽相同。有关写作的含义，写作学的研究者、语文学科专家对此研究较多，比较有代性的观点如表3-12所示。

---

① 课程标准中为了降低小学写作的难度，把写作改成了习作，在本研究中写作、习作、作文三个词语具有相同的含义。

② 这个划分在2002年出版的《全日制义务教育语文课程标准(实验稿)》中有明确的说明。

表 3-12　写作的含义

研究者	写作的含义
裴显生(1987)	写作是将思维和语言文字联结在一起的精神劳动，其成果就是文章，其目的在于传播——传递信息，交流思想。从制作精神产品这个意义上讲，写作是创建人类精神文明、发展文化、科学的一种不可缺少的活动①
全日制义务教育语文课程标准研制组	写作是运用语言文字进行表达和交流的重要方式，是认识世界、认识自我、进行创造性表述的过程
尹相如(2004)	写作是作者运用书面语言表达自己对于客观事物认识和感受的一种心智活动过程②
孙建龙(2007)	小学生的写作是在教学情境下进行初步的、简单的表达活动，是一种基础性的写作的练习，旨在培养小学生基本的文字表达和交流能力，并促进他们个性的发展③
童小平(2008)	从形式上看，写作是人们运用语言文字记写思维成果的行为活动；从本质上说，写作不仅是个人情感的宣泄和抒发，也是为交流思想、传播信息进行精神生产的创造性的劳动过程④

通过对以上写作含义的综合分析，我们认为写作是运用语言文字进行自我表达或与外界交流的创造性的心智劳动过程，它表达或交流的内容是作者对自我或外界认识的思维成果。由此可以看出语言文字是写作的凭借，脱离语言文字，写作的成果将无法被记载；思维是写作的发动机，无论是自我表达还是外界的交流，离开了思维，写作的过程将无法运行。思维和语言文字是写作的两大核心，如何有效地思维以及用语言文字准确地表达思维成果则是写作教学需要重点关注的问题。从写作的功能角度讲，在个人层面上，写作可以抒发和宣泄个人的情感，进行思想的沟通，是个人价值实现的一种方式；在社会层面上，写作可以记载精神文明的成果、传播信息，从而推动整个历史的发展。无论从个人还是社会的层面看，写作的功能都是不容忽视的，学校教育是培养写作的重要场所之一。因此，我们非常有必要分析写作教学中的诸多问题。从教学的角度看，写作属于认知领域的范畴，它是一种问题解决能力，写作教学需要着重培养学生的思维能力以及运用语言文字准确表达情感和进行交流的能力。

2. 写作的特性

写作作为一种复杂的活动有其特殊性，关于写作特性的探讨如表 3-13 所示。

表 3-13　写作的特性

研究者	写作的特性
裴显生(1987)	个体性、创造性、实践性、综合性⑤
陈果安(1995)	个体性、创造性、综合性、实践性、社会性⑥
尹相如(2004)	社会性、个体性、综合性、实践性⑦

① 裴显生：《写作学新稿》，3 页，南京，江苏教育出版社，1987。

② 尹相如：《写作教程》，5 页，北京，高等教育出版社，2004。

③ 孙建龙：《小学写作教学的理论与实践》，1 页，北京，首都师范大学出版社，2007。

④ 董小玉，刘海涛：《现代写作教程(第二版)》，2 页，北京，高等教育出版社，2008。

⑤ 裴显生：《写作学新稿》，23～24 页，南京，江苏教育出版社，1987。

⑥ 陈果安：《现代写作原理》，21 页，长沙，中南工业大学出版社，1995。

⑦ 尹相如：《写作教程》，13～14 页，北京，高等教育出版社，2004。

写作的个体性指写作是作者自身对客观事物的认识和反映，带有浓厚的个人特点，由于个体思维方式、知识积累等方面的差异，即使面对同样的事物，经历同样的事情，不同的人写出来的东西差别是非常大的。写作除了个体的认识之外，还需要创造。一般认识活动往往最后得出一个一般性的、共同的结论。而写作则要由一般结论，创造丰富无比的文章世界。[①] 离开了创造，只是一味地用自己的语言重复他人的思想，这样的写作是没有生命力的，因此，创造性也是写作的一个重要特点之一。写作需要多种心理过程的参与，写作能力是一项综合的能力，作者必须具备综合的能力才能写出好的文章，因此写作具有综合性。写作的实践性则体现在写作学是一门实践性学科，本身就具有实践性[②]，作者只有通过写作实践活动才能把写作知识、技能转化为写作的成品。写作的社会性体现在写作的功能上就是社会价值的实现，通过记载和传播信息，写作不仅可以促进同时代的人与人之间的交流，还可以实现跨时代间的人与人之间的交流，社会性也是写作的特性之一。除此之外，我们认为写作还具有动态性，首先，写作的过程本身就是一个循环往复的过程，不是线性的序列；其次，写作系统是一个开放的系统，不是静止的，而是动态生成的；最后，由于影响写作的因素是多元的，也是不固定的，这些因素也影响着写作行为的发生。由此，我们可以归纳出写作的特性：个体性、创造性、综合性、实践性、社会性、动态性。

3.3.2 小学中年级写作系统框架的研究

写作课程的教学设计需要从课程目标确定开始。课程目标是学习者学完课程能够做什么的概括阐述，它是以学科结构和逻辑为基础的。因此，我们需要建构小学中年级写作系统框架，作为确定课程目标的基础。本部分的研究，首先探讨了影响小学中年级写作的外部环境；其次，分析了写作的要素模型；最后，从写作个体自身出发，剖析了写作的心理过程、能力结构以及主要影响因素。

1. 写作的外部环境

写作活动总是发生在一定的环境下，由于小学中年级学生的自我调控能力还很低，所以，外部环境对他们的有效写作有非常大的影响。小学中年级学生进行写作的环境通常有两种，一种是在教室里，另一种是在家里。这两种环境对其有直接影响。除此之外，校园氛围乃至社会氛围等都或多或少地影响着写作的意识和观念。影响写作的外部环境如图 3-6 所示。

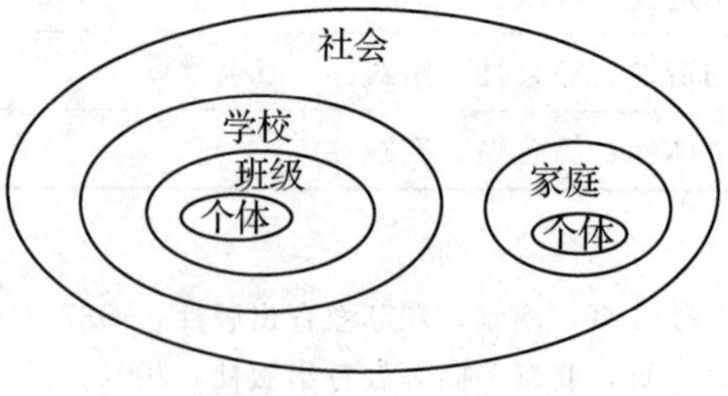

图 3-6 写作的外部环境要素图

① 陈果安：《现代写作原理》，68 页，长沙，中南工业大学出版社，1995。

② 陈果安：《现代写作原理》，68 页，长沙，中南工业大学出版社，1995。

我们主要研究影响写作的课堂教学环境，但了解影响写作的其他环境可以帮助教师更好地认识学生之间的差异，寻找提高写作质量的新途径。课堂写作环境包括物理环境和心理环境。其中，物理环境指写作环境中有形的、静态的硬环境部分，如自然环境（教室内外的声音、光线、色彩、温度、气味等），设施环境（图书资料、教学设备、写作的媒介等），时空环境（写作时间的安排、班级规模、桌椅的摆放、座位的设计编排等）。心理环境指写作环境中无形的、动态的软环境部分，如组织层面的文化制度环境（学校文化、班级规范等），人际层面的心理环境（写作教学氛围、教师“下水”作文的示范和激励、同伴的榜样效应等）。

2. 写作的要素模型

在探讨了影响写作的外部环境之后，我们接下来需要探讨的问题就是：写作包含哪些要素，这些要素之间有怎样的联系。从写作的本质来看，写作是一个综合的问题解决过程，其要素包括“为什么写”“写给谁看”“写什么”和“如何写”四个部分。“为什么写”和“写给谁看”通常是直接相关的，我们把两者归到一类，主要解决的是写作目的和对象的问题；“写什么”解决的是写作的内容问题；“如何写”则是写作方法的问题（图 3-7）。其中，目的和对象是基础，只有在确定写作目的和对象的基础上，才能选择合适的写作内容和恰当的写作方法。其写作要素模型如图 3-7 所示。

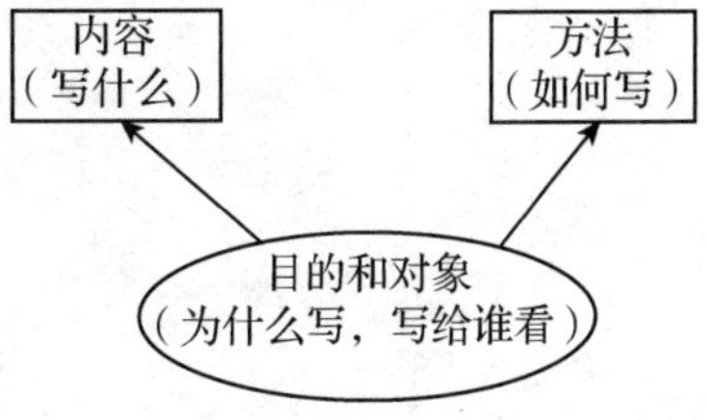

图 3-7　写作的要素模型

3. 小学中年级写作系统框架的构成

在从外部了解了影响写作的环境以及从整体上把握了写作所需具备的要素的基础上，我们从个体内部的角度来深入剖析小学中年级学生的写作心理过程、能力结构以及影响因素。

(1)写作的心理过程

关于小学生写作心理过程方面的研究，国内比较有代表性的观点如下。朱京曦认为写作由信息采集、内部加工、言语外化三个环节构成。① 何克抗等人提出的三维作文教学模式中，写作的过程包括素材选取、写作构思、文字表达和修改润色。② 虽然两位研究者的侧重点不同，前者注重表象在心理加工中的重要作用，后者更为注重概念等的作用，但从本质上看，他们对写作心理过程的认识基本一致。

国外大部分学者从认知心理学的角度探讨了写作的心理过程，以海斯—弗劳尔(Hayes and Flower)的写作过程模式图（图 3-8）为开端，来自心理学、语言学、认知神经科学、一线教师等领域的诸多专家，根据不同的研究目的，借助不同的研究方法，如长期的实践教学跟踪研究法和口语报告分析法等，提出了多种写作心理模型。法国普瓦捷大学认知和发展心理学高级讲师丹尼斯·阿拉马戈等人(D. Alamargot & L. Chanquoy)在分析和比较了以上模型的基础上，归纳总结了它们的共同点，主要有以下方面：其一，写作是一个完整的过程，这些过程是由具有特定关系的子过程所组成的。并且，这些过程是动态的，持续的，可循环的。其二，写作的主要过程有三个，一是计划写作内容；

① 朱京曦：《小学作文训练系统的设计》，硕士学位论文，北京师范大学，1997。

② 何克抗，李克东，谢幼如等：《一项影响深远的重要教改试验》，载《语言文字应用》，1998(4)：82～93。

二是把内容转换成语言形式；三是修改写作的内容或语言形式。其三，写作活动是在一定的框架下考虑的，有的模型是基于短时记忆的，有的是基于工作记忆的。此外，认知容量的大小、自我监控等都影响着写作过程的顺利进行。

结合国内外的研究成果和对一线教师及学生的访谈，再加上小学中年级学生的心理发展特点，本研究认为小学中年级的写作过程主要经历三个阶段：内容构思、语言表达和文章修改。内容构思指以积累的素材为基础，依据写作的目的和对象，结合个人独特的感受构思写作的主题和内容。语言表达指运用语言表达的知识把写作的主题和内容用书面语言的形式表达出来。文章修改指对初步写出的文章进行修改，使得更符合语言规范以及更能表达个人心声。这些过程之间并不是孤立运行的，而是在自我监控下循环进行的。

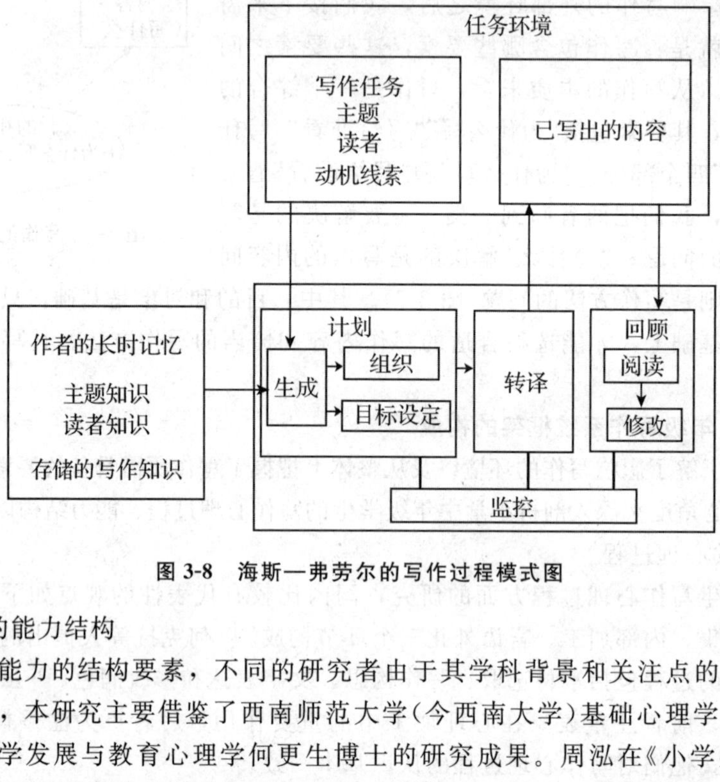

图 3-8　海斯—弗劳尔的写作过程模式图

(2)写作的能力结构

对于写作能力的结构要素，不同的研究者由于其学科背景和关注点的不同，得出的结论也不统一，本研究主要借鉴了西南师范大学(今西南大学)基础心理学专业周泓博士和华东师范大学发展与教育心理学何更生博士的研究成果。周泓在《小学生写作能力研究》中，把小学生写作能力的结构要素定位为五种①。

①审题能力：具体指充分利用每一个信息与限定，形成一个整体认知的能力。

②立意能力：指能在文章中说明一个道理，表达一种情感的能力。

③选材(搜集材料)能力：指能在众多材料中选出能说明中心思想的典型材料的能力。

④组材能力：指能按一定顺序(时间、空间、活动、材料性质)，详略得当的安排典型材料的能力。

⑤修改能力：审视自己是否做到上述五点的自我监控能力。

何更生认为学生写作能力的本质是由写作陈述性知识(或称写作内容知识)、写作程序性知识(或称写作技能)和写作策略性知识(或称认知策略)三类知识所构成的问题解决

① 周泓：《小学生写作能力研究》，博士学位论文，西南师范大学，2002。

能力，是一种学习结果。① 他运用知识分类理论对学生的写作能力结构进行了分析，详情如下。写作内容知识，主要有主题知识(如传递的具体信息)和读者知识(如读者对某个问题的看法)构成。写作技能，一是动作技能，其表现形式是书写和打字；二是智慧技能，包括遣词技能、造句技能、谋篇技能。写作策略性知识，其实质是如何审题、如何构思、如何选材、如何组材、如何遣词造句以及如何修改等规则，支配作者的写作活动并提高自己的写作质量和效率，具体可分为两大类，一是选择运用适当的写作方法或规则，二是对自己写作能力、作文优、缺点的意识和监控。

本研究认为写作能力本质上是一种问题解决能力，这种问题解决能力是以言语信息、智慧技能、认知策略、动作技能等为基础的。其中，言语信息包括有关自然、社会和人的知识以及字、词、句、标点符号等的语言表达知识；智慧技能指的是遣词造句、谋篇布局、选材组材的技能等；认知策略是内部组织化的技能，其功能是调节与控制概念与规则的应用。② 具体指写作过程中的自我监控，如分配写作时间，选择合适的规则(如何遣词造句、如何谋篇布局、如何选材组材等)以提高写作的质量和效率；动作技能指书写和打字的能力。

(3)写作的影响因素

写作是一个复杂的过程，影响写作的因素也是多元的。海斯在1996年的写作框架中较为全面地探索了写作的影响因素。该框架从社会环境、物理环境和个体三个维度进行了深入探索。社会环境方面的影响因素主要有读者和合作者。物理环境的影响因素有写作的媒介以及已经完成的写作内容。个体方面的研究又分成了四个方面：一是认知过程；二是写作动机，其影响因素有写作目标、倾向、态度和投入成本；三是工作记忆，影响因素有关于音节的记忆、空间构图、关于语义的记忆；四是长时记忆，影响因素为任务图式、主题知识、读者知识和语言知识。虽然此框架的构建主要是基于成人的口语报告法以及多年工作经验而得出的，但该框架中的很多关注点都对本研究有很好的启示作用。

朱京曦在分析了小学生写作问题的基础上，认为知识经验和心理发展水平制约着小学生的写作水平。具体而言，主要指字、词、短语的数量，选词用词的能力，个体言语的发展水平特别是内部言语发展的水平，结构化信息表征能力，结构化记忆能力，表象加工能力等。③ 何克抗等从知识、能力、情操三个维度研究了写作活动的影响因素。其中，写作知识主要指词义辨析、用词造句、段落分析、谋篇布局方面的知识；能力指观察能力、想象能力、思维能力和语言表达能力；情操指审美观、道德观、情绪情感等。④ 伍新春通过对小学四年级学生写作构思技能培养的实验研究，得出以下结论：学生原有的写作技能水平和智力水平对于当前的写作活动有明显的影响。⑤ 2008年，伍新春等人

① 何更生：《知识分类学习论和教学论在作文教学中的应用研究》，博士学位论文，华东师范大学，2001。

② [美]R. M. 加涅：《学习的条件和教学论》，138页，皮连生，王映学，郑葳等译，上海，华东师范大学出版社，2007。

③ 朱京曦：《小学作文训练系统的设计》，硕士学位论文，北京师范大学，1997。

④ 何克抗，李克东，谢幼如等：《一项影响深远的重要教改试验》，载《语言文字应用》，1998(4)：82～93。

⑤ 伍新春：《小学四年级学生写作构思技能培养的实验研究》，载《心理科学杂志》，2001(1)：42～45。

以天津某普通小学的5个三年级自然班为被试，经过15周的教学干预，总结出协作的互动写作方式相对于个体化写作更有利于结构和语言技能的提高。① 上海师范大学教育科学研究所所长吴立岗曾说过："小学生的情感和情绪，既是他们作文的内驱力，也往往是他们作文的中心思想所在。"②

此外，还有研究者对构思时间、信息加工策略、自我监控、元认知等方面进行了相应的探索。皮连生在《智育心理学》中谈道，关于影响学习的非智力因素，虽然没有统一的看法，但绝大多数心理学家都提到学习者的动机、兴趣以及态度对学习重要影响。③ 在后续构建小学中年级写作的系统框架时，本研究借鉴了以上研究成果。

(4)小学中年级写作系统框架的构建及修改

在对写作的基础理论、心理过程、能力结构以及影响因素深入研究的基础上，结合小学中年级学生的特点，我们初步构建了小学中年级写作的系统框架，在征求了学科专家、一线教师和相关研究人员意见的基础上，经过两轮认真和深入的修改，最终确定了该系统框架(图3-9)。

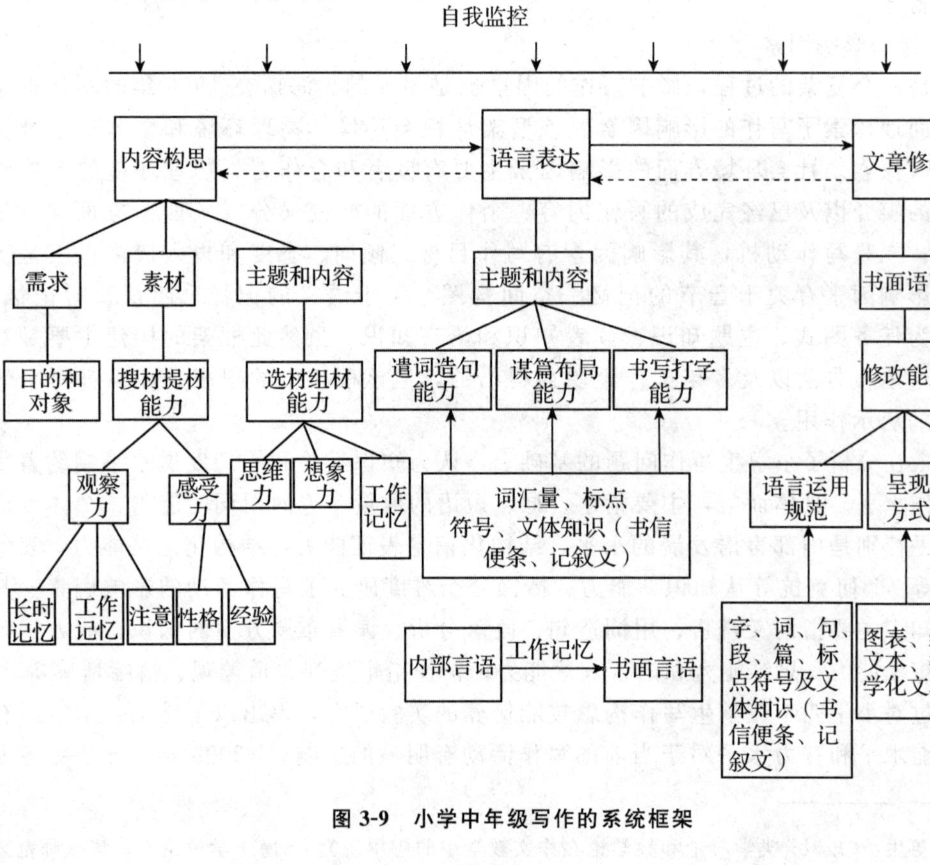

图3-9 小学中年级写作的系统框架

① 伍新春，管琳：《同伴互动类型对三年级小学生写作水平的影响》，载《心理科学杂志》，2008(6)：1361～1364。

② 管建刚：《我的作文教学革命》，78页，福州，福建教育出版社，2007。

③ 皮连生：《智育心理学》，407页，北京，人民教育出版社，2008。

本框架在写作心理过程的基础上，分析了每个心理过程包含的要素以及需要具备的能力和影响因素，这些环节都是在自我监控下完成的。通过自我监控，可以识别出写作的各个阶段最有效的策略及其可以改进的环节，逐渐建立起自己的写作数据库。自我监控还可以发现其他相关技能如阅读、听、说与写作的关系，它直接影响着学生写作能力的持续发展。

内容构思环节包含的要素有写作需求、素材、主题和内容。其中，需求是写作的内在动机，没有需求的写作是空洞的、不能持久的，写作需求由写作的目的和对象所决定。在写作教学环节中，教师要想充分调动学生写作的积极性，关键在于能否满足学生的需求。素材是写作的源头，“巧妇难为无米之炊”，没有素材的写作是无源之水。影响素材积累的因素是素材的搜集能力，主要由观察力和感受力决定。观察力决定素材的广度即容量的大小，跟长时记忆、工作记忆及注意密切相关①，海斯指出工作记忆是写作的认知过程所需要的，受材料数量和时间长度的限制。感受力指对客观事物的感知能力，跟个人的性格以及生活、学习、心理、情感经验密不可分，它决定着素材的深度。搜集来的原始素材需要依据写作需求，经过组织加工转变为写作的主题和内容，这一过程起决定作用的是选择素材和组织素材的能力，其影响因素主要有思维力、想象力和工作记忆。此时素材在头脑中的储存形式为表象②和概念③，小学中年级学生的思维主要是形象思维，选材组材的过程以表象的加工、分解、组合为主，也涉及一些概念的分析、综合、抽象和概括。想象是在表象的基础上形成的，是没有亲身经历过的，甚至是从未有过的，具有新颖性和创造性，充分体现着写作的个体性和创造性。

语言表达环节中，表达的对象是上一环节中构思好的主题和内容，表达的载体是书面语言。其影响因素有遣词造句能力、谋篇布局能力和书写打字能力。这三种能力是以词汇量、标点符号、文体知识(课程标准中规定的小学中年级的写作文体主要是书信便条和记叙文)为基础的。这一环节还涉及内部语言到书面语言的转化，苏联著名神经心理学家鲁利亚提出：“语言的编码经过由思想到扩展性话语的复杂途径。由产生动机开始，需要把某事物传递给另外一个人；而这一需要则体现于意向或思想中，即体现于话语的总格式中，借助内部语言机制，思想及其语义表象改编为话语的深层句法结构，再进而转变为表层句法结构，并最后成为呈线性序列的扩展性话语。”④在内部语言转化为书面语言的过程中，工作记忆起着重要的影响作用。书写能力对小学中年级学生语言表达的影响作用比较明显，通过与这一阶段学生的访谈，我们发现许多学生的写字速度比较慢，严重影响了书面语言的表达。随着信息技术的广泛应用，电脑写作也成为写作的一种方式，打字能力成为影响语言表达的一种能力。

---

① 邵志芳对工作记忆做了如下界定：工作记忆是一个容量有限的系统，它用于暂时储存信息和操纵加工信息，以便完成复杂的任务，例如理解、学习和推理。工作记忆包括三个组成部分：中央执行机构、语音环路和视觉空间展板。

② 邵志芳对表象做了如下界定：表象是人们对事物形象(包括视觉的、听觉的、动觉的)回忆，是关于某个事物甚或是某类事物的概括的形象。

③ 邵志芳对概念做了如下界定：概念反映事物本质属性的一种思维形式，是分类在个体头脑中的表征。它指的是一种规则，依据这种规则，人们根据一定的、明显的刺激特征对事物加以分门别类，或推知事物的其他特征。

④ [苏]卢利亚：《神经语言学》，赵吉生，卫志强译，北京，北京大学出版社，1987。

文章修改环节中，主要针对写作完成后的书面语言进行修改，涉及的能力主要是修改能力，影响这一能力的因素有语言运用规范、呈现方式和语感。语言运用规范的基础是字、词、句、篇、标点符号及文体知识(书信便条和记叙文)的运用。这里强调的并不是写作知识的传授，而是提醒教师在写作教学中，通过适当的教学活动把这些知识潜移默化地转化为学生的运用能力。呈现方式指的是文章的表现形式，如图画、纯文本、数字化文本等，选择了表现形式后，就应该依据表现形式的要求，选择合适的字体、布局和页面边距等。语感是比较直接、迅速地感悟语言文字的能力，是对语言文字分析、理解、体会、吸收全过程的高度浓缩，是经验色彩很浓的能力。其实，修改并不只是发生在写作完成之后，在内容构思和语言表达环节中，也牵涉到修改。但通过调查和访谈，我们发现小学中年级学生的修改绝大部分都发生在写作完成之后，在教师的提示下所做的修改，他们自己的修改意识还没有完全建立起来。

3.3.3 小学中年级写作目标体系的设计

有了小学中年级写作系统框架，我们就可以用它检测小学中年级写作课程目标的合理性了。

教学目标是教学设计的起点和归宿，对教学设计的其他组成部分有着重要的影响。课程目标是写作教学目标的基础，决定着整个写作教学的方向。阶段目标是课程总目标在每一个学段的具体化，不仅引导着学生的学习方向，还是教师教学的重要依据，也是学习结果和教学效果评价的重要参考。但是，在前期文献调研以及与教师的访谈中，我们发现课程标准中阶段目标过于宽泛的表述严重影响了其对教师的指导作用。王荣生就曾提出如下问题①：在语文课程标准研制中我们能不能使“写作”的目标更具体些呢？为什么我们过去数十年的几代语文教学大纲的写作目标都不具体，到了现在的语文课程标准还是有欠具体呢？我们的语文课几乎没有写作教学，这是不是跟语文教学大纲、语文课程标准的写作目标不具体有因果关系呢？白月桥在比较了34个课程标准的实验稿后，认为课程目标应当制定得更加具体些、科学些、严谨些。②

基于此，本研究在深入剖析我国小学中年级写作课程标准的基础上，通过借鉴国外小学写作标准编制的成功经验，结合汉语言文字的特点，依据小学中年级写作的系统框架，拟订出了更具体的小学中年级写作目标体系。

1. 我国小学中年级写作目标的剖析

2001年，我国颁布的《全日制义务教育语文课程标准(实验稿)》中的写作目标包括两部分：写作的总目标和阶段目标。总目标为：能具体明确、文从字顺地表述自己的意思。能根据日常生活需要，运用常见的表达方式写作。阶段目标中的写作分为一至二年级的写话、三至四年级的习作、五至六年级的习作、七至九年级的写作四个部分。通过对课程标准中小学中年级写作目标的剖析，我们发现，课程标准鼓励学生从写“放胆文”起步，逐渐过渡到写“小心文”，充分体现了降低小学阶段写作难度的思想；该标准重视培养学生良好的写作习惯以及语言能力和思维能力的同步发展，可以帮助教师树立正确的写作

① 王荣生：《语文课程目标：转化与具体化——基于〈义务教育语文课程标准(2011年版)〉的语文教学建议》，载《中小学管理》，2012(4)：13～15。

② 白月桥：《课程标准实验稿课程目标订定的探讨》，载《课程·教材·教法》，2004(9)：3～10。

教学观。但同时，该标准宽泛的表述又使得教师在贯彻执行目标中所陈述的写作教学理念时感到无所适从。

阶段目标的表述主要存在着如下问题。其一，阶段目标没有明显的层级结构和逻辑分类，有些要求是对总的学习结果的描述，如“能用简短的书信便条进行书面交际”；有些属于能力指标的描述，如“能不拘形式地写下见闻、感受和想象，注意表现自己觉得有趣的或印象最深、最受感动的内容”；还有些是二者的融合。这些模糊的表述容易造成教学的随意性。其二，目标的表述方式多是生成性的，如“留心周围事物，乐于书面表达，增强习作的自信心”内容的表述不清晰。梁歆曾建议将课程目标分成两个层次，一是每学段的阶段目标，二是在每个阶段目标下，具体地阐述达到各项目标的指标①。在确定目标体系的过程中，我们借鉴了这种思想。

那么，其他国家的相关课程标准或目标是如何陈述的呢？

2. 美国加利福尼亚州的小学写作内容标准分析

美国虽然有国家层面的语文课程标准，但并没有强制执行，各州的教育基本上会依据本州制定的课程标准。美国加利福尼亚州(以下简称加州)的课程标准在美国太平洋所的研究中被认为是“细致、具体、全面的典范”。2007年，加州公布了最新的语文课程框架，以内容标准为课程平台、贯通课程、评价、教学和组织。内容标准相当于具体化的课程目标，是课程标准的核心部分。标准的总目标是通过写作过程的各阶段提高写作水平(如构思、拟稿、修改、定稿)。加州的内容标准分为写作策略和写作应用两个部分，写作策略分别在组织和中心、书写、调查或探索技术(一到三年级为调查，四到六年级为检索技术)、评价与修改四个子部分上展开陈述；写作应用则是“写作策略”在具体写作情境中的应用。② 本研究以小学三、四年级的写作内容标准为例详细分析此标准给予我们的启示。

“写作策略”是学生所要学习的关于写作的策略性知识，一到四年级要求学生写出明白、连贯、有条理的句子和段落，形成中心观点。作品能表现出学生对读者和写作目的的认识。学生能根据需要完成写作过程各个阶段的任务(如预写作、打草稿、修改、编辑)。

“组织和中心”关注写作中如何确定主题或中心思想，以及如何安排篇章结构的内容，如三年级要求写一个段落。四年级要求依据目的、读者、篇幅和格式要求，选择一个观点、一种组织结构、一种视野；写多段落的文章；用惯例结构传递信息(如按时间顺序、起因和结果、相同或相异)。

“调查或探索技术”中三年级要求学生理解各种参考资料的结构和组织(如字典、地图集、百科全书)；四年级要求学生引用或解释信息资源；参考课文，根据结构特点安排信息(如前言、附录)；运用各种参考资料(如字典、词典、目录、百科全书、网络信息)协助写作；懂得日历、报纸和杂志的结构，并懂得如何运用印刷材料；显示出操作键盘的技能，并熟悉计算机术语(如光标、软件、存盘、驱动器、硬盘等)。

“评价与修改”中要求三年级的学生能够修改初稿，使其更通顺，并通过确立标题增强逻辑性；四年级在此基础上要求学生通过删减、合并和重新安排加以改进。

---

① 梁歆：《谈义务教育新课标叙写方式的三个问题》，载《语文建设》，2004(2)：12～13。

② 董蓓菲：《全景搜索：美国语文课程、教材、教法、评价》，上海，华东师范大学出版社，2009。

“写作应用”部分，三年级关注的文体形式主要有记叙文、私人和正式信件、致谢便条和邀请信；四年级关注的是记叙文、文学作品读后感、信息报告和摘要。

通过分析可以发现，加州的写作内容标准在写作理念、内容呈现、写作指导方面独具特色。写作理念方面，充分体现了实用性和过程写作的教学理念。例如，信件、致谢便条、信息报告和摘要等实用文的写作练习等，都与学生现在或以后的生活密切相关；从确定主题到安排篇章结构，再到拟稿、修改和编辑，过程写作的思想贯穿于整个写作活动中。内容呈现方面，层级结构和逻辑归类很好地细化了目标，良好的目标陈述使得课程目标具体和可测。内容涉及的知识有各种文体的语篇知识和过程写作的策略知识（如何确定主题、安排篇章结构、搜集和引用材料、评价和修改）。内容依照学生认知发展的需要，体现出年级间的渐进性和累积性。写作指导方面，重视写作前的资料搜集、写作中的构思和加工、写作后的修改和编辑，有利于教师切实指导好学生“如何写”的环节。此外，加州的标准还体现出时代性，如网络信息和计算机技能的利用。

3. 加拿大安大略省小学写作标准分析

2006 年，加拿大安大略省（以下简称安省）教育部颁布了一至八年级的小学语言课程标准，其中写作标准包括总目标和阶段目标。总目标主要从产生和组织内容、运用风格和体裁知识、运用语言表达的知识、反思写作的技能和策略四个方面进行了说明；每个总目标又有子目标组成，标准中对子目标进行了详细的陈述。

安省的写作标准条理清晰，内容具体和丰富，充分体现了这一学段学生的写作特点，给教师提供了非常有帮助的建议。既注重语言表达知识的积累，又把体裁的意识渗透在写作活动中，使学生在写作需求的驱动下，轻松地掌握各种写作策略，并逐渐养成自我反思的意识。归纳起来，主要有以下特点。①

其一，写作主题的选择有明确的目的性和对象性。不论是三年级的解释杠杆能让工作变容易的说明书、为参与一个小组项目而做的标有关键字的标签地图，还是四年级的完成一个滑轮和齿轮的实验说明，都充分体现了写作的目的性和对象性。安省从一年级开始就培养学生的这种意识，如在一年级让学生在一个数学调查后，与小组分享发现的图表的标签和主题，在二年级让学生写通知班级消防演习的顺序。从这些题目中，我们可以发现它们都来源于学习和生活的实践，与学生密切相关，有明确的写作目的和对象，极大地激发了学生的写作兴趣。这种从易到难、循序渐进的写作安排也体现在写作的各个阶段。

其二，重视写作过程中各种策略的运用以及自我的反思。安省写作标准中在写作过程的各阶段都提供了可参考的策略，如用头脑风暴的方式产生写作的观念，通过与家庭成员和朋友的讨论以及各种阅读过的文本搜集支持观念的信息，通过确定关键字来缩小调查的范围，运用下划线、列表、概念图、思维导图对搜集的信息进行分类，运用图形组织者和组织模式来确定和布置主要的观点。这些策略的运用贯穿在写作的各个过程中，对于学生养成良好的写作习惯，具有非常重要的作用。写作标准还重视写作前、写作过程中、写作后的自我反思，便于学生自我总结，形成自己的知识结构，为以后的写作历程打下坚实的基础。

① 刘美凤，黄丹：《浅析加拿大安大略省小学三、四年级的写作标准》，载《小学教学研究》，2011(17)：94～96。

其三，突出语言表达知识的基础性和重要性。安省的标准中针对如何学习和运用熟悉、不熟悉的单词、如何积累词汇量、掌握何种语法和标点符号进行了详细的说明，一方面可以帮助学生积累各种语言表达的基础知识，另一方面也可以提高学生对基础知识的重视程度。

其四，关注教师在写作过程中的指导作用。安省的写作标准特别关注教师的指导作用，在很多目标中都列举了教师的提示。例如，通过这些问题(写什么？为什么写？写给谁？)提示三年级的学生确定写作的目的和对象，呈现给四年级学生的提示则为：你怎样确定主题？写作的目的是什么？哪种体裁更适合写作的目的？你的读者会是谁？除此之外，在确定核心观点，元认知和相关技能部分，也都有教师提示的实例。这些提示帮助教师更好地指导学生的写作。

此外，安省的写作标准尤其关注学生的个人感受，强调写作要言有心声。着重训练学生的体裁意识，三年级的学生开始写寓言，四年级的学生开始写诗歌。

4. 日本小学写作标准分析

2008年，日本文部省公布了《学习指导纲要》，“写”的部分包括目标和内容，内容又包括教学指导和语言活动。其中目标强调依据对象和目的的不同，根据需要调查资料，在掌握注意段落之间关系的写作能力的同时，养成书写的习惯。教学指导部分重视从日常中听到、读到、想象到的关心的一些事情开始写作；关注如何分段以及段落之间的关系；明确写作的中心；强调修改的作用以及发表写作成果的意识。语言活动部分详细说明了素材的来源、搜集资料的方法和写作的文体。由此可以看出，日本的小学写作非常重视目的和读者的意识；鼓励学生想象和思考；关注写作成果的发表等。

5. 汉语言文字特点

美国语言学家沃尔夫(Benjamin Lee Whorf)在《语言、心灵和实在》一书中说：“语言的研究表明，一个人的思维方式是受他意想不到的语言形式的那些不可抗拒的规律支配的。”①与西方语言相比，汉语言文字具有自身独特的特点。它源于生活实践，形成和发展与自然生活实践密切相关。从符号的编码看，汉字是多码的，有音码、形码和义码，具有整体性的特点。从词语的构成看，汉语实行以单音词(语素)为基础的二次复合构词法为主，而且在词的形式上没有特定的要求，只讲究逻辑意义的通顺。所以，在理解词语时，不能只将构成词语的两个单音词(语素)的意思简单相加，而必须从词语的整体入手进行分析，必须联系其语境加以判断。在句法上，汉语缺少形态变化，不具有性别、数、格、时态、人称等词形变化，成分之间结合得比较松散，移动自由，往往以意治形。因此，在分析句子时，不能单纯地采用句法结构分析，还必须从修辞、逻辑、语义和语境等方面做综合的整体性分析，注重自身独特的感受、体验和理解。从形体看，汉字是图形文字，以象形字为基础的汉字是具象思维的体现。以汉语言文字为基本单位而构成的书面语言，整齐灵活，特别适宜表达微妙的情感。由此我们可以总结出，汉语言文字的特点要求写作教学应该着重创设写作的环境，激发学生的内在情感，让学生在阅读中品味汉语言文字的博大和优美，在写作中运用汉语言文字来表达内心的独特情感，而不是枯燥地记忆句法和语法，更不是写作技能的机械训练。写作是以书面语言为载体的，无论是写作教学还是写作活动都应该遵循汉语言文字的

① 史荣光：《语文素质教育的教学目标和课程结构》，载《教育研究》，1997(5)：61～65。

特点和规律，重视学生自身的情绪体验和思维训练，充分发挥学生的想象力，来表达个人的心声。

6. 小学中年级写作目标体系的界定

界定写作目标体系时，我们首先考虑了建构一个科学合理的课程目标体系应该参考的原则维度：目标的基本取向、目标的类型、目标的层次。本研究中，目标的基本取向方面，以行为目标①为主，兼顾生成性目标②和表现性目标③。目标的类型方面，注重能力目标④、内容目标⑤和情感态度目标⑥的融合，加强能力目标和内容目标的融合。目标的层次方面，采用内容要素的细化模式，凸显内容目标。

在小学中年级写作目标体系具体化的过程中，本研究还借鉴了美国、加拿大和日本小学写作标准的结构化编排方式，注重结构的系统性和层级性，结构序列的渐进性和累积性，目标表述的具体性和可测性。在内容的表述方面，充分体现了汉语言文字的特点，注重学生独特的感受和理解，重视写作的实用价值，注重培养良好的写作习惯及总结有效的写作策略。总目标的表述仍为课程标准中的总目标，其目的是为了让教师对小学中年级写作的作用有个整体上的认识和把握。阶段目标的陈述主要依据小学中年级写作的框架，结合小学中年级学生的写作特点，分别从内容构思、语言表达、文章修改、元认知四个一级维度进行了阐述，具体表述为：

·依据写作需求，通过搜集、选择和组合素材，确定写作的主题和内容。

·能写出体现个人感受的明白、连贯的句子和段落，会写书信便条和简单的记叙文。

·根据语言运用的规范及呈现方式的需要，修改有明显错误的地方。

·识别出写作不同阶段中的有效策略；说出听、说、阅读与写作的关系。

在二级维度的划分上，本研究主要依据小学中年级写作的系统框架，对一级维度所包含的指标进行了细分。其中内容构思划分为目的和对象、素材、主题和内容三个二级维度；语言表达划分为词汇、标点符号、文体知识、书写和打字四个二级维度；文章修改划分为语言运用规范、情感的表达、呈现的方式三个二级维度；元认知划分为对写作过程的反思和相关技能的影响两个二级维度。小学中年级写作的目标共有四个一级维度和十二个二级维度，希望能够帮助教师更有针对性地指导写作教学。其详细内容见表 3-14。

① 行为目标指的是显性的、具体的、可操作的目标。

② 生成性目标指的是教育情境的产物和问题解决的结果，关注过程。

③ 表现性目标指的是学生在学习过程中的首创性反应和个性化表现，关注提供给学生的活动范围和领域，活动的结果是开放的。

④ 能力目标描述的是通过学习后学习者达到的能力水平，是对期望学生达到的结果的描述。

⑤ 内容目标指的是较为具体、直接地涵盖乃至规范着课程与教学内容的那类目标。

⑥ 情感态度目标描述的是学生在学习过程中情感、态度和价值观方面所发生的变化。

表 3-14　小学中年级写作的目标体系

总目标	能具体明确、文从字顺地表述自己的意思 能根据日常生活的需要，运用常见的表达方式写作	
阶段目标	1. 依据写作需求，通过搜集、选择和组合素材，确定写作的主题和内容 2. 能写出体现个人感受的明白、连贯的句子和段落，会写书信便条和简单的记叙文 3. 根据语言运用的规范及呈现方式的需要，修改有明显错误的地方 4. 识别出写作不同阶段中的有效策略；说出听、说、阅读与写作的关系	
一级维度	二级维度	详细表述
内容构思	目的和对象	知道写作的用处
		依据写作需求，确定写作的目的和对象
	素材	留心观察周围的事物，积累新鲜的、有趣的、受感动的经历
		能够想象没有经历过但觉得有意思的事情
	主题和内容	依据写作需求，通过头脑风暴等策略，初步确定写作的主题
		依据写作需求，回忆和查找跟主题有关的信息和资源
		运用下划线、时间线、图等方式对信息和资源进行分类
语言表达	词汇	平时注意积累语言材料，特别是有新鲜感的词句
	标点符号	根据表达的需要使用冒号、引号
	文体知识	能用简短的书信便条进行书面交际
		书信要有日期、适当的问候、正文、结尾和签名
		熟悉记叙文的六大要素(时间、地点、人物、事情的起因、经过和结果)及常见的叙述方式(时间顺序)
	书写和打字	写字的速度不低于30字/分钟 打字的速度不低于20字/分钟
文章修改	语言运用规范	修改有明显错误的字、词、句
	情感的表达	运用准确的词语和想象表达个人的感受
	呈现的方式	依据写作需求，选择自己喜欢和擅长的呈现方式(图画、表格、纯文本、数字化文本)
元认知	对写作过程的反思	识别出写作的各个阶段最有效的策略及其可以改进的环节
		喜欢写东西，增强写作的自信心
		愿意与他人分享写作的快乐
	相关技能的影响	说出听、说、阅读与写作的关系

3.3.4　小学中年级写作教学的学习者分析

小学中年级写作课程目标确定后，我们需要了解这个阶段小学生的一些相关特点，以合理地安排写作内容，设置学生“有话说、乐于说”的作文题目，充分调动学生的写作积极性，及时地帮助学生解决在写作过程中遇到的困难。

1. 小学中年级学生的特点

(1)小学中年级学生的心理发展特征

这个阶段的学生认识能力开始从低级水平向高级水平过渡，思维发展水平从具体形象思维逐步过渡到抽象逻辑思维，抽象思维逐渐成为一种重要的思维形式，这是一个由量变到质变的飞越过程。学生思维能力的发展处于转折时期，抽象概括、分类、比较和推理能力开始形成，思维的敏捷性和灵活性提高，这是培养思维独立性和发散性的关键期，这一时期，独立性和发展性对于培养学生的创造性思维非常重要。

注意力的目的性增强，注意力保持的时间更持久，注意力的稳定性由15～20分钟提高到20～30分钟，可以胜任更复杂的学习任务。学生从无意注意和无意记忆，逐步过渡到有意注意和有意记忆，学生的有意记忆不断发展，并且从机械记忆占主导地位逐渐向意义记忆占主导地位转化，行为也逐步从盲目性过渡到有目的、有计划。小学中年级学生的想象力正处于发展阶段，教师要教会学生联想和想象，培养学生的发散思维能力。学生之间的个别差异及个人的兴趣和特长已经明显地表露出来，这是发展儿童个性和特长的极好时机①。

(2)小学中年级学生的写作特点及发展规律

国外学者的研究表明②：十岁儿童在记叙能力方面，能够依照事件的先后顺序，开始有情节安排，有开头结尾，有详略之分，少数学生还能运用倒叙的方法。除时间外，在写作中开始注意空间的要素。在情感方面，仍然以自我为中心，能对自己以外的事物进行简单的描述。在对读者的感知方面，一部分学生有明显的读者观念，能够明确写作要符合读者的要求。在写作风格方面，书面语基本形成，字词运用逐渐正确，有学生会有意识地运用新学词汇修饰文章。句法的掌握还不准确，会写错长句。

靳开宇在分析了三年级小学生写作作品的基础上，归纳总结出这一阶段学生的书面语言表达特点③：汉字夹杂拼音注字的表达方式基本消失，能够运用掌握的汉字完成一篇书面习作。顿号、感叹号、问号的使用量开始增多，而且开始使用冒号和引号。这一阶段的学生能粗线条地表达亲历的事情，具有明显的书面语表达的临摹性，处于口语表达向书面语言表达过渡的关键期。到了四年级，书面语言已经占了优势，小学生掌握了很多的词汇、语言、语法等语言规则，也就是“学得”了语言知识，小学生书面语言的发展逐步超过口头言语的水平，同时也有了初步的复述能力。④还有学者专门对小学中年级的写作进行了研究，总结出以下发展阶段特征⑤：会写一个场景、一个人的肖像或一件简单的事等，篇幅加长，懂得写文章的难度；出现个别差异，有了不会写文章的学生。基本完成从口述到笔述，从句、段向篇的过渡，开始注意文章的构思。转变的趋势表现为从不切题到切题，从不能分清段落到分清段落，从写简单句到比较复杂的复杂句等。

小学中年级学生的特点决定了在写作教学中我们不能好高骛远，不能一味地强求学生写空洞乏味以及所谓的“思想性”文章，更不能把学生当成灌输品，仅仅训练写作的技

---

① 张伟，徐宏江：《4年级决定孩子的一生(修订版)》，3～8页，北京，京华出版社，2009。

② 朱作仁，祝新华：《小学语文教学心理学导论》，203页，上海，上海教育出版社，2001。

③ 靳开宇：《小学生书面作文言语表达特点的调查研究》，硕士学位论文，吉林大学，2006。

④ 孙义农：《小学生心理辅导》，44页，杭州，浙江大学出版社，2003。

⑤ 朱作仁，祝新华：《小学语文教学心理学导论》，204页，上海，上海教育出版社，2001。

巧。写作是一个循序渐进的过程，是需要有积累的，除了语言知识的基本积累之外，还需要有心理和情感的体验。小学中年级的写作教学在很大程度上承担着培养学生养成良好写作习惯的重任，为以后的学习、工作和生活打下坚实的基础。因此，在写作教学中我们切忌急功近利，而应顺应学生的心理发展特点，让学生在丰富多彩的学习生活中汲取观察、思考、表达等的营养。

2. 小学中年级学生的特点案例解析

为进一步具象地感受这个阶段的学生特点，进一步验证和更加准确地了解小学中年级学生的信息，我们从学习者基本信息、写作动机、认知特点、先前的写作技能四个方面，对北京市某小学中年级的学生(共 139 人)进行了问卷调查，并按照写作水平的高低抽取了 10 位不同层次的学生进行了访谈。

从学习者基本信息来看，国家规定的入学年龄是 8 月 31 日前满 6 周岁，根据这一规定，小学三到四年级学生的年龄不低于 8 周岁。学生的家庭环境千差万别，城市与农村之间的差距非常大，同时城市之间，农村之间的差距也比较明显。这一差距对写作教学提出了更高的要求，不论是写作内容的选择，还是写作评价的设计，都需要充分考虑这些方面。在调查的 139 名小学中年级学生中，94.2%的学习者年龄为 9～11 岁，其中男生的比例为 53.2%，女生的比例为 46.8%。这些学生的家庭情况差别很大，一部分学生的父母有稳定的工作和收入，家里有良好的阅读环境；一部分学生的父母来自农村，没有稳定的工作。其中一位来自山西的女孩就说道："我父母每天都很忙，忙着送报纸，根本没时间管我。"

从写作动机来看，学生并没有认识到写作的重要作用，多数认为写作是一项教师布置的任务，不得不完成。另一方面，写作又占用了他们的课余时间，学生对此又怕又恨。同时，少数学生天生就对写作充满浓厚的兴趣，喜欢用文字表达各种情感，写作在他们看来是一种乐趣。北京某小学 32.4%的学生是为了完成教师布置的作业，94.2%的学生在写作课上从来没有或偶尔有成就感，28.1%的学生不喜欢写作课上的写作题目。学生甲说："我平常喜欢把有趣的事写出来，等到长大以后就可以看，还有与弟弟在公园里争吵的情况，我也写出来，写出来我就不生气了。但我不喜欢写作课上的题目，老师不让在课上写，都得拿回家写，我还得补习英语，没有那么多的时间。"写作时间也是影响课堂写作的一个重要因素，许多学生在课堂上完不成写作，只能回家接着写，无形中增加了对写作的抵触感。

从认知特点来看，这个年龄段的学生活泼好动，对周围的事物充满了好奇，爱想象，喜欢动漫和童话。渴望被关注和鼓励，如学生乙希望老师："如果有时间，把每个同学的文章都读一遍。写得好就给予奖励，没写好就给予鼓励。"认可榜样的作用，特别是周围的榜样。语言口语化，比较喜欢与周围的学生一起学习。城市学生的打字速度整体上高于农村学生，这跟学校的设施环境有很大关系，少数学生的打字和写字速度跟不上。部分学校开始鼓励学生网上写作，但多数学校仍坚持书面写作。

从先前的写作技能来看，整体而言，字词的积累是他们的一个软肋，很多学生不会用语言来表达自身的感受，写错字和句子的情况时有发生。尤其是小学三年级的学生，在语言的表述上很难具体，往往是流水账的描述。北京某小学 46%的学生在写作课上不能熟练组织自己的写作思路；部分学生缺少字词的积累，有时会写错字和写错句子；有些学生对写作中的题目没有真实感受；还有些学生在写作时描写不具体，开头或结尾有点难。

3.3.5 小学中年级写作教学的内容分析

语文课程内容没有明确的学科作为其学科知识的来源，现有的选文又难以明确具体地体现内容，所以，有关课程内容的研究是语文研究中的一个重点问题，也是难点问题。写作内容承接写作目标而来，是教材编写的直接依据，也是教学活动中不可或缺的要素。但是很长时间以来，在语文学科中，人们对课程内容、教材内容、教学内容的认识都比较笼统，三个概念经常混为一谈。课程标准及其解读基本上停留在课程目标的理念上，对课程内容“应该教什么”缺乏明确的规定。这种只有“目标”指导而缺乏“内容”指导的课程文件，对一线语文教师的指导是不完全的，作用也是有限的。如一位教师在访谈中提道：“教材编排不合理，缺少写作方法的具体指导，也缺少写作从易到难的梯度。”考试中写作在语文中的权重占到了 1/4 乃至 1/3(按比分算)，但写作教材却一直委身于语文课本中，所有的大作文、小练笔以及跟写作稍有点关系的都加起来，充其量不足 1/8，剩下的大片空间、空白都要留待教师自己去挖掘，不说专业水平跟不上，就说工作时间、工作精力也都受到限制。① 因此，在小学中年级写作目标体系的指导下开发相应的写作内容是非常有必要的。在设计写作内容的过程中，我们首先分析了小学中年级写作内容体系的结构，然后给出了教材样例，最后总结了选择写作教学内容的建议。

1. 小学中年级写作内容的结构分析

魏小娜通过对现有的语文课程内容结构的综述，发现结构类型主要有四种：王荣生的“语文课程内容②”“语文教材内容③”“语文教学内容④”的三层次结构类型；李山林提出的“领域—项目—要素—要点”的四层次结构分析框架；从“应然”的角度探究课程内容开发落实的不足，建构理想课程内容理论形态的理论阐释型结构；着眼于具体微观的课程内容开发，呈现的形式为教材样章、教材研究形式、具体语文知识点、品评课堂教学案例或课堂实录的累积型结构。在从理论深广度、系统性、可行性、实用性的维度对以上四种结构类型分析和比较之后，魏小娜确定了语文课真实写作课程内容的结构为“课程内容要素＋教材样章”，以确保宏观和微观的结合。课程内容要素是指课程层面、教材层面、课堂教学层面都应包含的最基本的课程内容组成部分，具有基础性、核心性、稳定性、系统性的特点。教材样章是指基于一定的课程内容开发而编写的部分教材式样。本部分的研究主要借鉴魏小娜的研究思路，把小学中年级写作内容体系的结构拟定为“写作内容要素＋教材样例”，因为小学中年级的写作只是语文这一学科的一部分，并不是单独的课程，所以我们这里把教材样章换成了教材样例。写作内容要素包括写作知识和写作

---

① 邱笑红：《人教版、苏教版小学语文教材习作系统研究》，硕士学位论文，南京师范大学，2008。

② 课程内容，是课程层面的概念，一般称“课程要素”，指特定形态的课程中学生需要学习的事实、概念、原理、技能、策略、态度，语文课程内容，回答的是语文课程“教什么”。

③ 教材内容，是教材层面的概念，指为了有效地传递、显现课程内容诸要素二组织的文字与非文字材料，包括“例文”“样本”“用件”，它是教学中的交际对象，而不是学习对象，回答的是用什么去教。

④ 教学内容，是教学层面的概念，从教的方面说，主要指教师为达到教学目标而在教学实践中呈现的种种材料。它既包括在教学中对现成教材内容的沿用，也包括对课程内容的执行，也包括在课程实施中教师对课程内容(正面或负面)的创生，回答的是实际上需要教什么。

活动。这里的写作知识有显性和隐性之分，隐性知识主要指语感，显性知识既包括文体知识和语言表达的知识等事实性和概念性知识，也包括如何搜集素材、谋篇布局等程序性知识和对写作策略的反思之类的元认知知识。写作活动是建立在学生写作需求基础之上的，与自我、他人以及外界事物进行相互作用的写作实践过程。

尽管课程标准中有意识地淡化文体知识，但诸多研究者认为清晰、系统、完整的知识体系可以更好地帮助教师理解写作教学知识的范围、层次和结构。章熊认为写作知识更应该关注需要什么样的知识，以及如何发挥知识的作用。① 叶黎明也认为我国写作知识的呈现方式应朝语用的方向发展。② 在韩礼德(M. A. K. Halliday)的系统功能语言学理论上建立起来的功能文体学认为语言有三大功能：概念功能③、人际功能④和话语功能⑤。这些功能主要受文化语境和情景语境的影响，文化语境包括社会阶层、社会结构、文化习俗、道德标准、生活习惯等，是整个语言系统产生的大环境；情景语境的制约因素包括：语场(话语活动的场合、话语范围、主题和题材)、语旨(言语活动的参与者的角色关系)、语式(话语的方式)。上述理论可用图 3-10 表示。

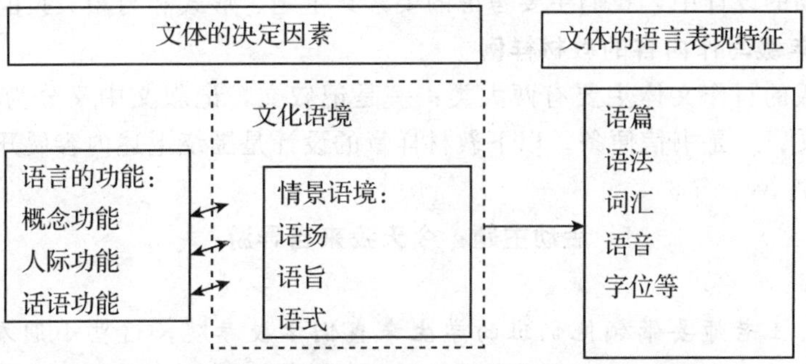

图 3-10　基于韩礼德系统功能语言学的功能文体理论⑥

在功能文体学理论的基础之上，我们设计开发了写作知识的体系，主要从语篇层次入手，综合考虑了语言实践的各个层级(字、词、句、段、篇)，是一个系统化、层次化的问题知识开发系统。它以小学中年级写作的目标体系为指导，立足于这一学段学生的实际需求，贴近生活实际，具体翔实，可操作性强。写作知识的体系分为四个方面：语境知识、语言表达知识、策略性知识和元认知知识。语境知识包括读者意识、语言呈现方式、适用场合；语言表达知识包括篇章结构、词汇、语法、标点符号、文字特点；策略性知识包括如何搜集素材、选材组材、修改和作品的发表；元认知知识主要指对写作过程的自我反思以及对相关技能与写作关系的总结。

孤立的写作知识是有效写作的必要条件，但不是充分条件，只有在写作中练习写作，在写作活动中学习和运用写作知识，才能真正地有效写作。但目前我国的写作活动开发还不够成熟，我们着重分析了人教版小学中年级写作活动的开发，发现多数活动只是为

① 章熊：《中学生写作能力的目标定位》，载《课程・教材・教法》，2000(5)：30～35。

② 叶黎明：《论写作知识呈现方式的变革》，载《课程・教材・教法》，2010(2)：51～56。

③ 阐明客体、形成意义。

④ 交流双方的角色关系。

⑤ 谋篇组织。

⑥ 魏小娜：《语文科真实写作教学研究》，博士学位论文，西南大学，2009。

写作提供热身，并没有为学生真正的写作体验提供训练的机会，对写作过程中所需的策略性知识以及遇到的写作困惑关注不够。此外，活动的设计缺乏故事情节的过程，与其他相关技能的训练结合不够灵活，组合模式较为单一。例如，人教版四年级上册“语文园地二”的写作安排：

近来，你留心观察了什么事物？是怎么观察的？有什么新的发现？在观察的过程中发生过什么有趣的事情？仔细回忆一下，把你最想告诉别人的内容写下来。题目自己定。

如果你在进行连续观察时，坚持写观察日记，可以选几则自己觉得满意的日记，认真进行修改加工，成为一篇习作，题目可以用《观察日记×则》，要注意日记的格式。

相比而言，国外的一些写作活动的设计则更为关注学生在写作过程中的表现以及写作后的反思，如《牛津英语教程》的一个设计：“它像什么?”教材先是给出了8幅外形类似但又有细微差别的外套图片；然后让学生用语言描述其中的一幅外套图片；之后，让同学在小组中读自己的描写片段，让同学猜自己描述的是哪幅图片；做完这些以后，再谈谈用语言描写事物困难还是容易，并说明为什么。①

在写作活动的设计中，我们主要考虑的要素有主题、形式和与相关技能的结合。

2. 小学中年级写作内容的教材样例

小学中年级的写作文体主要有两大类：一是记叙文，记叙文中又分为叙事性记叙文和想象类记叙文；二是书信便条。以下教材样章的设计是围绕上述内容展开的。

活动主题：今天我来当导游

1. 写作实践

下个星期，王老师要带领他们班的学生来我们学校参观，这些小朋友跟大家一样，也是××年级的学生。他们是第一次来我们学校，对周围的一切都非常陌生。作为主人的你们将如何向他们介绍我们的学校呢?

(1)在写作之前，请认真思考下列问题：

- 这次写作的目的是什么?
- 你脑海中我们学校是什么样的?
- 在你心中，我们学校最大的特点是什么?
- 想一想，怎样才能让那些小朋友快速地了解我们学校？你有没有小绝招?

(2)通过头脑风暴的形式讨论我心中的学校。

(3)采用什么样的方法或顺序把你心中的学校介绍给来参观的小朋友？位置顺序、时间顺序还是?

(4)把你的想法说出来，告诉大家。

(5)把你的想法写出来告诉前来参观的小朋友。

2. 评价与反思

(1)检查是否有错别字，是否有语句不通顺的地方。

(2)把写好的作文与周围的同学交流，观察他们的反映，总结写作过程中的心得：

- 写作时是否考虑了前来参观的小朋友对我校的了解情况?
- 介绍的内容是否具体?

---

① 江苏中外母语教材研究所：《当代外国语文课程教材评介》，南京，江苏教育出版社，2004。

- 写作的语言是否表达了自己的想法？
- 写作过程中遇到的困难是什么？写作过程中最得意的地方在哪儿？
- 写作完成后是否进行了修改，是如何修改的？
- 你觉得影响这次写作的因素有哪些？

活动主题：我有一个愿望

1. 写作实践

每个人都有自己的愿望，你的愿望是什么？跟大家分享一下吧，说不定能帮助你实现呢。

(1)在写作之前，请认真思考下列问题：

- 这次写作的目的是什么？
- 有哪些事情是你一直非常想做，但到目前为止都没能去做的？
- 你认为怎么写才能把自己的那种渴望的情绪表现出来？

(2)集体讨论我的愿望。

(3)结合自己的想法，选择合适的内容细节。

(4)把你的愿望说出来，告诉大家。

(5)选择适当的语言、标点符号和呈现方式写出自己的愿望。

2. 评价与反思

(1)检查是否有错别字，是否有语句不通顺的地方。

(2)把写好的作文与周围的同学交流，观察他们的反映，总结写作过程中的心得：

- 写作时是否考虑了周围同学的情况？
- 作文中的愿望是否具体？
- 写作的语言是否表达了自己的情感体验？
- 写作过程中遇到的困难是什么？写作过程中最得意的地方在哪儿？
- 写作完成后是否进行了修改，如何修改的？
- 你觉得影响这次写作的因素有哪些？

活动主题：给语文老师提建议

1. 写作实践

大家回想一下，在学校生活中，语文老师在哪些地方做得不够好。你可以写一封信告诉他/她，在信中可以提出自己的建议，以便帮助老师做得更好。

(1)在写这封信之前，请认真思考以下问题：

- 信的写作格式是怎样的？在向老师提建议时，你觉得采用写信的方式与采用面谈的方式相比，有什么不同？
- 这次写信的目的是什么？
- 你认为老师有哪些地方做得不够好？
- 根据你对老师的了解，你认为怎么做老师比较容易接受建议？
- 你认为作为学生，与老师交流应该采取什么样的态度？

(2)自由讨论写这封信所需要的内容细节。

(3)结合自己的想法，选择合适的呈现方式。

(4)选择合适的词语、语气、标点符号等来表达内容细节。

2. 评价与反思

(1)检查是否有错别字，是否有语句不通顺的地方。

(2)把写好的信交给语文老师，观察他的反应，自我评价这封信是否达到了预期效果。

(3)把写好的作文与周围的同学交流，观察他们的反映，总结写作过程中的心得：

· 写作时是否充分考虑到语文老师的性格特点？

· 内容细节的选择是否恰当？

· 写作的语言是否表达了自己的想法？

· 写作过程中遇到的困难是什么？写作过程中最得意的地方在哪儿？

· 写作完成后是否进行了修改，如何修改的？

· 你觉得影响这次写作的因素有哪些？

3. 小学中年级写作教学内容的选择建议

王荣生认为语文教学内容既包括在教学中对现成教材内容的沿用，也包括教师对教材内容的“重构”——处理、加工、改编乃至增删、更换；既包括对课程内容的执行，也包括在课程实施中教师对课程内容的创生。[①] 教学内容是在教学过程中创造的，它逻辑地蕴含着教师参与课程研制、用教材教和为学生服务等理念。由此，我们不难看出教学内容具有生成性、随意性等特点，它对语文教师的专业素质提出了更高的要求。特别是对于委身于语文教材中的写作内容而言，更是如此。在选择小学中年级写作的教学内容时，小学语文教师尤其应当注意：教学内容的选择需要符合本地区、本班级的特点，切忌盲目从众；注重教学内容之间的内在逻辑性，使其能够螺旋式上升；重视通过写作活动学习和运用写作知识，而不是单纯地传授写作知识；加强写作后的评价与反思，促进学生写作心得的交流。

3.3.6 小学中年级写作教学的策略设计

通过上述小学中年级写作系统框架的研究，我们知道写作的三个核心要素为：为什么写和写给谁看？写什么？如何写？但目前的写作教学对“为什么写”的关注还不够，本章围绕这三个要素，着重探讨写作教学中的有效策略。

1. 教学策略的设计理念

(1)从学生的需求出发，安排写作主题

在确定写作主题时，我们应根据学生的实际情况，充分调动他们内在的写作需求，尽可能地满足他们某一方面的需要，让学生有成就感。如帮助别人的愿望；表现自己的渴求；诉说烦恼的需要等。在此基础上，我们可以安排如下写作主题：你的好朋友在生活中遇到了困难(爸妈工作都很忙，没有时间照顾他)，他很失落，你应该如何帮助他度过这一小难关；班级要组织一个才艺小明星的评选活动，把你的小才艺展示出来；在成长的过程中，每个人都会有自己的烦恼，你的烦恼有哪些呢？

写作之前，教师的提醒有时也能极大地调动学生的写作积极性。例如，在写环保类作文时，告诉学生：“你做过的事别人会记住。”此外，还应提醒学生要适当考虑写作对象，如写给小朋友、写给教师、写给校长等，让学生在写作中慢慢体会写作对象的意识，

① 王荣生：《语文课程与教学内容》，北京，教育科学出版社，2015。

从而选择合适的表达方式。管建刚谈道："写作教学最重要的不是训练，而是唤醒学生的写作状态，关乎学生内在的写作生命力。"①只有满足了学生的需求，让学生在写作中体会到成就感，才能从根本上唤醒学生的写作状态。

(2)引导学生观察生活、感受生活和记录生活

在解决了"为什么写和写给谁看"的问题之后，接下来要解决的问题是"写什么"。崔峦认为写作内容的来源主要有三种：一靠学生的亲历、实践；二靠观察自然、了解社会；三靠大量阅读、广泛涉猎。中年级重在引导学生热爱生活、走进自然、走进生活，多观察、多感受、多体验。②

①通过游戏等活动，让学生在体验中学会观察。内容空洞是小学中年级写作的一个显著问题，没有东西可写不是记忆力的原因，而是因为没有学会系统的观察。通过创设情境，让学生亲身体验，如学习《爬山虎的脚》时带领学生实地观察爬山虎；学习《扔鸡蛋》时让学生实际表演；在泡茶和泡豆芽的过程中引导学生观察。通过各种游戏，让学生感悟和掌握观察的方法，如通过开展照相机行动，培养用眼观察事物的能力；通过掏掏你的小耳朵，培养用耳朵观察周围事物的能力等。

②通过日记、博客等形式记录生活。素材的获得不是一蹴而就的，要想在限定时间内更好地完成写作，就必须让学生在观察生活、感受生活的基础上有意识地积累，形成自己的素材库。我们可以通过开展"班级日记""每天都有一个好消息""快乐作文早餐""材料本晨读""班级博客"等活动，让学生学会积累和交流。在积累的过程中，需遵循从易到难的原则，从一个成语、一句话慢慢过渡到一则好消息、一个小故事，让学生感觉到这是一种乐趣，而不是一个负担。

(3)注重写作与阅读、口语交际的结合以及多学科的写作

阅读是输入，写作是输出，阅读是写作的基础，离开了阅读的写作是干瘪的，没有生命力的。写作并不只是写作课上才可以安排，阅读中适当安排些小练笔常常能起到事半功倍的效果。口头作文可以降低学生的写作压力，多学科的写作有时可以让写作变得更具体、更生动。

①在阅读教学中渗透写作训练。目前的小学语文教学中，阅读与写作教学相分离的现象比较严重。阅读教学占据了小学语文近三分之二的时间，阅读中的选文大多是写作的典范，蕴含着丰富的人文精神和情感因素，语言丰富、生动、规范，谋篇布局也独具匠心。因此，在阅读教学中应渗透积累语言的指导，对形象而又有美感的语言要多读，多品味，并且摘抄妙词佳句、成语格言、精彩片段，存入自己的语言仓库中，以便写作时的调用。在阅读教学中，应对写作方法进行适当的分析，如文章的结构、段落结构、修辞方法的划分，让学生对文章有个整体上的感性认识。在阅读教学中，还应该适当地捕捉学生的情感体验，安排一些小练笔，如人教版四年级上册《黄鹤楼送孟浩然之广陵》讲述完之后，让学生补写李白的情感，李白久久地站在长江边，不禁想……

②在课前或正式写作之前进行口头作文训练。小学中年级学生的词汇量比较有限，对不同语境中的意义和用法知道的也比较少。直接进行写作对他们而言比较有难度，口

---

① 管建刚：《作文革命——十大"作文意识"谈》，载《人民教育》，2008(7)：32～38。

② 崔峦：《人教版课程标准语文教科书的导学系统(二)——中年级教材中的导学措施》，载《小学教学设计》，2005(4)：4～6。

头作文能够与教师和学生进行更好的沟通，评价也比较及时，可以引起学生写作的冲动。课前的口头训练，可以让学生讲故事、朗诵演讲稿等，然后对他们进行点评，以鼓励为主，逐步提高要求，长期坚持下来，有利于学生写作能力的培养。正式写作之前的口头作文训练，可以帮助学生更好地厘清思路和组织语言，在一定程度上可以降低写作的难度。

③在多学科中写作。有时多学科的写作可以让写作内容变得具体和生动。如在科学课上让孩子了解蜗牛，通过一些科学小实验，让学生去了解蜗牛，把观察到、通过实验了解到的蜗牛写出来。这样的文章不再只是蜗牛外形特点的描写，而是有了真实感受的描写。

④培养学生对写作进行及时反思和总结的意识。每次写作完成后，教师可以通过问题的形式提示学生进行反思和总结。例如，在开始写作之前，你是通过什么策略组织的信息？在写作的过程中，你是如何选择的资源？在写作完成之后针对哪些方面进行了修改？这种方式不仅可以帮助学生识别出写作前、写作过程中和写作后的一些有效策略，而且可以识别出可以改进的环节，为后续的写作做好铺垫。

⑤为学生写作搭建展示的平台。写作的作用之一就是与他人进行交流，但小学中年级写作的现实情况却往往是写给教师看，为了应付教师而进行的写作，久而久之，学生对写作的抵触情绪越来越明显。为了能够更好地发挥写作的这一功能，我们可以通过创办班级刊物、班级博客等多种形式为学生搭建展示和交流的平台。在班级刊物的创建过程中，积极发挥学生的主观能动性，让他们评选优秀的作文，为刊物画封面，然后对选出的文章进行修改，最后交由教师打印、装订。我们也可以通过创建一个班级博客，把每一个学生的作文都放在博客上，让学生自由阅读，然后在课堂中交流阅读后的感受。除此之外，我们还可以通过开展鸿雁传书的活动，让学生把自己的作文寄给不同地方同年级的其他学生。人教论坛中，来自浙江的小学四年级语文教师“儒水飘飘”就曾发过一个帖子，这个帖子得到了来自河南、内蒙古、广东、四川等多个地方的教师的回应。

⑥重视亲自“下水”示范的作用。苏联著名教育家苏霍姆林斯基曾指出：“学生不会写作文……最简单的原因，就是教师不会写作文。”一个语文教师自身的写作感受越丰富，对口语和书面语的区别越清晰，训练就越具有针对性和有效性。访谈中甲老师就说道：“语文教师自身的写作能力对学生有很大的影响，如果他自己都不喜欢写作，怎么会知道什么是好文章呢?”乙老师更是建议：“让作家教写作。”尽管教师的“下水”示范作用得到了广泛的认可，但在写作教学中，真正进行“下水”示范的教师少之又少。所以，在写作教学之前，教师应该亲自去写作，在写作中感受，在写作中体验，从而总结出写作中的疑惑，给予学生更好的指导。

2. 教学的组织形式

伍新春等人研究表明同伴互动方式对于提高作文质量有积极的作用，尤其是同伴辅导和合作学习的方式对初学者的影响作用更为明显。①② 北京师范大学的伍新春教授对天津某普通小学的5个三年级自然班进行了实验研究，结果发现同伴间的“高平等性、相互性”对于集思广益、相互启发是非常重要的，但只强调互动是不够的，为了充分激发各成

① 伍新春，管琳：《同伴互动类型对三年级小学生写作水平的影响》，载《心理科学杂志》，2008(6)。

② Saddler B., Graham S., “The effects of peer-assisted sen-tence-combining instruction on the writing performance of more and less skilled young writers.” *Journal of Educational Psychology*, 2005, 97(1), pp. 43-54.

员的学习主动性，还需要强调“个人责任”。[①] 这些研究成果为小学中年级写作教学的组织形式提供了可以参考的依据，小学中年级的写作教学中，在时间和资源允许的条件下，应该尽可能多地安排同伴辅导和合作学习的写作方式。同伴辅导组着重体现的是互帮互助的学习理念，每一组有不同写作水平的学生组成，组长由写作水平比较高、责任感强的学生担任，他负责帮助其他成员更好地完成写作。在进行写作的过程中，组长听取或看完组员的想法或作文后，给组员提出意见和建议。组员在组长的指导下完成写作，组长独立完成自己的作文。合作学习凸显的是共同学习的理念，组内每位成员要轮流对同伴的构思或作文提出意见和建议，作者根据大家的建议自己完成写作。这种同伴之间的述说、补充和提问，为写作提供了更真实的交流情境，使得写作练习活动更有实效性。同时，写作前的口头作文和交流，为写作语言的外化做好了准备。另外，同伴从“读者”的角度对作者做出的反馈，为小作者提供了强有力的元认知支持，也增强了自我的元认知水平以及写作中的修改意识。

3. 教学环境的营造

在写作教学中，写作环境的影响作用是不能忽视的，我们需要营造和谐的写作环境。物理环境层面，在教室里设置图书角，并且摆放上各种适合这一学段学生阅读的书籍，图书角旁最好留有一定的空间，供学生自由阅读使用。教室的颜色以暖色调为主，布局灵活，座位的设计以圆桌为宜，便于小组合作，也便于学生写作后的交流。心理环境层面，尽量营造开心、轻松、快乐的写作氛围，从班级中或学校里挑选出学生身边的榜样，并对他们的事迹进行宣传。可以参考美国俄勒冈州波特兰市小学教室的环境布局，如图 3-11 所示。

图 3-11　美国俄勒冈州波特兰市小学教室的环境布局图

4. 教学策略的实施建议

这一学段的小学中年级写作重在培养学生的写作兴趣和良好的写作习惯，帮助学生顺利渡过由段到篇的过渡，在过渡的过程中，应当选择与学生生活密切相关的、轻松、有趣的题目，让他们感觉写作就像说话一样简单。在提高了学生写作兴趣的基础上，我们应该有意识地在写作活动中逐渐锻炼学生的各种写作能力，如构思能力、语言表达能力、元认知能力，让学生在写作练习中学会写作，并意识到写作的实用性和体会出写作的成就感，从而为后续五至六年级的写作做好铺垫。

3.3.7　小学中年级写作教学的评价设计

尽管课程标准中建议写作评价要综合考查学生作文水平的发展状况，重视对写作过

① 伍新春，管琳：《同伴互动类型对三年级小学生写作水平的影响》，载《心理科学杂志》，2008(6)。

程以及情感、态度的评价，采用多种评价方式，但现实中小学中年级写作的评价仍然以测试题为主，如“题目：我长大了，友情提示：①什么事情能够告诉别人你长大了呢？请你选择其中一件事，围绕题目‘我长大了’进行习作；②注意不写错别字，把语句写通顺，把事情的过程写具体；③写完后认真读一读，改一改。”评价标准多关注写作知识（字、词、句、标点符号等）的运用，常忽略写作过程以及写作后的反思，写作的交流作用也常被忽视。如甲老师所言：“评语多是列出学生的优点和缺点，圈出好词好句。”写作评价的目的是为了检测学生的写作水平，同时也为了激励学生的写作。但目前的写作评价现状却令人担忧。本部分在梳理学生学业成就评价一般流程的基础上，结合小学中年级写作的系统框架和目标体系，我们确定了评价的内容、工具和主体，并给出了实施评价活动的建议。

1. 学业成就评价的流程

学业成就评价是指根据一定标准，对学生的学习结果进行价值判断的活动，即测定或诊断学生是否达到教学目标及其达到目标的程度。学生的学业成就评价包括确定学业成就评价的依据、编制学业评价的试题、实施以测验为主的评价活动、对测验结果分析等几个方面。主要解决的是评价什么、用什么评价、怎样评价、谁来评价的问题。随着学习结果内涵的扩展，评价内容日趋多元；随着学生主体性作用的发挥，评价主体日趋多元；随着信息技术的不断发展，评价工具也日趋多元。薛晓嫘在明确学业成就评价内涵的基础上，通过对学校学习理论中主要变量的分析，依据课程标准，勾画出了学业成就评价的流程图①，如图 3-12 所示。

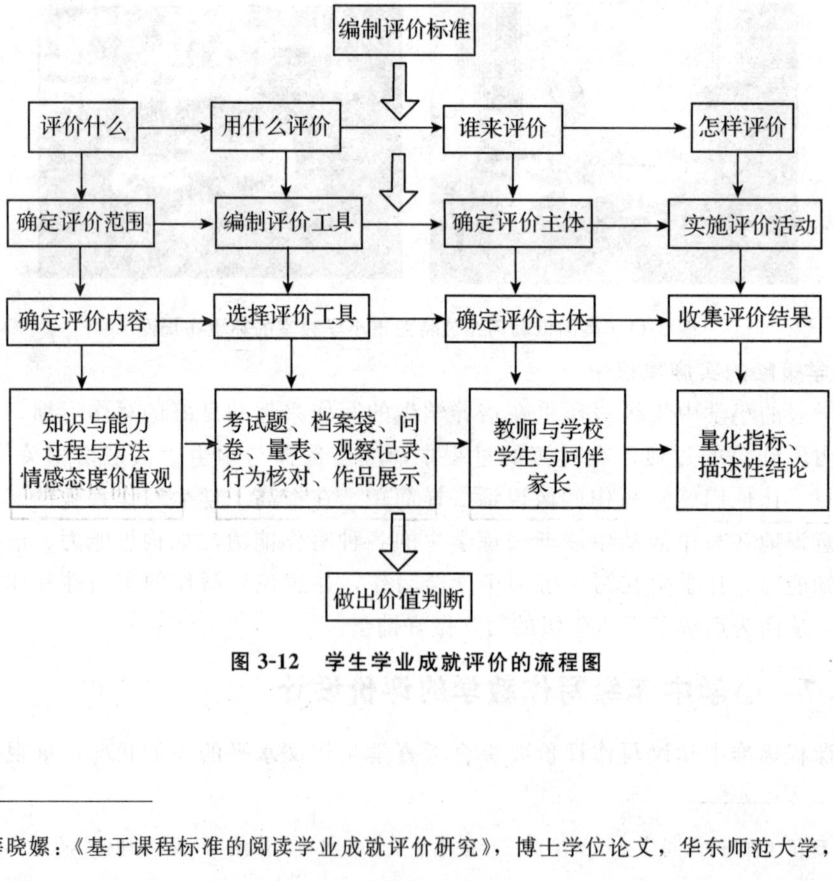

图 3-12　学生学业成就评价的流程图

① 薛晓嫘：《基于课程标准的阅读学业成就评价研究》，博士学位论文，华东师范大学，2006。

课程标准关注的学习结果不再只是知识与能力，也开始关注过程与方法、情感态度价值观方面。评价工具主要有考试题、档案袋、问卷、量表、观察记录、行为核对、作品展示。评价主体既包括教师与学校，也包括学生与同伴，还包括家长。在收集评价结果方面，主要有两种：一是通过量化的指标；二是通过描述性的结论。

2. 小学中年级写作评价的流程

在坚持激励性、发展性、主体性、差异性原则的基础上，依据小学中年级写作的目标体系，我们确定了评价的内容、工具和主体，并且给出了实施评价活动的建议。

(1)确定评价内容

前面我们从内容构思、语言表达、文章修改和元认知四个维度界定了小学中年级写作的目标体系，评价的内容也是围绕这四方面展开的。内容构思维度，评价的焦点在于是否明确了写作的目的和对象，是否体现了真情实感，是否有独特的感受。语言表达维度，评价的焦点在于是否使用恰当的词语和标点符号，句子是否通顺，是否有分段的意识以及分段是否合理，是否符合书信便条、记叙文的写作要求，是否具备正常的写字和打字速度。文章修改维度，评价的焦点在于是否有修改的意识，是否了解常用的修改符号，是否能选择适合的呈现方式。元认知维度，评价的焦点在于是否能够识别写作过程中的有效策略及其可以改进的环节，是否愿意与人分享写作的感受，是否喜欢写作。小学三、四年级的发展水平也有差异，在评价的过程中，侧重点有所不同。

(2)选择评价工具

现行的“等级＋评语”“分数”的评价方法很难全面评价学生的写作状态和写作水平。为了更深入地了解学生的写作需求和更加客观地评价学生的写作，我们有时需要借助多种评价工具。常用的评价工具有：等级量表、自我核对清单、作品档案。根据评价的具体内容，我们设计了供教师使用的小学中年级写作评价的参照表，如表 3-15 所示。

表 3-15　小学中年级写作评价的参照表

等级	等级描述
优秀	有明确的写作目的和对象；内容充分体现了真情实感，并且有自己独特的感受；善于联想和想象；针对写作主题有翔实的支撑性材料，无关信息少；分段恰当且有清晰的过渡句和主题句；语句通顺；用词和句型变化多样且生动有效；很少有标点和拼写错误；能在规定时间内完成写作
中等	有明确的写作目的和对象；内容有真情实感和自己独特的感受；能够联想和想象；针对主题有充分的支撑性材料，但有一些无关的信息；段落之间有过渡句和主题句；语句通顺；用词和句型变化多样；有少量的标点和拼写错误，能在规定时间内完成写作
有待提高	写作目的和对象不够明确；内容难以体现真情实感和自己的独特感受；少有联想和想象；有主题意识，也有一些支撑性材料，但夹杂着无关的信息；段落之间很少有过渡句和主题句，也很少有细节刻画；语句不够通顺；用词有限，句型简单或有误；经常出现标点和拼写的错误；难以在规定时间内完成写作

学生的自我评价也是写作评价的一个重要组成部分，结合小学中年级学生的特点，我们设计了供这一学段学生使用的自我核对清单，如表 3-16 所示。

表 3-16　小学中年级学生写作的自我核对清单

清单内容	表现	
我能迅速知道写给谁看，我也知道为什么要写	知道	不知道
关于这一主题，我有过很深的体会	有	没有
我能选择恰当的词语表达内心的感受	能	不能
我知道怎么分段，并且可以使用过渡句	知道	不知道
我知道要写完后要修改，并且也这样做了	知道	知道
写作完成后，我经常总结对我有用的写作方法	是的	没有
写作能给我带来一种满足感	能	不能
我愿意与同学分享写作的感受	愿意	不愿意

作品档案指的是为学生的写作作品建立档案，重在记录学生写作学习的轨迹，关注的是一个学期、一学年或更长时间学生写作发生的变化。

(3)确定评价主体

除了教师的评价之外，学生主体性的发挥也是非常重要的影响因素，只有学生真正体会到写作的乐趣和理解什么是好的写作之后，才能较快地提高写作的水平。身边的榜样对小学中年级的影响作用也不容忽视，同伴的评价有时更能促进学生自我对写作的思考。家长的评价可以作为辅助，有些写作的主题是关于亲人的，写作的要求常常是读给父母。所以，在评价主体的选择上，要综合考虑以上几个方面。

(4)实施评价活动

在确定了评价内容、工具和主体之后，要考虑的就是评价活动的实施问题了。在实施的过程中，要根据各班的情况灵活使用评价工具，有些班级学生的基础比较差，刚进入三年级学习有段到篇的过渡，这时候的评价最好以教师的引导为主。教师在评价时，以鼓励为主，重点捕捉学生写作中的闪光点，如取材角度的不同，情感表达的独特，用词用句的贴切等，并适当放大，在全班同学面前进行点评和展示，从而消除他们对写作的恐惧感，使他们有东西可写，有东西敢写。随着写作水平的逐渐提高，教师有意识地与学生交流写作的评价标准，特别是写作的目的和对象，让他们感觉到写作是有用的，同时也让他们对好作品有感性的认识。在教师的引导下，发放给学生自我核对清单，并以一个学生为例，讲述自我核对清单的用法。在学生学会使用自我核对清单之后，再让学生之间互相评价，为学生创造作品交流的机会，同时也可以满足他们当裁判的愿望，提高他们写作的兴趣，也便于他们更好地交流写作过程中遇到的问题。在获得上述能力的基础上，提示学生对文章进行修改以及写作后的反思和总结。除了进行写作完成后的评价之外，教师对学生写作过程中的观察也是很关键的，这一过程中教师更能发现学生写作的真实状态以及影响因素。

此外，写作的评价工作对教学任务繁重的小学语文教师而言并不是一件轻松的事情，我们建议学生的自我核对清单的评价，一学期使用两次，当学生使用熟练之后，再酌情适当增加使用次数，自我核对清单与参照量表配合使用。在评价时，要充分考虑到学生之间的差异性，不要以统一的标准来要求所有的学生。

3.3.8　小学中年级写作教学的一般教学设计原则

1. 在教学之前，尽量撰写“下水”作文，但要防止“下水”作文对学生的束缚

通过撰写“下水”作文，教师可以深刻地感受到写作中的重点和难点，从而在写作过程中给予学生更有针对性的指导。同时，这种教学前的准备为教学过程中的思想碰撞奠定了基础。但考虑到学生超强的模仿能力，教师必须合理利用“下水”作文，谨防它对学生的束缚作用。在教学过程中可以把“下水”作文放在心中，用它来指导写作活动。在学生写作完成之后，可以根据情况让学生对该文进行评价，提高学生的主动性。切不可在学生写作之前，发给他们写好的“下水”作文，以免限制了学生思维的空间。

2. 把明确写作的目的和对象作为写作的教学目标之一

从写作的要素模型，我们可以得知写作的目的和对象是写作的核心，只有让学生充分意识到写作的目的，才能从根本上激发他们的写作兴趣；只有明确了写作的对象，才能选择合适的表达方式和写作内容。无目的的写作经常让学生感觉到是应付老师布置的作业而已，从而缺乏写作动机。因此，在写作教学中，我们应充分重视写作的目的和对象，把明确写作的目的和对象作为写作的教学目标之一，让学生感觉到写作是有用的，而不仅仅是完成任务。

3. 结合学生的家庭环境、生活经验选择合适的教学内容，尊重学生的差异

由于家庭环境、生活经验等各方面的原因，学生的写作水平有很大差异。在城市学生和农村学生共存的班级里，教师应该根据学生的实际情况，选择合适的写作内容，不能一味地照搬教材中的写作练习。面对学生写作的差异，我们不应采用统一的评价标准，而应按照学生差异来划分不同的评价标准。这种评价方式既可以让写作水平高的学生更上一层楼，也可以减少写作水平低的那部分学生对写作的恐惧感。

4. 在写作活动中练习写作，注重写作过程中的指导

由写作的基本理论，我们知道实践性是写作的主要特性之一，这就说明写作能力的获得需要依靠写作活动，而不是纯粹写作知识的灌输。只有在写作活动中才能实现真正的写作，脱离了写作活动的写作知识是没有生命力的，特级教师管建刚也曾多次强调这一点。因此，教师在写作教学中应该重视写作活动的设计，将类似于如何把事物描写具体的写作知识和方法巧妙地安排到写作活动中，让学生在写作活动中不断地感触、不断地领悟和不断地提升。学生在写作过程中特别是低年级和高年级段的学生经常遇到各种各样的困难，教师应注重写作过程中的指导，及时帮助学生解决写作过程的困难，防止他们形成写作的恐惧心理。

5. 注重阅读与写作的结合，加强多学科的写作

写作是一项综合的能力，既需要词汇、句、段、篇等写作知识的积累，也需要语感的积累，更需要有丰富的情感体验。每个人的亲身经历都是有限的，这些方面的获得都离不开阅读，阅读与写作密不可分。阅读是吸收，写作是表达，离开了输入的过程，输出不可能长久持续。因此，我们应该注重阅读与写作的结合，在阅读教学的过程中，注重学生对文本的体验，对文本写作方法的感悟和总结，在阅读的空白处适当安排小练笔和鼓励学生写读后感。写作没有固定的学科知识为基础，美术、历史、数学、科学等学科都可以为写作提供素材，也同样可以作为写作练习的训练场。在注重综合素质的今天，我们更应该培养学生多学科写作的意识，为其以后的工作、生活和学习打下坚实的基础。

6. 重视作品的展示和交流，让学生体会到写作的成就感

作品的展示和交流是写作中不可忽视的一个重要环节，在这一过程中，学生之间可以互相学习，这种同伴的激励和榜样作用通常会起到意想不到的结果。同时，通过这一过程，学生还可以直接感受到写作带来的成就感和满足感，这种情绪体验又可以进一步激发他们的写作兴趣，不断地提高写作的能力。所以，在写作教学中，我们可以为学生搭建作品展示和交流的平台。例如，对有条件的班级而言，建立班级博客，把每个人的作品都放在班级博客上；让学生写班级日记，每一天有不同的学生来记录班级生活；把学生一学期的作品装订成集，供大家交流；鼓励学生优秀作品的投稿等。

3.4 小学科学态度教学设计

前期我们曾对小学科学教育存在的问题进行了深入调研①，调研结果表明：小学科学教育在观念上受轻视(学科地位尴尬，属边缘学科，教学时间难以保障，教师队伍构成不合理，教师专业素质令人担忧)，缺乏合理的制度保障(缺乏成文的小学科学教材编写标准和审查制度)，理论研究薄弱，教师教学实践困惑重重。在众多问题中我们发现：过多重视知识传授而忽略科学态度教学的现象非常突出，这与科学态度在小学科学教育中的重要地位极为不符。基于此，我们针对小学科学中科学态度教学的情况进行了深入调研，通过深入一线课堂听课②、观察课堂录像、观看教学设计案例集③、访谈一线教师和教研员④、实施问卷调查⑤(从学生科学态度习得情况和教师科学态度教学两个角度开展调查)，发现科学态度教学存在以下问题：态度教学目标常被忽略或设置不合理；教学策略不够恰当；评价流于形式且常被忽略。小学阶段是培养学生科学态度的关键时期，但当前小学科学教育中，科学知识技能备受重视，而科学态度培养却遭受忽略，因此，我们选择了小学科学教育中的科学态度教学进行教学设计研究。

为了有效对小学科学教育中的科学态度教学进行教学设计，我们需要了解小学科学教育的特点以及态度教学的理论。

3.4.1 小学科学教育态度教学的设计基础

1. 小学科学教育的特点

对于科学，目前科学教育界较为流行的观念是所谓的“三位一体”说，即完整的“科

① 刘美娟：《小学科学教师专业素质存在的问题及对策研究》，硕士学位论文，北京师范大学，2008。

② 我们先后在北京市 A 小学、B 小学和 C 小学随班听课，累计 80 余节。

③ 我们首先在网络上收集了教科版各册的小学科学教案(三年级上册—六年级下册)，仔细地进行了阅读和分析，其次阅读了大量教案书籍，包括《小学科学新课程课堂教学案例》《小学科学教学活动设计》等。

④ 访谈对象包括一线教师、教研员和科学教育专家。访谈内容主要包括教师对科学态度目标的理解，态度教学策略选择和评价方法等。

⑤ 针对学生的问卷内容包括小学生对待科学学习的态度、对待自然的态度、对待科学本身的态度，以及对待科学技术与社会关系的态度。在北京市 A 小学实施，经历了预测修改，最终发放 50 份，全部收回，均为有效问卷。针对小学科学教师的问卷内容包括：教师对科学态度教学的认识、教师如何对科学态度教学进行教学设计、教师自身的科学态度情况。

学"定义应该包括三个重要组成部分：科学态度、科学探究的过程及方法、科学探究的成果(科学知识体系)。① 科学教育是通过现代科学知识及其社会价值的教学，让学生掌握科学概念、学会科学方法、培养科学态度、懂得如何面对现实中的科学与社会有关问题做出明智抉择，提高全民科学素养的教育活动。② 小学科学教育是以培养科学素养为宗旨的科学启蒙教育，它是一个开放体系，不是单纯的学科教育，具有很强的综合性，不是简单的通过一门科学课就能全部实现的，然而小学科学课是培养小学生科学素养的主战场。本研究主要探讨小学科学课程中的科学态度教学设计情况，必然以小学科学教育的特点作为理论基础。

刘美娟在其硕士毕业论文中，对小学科学教育的特点进行了详细阐述，认为小学科学教育在课程内容和形式层面上，具有综合性、跨学科性和实践性的特点，在教学观念和方法上，则具有探究性的特点。③

(1)综合性和跨学科性

小学科学课程涉及生命世界、物质世界、地球与宇宙、科学探究、科学情感态度和价值观；包含了物理、化学、生物、地理、气象、交通、安全等多方面的学习领域，这些学习领域涉及的事实是学生日常生活中能够接触到的。这就要求教师应该充分考虑学生的生活经验，将小学科学教学与学生日常生活经验结合起来，注重培养学生学习科学的兴趣，并善于与其他学科的教师合作，完成对小学生科学态度的培养。

(2)实践性

小学科学是一门实践性非常强的学科，该学科强调学生通过亲身观察、推断预测、实验探究、结果研讨等环节来培养学生的实证意识等相关科学态度。学生通过"获得大量做科学研究的经验，在进行研究和解释他们的发现时能更加睿智老练"④，小学科学教师"强调的重点应该是从自然的和社会的现象中获得经验和享受科学"⑤；同时，教师要非常重视科学实践，要为学生提供充足的亲历时间和空间，要带学生走出去，到自然界中去，通过直接的科学实践活动让学生熟悉世界，发现世界。小学科学教育实践性特征就要求教师把科学态度教学有机地融合在学生的实践过程中，有效利用一系列实践活动，让学生在实践活动中充分体现科学的价值，培养学生的科学兴趣及科学行为习惯等。

(3)探究性

科学探究既是科学学习的目标，又是科学学习的方式。亲身经历以探究为主的学习活动是学生学习科学的主要途径。科学探究的教学方式不仅仅有利于使学生习得必要的探究技能，还有助于培养学生实事求是、认真细致、坚持奋斗等科学态度的培养。⑥ 科学

---

① 陈华彬，梁玲：《小学科学教育概论》，2页，北京，高等教育出版社，2003。

② 马东娟，周爱芬：《小学科学教育的理论与实践》，2页，北京，中国环境科学出版社，2005。

③ 刘美娟：《小学科学教师专业素质存在的问题及对策研究》，硕士学位论文，北京师范大学，2008。

④ 马宏佳：《以科学探究为核心的科学教育教学策略研究》，博士学位论文，南京师范大学，2005。

⑤ [美]萨玛·沃泽曼，乔治·伊芙妮：《新小学科学教育》，宋戈，袁慧译，7页，北京，北京师范大学出版社，2006。

⑥ [美]萨玛·沃泽曼，乔治·伊芙妮：《新小学科学教育》，宋戈，袁慧译，7页，北京，北京师范大学出版社，2006。

探究包括观察、推断预测、设计检验假设的实验、收集数据、观察检验结果。《全日制义务教育科学(3～6年级)课程标准(实验稿)》提出科学探究是科学学习的中心环节，科学探究不仅可以使小学生体验科学探究的乐趣，获得自信，形成正确的思维方式，还可以帮助他们理解什么是科学，什么不是科学。由此可知，科学探究与科学态度的培养是密不可分的，在对科学态度进行教学设计的研究中，必然要涉及对科学探究活动的设计，只是侧重关注如何设计探究活动才能更好地培养学生科学态度，在探究活动的哪些环节更有利于培养学生哪些方面的科学态度等。此外，有些科学探究实验的时间跨度比较长，比如对蜗牛的观察，要持续月余，这其实也是对学生是否具备严谨细致、懂得坚持等科学态度培养的最佳时机。

小学科学教育的特点从教学内容的选择以及教学活动开展的方式上为我们进行科学态度的教学设计研究奠定了理论基础。首先，在科学探究活动和实践活动中有意识地培养学生的科学态度。小学科学课程是探究性和实践性很强的学科，在学生的探究实践活动中，教师应该把握培养小学生科学态度的时机。其次，小学科学课程中科学态度的培养应该与其他学科教学结合起来，如结合健康教育，进行珍爱生命、爱护环境等科学态度的培养；结合数学教育，进行认真细致、实事求是的科学态度的培养；结合语文教育，进行热爱自然、交流合作等科学态度的培养等。

2. 态度教学理论

要进行科学态度的教学设计，应该对态度的性质、态度的形成和改变，以及态度学习的条件有充分的了解。以下三方面的态度教学的相关理论有助于本研究的开展。

(1)态度的性质

对态度性质的认识，存在着不一致的看法。随着社会的不断发展和相关理论的不断完善，人们对态度的探讨也日益深刻和全面。目前，虽然对于"态度是什么？态度与行为有什么关系？态度的影响因素有哪些?"等一系列问题还存在着很多的争论，但还是形成了一些关于态度性质的共识。

目前，国内和国外的相关专家都普遍认为，态度包括三种成分(图3-13)：①认知成分，是指个体对态度对象相关的一些事实性认识以及个体对态度对象所具有的带有评价意义的观念和信念；②情感成分，是指伴随态度的认知成分而产生的情绪或者情感；③行为成分，是指个体对态度对象所具有的明显的行为准备或者行为。

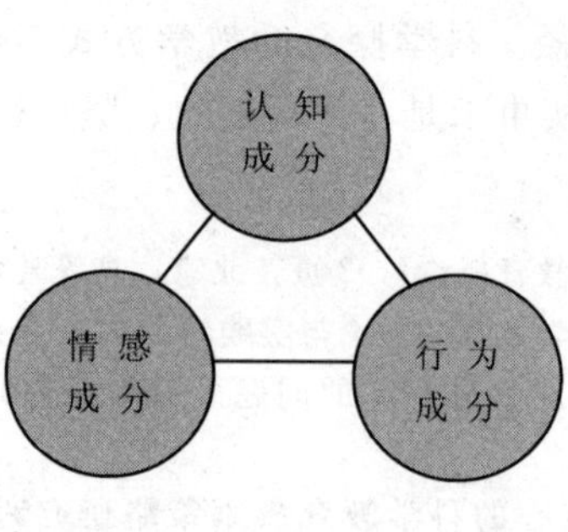

图3-13　态度的内在结构

态度的内在结构为态度教学的进行提供了一定的启示：三种成分之间的一致性和共同作用是态度形成和巩固的关键。态度教学应该从这三方面入手，不可有所遗漏。此外，教师在态度教学过程中，应该诊断学生已有的态度，要根据已有态度的结构与目标态度的结构之间的差距，合理地安排教学。

(2)态度的形成和改变

态度是通过学习与经验积累不断发展和形成的。态度的形成和发展是人社会化的过程，它需要长时间的孕育。心理学界关于态度学习及教学的研究已经比较丰富，并且得出了一些普遍性的结论。“态度的发生有两种情况，一种是当个人对某一对象还处于无所谓的状态时，由于直接经验和间接经验的影响，而产生的某种态度，即称之为态度的形成；另一种情况是当个人已经对某一对象具有肯定或者否定的态度时，由于新的经验的影响，而使原来的态度发生变化，即称之为态度的改变。”①

①态度的形成。心理学家比较习惯用价值内化的程度来描述态度的形成过程。因为价值观是行为准则观，它很明显地带有认知成分。当价值观被用来评价人的行为好坏和是非善恶时，它显然带有明显的情绪色彩；被内化的价值总是被人用来评价他人和指导自己的行为，所以价值观总伴有行为倾向成分。态度的形成一般会经历三个阶段。第一，是服从阶段，服从是指表面接受他人的意见或者观点，在外显行为方面与他人一致，但是在认识和情感方面与别人不同。此时，态度多是在外在压力下形成的，若外在环境发生变化，态度也会随着改变。第二，是同化阶段，同化是指自愿接受他人的观点、信念、情感和行为，自己的态度和别人的比较接近，比第一阶段深入一层。同化不受外在压力的影响，而是主动接受他人和集体的影响。第三，是内化阶段，内化是指思想观点与他人的完全一致，并将自己认同的思想观念与原有的观点、信念有机融为一体，构成一个完整的价值体系。态度形成过程如能够进入内化阶段，稳定的态度便形成了。态度一旦形成，便会持续相当长时间，且会表现出稳定性，形成一定的习惯性反应。但一个人的态度也不是一成不变的，特别是在态度形成的过程中(尤其是在服从阶段和同化阶段)以及态度形成的初期，由于构成态度的心理结构还不稳固，容易受到新的经验或刺激因素的影响而发生变化，这就是态度的改变。

②态度的改变。态度的改变主要包括两种形式的改变：一是转变态度的方向，即由消极的态度转变为积极的态度，由不良的态度转变为良好的态度。二是改变态度的程度，即由较微弱的态度转变为较强烈的态度，由一般的“随大流”转变为积极热情的主动参与。② 而我们通常所说的态度改变是指前一种转变方向的改变，因为后一种程度强弱的改变也可以看作态度形成的巩固期。

态度形成与态度转变实际上是同一事物矛盾的两个方面。对同一个对象来说，新态度形成意味着旧态度改变；旧态度若不改变，就不可能有新态度的形成。所以，态度改变与态度形成经历的阶段相似，只是在服从阶段前面多了一个醒悟阶段。醒悟阶段是指个体认识到原有态度中的不和谐因素，认识到原有态度的不协调状态，从而产生的改变态度的意向。这种意向会在多种条件下产生。如新知识和经验与原有态度的相关因素产生冲突；新体验和感受与原有态度的相关因素不符；个体选择的行为造成了个体不愿意接受的后果等。

研究表明，态度改变难于态度形成。也就是说，直接建立一种态度比较容易，而要把旧态度转换成新态度就比较困难。此外，一气呵成的某种态度后来比较容易动摇，而

---

① 章志光：《心理学》，273页，北京，人民出版社，1984。

② 陶德清：《学习态度的理论与研究》，4页，广州，广东人民出版社，2001。

经由曲折转变达到内化的态度反而更承受得起质疑和考验。[①]

(3)态度学习的条件

加涅将态度视为一种习得的内部状态，其功能在于影响个人的行为选择。在这种认识的基础上，他对态度学习的内、外部条件进行了详细的论述。

①内部条件。态度学习的内部条件包括三方面内容：确保学习者认同榜样人物的那些特征必须先行习得或被内化，即学习者应事先具有尊重或认同榜样的积极态度；学习者应事先获得与目标态度相关的智慧技能及知识，要注意的是，这些先前知识本身并不能产生态度；态度需要一些行为表现手段，所以学习者还必须具备适合于某种行为的能力。

②外部条件。态度学习的外部条件可能呈现许多不同的形式，这依赖于人们赞成何种态度改变的模式。例如，可以用一些经典条件反射来造成某些类型的态度改变，但是，这种方式不适合学校里的态度教学；通过成功感知觉可以为态度适当建立各种强化相依关系。但最适用、最有效的方法是观察和模仿学习。为促进模仿学习提供的外部条件有：呈现榜样和建立榜样的吸引力和可信度；学习者回忆态度使用的情境知识；榜样交流或演示所要求的个人行为选择；交流或演示随着行为结果的产生，榜样感到快乐或满意，这一步骤能对学习者产生替代强化。此外，对行为选择的强化也有助于态度的形成，不管态度最初传递给学习者是否通过榜样人物，但对个人行为选择的强化能够有助于态度形成。

态度教学的相关理论是我们进行科学态度教学设计的理论基础。态度教学的相关理论告诉我们：第一，关注学生已有的科学态度，这是进行科学态度教学的基础。第二，态度的培养不是一蹴而就的，需要一个经验积累的过程。所以，我们也应该认识到科学态度的形成是一个不断发展的过程，教师应该对学生有耐心，并且要持之以恒地采取措施。第三，重视榜样学习，科学家是科学态度学习的良好榜样，教师应该让同学们多了解科学家的事迹；注重教师的榜样作用，教师自身的严谨、求实、细致的科学态度也会对学生有潜移默化的熏陶作用；注重同伴的榜样作用，同伴良好的表现也会对学生科学态度的习得产生良好的影响。第四，重视科学知识和科学探究技能的习得。科学态度的培养必须建立在相关的科学知识和科学探究技能的基础之上。科学态度具有渗透性，教师应该很好地将科学态度与科学知识、科学探究技能很好地结合起来。第五，重视及时反馈，并给予激励性评价。对个人行为选择的强化将有助于态度的形成，所以在学习者表现出某种预期的科学态度时，我们应该及时给予激励性评价，以巩固科学态度的习得。

3.4.2 小学生认知情感发展的特点

学生是学习的主体，学生的认知情感发展特点直接影响教学活动的设计。对小学生科学态度习得进行教学设计，也必然要遵循小学生的认知情感发展特点，作为课程目标与内容的设计依据。与学习密切相关的小学生认知情感特征主要包括注意发展特征、思维发展特征以及情感发展特征。

(1)小学生注意发展的特点

教学的首要环节就是引起学生的注意。注意学习内容，重点关注重要的学习内容，对于

① 樊琪：《科学学习心理学——科学课程的教与学》，12页，北京，中国轻工业出版社，2002。

成功的学习尤其重要。对于注意力发展不同的学生，应该采用相应的教学方法、手段和媒体，使学生注意到我们期望学生关注的内容。小学生的注意发展呈现出以下特点。

第一，从无意注意向有意注意发展。小学阶段，尽管儿童有意注意在发展，但他们无意注意有时还会占优势，这里应该强调的是，小学儿童有意注意的发展和儿童意志的发展是密切联系的。

第二，小学生注意品质逐步发展。注意品质包括注意的选择性、注意的稳定性、注意的分配性和注意的范围。总的说来，注意选择性随着年龄发展，小学二年级至五年级注意选择性发展较快。注意稳定性也在不断发展，7～10岁儿童能够聚精会神地注意20分钟，10～12岁的儿童为25分钟，12岁以后为30分钟。注意的分配是指人在进行两种或者多种活动的时候，能把注意同时指向不同对象的能力，儿童注意分配的能力在不断发展，10岁以后的儿童已能既注意老师讲课也能记笔记，同时还能注意到自己的姿势。注意范围受以往经验影响较大，小学生经验比较少，故他们的注意范围比成人小。低年级学生不善于注意事物之间的内在联系，因此他们的注意范围会受到限制。

(2)小学生思维发展的特点

科学态度是理性的折射，科学态度培养的不同层次(或水平)受儿童思维能力发展的制约。小学生思维发展呈现以下特点。

第一，小学生从具体形象思维为主要形式向以抽象逻辑思维为主要形式过渡。小学低年级学生的思维有了抽象的成分，但仍然以具体形象思维为主。小学中年级阶段(三、四年级)，小学生的思维出现由具体形象思维到抽象逻辑思维过渡的转折期。

第二，小学生抽象思维发展不平衡。在小学阶段，儿童的抽象思维水平不断提高，思维中的抽象成分日益增加，但在不同学科和不同教学内容中，表现出不均衡的特征。对于熟悉的学科、熟悉的内容、难度小的任务，儿童思维中的抽象成分就较多，但对于不熟悉的学科和内容、难度较大的任务，儿童思维中的具体成分就越多。

第三，小学生抽象逻辑思维从不自觉到自觉逐步发展。小学低年级学生虽然能够进行简单推理，但他们不会自觉调节自己的思维过程，而中高年级的学生能够在教师的指导下，逐步对自己的思维过程进行反思和监控，能够说出自己解题时的想法，能够弄清楚自己出错的原因。小学生的辩证逻辑思维也得到初步发展。一、二、三年级是辩证逻辑思维的萌芽期，四年级是辩证逻辑思维发展的转折期。

(3)小学生情感发展的特点

情感是态度内在结构的重要组成部分。科学态度的培养必然要涉及培养学生对待科学和对待科学学习的积极情感。小学生情感发展有其自身的特点，这种特点直接影响到科学态度培养的教学。通过文献分析，我们总结出小学生情感发展有如下的特点。

第一，小学生的情感具有较大情境性，他们容易受到具体事物和情景的支配，他们会比较明显地表露出喜、怒、哀、乐，而不会故意去掩饰。小学低年级学生身上的这种表现尤为明显。随着知识经验的丰富和成功体验的增加，其情绪逐渐深刻，情感也更富有稳定性，便逐渐形成了能够较长时间影响个体行为的情感体验。

第二，小学生的情感处于萌发和发展阶段，具有较强的依附性，但依附对象会随着年龄变化不断转变。低年级学生对教师怀有特殊的尊敬和依恋之情，教师对学生的态度会成为影响学生学习态度的主要因素。而随着年龄的增长和主体意识的觉醒，小学高年级学生，逐步对教师产生选择性和怀疑态度。通过几年集体生活的训练，已经习惯于有组织的、自觉的班集体生活，开始把自己看作集体一员，其情感态度受同伴和群体的影响较大，重视班集体的舆论和评价作用。

第三，低年级学生刚入学的时候，情感内容非常丰富，并且表现比较外露，不善于掩饰，不善于控制自己的情绪，容易冲动。随着年级的升高，学生的情感内容逐步扩大和丰富，他们能够逐渐认识到自己的情感表现以及随之可能产生的后果，并且对自己情感进行控制和调节的能力也在逐步加强。他们能够根据学校和班级的纪律要求约束自己的情感。同时，小学生也逐渐理解并遵守社会公德。

通过对小学生认知情感发展特征的分析，我们得到以下启示。

首先，小学生的注意发展特征直接影响科学态度教学活动的设计。依据小学生注意发展的规律，我们应该多采用直观的、新颖的，与同学们生活结合紧密的现象入手，进行科学教育，以培养学生对科学的浓厚兴趣；我们进行某一个活动的时间最好要依据学生注意的稳定性特征；在培养学生安全意识、健康意识以及相关的行为习惯时，我们应该不断地提示、强调，以保证学生注意到了学习期望。

其次，小学生的思维发展特征对我们为不同学段的科学态度培养的目标确定奠定了理论基础，也为我们设计合适的活动促进思维的发展、促进科学态度的养成提供了依据。依据小学生思维发展特征，我们应该提供鲜活的、具体现象的材料和事例，以便于学生的学习；我们应结合具体的科学态度目标，展开一些交流讨论活动，让学生反思自己的推理过程，并且通过交流和讨论，让同学们从多个角度看事物，培养学生辩证思维的能力，形成辩证地看待科学，看待科学与社会以及技术的关系等的科学态度。

最后，小学生的情感发展特征也为我们选择适合的榜样，及帮助学生经历成功体验提供了理论基础。如在低年级阶段，教师就更应该身体力行，做好表率作用，因为低年级小学生对教师特殊的尊敬和依赖决定了他们更重视教师的行为举止，以及透露出来的精神和态度。而在中高年级，教师就更应该注意发挥同伴和群体的影响作用。此外，成功体验对于建立积极向上的科学学习态度是非常重要的，教师应该给学生以指导和帮助，以使学生感受成功体验，尤其是经过努力之后的成功体验。

3.4.3 小学科学态度教学的目标设计

目标是整个教学活动的龙头，目标设计的优劣对于教学的成败具有显著的影响。目标是分层次的，教师常见的与目标相关的词汇就是：课程目标，单元目标，课时目标(或学习目标、课堂教学目标)。教师应掌握这三种目标之间的转化。在小学科学课程中，科学态度类目标描述得过于概括和笼统，缺乏指导性，而通过教案分析和访谈，我们发现，教师在进行教学准备，或在教案中透露出的现状是：科学态度类目标空泛，未能与具体的课堂教学内容结合在一起。目标的模糊和泛化必将影响科学态度教学目标的达成。基于此，本章将从课程、单元、课时三个层次设计科学态度目标，并详细说明如何完成从课程目标到单元目标，再从单元目标到课时目标的转化。

1. 课程目标设计

课程目标是教师设计教学的重要基础，也是制定单元目标、课时目标的重要依据。本研究在厘清科学态度内涵，借鉴其他国家科学课程标准的基础上，对小学科学课程中的科学态度目标进行了界定，具体来说，经历了以下几个过程：分析科学态度的内涵，对几个与科学态度相关的词汇进行分析，初步确定本研究中科学态度的含义；根据小学阶段学习者特征，确定小学阶段科学态度教学目标的侧重点；分析各国小学科学课程标准，提炼出各国课程标准中关于科学态度的描述，总结出国内外科学课程标准对本研究界定科学态度目标的启示；初步提出小学科学课程中科学态度目标；征求相关专家的意见和建议，做出适当调整，界定出小学科学课程中的科学态度目标。

(1)科学态度的内涵

现有很多的词汇与科学态度相互混淆，诸如科学精神、科学价值观、科学情感、科学兴趣、科学的行为习惯等。要将科学态度与这些词一一进行比较和界定比较困难，并且也没有必要。在此，我们大致说一下它们的含义及其与科学态度的关系。

①科学精神。科学精神是科学家处身立地的方式和态度，是社会价值取向，它是通过科学思想、方法、思维、理智等体现出来的精神气质，是高度稳定的、被社会所接受和认可的科学态度。[①] 还有学者认为，科学精神是从事科学研究的人应该具备的价值观念、思维方式和行为规范。[②] 综上所述，科学精神的内涵包括求实进取、严谨细致、公正客观、合作奉献及开拓创新这样几个方面的内容。科学精神不仅仅是科学家在进行科学探究活动中表现出来的独有的精神品质，更应该成为人们所普遍认可和接受的品质，科学精神的核心——实事求是，是每一个公民应该具备的起码的生活态度。

②科学价值观。科学价值观是指对科学价值的认识，也是针对科学本身的一种内化程度较高的态度。[③] 科学价值观也是对科学的价值即科学对人类社会发展影响的一种审视。科学价值观的内容主要包括承认自然规律的客观性；尊重事实，尊重客观规律的观点；相信科学，反对迷信；为科学不断探索、不断奋斗；正确认识科学技术应用带来的正面影响和负面影响。

③科学情感和兴趣。情感是一种内心体验，科学情感是经过一些直接或间接的体验活动，以形成的对科学以及科学学习的积极情绪，表现为满足，并且乐于继续探索学习。兴趣是一种积极的倾向性，对科学的浓厚兴趣表现为对科学学习的热爱，具体表现为一系列自觉主动地进行科学学习的行为。积极的科学情感和兴趣是形成科学态度的基础。

④科学的行为和习惯。科学行为是科学认识的具体体现与外显标志。如果一个人的科学行为成为一种反复持久的自觉需要、惯例，那就是科学习惯。科学习惯是长期积累的科学行为的定型。科学态度教学的最终效果是通过学生行为方式的改变和科学习惯的养成来表现的。科学行为习惯的内容主要包括：爱动脑会动脑的探究习惯；健康意识及良好的个人生活行为习惯；环保意识及自觉维护社会环境的行为习惯；热爱自然、保护生态的行为习惯等。

⑤科学态度。广义的科学态度是指用科学的观点来看待问题，通过相关的文献分析，一些组织(或学者)对科学态度的解释如表 3-17 所示。

---

① 卢新祁：《小学科学教学法》，115 页，长春，东北师范大学出版社，2005。

② 胡军，臧爱珍，基础教育教材建设丛书编委会：《小学科学教材开发与应用模式研究》，53～54 页，北京，人民教育出版社，2006。

③ 王素：《小学科技教育》，78 页，北京，北京师范大学出版社，2002。

表 3-17 对科学态度的理解

研究者	对科学态度的理解
美国威斯康星州理科委员会	根据新的证明，迅速而愉快地改变了自己的意见 排斥个人的、宗教的或社会的偏见，追求真理 具有因果关系的概念 具有根据事实判断事情的习惯 具有区别事实与理论的识别力
美国科学促进协会	好奇心。善于提出问题，并且积极地去寻求答案 尊重实证。思路开阔，积极主动地去考虑不同的、有冲突的实证 批判性地思考。权衡、观察和对观察到的事实进行评价 灵活性。积极主动地接受经实证的结论和重新考虑自己的认识
顾志跃	实事求是、不带任何先验成分去探究事物的规律，不主观臆断，不弄虚作假 严谨踏实，勤奋努力，一丝不苟，精益求精 谦虚谨慎，团结他人，乐于并善于合作 热情自信，乐于参与科学的学习与实践活动，并且从中得到乐趣和满足，有高度的责任感 有坚强的意志品质，表现出高度的独立性、果断性和坚持性 敢于标新立异，又能谨慎求证等

本研究根据对“态度”的理解(态度是对某一对象的评价或行为倾向)，并结合小学科学学科特征，将科学态度界定为人们对待科学本质、对待自然界、对待科学学习，以及对待科学技术与社会的关系的一种评价和行为倾向。可以看出，科学精神和科学价值观其实是科学态度内化程度较高的状态，而科学情感与兴趣、科学行为与习惯是科学态度的重要组成部分，是其情感成分和行为成分的具体体现。

(2)小学生科学态度教学目标

通过上述分析，可以得知：小学科学课程中科学态度教学既应该对学生进行科学精神的培养和熏陶，引导学生正确认识科学，认识科学、技术与社会的关系，养成正确的价值观，还应该激发学生对科学的浓厚兴趣，形成对科学的积极情感体验，养成健康的科学行为习惯。所以，我们将科学态度教学目标归纳为以下四个方面的内容(图 3-14)。

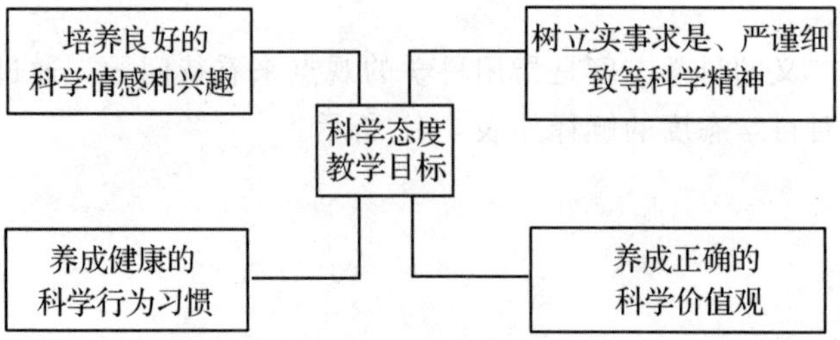

图 3-14 科学态度教学目标

通过深入分析，可以将这四大方面的科学态度教学目标归为两个层次：一层是科学精神与价值观的树立，另外一层是科学情感兴趣及行为习惯的养成。稳固的、深刻的科学精神、科学价值观的树立与学生的思维水平、知识经验等密切相关，而小学生的思维水平和经验积累决定了小学阶段只能是科学精神及价值观的逐步形成期，是一个可塑性很强的时期，我们不能要求小学生立即树立深刻稳定的精神态度价值观，而情感兴趣、行为习惯却是需要从小培养的。韦钰院士多次指出："儿童生来就具有强烈的好奇心和学习科学的巨大潜力。"天生的好奇心和探究欲，再加上适当的科学教育，最有利于唤起他们对科学的积极情感和持久兴趣。而在生长发育期，人的可塑性最大，容易受引导，因此良好行为习惯的培养也是越早越有效的。

许多专家经过长期的调查研究，认为 3～12 岁是人形成良好行为习惯的关键时期。过了这个关键期，尤其是 18 岁后，学生已经形成了许多习惯，新习惯要打破旧的框架，重新扎根就困难了，因为常常要受到早先的或者旧的习惯的干扰。所以，激发学生对科学的积极情感和持久兴趣，使学生逐步养成良好的科学行为和习惯，是小学科学态度教学的重点。积极的情感体验、浓厚持久的科学兴趣、健康的科学行为习惯也有利于学生在情感、行为体验中感受到科学精神、价值观的内涵，能够有利于树立学生的科学精神，养成正确的价值观。

(3)国内外小学科学的课程目标分析

通过分析国内外小学科学课程的教学目标，可以从宏观整体的角度把握各个国家对小学科学这门课程的整体要求，我们重点提炼出课程标准中的科学态度目标进行分析和比较。

·我国小学科学的课程标准分析

2001 年，我国国家课程标准(实验稿)正式出台，其中包括了小学科学(三至六年级)的课程标准。小学科学课程标准体现了新课程理念以及该学科的特点，在课程目标的论述中，先是论述了小学科学课程的总目标，之后又将课程目标分为科学探究、情感态度与价值观，以及科学知识三个子目标进行说明，最后还详细说明了三者之间的关系。根据本论文的研究需要，我们重点对课程标准中的情感、态度、价值观目标进行详细的分析。

在我国小学科学课程标准中，明确提出了关于情感、态度、价值观维度的目标：保持与发展想要了解世界、喜欢尝试新的经验、乐于探究与发现周围事物奥秘的欲望；珍爱与善待周围环境中的自然事物，初步形成人与自然和谐相处的意识；知道科学已经能解释世界上的很多奥秘，但还有许多领域等待我们去探索，科学不迷信权威；形成用科学提高生活质量的意识，愿意参与和科学有关的社会问题的讨论与活动；在科学学习中能够注重事实、克服困难、善始善终、尊重他人的意见，敢于提出不同见解，乐于合作与交流；意识到科学技术对人类与社会的发展既有促进作用，也有消极影响。此外，在内容标准中还进一步对情感、态度、价值观目标的内容进行了说明，将情感、态度、价值观分为四个方面的内容：对待科学学习、对待科学、对待自然以及对待科学技术与社会的关系。同时，考虑到科学情感、态度、价值观的目标的渗透性和持久性的特点，课程标准在科学探究、科学知识(分为生命世界、物质世界、地球与宇宙)的具体内容标准中，对情感、态度、价值观的内容进行了有机整合。

我国的课程标准充分肯定了情感、态度、价值观的重要性，同时对科学态度对象的划分具有一定的合理性，但是，经过分析，关于小学科学课程中科学态度目标的设定还有必要进一步完善。

第一，过于概括，操作性不强，不便于教师的理解和记忆。在访谈中，有一位教师曾说道："小学科学教育中科学态度的培养是非常重要的，但是对于科学态度目标的具体内容的确比较模糊。"课程标准中提及的科学态度类目标太概括，而在科学态度的内容维度又描述得太细，还不如由一系列主题词组成，方便教师理解和记忆。

第二，目标的内容还需要进一步完善，在目标标准和内容标准中都没有概括到关于健康与安全意识、探究过程中的严谨细致、探究实验的客观性和公平性等科学态度。虽然在科学探究和科学知识的内容标准中对有些内容(如生理与健康、良好的生活习惯)等有所提及，但是作为科学态度目标的一部分，应该在目标标准中有所体现，以引起教师的重视。

第三，目标是统一的，未进行分级，也未进行适用年级的说明。不同阶段的学生，其认知思维和情感发展的特征是有区别的，也就是说每个阶段进行的科学态度的培养应该有不同的侧重点。

·美国的"2061 计划"和国家科学课程标准分析

"2061 计划"是美国科学促进协会实施的一个长期项目，旨在改革从幼儿园到十二年级的自然、社会科学、数学和技术的教育。"2061 计划"明确地提出通过科学教育儿童应该具有的科学态度包括好奇心、尊重事实、批判性思考、灵活性、对世界变化敏感以及愿意并应用适当的科学过程和原理来进行个人决策。在"2061 计划"的基础上，美国国家研究委员会于 1995 年年底正式推出了美国国家科学教育标准。这是一系列标准的综合，包括了教学标准、教师专业进修标准、内容标准、评价标准、大纲标准、系统标准等方面。内容标准中明确提出科学与技术、从个人和社会视角所见的科学，以及科学的历史和本质等内容是其重要的组成部分。

经过分析，美国国家科学教育标准的以下特点对本研究有很大的启示作用。

第一，强调对科学、技术和社会的关系的理解。帮助学生对科学形成正确的观念，培养学生用科学的价值观和方法对社会问题进行判断、决策和解决的能力。

第二，强调科学历史和科学本质内容的作用。美国的科学教育目标中强调用历史去阐释科学探究、社会中的科学各方面的不同。其实，科学发展史、科学家的故事等内容对于培养学生的科学态度有其独特的价值。而对于科学本质的认识也应该成为科学态度教学的一个不可忽视的方面。

·英国国家小学科学课程标准分析

英国 1988 年就把科学课程定位为三大核心课程之一，经过三次(1989 年、1991 年、1995 年)对课程标准的制定和修改，2000 年，英国教育与就业部和资格与课程委员会提出了新的课程标准。新的课程标准包括四个部分的内容：科学课程的概况、学习计划、教学要求和达成目标。

科学课程标准的目标服务于学校课程的整体目标，旨在促进学生各方面的发展。英国将学校教育划分为四个关键阶段，其中小学教育包括前两个关键阶段(5～7 岁为第一关键阶段，即小学一至二年级；7～11 岁为第二关键阶段，即小学三至六年级)。国家课程标准中规定了各个关键阶段学生必须学习的基本科学内容，包括四个方面：科学探究、生命进程及生物、物质及其属性和物理过程。这同样是科学教育目标的四个方面。标准中的达成目标说明了不同能力和成熟水平的学生在每一关键阶段结束时应拥有的知识、技能和理解力的预期标准，它由八个水平和一个突出成就组成，每个水平都有一个相对应的水平描述。

英国国家课程标准没有将情感、态度、价值观单独作为一项教学内容列出来，但在其具体的学科内容标准和总体教学要求中对情感、态度的培养都有所提及。比如：在第一阶段的学科内容“人与其他动物”一项中，指出了要“细心、无微不至地对待小动物”，在“环境中的生物”中，要求学会“关怀环境”，在教学范围中要求了解“科学对生活的作用”；在第二阶段的教学中，要求学生理解“生物与环境都需要多种方式加以保护”等。[①] 此外，我们还注意到：英国国家课程标准中没有涉及科学、技术和社会三者关系的内容，其原因是英国的科技教育除了开设科学课程外，还专门开设了设计与技术课。

经过分析，英国国家小学科学课程标准的如下特点对本研究有很大的启示作用。

第一，小学科学课程目标服务于学校课程的整体目标，即为所有的学生提供学习和进步的机会，促进学生的精神的、道德的、社会的、文化的发展，为所有的学生生活的机会、责任和经验做准备。这从一个侧面说明科学课程和其他课程(如语文和数学)具有密切的关系，科学课程的一些目标(尤其是科学态度类的目标)是跨学科跨阶段的，如合作精神的培养，交流意识和技能的习得。

第二，达成目标的水平分级的方法。课程标准中将每个目标都分为由低到高的八个水平级和一个突出成绩。期望学生每两年提高一级水平，同时又给出了每个阶段学生达成目标的可接受的水平范围。这既描述了对大多数学生的期望，又为成绩优秀和成绩稍弱的学生留有一定的水平范围，反映了学生达成目标的连续发展过程。英国国家小学科学课程标准中对达成目标进行水平分级的做法对本研究的科学态度目标的设计有一定的指导作用。此外，从英国课程标准中也可以看出，科学态度类目标与其他目标相生相伴的关系。

· 加拿大小学科学课程标准分析

加拿大各个省都分别制定了自己的科学教育目标。这些目标既有对科技教育的共识，也有对科技教育的不同理解和侧重。下面我们主要分析安省的科学课程标准，并提炼出对本研究的启示。

2008年年初，加拿大安大略省颁布了《一至八年级科学与技术课程标准修订版》。此次修订是在1998年出台的课程标准基础上经历并积累了近10年的课程实施经验后进行的。新的课程标准中描述了学生将要获得和发展的知识和技能，以及负责任地运用知识和技能的态度。课程目标主要包括：将科学与技术和社会与环境相联系；发展学生进行科学探究和解决技术性问题的技能、策略和思维习惯；理解与科学技术有关的基本概念。此外，安大略省的科学课程标准中还特别强调科学技术教育中的健康和安全的教育、关注环境教育、批判性思维和怀疑精神的培养，并且强调跨学科的整合学习。

通过分析，加拿大安省科学与技术课程标准的如下特点对本研究有很大的启示作用：

第一，强调科学、技术、社会和环境的联系。科学教育不仅仅要与技术教育相结合，还要特别突出科学与技术和人类社会和环境的联系，真正实现STSE(科学—技术—社会—环境)相联系的理念。其实质体现了文化的融合，科学文化、技术文化在社会文化和环境文化大背景中的融合。

第二，强调培养学生解决技术性问题的技能、策略和思维习惯，即包括认真制订计

① 熊艳：《中英小学科学课程标准比较研究》，硕士学位论文，首都师范大学，2006。

划、积极选择工具和材料、测试、再测试、修改和完善产品或程序、交流结果、提出变化或改进的建议等。重视科学教育的情境化，把学生引入技术设计和应用的世界。

第三，强调健康和安全教育。科学是一门实验性质极强的学科。实验的操作必须注意安全。安省颁布的大纲中明确强调了安全的重要性，规定教师有责任确保学生在课堂活动中的安全，并且鼓励学生树立安全意识，培养学生遵守安全操作规范，表现对自己和他人生命安全的关心等。

(4)小学科学课程中科学态度教学目标的初步界定

本研究基于对科学态度内涵和小学阶段科学态度目标的分析，在我国科学课程标准的基础上，借鉴美国、英国和加拿大等国的科学课程标准中的合理做法，初步确定了小学科学课程中科学态度的教学目标，为了避免用几个句子概括性地说明科学态度目标，我们首先提出了小学科学课程中科学态度的总目标，再通过两级维度和适用学段的说明来进一步呈现科学态度目标。即说是，本研究将科学态度目标框架分为 4 个部分：总目标、态度对象、描述态度目标的主题词及学段(表 3-18)。

表 3-18　小学科学课程中科学态度目标的初步界定

<table>
<tr><td colspan="6">总目标：
(1)培养积极的科学情感和浓厚的兴趣，养成健康的科学行为习惯(重点)
(2)了解并逐步形成良好的科学精神和正确的价值观(难点)</td></tr>
<tr><td>态度对象</td><td>态度目标的主题词</td><td>学段①</td><td>态度对象</td><td>态度目标的主题词</td><td>学段</td></tr>
<tr><td rowspan="6">对待科学学习</td><td>好奇探究</td><td rowspan="3">低中年段</td><td rowspan="3">对待自然</td><td>感受自然</td><td rowspan="3">低中年段</td></tr>
<tr><td>实事求是</td><td>珍爱生命</td></tr>
<tr><td>严谨细致</td><td>保护环境</td></tr>
<tr><td>客观公正</td><td>中高年段</td><td rowspan="3">对待科学及 STS 关系</td><td>相信科学</td><td rowspan="3">中高年段</td></tr>
<tr><td>交流合作</td><td rowspan="2">低中年段</td><td rowspan="2">善用科学</td></tr>
<tr><td>坚持奋斗</td></tr>
</table>

科学态度的总目标可以让教师一目了然地把握小学科学课程中科学态度教学的重难点，能够起到提纲挈领的作用。

在一级维度的划分上，我们充分借鉴了目前我国科学课程标准中的归类方法。课程标准中将态度对象划分为对待科学学习、对待科学、对待科学技术和社会的关系以及对待自然。因考虑到小学生受认知发展所影响，对了解科学本质和科学技术与社会的关系不可能太深刻，只需要简单地让小学生初步了解科学的本质，及应如何合理地运用科学来服务人类生活和社会发展，所以我们将这两个对象合二为一，称之为对待科学及 STS (科学、技术和社会)的关系。所以，一级维度按态度对象划分为对待科学学习、对待自然、对待科学及 STS 的关系三个方面。

在二级维度的划分上，主要依据一级维度的三大方面，按主题词的方式呈现科学态度目标的内容，具体包括：好奇探究、实事求是、严谨细致、客观公正、交流合作、坚

① 在本研究中，将一至二年级定为小学低段，三至四年级定为小学中段，五至六年级定为小学高段。

持奋斗、感受自然、珍爱生命、保护环境、相信科学、善用科学十一个主题词。主题词的选用充分概括了科学态度目标的内容，并有利于教师理解和记忆。当然，有的主题词不能直接判断其所属的态度对象，我们则依据小学生的认知特点，分析其目标行为所针对的态度对象，进而判别归类。

科学态度目标的制定要充分考虑学习者的认知发展，虽各类目标在小学各阶段都应有所体现，但各阶段的侧重点不同。所以，本论文对科学态度目标所侧重体现的学段进行了说明。与小学低段相比，中高学段涉及的科学实验越来越多，越来越复杂，并逐步要求学生用已有的知识来解决实际问题，要求学生正确认识科学对于人类社会生产生活的影响，所以，我们将"客观公正""相信科学""善用科学"作为中高学段需要重点关注的目标，其他科学态度目标从低年段就要抓起，当然，中高年段也要继续巩固加强。需要说明的是，这种学段划分并不存在明确界限，目前我国很多地方的小学科学课程设置是从三年级开始的，即小学低段的科学教育处于缺失状态，低年级阶段的科学态度目标只能通过后期的学习来弥补，但很多研究说明，科学行为习惯的培养应该从小抓起，我国的很多科学教育者已经认识到这一问题，正在进行小学科学课程标准的修订，并倡导和呼吁从一年级开始开设科学课程。在本研究中，我们充分考虑了我国小学科学教育的现状，将低中段、中高段合并起来进行描述。

(5)小学科学课程中科学态度教学目标的修改和确定

科学态度目标框架初步界定之后，研究者对两名科学教育专家就课程目标进行了访谈。其中一位是做中学科学教育改革试验项目教学中心培训部的专家甲，另外一位是参与"做中学"探究式科学教育项目，对小学科学教育中儿童社会情绪能力培养有深入研究的专家乙。两位专家对课程目标的修改提出了建设性意见，根据专家意见，结合更深入的思考，我们对科学态度目标做出如下修改。

第一，修改主题词。去掉"客观公正"；拆分"交流合作"为"善于合作""乐于交流"；添加"勇于创新"。专家甲认为在小学科学教育中，"客观公正"作为一种科学探究品质其实是"实事求是"的一种表现。客观是指不以特定人的角度去看待问题，就是要做到实事求是。专家乙认为，具有批判性思维，能够创造性地分析和解决问题也应该体现在课程标准中。这种批判性思维、灵活性思维，或者说创新精神应该是小学高段科学态度的培养目标。此外，为了强调小学生交流与合作的重要性，同时体现这两者之间的不同，我们用两个主题词来代替"合作交流"。

第二，增加三级维度，将目标行为具体化。专家甲认为：虽然一线教师认为主题词更方便他们理解和记忆科学态度类目标，但是即使教师记住了主题词，但不一定清楚在实际的教学实践中，主题词是如何体现为学生的具体行为的。专家乙认为，应该对主题词进行细化，如安全意识和行为到底是归属于哪个主题词的，安全意识行为在不同年段的科学课堂教学中有哪些体现。只有清楚阐释了科学态度的行为体现，才能对教师进行科学态度教学真正有指导作用，也有利于对科学态度目标达成情况进行评价。我们经过深入调研，与一线教师探讨，修改确定出能够反映每个主题词内涵的行为表现，结果见表3-19。

第三，完善学段说明。专家甲认为，虽然各个阶段其科学态度目标的侧重不一样，但是科学态度目标是贯穿始终的。或者说，某种科学态度目标在不同阶段的具体体现是不一样的，所以在细化主题词之后，才能够确定适合的学段。仅仅从主题词出发，很难判断其适合的学段。低年级由于主要是指导学生认识自然界常见事物的显著特征，而且多以感观进行观察，因而把“接触感受自然，实事求是观察”作为科学态度教育的重点；中年级由于教学内容的难度有所提高，主要认识同类事物的共同特征，观察、实验、操作的要求也比较复杂了，需要集体讨论、分组观察、实验和操作等活动来完成，所以应该把“合作交流、不怕困难、坚持探究、严谨细致”作为科学态度教育的重点；高年级教学内容更复杂，学生接触了一些科学规律的原理，常常要运用已有的知识来解决实际问题，所以“善用科学、勇于探索”作为科学态度教学的重点。[①] 本研究根据上述学习者特征，再综合考虑同一主题词在不同阶段内的具体体现，确定出相应具体行为表现对应的学段。比如，对于“好奇探究”，因低中年段进行较多的是利用感官进行观察体验，发现问题、思考问题的活动，所以 1.1 和 1.2 对应低中年段。而中高年级的知识面逐渐拓展，将引导学生阅读更多的科普书籍、参观科技场馆，参与小制作、小发明活动，所以 1.3、1.4 和 1.5 对应中高年段。

经修改确定的小学科学课程中科学态度目标如表 3-19 所示。

表 3-19　小学科学课程中科学态度目标

<table>
<tr><td colspan="4">总目标：
(1)培养积极的科学情感和浓厚的兴趣，养成健康的科学行为习惯(重点)
(2)了解并逐步形成良好的科学精神和正确的价值观(难点)</td></tr>
<tr><td>态度对象</td><td>态度目标的主题词</td><td>目标行为具体化</td><td>学段</td></tr>
<tr><td rowspan="12">对待科学学习</td><td rowspan="5">1. 好奇探究</td><td>1.1 喜欢发现问题并提出问题</td><td rowspan="2">低、中年段</td></tr>
<tr><td>1.2 勤于观察和思考</td></tr>
<tr><td>1.3 喜欢阅读课外的科普书籍</td><td rowspan="3">中、高年段</td></tr>
<tr><td>1.4 喜欢参观科技馆、自然博物馆、天文馆、动物园等地方</td></tr>
<tr><td>1.5 喜欢并主动参加一些科技小制作、小发明的活动</td></tr>
<tr><td rowspan="4">2. 实事求是</td><td>2.1 善于对同学、老师以及书本提出质疑</td><td rowspan="2">低、中年段</td></tr>
<tr><td>2.2 喜欢用事实说话，并且基于证据地做出判断和假设</td></tr>
<tr><td>2.3 善于通过观察或者设计实验来验证自己或他人的观点</td><td rowspan="5">中、高年段</td></tr>
<tr><td>2.4 能够考虑实验设计的公平性</td></tr>
<tr><td rowspan="3">3. 严谨细致</td><td>3.1 能够认真细致地规划探究活动</td></tr>
<tr><td>3.2 能够认真、细致、准确地进行观察、记录、实验等探究活动</td></tr>
<tr><td>3.3 能够认真细致地对探究活动进行反思和总结</td></tr>
</table>

① 袁孝亭，曹琦：《小学自然教育学》，长春，东北师范大学出版社，1997。

续表

态度对象	态度目标的主题词	、目标行为具体化	学段
对待科学学习	4. 善于合作	4.1 愿意与其他人合作完成探究活动	中、高年段
		4.2 愿意为完成小组活动做出努力	
		4.3 意识到合作探究的重要性	
	5. 乐于交流	5.1 善于倾听并尊重他人的看法和意见	
		5.2 愿意与其他人交流分享自己的想法、感受	
	6. 勇于创新	6.1 大胆想象，能够从不同的角度思考问题	
		6.2 开创创新，乐于用习得的科学知识来创造性地解决生活中的一些问题	
	7. 懂得坚持	7.1 能够坚持长期地进行某项探究活动	
		7.2 遇到困难不退缩，主动寻求解决方案并坚持科学探究	
对待自然	1. 感受自然	1.1 感受到大自然的美，惊叹大自然的美	低、中年段
		1.2 热爱大自然，喜欢亲近大自然	
		1.3 感受自然的和谐，意识到人与自然和谐相处的重要性	
	2. 珍爱生命	2.1 主动地关爱、保护小动物	
		2.2 要爱护花草树木	
		2.3 树立安全意识，注意到水、火、危险性动植物可能带来的安全隐患	中、高年段
		2.4 严格按照探究实验的安全规范进行操作，关注自己和他人的安全	
		2.5 要有健康意识，形成良好的饮食习惯和个人卫生习惯、热爱运动以及合理的作息	
	3. 保护环境	3.1 树立环保意识，意识到水污染、白色污染、空气污染、噪声污染等的严重性	低、中年段
		3.2 形成环保行为习惯，养成节约用水、废物回收利用的习惯	
		3.3 倡导使用新的、洁净的，可再生资源，比如利用太阳能等	中、高年段
对待科学及STS关系	1. 相信科学	1.1 相信科学是不断发展，不断进步的	中、高年段
		1.2 相信科学的发展是永无止境，科学发展需要我们的不断探索	
		1.3 尊重科学，反对一切迷信行为	
		1.4 认识到科学家为科学发展所付出的努力和牺牲，培养尊重科学家的情感态度	低、中年段
		1.5 懂得科学探究并不神秘，所有人都可以参与	
	2. 善用科学	1.1 了解科学成就对社会生产生活的影响	中、高年段
		1.2 意识到科学技术对人类社会的发展既有促进作用，也有消极影响	
		1.3 关注与科学相关的社会问题	
		1.4 善于利用所学的科学知识，来解决生活中的实际问题	

2. 单元目标设计

将科学态度目标贯穿到课堂教学中，还需要进行两次转化：一是从课程目标到单元目标的转化；二是从单元目标到课时目标的转化。课程目标对教师进行科学态度教学起到了方向性的指导作用，而课时目标需落实在具体的课堂教学中，与教师的课堂教学工作联系最密切。单元目标就是这两者之间的桥梁。只有分析清楚单元教学中蕴含的科学态度目标，才有可能将这些单位目标分配到课堂教学中。

科学态度目标是渗透性的，与相关知识技能教学密切结合，对于科学态度的目标确定，不适合采用由目标去确定学习内容的思维模式，而是需要思考，探求学习内容中蕴含哪些科学态度，从而确定出应该培养的科学态度目标。有一部分科学态度与具体的科学探究活动结合紧密，有一部分科学态度与具体的科学知识学习结合紧密，有一部分科学态度是贯穿所有的课程教学中。单元目标设计的主要工作就是具体分析本单元的科学知识(或科学探究活动)蕴含着哪些科学态度。

(1)科学探究活动中蕴含的科学态度

科学学科具有探究性和实践性的特征。科学探究既是科学学习的目标，又是科学学习的方式。亲身经历以探究为主的学习活动是学生学习科学的主要途径。在这种“做中学”的理念下，小学生需要参与一系列的科学探究活动，在参与科学探究活动中，逐步掌握科学探究技能，习得科学态度。小学生进行科学探究活动的内容可能是相对简单的、确定的；但是其探究的过程仍然是全面的，科学探究过程通常包括：“发现问题—获取信息—形成假设—检验假设—表达交流”的过程。在科学探究的各个环节，都蕴含着相应的科学态度培养时机。

发现问题环节，是培养学生好奇心，探究欲等科学态度的好时机，教师应该注意激发和维持学生的好奇心、探究欲，应该帮助学生养成爱思考、爱提问的好习惯。

获取信息环节，是培养学生实事求是、严谨细致、善于合作等科学态度的好时机。应该培养学生多看、多听、多问、多收集信息的意识和行为习惯；在观察过程中，引导学生严谨细致、鼓励学生坚持，指导学生与伙伴合作观察，认识合作的力量；帮助学生养成通过实验、调查等实证手段来获得数据的习惯，并能够不迷信权威，尊重证据。

形成假设环节，是培养学生实事求是，乐于交流，勇于创新等科学态度的好时机。应该注意培养学生的质疑精神、不盲从权威的观点，引导学生在自己独立思考的基础上得出假设，并在尊重事实的基础上能够进行大胆想象和创新，并且与他人交流和讨论，思考自己的假设是否合理、科学。

检验假设环节，是培养学生实事求是、善于合作、懂得坚持等科学态度的好时机。应该培养学生不轻易接受权威证据的意识和行为习惯；培养学生在获得的资料和数据基础上做出判断的习惯；引导学生批判性地检验和分析正反两个方面的观察并探究问题的真实性，不受功利因素影响；并且正确面对所获得证据与假设之间的矛盾。

表达交流环节，是培养学生乐于交流等科学态度的好时机。应该着重培养学生交流的意识和行为习惯，让学生学会认真倾听他人的观点和意见，乐于主动表述自己的观点和意见，并且尊重他人的不同观点和评议。

在具体的科学课堂教学中，其强调的探究过程也有侧重点，这个时候就应该分清楚，不同的环节中蕴含哪些科学态度，应该着重培养学生哪些方面的科学态度。

(2)科学知识中蕴含的科学态度

小学科学课程具有综合性的特征，涵盖的科学知识比较广泛，包括生命世界、物质世界及地球与宇宙方面的内容。各类科学内容都蕴含着相应的科学态度。在进行科学知识教学的同时，我们也应该特别重视对相关科学态度的培养。

“生命世界”教学，是培养学生感受自然、珍爱生命、保护环境等科学态度的好时机。应该培养学生热爱动植物、保护动植物的情感态度；培养学生热爱自然、保护环境的意识和行为习惯；引导学生养成健康的生活习惯，合理饮食、规律的作息时间、热爱运动等；让学生意识到人与自然和谐相处的重要性。

“物质世界”教学，是培养学生珍爱生命、保护环境、相信科学、善用科学等科学态度的好时机。应该让学生意识到材料、工具等的重要性，体会到科学知识方便了我们的生活；应该培养学生安全用电的意识和行为习惯；节约用水的意识和行为习惯；意识到噪声污染的危害性；并且引导学生善于运用学到的科学知识去解决生活中的一些实际问题；意识到科学技术对人类社会发展既有促进作用，也有消极影响。

“地球与宇宙”教学，是培养学生好奇探究、相信科学等科学态度的好时机。应该激发学生对地球和宇宙的求知欲与好奇心，让学生认识到科学是不断发展的，科学的发展需要我们不断地探究等。

教师在进行主题单元的教学时，就可以根据主题单元的内容，大致确定该单元的科学知识和需要完成的科学探究活动，深入分析蕴含在其中的科学态度，从而将课程目标转化为单元教学目标。

(3)以主题单元“电”为例进行科学态度目标设计

小学四年级下册的教材(教科版)中第一单元的学习主题是“电”。我们就按照前面介绍的方法，具体分析如何确定该主题单元的科学态度目标。

教材中这个单元共包括8课的内容，分别是：①电与我们的生活；②点亮我的小灯泡；③让更多的灯泡亮起来；④电路出故障了；⑤导体与绝缘体；⑥我来做个小开关；⑦里面是怎样连接的；⑧我们选择了什么。通过分析，我们发现，该单元涉及的科学知识有：关于电的常识(第1课)，电路知识(第2、3、4、6、7、8课)，导体与绝缘体的知识(第5课)。该单元涉及的科学探究活动有：初步认识电路的实验(第2、3课)，检测电路的实验(第4课)，区分导体和绝缘体的实验(第5课)，设计开关的实验(第6课)，观察接线盒的实验(第7课)，比较并联和串联的实验(第8课)，设计电路方案(第8课)。

根据前面对科学探究活动和科学知识蕴含的相关科学态度的分析，我们可以得知，本单元科学知识(关于电的常识、电路知识、导体与绝缘体的知识)所蕴含的科学态度主要有：

√相信科学、善用科学：如意识到电的重要性和危害性；乐于用电的知识、导体与绝缘体等科学知识来为人类生产生活服务。

本单元科学探究活动中所蕴含的科学态度主要有：

√乐于探究、严谨细致：如积极主动地探究电的问题；认真规划探究活动；认真观察、准确细致地记录；认真对探究活动进行反思和总结。

√实事求是：坚持用事实说话，特别是当实验结果与假设不一致时，更是需要实事求是地看待问题。

√懂得坚持：学生在实验过程中可能会出现很多不成功的现象，此时学生更是需要坚持探究，分析不成功的原因。

√善于合作，乐于交流：如在实验规划阶段，积极主动地与其他同学交流思想，完善实验方案；在实验过程中，与小组同学分工合作；在实验结束之后，积极主动地与同学交流实验现象、结果、心得体会等。

通过上述分析，我们就完成了对主题单元科学态度目标的确定，接下来的工作，就是将科学态度目标分配到每一节课中，对每一节课的科学态度目标进行阐述。

3. 课时目标设计

调研发现，在课堂教学中，科学态度目标常被忽略或设置得不够合理，教案中体现的科学态度目标有假大空现象。要解决这一问题，需要充分考虑如何将单元科学态度目标具体分配到每一课中，实现好二次转化。在转化过程中，则需考虑三方面的因素：一是课时教学的主要内容，二是学习者的一般特征和初始科学态度，三是遵循科学态度培养的逐步巩固过程。

在一个主题单元中，课时教学内容一般是按照“总体介绍(引入环节)——一系列探究活动(从简单到复杂，或者并列关系)—具体运用、总结”这样一个流程的，一般的教材基本上能够按照这条主线进行设计，如果教师觉得教学内容设置特别不恰当，可以根据自己的需要，根据对本班学习者的了解情况，进行适当的修改。在明晰了主题单元中各课时的教学内容之后，就可以按照一次转化中所利用的“科学知识/科学探究活动——科学态度”对应关系来确定科学态度的课时目标。

学习者一般特征在界定目标、划分学段时就有过详尽的描述。这里再简要地进行说明。小学低段通常以“接触感受自然，实事求是观察”作为科学态度教育的重点；在小学中段通常以“合作交流、不怕困难、坚持探究、严谨细致”作为科学态度教育的重点；在小学高段通常以“善用科学、勇于探索”作为科学态度教育的重点；在各个阶段都要注意激发和维持学生的好奇心和探究欲。

教师在确定课时目标时，还需要结合本班学生科学态度的习得情况，有重点、有针对性地制定科学态度目标。分析学生初始科学态度，常用的方法包括观察、访谈和问卷调查。对于科学态度的认知方面，通过问卷调查和访谈即可以得知；对于科学态度的情感和行为方面，则进行长期、深入细致的观察是最适合的。对学生初始科学态度的分析，有利于梳理出科学态度教学目标的侧重点。

科学态度的培养应该是一个持续的过程。如在整个单元中，可能有多节课涉及培养学生的实事求是，或合作交流的科学态度。教师在具体制定目标的时候，就应该考虑目标的持续性，明确科学态度目标在不同课堂教学中不同的行为表现要求。

(1)科学态度目标的阐明方法

教学目标的阐明是教学设计过程中的一个必要环节。态度类目标由于其难以观察和难以测量的特点，与一般学习目标编写的要求相冲突，这就导致形成了态度目标阐明的独特特征：通过学习者的言行表现来间接推断学习目标是否达到。有学者提出了下面一些阐明态度类学习目标的方法。

内外结合表述法[①]：如先列出教学目标“学生形成热爱集体的态度”，这一目标难以直接判断和评价，我们又列举出几方面具体的行为，通过对这些具体行为的考查，来判断

① 乌美娜：《教学设计》，148 页，北京，高等教育出版社，1994。

学生是否热爱集体。表现性目标表述法①：这种表述方法明确规定了学习者应参加的活动及情景，但是不提出可测量的学习结果。表现性目标有利于促进学习者的自我发现和创造发明。我们在进行科学态度的阐明时，可以根据需要选用以上两种阐述方法。

(2)科学态度目标阐明案例

主题单元“电”中第1课——“电与我们的生活”的科学态度目标为：

√在调查、统计、交流过程中，感受电在生活中应用的广泛性，由此体会电的重要性。(表现性目标表述)

√了解电的危险性，养成安全用电的习惯；具体表现在：不用日常用的电线和插座做电的实验、不靠近高压电线；遇到雷雨，不躲在树下等。(内外结合表述)

√养成对电的探究兴趣：如能够提出关于电的问题、乐于思考电的问题等。(内外结合表述)

一些科学态度目标其实在很多课都有体现，比如善于观察、乐于思考、善于合作、乐于交流等，但是在不同的课中又含有不同的具体内容，这很好地体验了态度教学长期性、循序渐进的特点，只有分解为一项项具体的行为习惯的培养，并不断加强巩固，才能形成稳定的科学态度。比如，在“神奇的电”中，在第4课“电路出故障了”和第5课“导体与绝缘体”中都包括了“树立安全意识”的科学态度目标，但是，具体的行为表现有所差异。第4课中相关的科学态度为“树立安全意识：明确电路检查器只能在实验室检测简单电路，不能用来检测220V的家用电器电路”；而在第5课中相关的科学态度为“树立安全意识：明确教室设备的绝缘材料和安全用电事项，不用湿布擦、不用湿手触摸电器和开关”。

3.4.4 小学科学态度教学的内容分析

通过分析教学内容所承载的科学态度，来确定单元，乃至课时的科学态度目标。这种目标设计的方法有一定科学性，但是对教材教参的依赖度较高，而目前小学科学教材的质量参差不齐。所以，我们希望教师能够从目标出发，深入分析：为了实现科学态度目标，选用什么教学内容更加适合，这些教学内容之间存在什么关系。从内容载体出发分析目标和从目标出发分析内容，这也生动形象地体现了目标与内容之间的密切关系。

态度的内在结构为进行科学态度教学的内容分析提供了指导。态度内在结构由认知成分、情感成分、行为成分三部分组成。态度教学要实现“认知、情感、行为”三者齐头并进才会有效。作为态度的一种，科学态度也同样如此。所以，我们将科学态度的教学内容分为三大方面：认知方面的教学内容，情感方面的教学内容，行为方面的教学内容。

1. 认知方面的教学内容

态度结构的认知成分是指个人对某对象所持的看法和观念。通俗地说，认知成分就是指“对态度对象是什么的理解”和“对态度对象有什么意义的认识”。小学科学中开展的科学态度教学，其认知方面的教学内容包括生命世界的科学知识，如“了解常见的动物和植物，了解生物的繁殖、生物的特征，了解生物与环境的关系”等；物质世界的科学知识，如“了解常见动物的特征、材料的性质、常见的力，简单机械、光、声音、热、磁、

---

① 施良方：《课程理论——课程的基础、原理与问题》，87～88页，北京，教育科学出版社，1996。

电路”等方面的知识；地球与宇宙方面的科学知识，如“认识地球概貌、昼夜变化、天气变化、四季变化、太阳、月球和星体”等方面的知识。认知方面的教学内容除包括小学课程中所有的科学知识，还包括对科学探究活动的认识，如“知道科学探究的一般环节，知道各个环节的作用和具体的操作方法”等。此外，认知方面的教学内容还包括对科学知识和相关科学探究活动意义的认识，如“电对人类生产生活的作用和可能带来的危害”等，严谨的科学探究对于科学进步和发展的作用等。从一定程度上说，科学知识和科学探究活动教学为科学态度教学奠定了认知方面的基础，也可以看作科学态度教学的有机组成部分。

2. 情感方面的教学内容

态度结构的情感成分是指伴随观念产生的情绪或感情，它是一种内心体验，主要体现为个体对某对象所持有的厌恶或喜好等反应。通俗地说，情感成分就是指“感觉态度对象怎么样”。在小学科学中进行科学态度教学，情感方面的教学内容则包括对科学知识和科学探究活动有用性的感受，这种感受可以是直接的也可以是间接的。这些情感体验会经历一个逐步内化的过程，从最开始的认同接受感兴趣，到较深程度的喜爱，再到完全信奉。这方面的教学内容较为抽象，如对大自然的感受，对小组合作的感受，对电影响人类生产生活的感受等，我们需要采用一系列的观察、体验、实践活动来完成情感方面的教学内容。

3. 行为方面的教学内容

态度结构的行为成分是指个体表现出来的对某对象的明显的行为准备或行为。通俗地说，行为成分就是指“针对态度对象，我会怎么做”。在小学科学中进行科学态度教学，行为方面的教学内容包括保护生物的意识行为、保护环境的意识行为、健康生活的意识行为、使用光、电、声音、简单机械等为生活服务的意识行为、进行科学探究活动的意识行为等一系列的科学行为与习惯，如图 3-15 所示。

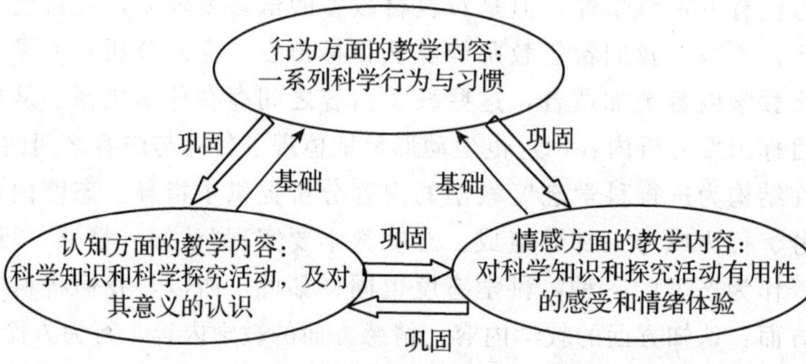

图 3-15　科学态度教学内容之间的关系分析

科学态度培养需要上述三方面的教学内容，有时，我们也将其简单总结为教学三部曲“晓之以理、动之以情、诱发行为”。三部曲之间不存在简单的逻辑关系，也没有固定的执行步骤。可以先行动，之后再感觉体会，受到鼓励或挫折，产生认识和情感，形成科学态度；也可以先进行环境渲染，引起情感上的共鸣，之后再进行认知上的教学，最后进行行为练习，形成科学态度。但通常的做法是：将诱发行为的环节安排在后面，因为认知和情感方面的教学内容是诱发行为的基础。而行为的发生能够巩固认知和情感，认知和情感之间也存在相互巩固的关系。

3.4.5　小学科学态度教学的策略设计

在目标和内容设计完成之后，我们就需要根据科学态度目标和内容的性质、学习者特征，选择教学策略为达成目标服务了。在策略制定之前，我们应该清楚地认识到：科学态度与科学知识、科学探究活动的相生相伴关系体现在教学设计的全过程，策略设计阶段尤为如此，在现实教学实践中，我们很少单纯针对科学态度，安排教学活动顺序、选择教学方法、确定教学组织形式、选用教学媒体。培养学生科学态度的教学策略通常整合在科学知识或科学探究技能学习的教学策略之中。故在此，我们首先依据相关理论总结出科学态度教学培养的原则，然后再依据这些培养原则，深入分析适合科学态度培养的教学活动、教学方法、教学组织形式、教学媒体和教学环境。最后，依据科学态度的特点，提出科学态度教学策略的实施建议。

1. 科学态度教学策略的制定依据

教学策略是实现教学目标的手段，是促使教学成功、促进学生学习发生的方式方法。教学策略设计必将充分考虑学习目标的类型、学习内容、学习者的特征、当地教学条件的可能性，以及教师的自身条件等。依据科学态度的特征、小学生认知心理发展特征，本研究拟定出如下科学态度教学的基本原则，这是制定科学态度教学策略的重要依据。

有机渗透原则。在调研中，很多教研员和一线教师提道：科学态度的培养要通过渗透的方式。而态度结构告诉我们：态度的构成部分是由认知成分、情感成分和行为成分三部分组成的，态度的培养与相关的知识技能的习得密切相关。科学态度的习得不能孤立于科学知识的学习和科学探究技能的习得，而是需要在科学知识、科学探究技能的教学中，渗透性地培养学生的科学态度。所以，在具体的策略设计中，我们需要思考的关键问题是：如何渗透？如何有机地将科学态度的培养与科学知识、科学探究技能的教学整合起来？

一致性原则。学生形成科学态度的过程也经历了一个从不稳定逐渐过渡到稳定的过程。在这个过程中，要求教师的言行要一致；教师采用不同教学策略的意图要一致，使学生在态度逐渐稳定的过程中，思想不动摇、行动无偏差。如果在态度教学中，针对某种态度培养的教学策略在效果上存在方向上的不一致，那么必然会导致学生的态度忽左忽右，稳定不下来。所以，在具体的策略设计中，我们需要思考这样一个重要的问题：这些教学策略是否与目标一致，是否真正有利于学生养成较为稳定的科学态度？

循序渐进原则。态度的养成是一个长期的过程，在这个过程中，需要不断地强化。对学生科学态度的培养，也不是一劳永逸的事情，教师需要坚持、反复，进行持续不断的强化，指导学生的态度成型并稳固下来。这里所说的反复，当然也不是简单机械的重复，而是在不断地反复中逐步提高对学生的要求，在反复的过程中设计一些含有创意元素的策略，吸引学生，让学生在不知不觉中，巩固了良好的科学态度。所以，在具体的策略设计中，我们需要思考这样一个具有挑战性的问题：如何在某些教学策略中添加一些创意性元素，以更好地吸引学生？

实践性原则。态度是通过学习，通过经验积累形成的，需要长时间的孕育。态度需要通过实践经验来形成、巩固和加强。态度的习得和采用经历了“情境化—去情境化—再情境化”的过程，结构完善的态度具有去情境性的特征，它影响某一类行为的执行，而不受具体情境的限制。但是态度的形成是通过情境中行为选择的经验积累形成的，态度的采用也是针对各种具体情境而言的。所以，要培养学生科学态度就需要为学生多设置一些实践情境，不断提供给学生表现科学态度的机会。这里所说的实践既可以是直接的，让学生通过亲身经历的实践活动来习得科学态度；也可以是间接的，让学生通过观察榜样、模仿，以习得某种科学态度。所以，在具体的策略设计中，我们需要思考下面这些现实而又急迫的问题：如何设计实践活动，让学生参与、亲身经历，以形成科学态度？如何选择榜样，让学生通过观察、模仿，以形成科学态度？在实践活动开展的过程中，我们应该确立怎样的反馈机制，来确保学生是朝着正确的方向发展？

在探讨了科学态度教学基本原则的同时，也抛出了一些在具体的策略设计中应该关注的问题。接下来，我们基于这些原则，并针对这些问题，制定科学态度教学的一般策略。

2. 科学态度教学策略的制定

教学策略是对完成特定的教学目标而采用的教学活动的程序、方法、组织形式和媒体因素的总体考虑。[①] 本研究依据科学态度的特点，深入分析适合于科学态度培养的教学活动、教学方法、教学组织形式、教学媒体和教学环境。

(1)科学态度教学的活动安排和方法选择

根据对科学态度教学内容的分析，可以得知，科学态度教学三部曲“晓之以理、动之以情、诱发行为”之间不存在简单的逻辑关系，也没有固定的执行步骤，但是认知和情感方面的教学内容是诱发行为的基础，所以通常将“晓之以理”和“动之以情”的教学活动应放在“诱发行为”的前面。但有的时候，也可以根据需要从这三种教学活动的任意一种教学活动开始，只是科学态度教学必须包括这三大块教学活动，如图 3-16 所示。

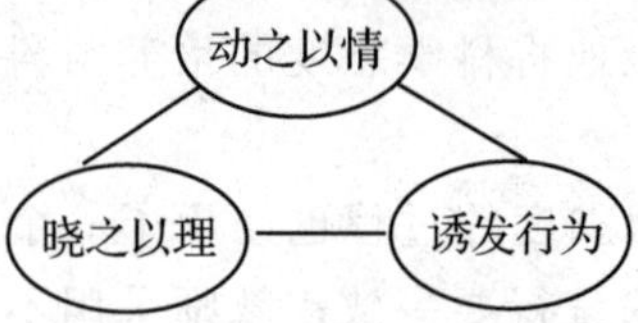

图 3-16　科学态度教学活动顺序

从广义的角度看，科学知识和探究活动教学其实也是科学态度教学的一部分，是侧重科学态度认知方面的教学。当然，对于具体的一堂小学科学课，可能涉及不了太多的内容，甚至无法顾及科学态度教学的三方面内容，但是从主题单元、学期教学来看，完整的科学态度培养一定是包含了晓之以理、动之以情、诱发行为三种类型的教学活动。

态度的性质决定了其培养方式，态度内在结构告诉我们：态度教学必须作用于认知成分、情感成分、行为成分三因素。各成分适用的教学方法有所差异。科学态度教学的认知方面，可以通过问答法、讨论法、小组合作探究实验、课外考察、调查活动、视频演示等方法进行阐述说明，使学生掌握相关的科学知识和科学探究技能，了解科学知识和科学探究活动的意义。科学态度教学的情感方面，可以利用情境创设、游戏体验、成果展示、经验交流等方法，渲染气氛，让学生感受认可，形成对科学态度的积极情绪反

① 乌美娜：《教学设计》，156 页，北京，高等教育出版社，1994。

应。科学态度教学的行为方面，可以采用行动展示、模拟训练、实践练习等方法，同时还应让学生了解到这种行为很容易操作，并为学生展现行为表现创设多种机会，让学生进行行为实践，将科学态度外化，具体表现为正确的科学行为习惯。

科学态度教学需要不断强化巩固，需要为学生提供实践行为的情境。创设一些复杂的两难情境，让学生讨论，教师适当引导，可以更好地看出及培养学生的态度。学生体现科学态度的次数越多，经历越丰富，科学态度才能够根深蒂固地稳定下来。上面提到的各种方法其实也可以归结成"体验法"，包括各种直接体验和间接体验。要求学生亲身参与的各种实践活动，包括探究实验、课外考察、调查活动都属于直接体验，在教师引导下进行的问答法、讨论法也属于直接体验。而成果观摩、视频演示等通过榜样，替代性参与的活动，则属于间接体验。

(2)适合培养学生科学态度的教学组织形式

教学组织形式即教学交互作用模式，一般来说，包括小组合作探究、集体教学、自主学习三大类。在小学科学课程中进行的科学态度教学，这三种教学组织形式均会用到。各种教学组织形式对于培养学生相应的科学态度有独特的作用。

①小组合作探究，培养学生"善于合作交流"等科学态度。科学需要合作和交流，科学发现需要团队的集体智慧。目前，小学科学课程教学中，最常用的教学组织形式就是小组合作法，让小组合作进行科学探究，这是符合科学的学科特点的，小组合作探究学习对于培养学生"善于合作""乐于交流"是最恰当的。但是在小组合作学习中，教师一定要警惕不良合作学习的负面效应，尽量避免小组合作学习停留在浅层次和表象上，这样不利于学生科学态度的习得。在开展小组合作学习前，教师应该确保学生对合作学习有正确的认识，并且具备必要的合作技能，在合作过程中应该给予监督和指导，注意培养学生善于合作、乐于交流的意识行为，在小组合作学习结束后，应该及时给予反馈，说明哪些小组表现优异，哪些小组需要改进。

②让学生集体学习与讨论，激发学生的科学兴趣。集体教学也是小学科学教学中常用的组织形式，充分利用这一教学组织形式，对于培养学生的科学态度也是很有益的。为了引发学生的好奇心、探究欲，而进行情境创设和气氛渲染时，适合运用集体教学；对共性问题进行提示和指导，对全班学习情况进行总结和归纳时，也适合运用集体教学，这是培养学生乐于交流，学会倾听和表达的好时机。此外，举办成果展示会，经验交流会时，通常也是运用学生集体研讨的方式，这对于激发学生积极的科学情感和浓厚的科学兴趣是非常重要的。

③自主学习，培养学生好奇探究、懂得坚持、勇于创新等科学态度。小学科学教学中的自主学习主要包括课堂内外的自主阅读、独立思考和课外的自主观察、调查等科学学习活动。自主阅读科普书籍有利于激发和维持学生的好奇心、探究欲。自主观察、调查等活动有助于培养学生正确面对困难，养成懂得坚持，不断探究的科学态度。在自主学习过程中不断进行独立思考，有利于培养学生敢想敢做，提出新见解，形成敢于创新的科学态度。当然，在学生自主学习的过程中，教师和家长应该鼓励，并给予监督和指导，保证自主学习活动顺利完成。

(3)适合培养学生科学态度的教学媒体

小学科学态度教学中常用的教学媒体主要包括三大类：一是教师适时的言语指导和激励；二是科学史、科学故事等科学阅读材料；三是各种渲染气氛、创造情境、展示说明的动画、音视频材料。在小学生科学态度的培养中，这些教学媒体是综合运用，相辅相成的。

①适时的言语指导和激励，特别适合小学低段学生科学态度的培养。教师作为最核心的教学媒体，在培养学生科学态度的教学中，发挥着极为重要的作用。教师适时的言语指导和激励是学生科学态度习得的助推器，对于低年级学生尤其如此。低年级的学生对教师怀有特殊的尊敬和依恋之情，教师对学生的态度成为他们科学态度形成的主要因素，低年级的学生容易因教师的表扬而高兴，受到批评而沮丧，这些表扬或批评的情景也会使他们产生情感上的体验。他们特别信奉教师的话。所以，对于低年级学生来说，教师的言语指导和表扬激励是非常重要的。在晓之以理阶段，教师多采用言语阐述，在巩固强化阶段，教师多采用言语进行反馈和提醒。但要注意的是：教师言语一定要配合其他教学媒体一起使用，才不显得单调。

②科学史、科学故事等阅读材料，特别适合小学中高段学生科学态度的培养。教师应该多给学生推荐一些科学史、科学小故事等方面的文字材料给学生阅读，对于小学中高段的学生尤为如此。此阶段学生的认知思维能力逐步增强，生活经验愈加丰富，正是拓展知识面，拓宽视野的好时机。科学史和科学故事等阅读材料非常有利于激发和维持学生的科学学习兴趣，培养学生的好奇心和探究欲。此外，科学史和科学故事在无形中鼓励学生以科学家为榜样，感受科学家严谨细致、勇于探究等科学态度。一些科普阅读材料还会引导学生思考，提供一些科学学习建议，有利于学生科学态度的习得。

③动画、音视频材料，有利于增强学生间接体验、情感渲染。动画、音视频教学媒体具有很好的呈现力和感染力，特别适合用于激发学生的好奇心和探究欲。此外，因为音视频教学媒体在营造氛围方面有显著作用，特别适合科学态度的情感成分的教学。比如，要培养学生保护环境的意识和行为习惯，那么，播放“未被污染的美丽自然风景和被污染后蚊虫乱飞的景象”进行对比，让学生对破坏环境的行为深恶痛疾，自觉养成一些保护环境的意识和行为习惯。此外，对于中、高年级的学生，实验探究越来越多，也越来越复杂，适当的视频演示，让学生通过视频观摩科学规范的操作步骤，感受到严谨细致、实事求是的科学态度，这也有利于学生科学态度的习得。

(4)科学态度教学的环境营造

科学态度的习得需要长期的环境熏陶，需要潜移默化的影响。在此，我们将科学态度教学的环境分为三类，详尽地介绍如何营造科学态度教学的环境。

❖适合科学态度培养的物理环境

物理环境，也称为科学态度教学的外部硬环境。主要指有利于培养学生科学态度的硬件教学资源。比如实验仪器和设备，相关的课外读物等。我们要为学生营造一个安全的、适合于进行科学探究学习的物理环境。

科学教室可以设置动物和植物观察柜。小学生一般都喜欢小动物和花草，在科学教室中设置这样一个观察柜将有利于培养学生的责任感以及对科学、对自然的热爱。当然，把对动植物的观察纳入教学计划中，我们需要注意很多细节，比如，要明确学生的任务和责任，增强学生保护动植物的意识，要定期对学生的观察记录进行考察。只有如此，才能充分发挥动植物观察柜的作用。

科学教室的墙报设计。精心设计的墙报，同样可以作为我们培养学生科学态度的阵地。例如，我们可以介绍科学家的生平，收集一些科学研究最新成果和动态，提出一些与科学有关的而同学们在日常生活中经常遇到的问题，介绍一些体现科学家不断探索的小故事等。教师可以鼓励学生自己负责设计，抄写墙报，在这个过程中，培养学生对科学的热爱之情。

学校可以开辟科学长廊，开辟科技展览室等。教师还可以鼓励学生多去科技馆、自然博物馆、天文馆、动植物园等地方参观。这些地方都是有利于培养学生科学态度的物理环境。

❖适合科学态度培养的人文环境

人文环境，也称为科学态度教学的外部软环境，或者说科学态度习得的氛围。我们需要注意下面提及的一些榜样作用，让这些榜样潜移默化地影响学生，让学生逐步习得科学态度。

科学家的榜样作用。多向学生介绍一些科学家的故事，用科学家严谨认真、坚持奋斗的故事感染和激励学生。鼓励学生自己去了解一些科学家的生平。

教师的榜样作用。教师应该以身作则，严谨细致地对待每一次课堂教学活动。小学生的模仿能力很强，教师的行为会无形中影响学生，使学生也成为一名严谨细致的人。

家长的榜样作用。家长同样应该以身作则。此外，家长还应该重视学生科学态度的习得，为学生提供一个宽松的科学探究环境，鼓励和指导学生进行科学探究活动。

同伴的榜样作用。对于中高年段的小学生来说，他们已经习惯于有组织的班级团队活动，把自己看成是集体的一员，其情感态度受同伴和群体的影响较大，重视班集体的舆论和评价。所以，老师应该抓住时机，给学生确定一些同伴榜样，最大化发挥同伴的榜样示范作用。

❖适合科学态度培养的心理环境

心理环境，也称为科学态度教学的内部环境，指学生自己的内心感受。在学生觉得安全、公平、民主、友好的环境下，科学态度的培养才是更有效的。为了给学生营造良好的心理环境，教师应该做到：在教学活动中，教师应该有足够多的耐心，能够倾听学生的观点，这种行为将营造一种平等友好的气氛，有利于学生有勇气和信心对教师解答当中的问题敢于质疑和批判。教师应该公平地对待每一个学生，正确认识到每个学生的优点和不足，不要吝啬奖励，特别是对后进生，有进步就需要表扬。在小组讨论中，特别要注意民主的问题，要避免出现少数领导者控制局面的情况，教师应该保证每一位同学的发言权，充分尊重每一位同学的意见。要强调小组成员的合作关系，努力建立班级同学之间的互帮互助关系。

3. 科学态度教学策略的实施建议

前面，我们从教学活动和方法、教学组织形式、教学媒体和教学环境等方面详细论述了适合培养学生科学态度的教学策略，但在科学态度教学策略的具体实施过程中，需要将各方面融合起来。针对科学态度培养的渗透性和长期性等特点，本研究对科学态度教学策略的实施提出了如下建议。

(1)明确科学态度教学的类型

带着先前经验走进课堂的学习者，总是带着一些程度或大或小，结构或完善或残缺的态度。这些态度的持久性作用必将影响科学态度教学。学生的初始态度与目标态度可能在方向上一致，只是初始态度的内在结构不够完善，需要充实和巩固；学生初始态度的有关成分也可能与目标成分在方向上不一致，这就需要通过教学，使学生初始态度在方向上做出改变。不同情况下所需进行的教学是不一样的，所以，在科学态度教学的初始阶段，我们应该将学生的初始科学态度与科学态度目标进行比较，明确我们开展的科学态度教学是态度形成教学，还是态度改变教学。

科学态度形成的教学。对于经验欠缺、原有态度缺失的学生(尤其是低年级学生)，我们需要围绕科学态度教学认知、情感、行为三方面的内容安排活动，进行科学态度形成的教学。

科学态度改变的教学。对于经验丰富、原有态度与目标态度不一致的学生，我们则需要更深入地分析，有针对性、有侧重地选择科学态度某一方面或几方面进行教学，帮助学生实现科学态度的改变。在进行科学态度改变教学前，我们应该深入分析学生未能表现出目标科学态度的原因是什么？是情感方面的原因，还是认知方面的不足？或者是行为方面的缺陷？然后有针对性地开展教学。

(2)巩固强化习得的科学态度

科学态度培养是一项长期的、系统的、复杂的任务。科学态度教学在小学科学教育中的每个主题单元，甚至每一堂课中都应该有所体现。在访谈及问卷调查中，我们发现多数教师都提道：影响学生科学态度习得的因素比较多，其中最主要的是来自教师的影响。科学教师自身所持的科学态度以及反映出来的行为、科学教师的个人素质、师生关系，及班主任教师的引导作用都直接或者间接地影响学生科学态度的习得。除此之外，来自学校方面的影响、社会环境方面的影响，以及家庭环境的影响也不容忽视。这些影响因素中，难免存在一些支持因素和威胁因素，教师应该充分认识各种影响因素，在学生实践练习的各种情境中加入这些因素，使态度学习更具迁移性。此外，教师还应该组织学生定期进行反思和总结，使学生对自己的行为选择有更清楚的认识，促进科学态度的巩固和完善。

3.4.6 小学科学态度教学的评价设计

评价是教学设计的重要环节。一提到评价，必然会涉及以下几个方面的内容：为什么要评价？评价内容是什么？如何进行评价？一般来说，教学评价包括两个方面的内容，一是对学生学习情况的评价，二是对教师教学的评价，当然，这两者有密切联系。在本研究中，主要是针对学生科学态度习得情况进行的评价设计。评价目的是了解科学态度教学的效果，决定是否需要采取补救措施以进一步促进学生科学态度的习得。评价内容是科学态度目标框架中指明的那些内容，具体包括乐于探究、实事求是、严谨细致、善于合作、乐于交流、懂得坚持、勇于创新、感受自然、珍爱生命、保护环境、相信科学、善用科学。而如何评价则是本研究进行的评价设计的重点。我们首先根据科学态度的特点，归纳出科学态度评价的原则，再依据这些原则，对主题单元中科学态度评价的整个流程进行系统设计，整理出一套单元科学态度教学的评价方案。

1. 科学态度教学的评价原则

在充分考虑科学态度的动态性、内隐性等特征和科学态度培养所具有的长期性、循序渐进等特点的基础上，我们制定出科学态度评价应遵循的基本原则。

激励性原则。不是为了评价而教学，而是为了更好的教学而评价。科学态度教学的评价尤其说明了这一点。这也很好地体现了科学态度评价的目的，我们通过观察、访谈、作品分析等一系列方法观察到学生已有的科学态度时，不应该据此对其贴标签(如某某马虎不细致)，而是应该激励学生养成正确的意识和行为习惯，习得良好的科学态度。评价应多采用激励性语言和措施。

动态性原则。科学态度的习得是动态的过程，所以对科学态度的评价也应该是动态的、发展的、长期的过程。动态性原则要求教师全面捕捉学生科学态度各个方面的表现，多给他们表现行为的机会，在学生参与各种活动的过程中观察学生的行为表现。对学生科学态度的评价，不能基于某一个具体情景中的行为表现，而是要用发展的眼光看待学生行为表现的变化。鼓励学生的行为表现不断朝预期方向发展，鼓励学生良好的行为表现成为一种习惯稳定下来。

定量与定性相结合的原则。态度是无法量化的。对于态度的评价要尽量追求准确性，而非精确性，对态度实行精确量化是不可能的。态度无法完全量化的这一特征并不表明态度没有评价的必要。在学生态度形成的过程中，教师的引导、鼓励是非常重要的。依据态度的这种特征，我们在评价过程中就应该采用定量与定性相结合的原则。在评价前，结合目标确定要评价的内容，根据内容的性质，制定合适的量规量表和观察记录单；在评价过程中，要全面细致地观察，随时记录新发现；在评价之后，则采用等级加评语(且多是激励性的评语)的方式来对学生科学态度习得情况进行评价。

2. 科学态度教学的评价方案

关于态度评价的研究有很多，从评价方法的角度看，常用的有课堂观察、访谈、问卷调查法等；从评价主体的角度看，常用的有教师评价、学生自评、互评、家长评价等；从评价程序的角度看，包括评价标准的选择、评价计划的制订、评价活动的开展以及评价总结等。大多数一线教师对这些态度评价的方法有所耳闻，但是真正实施起来，却觉得比较茫然。原因之一就在于这些研究不够系统，可操作性和指导性不够强。

本研究则着眼于为一线小学科学教师提供一套操作性强的评价方案。评价方案将明确地告诉教师，在评价前应该准备什么，在评价过程中如何实施，在什么情况下建议采用什么评价方法，以及评价后如何总结等，并且将“评价内容—评价方法—评价流程”科学合理地匹配起来，供教师参考使用。本研究中提出的评价方案主要针对主题单元学习模块的，主要包括以下4个方面的内容：主题单元教学前的准备，包括评价计划的制订、评价资料的准备；课堂中的评价活动，主要介绍在课堂中教师常用的评价方法及评价内容；课堂教学后的评价活动，主要介绍在课堂教学后应该如何对课堂上观察到的现象进行分析总结、如何在课后补充进行一些评价活动；主题单元结束后的评价总结。

(1)主题单元教学前的准备

不同类型的态度目标所适用的评价方式是不一样的。当然，目标和评价之间的搭配不是简单的一对一关系，而可能是多对多，或多对一的关系。在评价计划中，不仅需要弄清楚这个主题单元教学评价主要应用的评价方法，还需要理解不同的评价方法主要评价学生哪些方面的科学态度习得，同时，为了保证评价工作的顺利开展，需要提前准备好相关资料，比如设计评价卡、制作记录表等。

我们知道，态度结构的三要素包括：认知成分、情感成分和行为成分。对态度的评价要全面，一般来说，这三方面的要素都需要涉及。而对于不同成分的评价，其最适合的评价方式是不一样的：对于认知成分的评价主要通过问卷调查和访谈的方式进行；对于情感成分的评价，问卷的方式可能不是特别适用，而更需要在适当情景中观察或者让测试者自身的言语描述等方式进行；对于行为成分的评价，问卷和访谈的方式都不是特别适用，而更需要在适当的情景中观察其活动过程中的行为表现和作业作品的完成情况。一般来说，态度结构这三个方面的要素是紧密联系在一起的，所以对于某一项态度的评价，需要采取的方式也应该是多角度、多层次的。前面我们也提到，针对小学生开展的科学态度教学，主要从培养学生的行为习惯入手，由外而内，逐步内化形成态度价值观，那么，我们对小学生科学态度的评价，也多是从学生的行为习惯入手，分析学生的科学态度是否基本养成。

对于学生"好奇探究"的科学态度的评价，我们主要通过观察学生是否爱提问，是否善于提问，是否爱观察、爱思考，是否乐于参与一系列参观活动、科技小活动，以及在探究过程中表现出来的兴趣来评价学生的乐于探究程度。

对于学生"实事求是"的科学态度的评价，我们既应注重对学生认知成分的评价，更应注重对学生行为成分的评价。我们主要通过问卷测试(设计一些试题，考查学生的反应)，访谈(了解学生的想法)以及观察学生在探究活动中的具体表现，来判断学生是否具备实事求是的科学态度。

对于学生"善于合作、乐于交流"的科学态度的评价，我们主要通过观察，了解学生在合作交流过程中的行为表现。还可以通过对学生课堂上的发言分析以及探究计划中合作计划的情况来考查学生善于合作、乐于交流方面的科学态度。

对于学生"严谨细致、懂得坚持、勇于创新"的科学态度的评价，我们主要侧重对行为成分的评价。主要通过观察学生在探究活动中的行为表现，以及观察分析学生作业作品的完成情况来评价其科学态度的习得情况。

对于学生"感受自然"的科学态度的评价，我们主要是在亲近自然(包括直接和间接的亲近)的过程中，观察学生是否能够表现出对自然的关注和热爱，是否能够感受大自然的神奇和美丽。此外，还可以根据学生的作业作品来间接反映学生是否关注、热爱大自然。

对于学生"珍爱生命，保护环境"的科学态度的评价，我们既要关注对学生认知成分(意识层面)的评价，更要注重对学生行为习惯的评价。因为我们希望珍爱生命、保护环境的科学态度能够真正地落到实处，真正体现在日常的行为习惯之中。所以，我们主要通过学生的自身言语描述来了解学生意识层面的习得情况，而通过观察学生平时的行为习惯来了解学生"珍爱生命，保护环境"的科学态度的行为习惯的习得。

对于学生"相信科学、善用科学"的科学态度的评价，我们主要通过观察学生在探究活动中的行为表现，及在作业作品中的体现来进行评价。此外，还可以通过访谈和问卷了解学生相信科学、善于利用科学解决实际问题的意识和能力。我们提供了"评价内容—评价方式"匹配表(表 3-20)供教师参考。

表 3-20　评价内容—评价方式匹配表

评价内容	评价方式
好奇探究	观察
实事求是	观察、问卷调查、访谈
善于合作、乐于交流	观察、问卷调查、访谈
严谨细致、懂得坚持、勇于创新	观察、作业作品分析
感受自然	观察、作业作品分析
珍爱生命、保护环境	观察、问卷调查、访谈
相信科学、善用科学	观察、作品分析、问卷调查、访谈

由此，我们发现：观察是评价学生科学态度习得的最主要的方式之一。这里所说的观察，主要是指教师在课堂教学中有目的、有计划的观察，访谈和问卷调查在一定程度上也能够较好地反映学生科学态度的习得情况。访谈主要是教师和学生之间的非正式的轻松谈话，问卷在这里并不是指专门用来了解学生科学态度习得情况的问卷(如果要求教师专门设计问卷，调查学生的科学态度也不太现实)，而是指在普通的测试中加入一些能够测试学生科学态度的试题。此外，对学生作业作品的分析，对于了解学生科学态度的习得情况也有一定的作用。

以上提到的方法都是一些直接能够测试学生科学态度的方法。而科学态度的习得是一个长期的、动态的过程，需要对学生长期的行为表现进行细致的观察和分析，所以，教师需要将平时观察、访谈和分析得到的情况及时汇集起来，以便单元教学结束后，甚至学期结束之后对学生整个学期的科学态度的习得情况进行客观公正的评价。主要有两种方式汇集这些资料：一是观察记录本，教师将平时观察到的情况，以及访谈、调查的结果分析及时记录到记录单中；二是学生档案袋，教师将学生的作业和作品，以及对作业作品的分析搜集到学生档案袋中。

在了解不同科学态度目标所适用的评价方式之后，教师就应该为主题单元的科学态度目标进行规划和开展准备工作。首先，教师应该明确该单元的科学态度目标，这在目标设计中有详细的介绍；其次，就应该根据我们前面介绍的内容，为各类科学态度目标确定适用的评价方法；最后，是为这些评价方法进行一些准备工作。

(2)课堂中的评价活动

课堂中进行的科学态度评价活动实际上也可以看成是科学态度教学的一种手段或方法，它通过及时有效的反馈，鼓励并引导学生形成预期的科学态度。在课堂教学中，教师最常用的科学态度评价方法就是观察，此外，还常通过指导学生自评互评来判断学生科学态度习得情况。在此，我们将详细阐述：从科学态度评价设计的角度看，教师在进行课堂观察时应该注意些什么，在学生自评和互评的过程中，教师应该如何指导。

观察这种评价方式看似简单，但要真正有效应用，则需要注意以下几方面的内容。

第一，需要有清晰的预期。在评价实施前，教师应该事先预期，明确自己希望学生习得的科学态度是什么，预期的科学态度应该表现出什么样的行为。只有如此，才能够将观察到的现象与预想的特征进行比较，再进一步根据比较得出的差异，采取补救措施。

第二，观察的内容要全面。对于具体的某一堂课而言，观察的内容有其侧重点，但是对于整个主题单元，或整个学期教学，所需要观察的内容一定是全面的，这需要教师按照课堂教学内容以及学习者的特征，确定各课堂教学中观察的重点，但是不管具体评价学生哪方面的科学态度，我们观察的侧重点是学生的行为表现，即重点关注学生的言语和行为，根据观察到的言语行为，推断学生可能持有的态度。

第三，观察的对象要全面。教师在进行观察的时候，一定要谨记：要尽量关注每一位学生。当然，在具体的一堂课中，要详细地观察每一位同学的行为表现是不可能的，但教师应该进行详尽规划，明确在不同阶段重点关注哪些学生，但同时需注意：最好选择具有代表性的学生，以反应不同层次学生的科学态度习得情况。

第四，对科学态度的评价需要做到反馈及时。在课堂教学中通过观察开展的评价活动，是一种形成性评价活动，目的在于及时调整教学，改善学生的科学态度。所以，这种观察活动也是作为教学活动的有机组成部分而存在的。这也要求我们及时进行反馈，让学生意识到他们的这种言语以及行为表现是否正确，正确的言语行为应该是怎样的。

对学生合作探究中习得的一系列科学态度，比如是否具备合作精神，是否乐于交流等，教师还可以组织开展班级评议活动，指导学生实施小组互评和学生自评。为了从学生互评和自评中获得有用信息，教师需要精心设计，耐心指导，应预先设计好评价量规，让学生明确小组互评和学生自评应该涉及哪些方面的内容，以免学生的评价失去方向。如表 3-21 所示。

表 3-21　学生自评和互评量表

现象描述	非常符合	基本符合	一般	基本不符合	非常不符合
在探究活动中，小组成员能够互帮互助。					
在交流过程中，该小组的成员能够仔细倾听其他小组成员的汇报。					
该小组成员严谨细致，并且很详尽地进行了实验记录。					
……					

学生自评和互评过程中最容易出现的问题就是评价不客观，不公平。教师应该引导学生正确认识评价的作用，营造一种友好的，相互学习、敢于进行批评与自我批评的氛围。

(3)课堂教学后的评价活动

科学态度习得是一个持续的过程，科学态度评价也应该是持续的，需要由课内延伸到课外，一些详细的分析总结活动通常也需在课外完成。课堂上教师进行的观察活动，主要关注学生在课堂上的言语行为，而在课堂教学后，教师需要对学生的观察记录表、探究实验表进行分析，通过分析这些记录，结合课堂的言语行为观察，来准确判断学生科学态度的习得情况。教师在课后还需要进行一些非正式的访谈，在学生的言语表达中进一步发现学生的科学态度。

进行记录分析之前，需要预先设定学生的记录包括哪些内容，并设计好评价指标，如“声音”教学模块中，有一堂课的内容是“感受物体的振动和发声”，我们将记录表确定为三类：①A 类，能够详细描述预测的情况；能够准确细致地记录下观察到的现象；能够根据观察到的现象进行合理推理；能够认真倾听其他小组不同的想法和讨论结果，并且有条理地记录下来。②B 类，在观察之前能够进行预测，能够较为细致地记录观察到的现象，并对现象进行推理；能够较为认真倾听其他小组的不同想法和讨论结果，并且记录下来。③C 类，将预测和观察现象记录下来了，但是不太细致认真，没有认真记录下其他小组的不同想法和讨论结果。

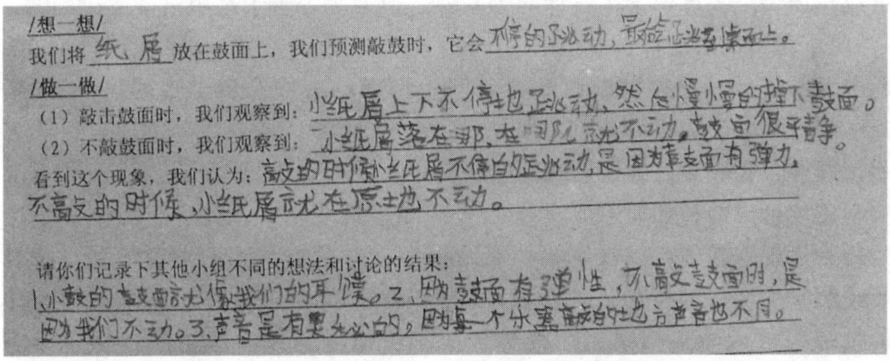
/想一想/
我们将 纸屑 放在鼓面上，我们预测敲鼓时，它会 不停的跳动，最后跳到桌面上。
/做一做/
（1）敲击鼓面时，我们观察到：小纸屑上下不停地跳动，然后慢慢的掉下鼓面。
（2）不敲鼓面时，我们观察到：小纸屑落在那，在那儿就不动，鼓面很平静。
看到这个现象，我们认为：敲鼓时候小纸屑不停的跳动，是因为鼓面有弹力，不敲的时候，小纸屑就在原地不动。
请你们记录下其他小组不同的想法和讨论的结果：
1.小鼓的鼓面就像我们的耳膜。2.因为鼓面有弹性，不敲鼓面时，是因为我们不动。3.声音是有奥秘的，因为每一个乐器敲的地方声音也不同。

图 3-17　学生记录表 1——感受物体的振动和发声

从图 3-17 这份记录表可以看出，学生详细记录了观察到的现象，并且认真将其他小组的不同想法和讨论结果有条理地记录下来了，可以评为 A 类，在一定程度上说明该小组同学在这个探究活动中表现出严谨细致、实事求是、认真倾听的科学态度。

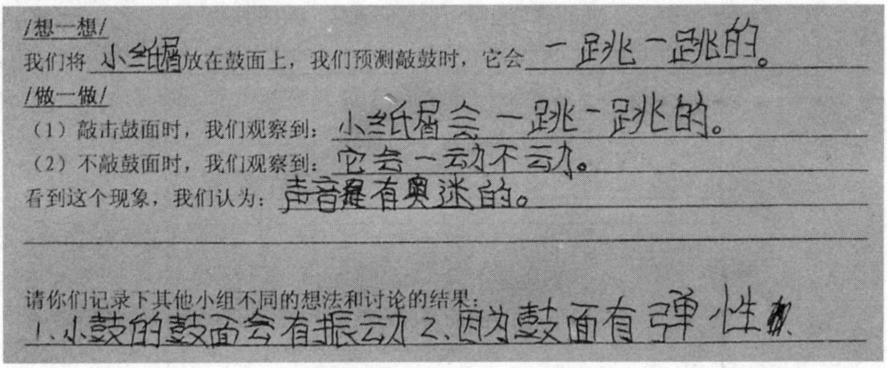
/想一想/
我们将 小纸屑 放在鼓面上，我们预测敲鼓时，它会 一跳一跳的。
/做一做/
（1）敲击鼓面时，我们观察到：小纸屑会一跳一跳的。
（2）不敲鼓面时，我们观察到：它会一动不动。
看到这个现象，我们认为：声音是有奥迷的。
请你们记录下其他小组不同的想法和讨论的结果：
1.小鼓的鼓面会有振动 2.因为鼓面有弹性

图 3-18　学生记录表 2——感受物体的振动和发声

从图 3-18 这份记录表可以看出，学生的记录不够详细，在进行推理时只是提到“声音是有奥秘的”，从这句话既不能看出学生是否对声音的奥秘感兴趣，也不能看出学生认为的声音的奥秘究竟是什么，在记录其他小组的不同想法和讨论结果时也不够严谨细致，条理性不够。所以这份记录单可为 C 类和 B 类之间。说明教师应该引导该小组学生严谨细致地做观察记录，并且认真倾听其他小组的意见。

课后的访谈需要有针对性，多是针对课堂上观察到的行为，进一步调查，以了解学生的真实态度。比如，在课堂上发现学生为了使假设和实验结论一致，便修改假设。那么，下课的时候，就可以针对这一现象进行询问：“你认为探究活动之前进行假设有什么作用呢？老师看见你修改了假设，你能够告诉我你这样做的原因是什么吗？”在这种谈话过程中，教师需要注意：不要以批评的口吻进行谈话，否则会给学生带来心理压力。建议以朋友的身份，在轻松的环境中与学生交流，让学生说出他们某种行为表现的原因。

除了记录分析和谈话，课堂后的评价活动还包括对学生课外实践活动的评价以及学生科技小制作、小发明的评价。这需要用先前设计好的量表，对学生在实践活动中的行为表现进行详尽的观察和记录，如在环保宣传活动中，可以着重观察学生的参与热情，设计方案的可行性，在宣传活动过程中展现的行为表现是否环保等。评价学生的科技小制作，可以按照等级去评价学生设计的创新性，以及是否善于运用科学解决问题。

(4)主题单元结束后的评价总结

主题单元结束后，教师可以用试卷或问卷调查的方式了解学生的科学态度，当然，专门调查学生科学态度的试卷或问卷调查很少，一般都只是一些测试学生科学态度的试题，这些试题包含在一般性的试卷或问卷调查中。

在科学态度形成的初始阶段，其行为表现随情境变化大。为了全面了解学生在多种情境中的行为表现，教师可以在主题单元结束后就学生本单元的学习情况与家长进行沟通交流，了解学生课后的行为表现。教师应把学生本单元完成的记录表，实验单，及自评互评的量表等放入学生档案袋，并结合从家长那里得知的信息进行综合分析，做出总结。

综上所述，教师对学生主题单元科学态度习得情况评价的流程如图 3-19 所示。

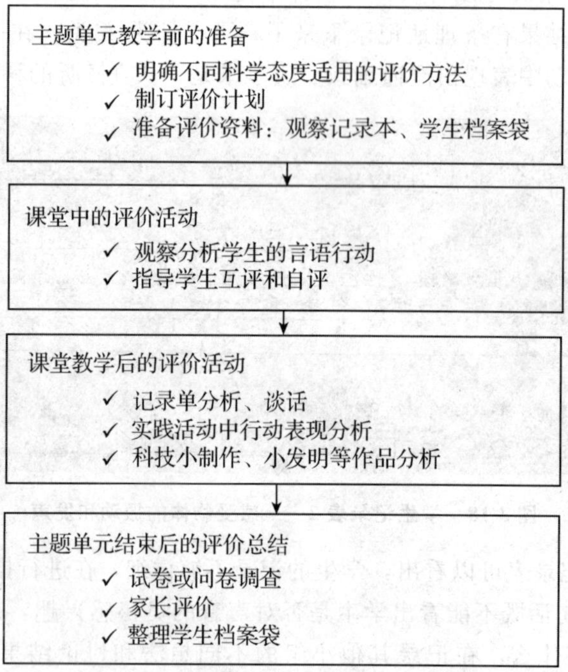

图 3-19　科学态度教学的评价流程图

3.4.7　小学科学态度教学的一般教学设计原则

与认知、动作技能等目标类型相比，态度类目标有其独特之处，它具有渗透性、内隐形、动态性、长期性、影响因素多样性等特点，因而在进行态度教学的一般教学设计过程中，必然需要考虑这些特点。

1. 由“态度的渗透性”决定的教学设计原则

(1)从分析内容和活动载体的角度挖掘态度教学目标

态度教学是与相关知识技能教学密切结合的，态度教学具有渗透性。在设计态度教学的目标时，需要充分考虑态度的这种渗透性。所以，对态度目标的设计，不适合单纯依靠由目标去确定内容或设计活动的思维模式，更需要双向思考：在分析出需要培养学生什么样的态度的基础上，首先思考哪些学习内容或者活动蕴含此种态度目标，即运用内容和活动载体分析所蕴含的态度；其次是从态度内在结构的角度思考，明确此种态度目标其认知、情感和行为方面的教学内容是什么，即按照态度的内在结构去进行从目标到内容的探索。从内容和活动载体出发分析目标和从目标内在结构出发进行教学内容分析，是进行态度目标设计的独特之处。

(2)充分运用整合型教学策略

在制定态度教学策略时，也需要充分考虑态度的渗透性。纯粹的态度教学并不多，它往往需要融合在知识技能的教学过程中。那么，为了培养态度而设计专门的教学活动、教学方法，采用专门的教学媒体和教学组织形式，这是不太现实的。所以，这些教学策略的制定还是需要充分考虑认知、技能等其他目标类型的教学。只是在设计态度教学策略的过程中，需要思考：哪种方法、哪种媒体、哪种组织形式，以及如何安排教学顺序，更适合培养学生的态度。所以说，态度教学策略是整合在其他目标教学的教学策略之中的。

2. 由“态度的内隐性”决定的教学设计原则

(1)一定要用“内外结合法”和“表现性目标表述法”阐明态度教学目标

态度的内隐性决定了态度类目标是难观察、难测量的，更需要在阐述完内隐性质的态度之后，尽量写出这种态度可能出现的言行，以便通过学习者的言行表现来间接推断学习目标是否达到。因为，在活动中或在行动中，学生可能通过自己的感悟形成态度，所以，表现性目标也适合阐述态度教学目标。因此，一定要采用“内外结合”和“表现性目标”表述法来阐明态度类教学目标。

(2)“观察”是评定学生态度习得最主要的方法

态度的内隐性特点给评价造成了障碍，这也是态度评价常常缺失的主要原因。与态度目标的阐述相同，对学生态度习得的评价，也主要从态度外显化的行为表现入手。在评价过程中，教师应该创设情境或在日常情境中细致观察学生的行为表现，以评价学生的态度习得情况。

3. 由“态度的动态性”决定的教学设计原则

(1)重视态度习得的巩固和强化

态度的动态性特征是指受环境变迁、时空变化等影响，个体在不同情境中表现出不同的行为表现。这种动态性主要指行为表现的不稳定，这种现象主要发生在态度形成的初期，此阶段态度结构还不够稳固。所以，强化和巩固是态度教学中的关键环节。教师应该分析影响学生态度的各种支持因素和威胁因素，提供各种情境让学生实践，并将各种影响因素添加到实践情境中，增强态度学习的可迁移性。此外，组织学生定期进行反思和总结，使学生对自己的行为选择有更加清楚的认识，促进积极态度结构的巩固和完善。

(2)实施动态性评价

态度具有动态性特征，对态度的评价也应该是动态的。动态性评价要求教师全面捕捉学生态度各方面的表现，给学生创设多种行为表现的机会。对学生态度习得的评价，不能基于某一个具体情境中的行为表现，因为，由某个具体情境中的行为表现去推断学生具有的态度，很可能是不准确的。所以，教师需要综合分析学生在多个情境中的行为表现，并思考学生在此种情境中出现特定行为表现的原因，以便了解学生的真实态度。

4. 由“态度的长期性”决定的教学设计原则

(1)设计持续性的态度目标

态度具有长期性特征，态度形成是一个循序渐进的过程。态度目标不是通过一两堂课或一两个单元的教学能够实现的，我们需要将态度目标分解为一项项具体的行为习惯等子目标进行培养，结合具体的教学内容和学习者特征，将这些子目标分配到日常教学中。所以说，同一种态度目标可以出现在各个课堂教学中，只是其具体的行为表现或情感的内化程度有所差异而已。

(2)注重过程性评价

态度习得是一个长期、复杂的过程。学生在态度习得的漫长过程中需要及时得到教师的反馈，所以教师在学生态度习得的过程中，应该实施过程性跟踪评价，及时了解学生态度习得的情况，明确需要采取哪方面的补救措施，以促进学生态度习得。此外，影响学生态度习得的因素很多，教师在设计态度教学时，应该考虑多方面的影响因素，深入挖掘并充分利用各种有利因素(如与家长合作，与其他教师合作等)，合力培养学生良好的态度。

在研究过程中，我们深刻地感受到态度类学习结果与其他类型学习结果的差异，与认知技能类目标相比，态度教学的研究显得比较薄弱，希望我们的这项研究提炼出的一些态度教学的教学设计原则能够丰富此类研究。

第 4 章　教学设计过程要素及其学科化研究

上一章呈现了我们在教学设计学科化第二个方面的研究成果，即利用一般的教学设计过程模式对具体学科内容或部分学科内容进行教学设计，以达到提高相应内容的教学质量、教学效率并吸引学生的效果。

尽管教学设计过程一般模式中的要素组成具有一定的稳定性(前文，图 3-1)，但是其中的各个要素的内容会随其依据的理论基础和时代的发展而不断发生变化。因此，这一章将呈现我们在教学设计学科化的第三个方面的研究成果，即对教学设计过程的几个基本要素进行前沿发展追踪，并与具体学科结合，将这一要素的内容、流程、方法和工具等学科化，以便于学科教师更容易地在教学中进行操作。这个研究成果既可以丰富一般教学设计过程模式的理论内容，也能够进一步促进一般教学设计过程模式的实践应用。

我们将分别呈现与教师学科教学密切相关的教学设计过程要素——学习者特征分析、教学目标的阐明、教学策略的制定、教学设计成果评价的发展及其学科化的研究成果。需要说明的是，学习内容分析的最新发展方面的研究更多的是针对企业情境，因此，这里就不呈现我们对学习内容分析的研究成果了。

4.1　学习者分析要素体系及其学科化分析流程

教育个性化是当前教育发展的一个重要趋势，如何依据学习者的特点因材施教，促进每个学习者的发展是教育的宗旨。所以教学设计过程中的重要环节——学习者特征分析至关重要。那么，到底学习者的什么特征对教和学有影响，如何影响，影响有多大，是否能够帮助教师更容易地分析学习者等问题，还需要我们不断地进行研究。

4.1.1　学习者分析要素体系的构建

学习者分析要素体系是指由影响学习者学习的学习者特征要素及其影响机理构成的系统，为教师有效分析学习者特征、制定教学策略方案提供具体依据。

要建立学习者分析要素体系，我们需要首先确定与学习有关的全部学习者特征，并按照一定标准对这些特征要素进行归类。很多研究者都对学习者特征要素进行过研究，因此，关于学习者分析要素体系的构建首先需要建立在前人的研究成果基础之上。我们总结了已有的 11 个学习者分析要素体系，见表 4-1。

表 4-1 已有学习者分析要素体系归类表

	研究者	学习者特征分类
国外	加涅(1992)	学习者的先天素质，学生后天习得的素质，学生在发展中形成的素质①
	史密斯和雷根(2008)	稳定的相似特征，稳定的差异特征，变化的相似特征，变化的差异特征②
	迪克和凯瑞(2007)	一般性特征，起点能力，与学习课题相关的知识，对学科内容和潜在传输系统的态度，学习动机，原有成绩和能力水平，一般的学习偏好，对培训组织的态度，群体特征③
	肯普(1985)	学业信息，个人和社会特征，学习风格④
	美国心理协会	认知与元认知因素，动机与情感因素，发展性与社会性因素，个体差异因素⑤
国内	曾继耘(2006)	基础系统，动力系统，操作系统，方向系统⑥
	李龙(2010)	一般特征，初始能力，信息素养⑦
	杨开城(2004)	学习风格，智力水平，控制点，焦虑水平，学习速度，学习起点，能力倾向，情绪点，学习动机，基本观念，情感态度的性格表现，情绪的性格表现，意志的性格表现⑧
	华国栋(2009)	个体间的差异与个体内的差异⑨
	陈隆升(2009)	学习起点，学习状态以及学习结果⑩
	丁恺(2009)	学生个体的前在状态，学生个体的潜在状态以及学生群体的差异状态⑪

现有的学习者分析要素体系为我们提供了重要的研究基础，部分研究体系也得到了实践的验证，但我们也发现存在的一些问题以及待研究的方面。①有些体系包含的特征过多或过少，且分类不明确。特征过多，会增加教师的负担；特征过少，对教师指导性不足。如果分类不明确，教师分析时就会缺少针对性，对学习者问题产生的原因分析无从下手。②大多数特征体系都只是针对课堂教学，即只是进行单维度的学习者分析。但教学是多层次的，从宏观到微观可以分为学期，单元及课，每个层次需要分析的学习者特征也

① [美]R. M. 加涅，L. J. 布里格斯，W. W. 韦杰：《教学设计原理》，皮连生，庞维国等译，上海，华东师大出版社，1999。

② [美]P. L. 史密斯，T. J. 雷根：《教学设计》，庞维国等译，上海，华东师范大学出版社，2008。

③ [美]W. 迪克，L. 凯瑞，J. 凯瑞：《系统化教学设计(第六版)》，庞维国等译，上海，华东师范大学出版社，2007。

④ Kemp J. E, *The Instructional Design Process*, New York, Harper & Row, 1985.

⑤ 皮连生：《学与教的心理学》，28～29 页，上海，华东师范大学出版社，2009。

⑥ 曾继耘：《学生个体差异：研究方法与基本结构》，载《课程·教材·教法》，2006(3)。

⑦ 李龙：《21 世纪教育的专业发展——教师个人发展规划》，2010 年国际教育技术研讨会论文集，2010。

⑧ 杨开城：《以学习活动为中心的教学设计理论——教学设计理论的新探索》，北京，电子工业出版社，2005。

⑨ 华国栋：《差异教学策略》，北京，北京师范大学出版社，2009。

⑩ 陈隆升：《语文课堂教学研究——基于“学情分析”的视角》，博士学位论文，上海师范大学，2009。

⑪ 丁恺：《课堂教学的“学情分析”研究》，硕士学位论文，华东师范大学，2009。

是不一样的，但现有的研究很少谈及这一点，这就要求我们结合教师的需求，对学习者分析要素体系做进一步的研究与探讨，旨在研究出适合教师使用的学习者分析要素体系。

我们构建学习者分析要素体系的整体思路为：首先根据一定的标准归纳所有学习者的特征要素，旨在整体上涵盖基本的学习者特征，然后结合前人的研究及最新成果进行完善，在此基础上建立初步的学习者特征要素体系。然而，并不是所有的学习者特征要素都同等程度地影响教学，因此，接下来，我们就根据教学特点及教师要求，对学习者特征要素做进一步分析，按照学生的“共性/个性”及“外界可否干预”两个维度进行划分，形成学习者分析要素体系，以便为后期教师分析学习者特征并调整教学策略方案提供更具体和直接的指导建议和依据。最后，通过多次的专家访谈(由学科专家，教学设计专家，课程标准制定者等组成)最终确定学习者分析要素体系。

1. 确定学习者特征分类维度

学习者的学习离不开这五个方面：为什么学，学什么，能不能学，怎么学和学得怎么样。在学校教育中，其中“学什么”更多是指课程内容的安排及组织，它既受学习者特征要素的影响，又是我们分析学习者特征的依据，但对构建学习者特征要素体系贡献不大；而“学得怎么样”是学习完成后依据标准对学习者的评价，将会成为学习者后面学习的基础，属于“能不能学”的范畴。所以，与学习者特征要素直接相关的是“为什么学”“能不能学”以及“怎么学”，它们分别对应学习者的“学习动机”，“学习基础”以及“学习风格”。

“为什么学”从学习者角度是指学习者学习的出发点和原因，即学习者的学习动机。从长远看，学习者学习是为了什么；从短期看，是什么激发了学习者的学习热情。学习动机是学习者学习的动力源泉，属于学习者的情感因素。

“能不能学”是指学习者学习的必备条件，即学习基础。这里的学习基础包括生理和心理应具备的基本条件，社会及生活的相关经历，应有的知识技能基础等。学习基础是学习者学习的基本条件，是教师设计教学的起点与依据。

“怎么学”对学习者而言是指学习者偏好的学习方式，即学习者的学习风格。学习风格影响着学习者学习的效果，如果教学策略迎合了学习者的学习习惯，学习者将学得更好。学习风格是学习者学习的个别化属性，是教师设计个性化教学的依据。

以上三部分基本包括了学习者学习时的各个方面。其中，学习动机是对学习起促进、定向作用的要素，反映了学习者的学习态度，与学习目的有关；学习基础是学习者学习活动开展的必要条件，教师的教学需要建立在学习者基础之上的；学习风格决定学习者如何开展学习活动，为教师选择教学策略提供依据，是学习者个性化的重要体现。但这三部分又具体包括哪些特征要素，这些特征又有什么表现?

2. 确定各个维度包含的具体特征要素

接下来，我们就对学习动机、学习基础及学习风格这三个学习维度进行进一步的分解。

学习动机是指学习者学习的动力，大到世界观、价值观，小到对某个话题的兴趣，都是学习者学习的动力源泉。对学习动机的分类有很多，最常见的如外在动机与内在动机，远景性动机与近景性动机等。许多心理学家的研究表明，学习动机是由期待因素、价值因素和情感因素三种心理成分构成的。[①] 学习期待是学习者基于过去经验和当前刺激

---

① 皮连生：《学与教的心理学》，277页，上海，华东师范大学出版社，2009。

而对未来学习事件的预想，要回答的是“我能完成这个学习任务吗”的问题。价值因素是指学习者对要达到的学习目标和要完成的学习任务的重要性的判断，要回答的是“我为什么要完成这个学习任务”的问题。情感因素是学习者对学习过程及其结果的情绪情感反应，要回答的是“我对这项学习任务的体验如何”的问题。学习者在学习过程中的轻松愉快、焦虑不安等各种情绪体验，对学习起促进或干扰作用。

学习基础是指学习者学习应满足的基本条件，主要考虑学习者学习的先天因素与后天因素。先天因素主要是指学生的身心基础，后天影响包括社会基础及知识能力基础。身心基础是学习最基本的条件，是指学习者能达到学习所要求的生理和心理水平；社会基础是指在一定程度上会影响学习者认识新事物及产生新看法的生活阅历与生活背景；知识能力基础是影响学习最重要的基础条件，是学习者掌握新知识，获得新技能必要的先决条件。

学习风格决定学习者如何开展学习，学习者在学习时对外部环境有不同的喜爱倾向，同时由于自身身心差异也会有不同的学习方式偏好。学习风格主要是由以下三个要素所构成的。①学习风格的生理因素，主要包括对学习时间以及学习环境的偏爱、对感知觉通道的偏爱等。②学习风格的心理因素，包括认知、情感、意动三个方面，其中认知方式的差异主要表现为场独立型与场依存型、沉思型与冲动型、整体策略与序列策略、复合型与发散型等；情感要素具体表现在成就动机水平的差异、内控与外控以及焦虑性质与水平的差异等方面；意动要素则表现为学习坚持性的高低等。③学习风格的社会性因素，即个人在独立学习与结伴学习、竞争与合作方面所表现出来的特征。

综上所述，我们将三个维度进行一次分解后，分为 9 个一级要素变量，如表 4-2 所示。

表 4-2　特征体系一次分解

学习维度	要素变量
学习动机	期待因素
	价值因素
	情感因素
学习基础	社会基础
	身心基础
	知识能力基础
学习风格	生理因素
	心理因素
	社会性因素

一次分解后我们确定了九个一级要素变量，初步细化了学习者特征的三个维度。这九个变量很抽象，并不能满足一线教师的实践需要。因此需要我们在一次分解的基础上，结合已有研究，对九个一级要素进行二次分解。

二次分解的步骤是：首先，根据各分类的界定初步确定各分类包含哪些特征；然后结合已有要素体系，对该要素体系进行补充调整，看遗漏掉哪些特征，或哪些特征分类不合适；最后，通过问卷调查一线教师，了解还有哪些其他特征要素会影响学习者学习。在对一级要素进行二次分解过程中，部分特征内涵有重合，即用内涵较大要素并含了内涵较小要素。有些要素可能分属两个一级变量，本研究根据其对学习者各维度影响程度的大小来确定其所属类别。特征体系的二次分解旨在使学习者特征更为详细与系统。

最后结合多次专家访谈，确定学习者特征要素，如表 4-3 所示。

表 4-3　学习者分析要素体系

学习要素	要素变量	构成/影响要素
学习动机	期待因素	学习目标与志向
		自我效能感
		归因
	价值因素	学习兴趣与爱好
		成就动机
	情感因素	对授课教师及学习活动的态度
		性格与气质
		焦虑
学习基础	社会基础	经济、文化及社会背景
		家庭情况
		生活经验
	身心基础	性别
		年龄特征
		特殊身心状况
	知识与能力基础	初始能力
		一般能力
		多元智能
		学习习惯
学习风格	生理因素	学习环境偏好
		最佳时间偏好
		感知觉通道的偏爱
	心理因素	学习策略
		认知方式
	社会性因素	独立或结伴学习
		合作与竞争意识

(1)期待因素

学习动机中的期待因素是指在学习发生之前，学习者会预料自己的学习能不能出现符合社会和自己要求的各种变化，从而影响学习的发生和维持。主要包括三个方面的学习者特征：学习目标与志向、自我效能感和归因。

学习目标与志向。这是指学习者对学习最终结果的预期以及在学习方面决心有所作为的努力方向。学习目标与志向因人而异，但由于学习者对自身能力认识的差异，在学习中会自发地选择不同的目标定向。学习目标定向不同，对学习重要性和学习价值的认识和看法也会不同。

自我效能感。这是指学习者在学习上的自信心，即对自己学习能力的主观推测，其反面为"无力感"。它能够影响学习者参加学习活动的坚持性，并能激发和维持学习者向困难挑战的精神和达到学习目标的耐力。[①]

归因。这是学习者对他人或自己学习行为的原因所做的解释和推测过程。每个人在行为之后都会致力于寻找行为的因果性解释，如果将行为的原因判断为外界力量，就是外部归因；如果判断为自身的因素，则为内部归因。一般而言，内控的学习者具有较高的成就动机，对学习的态度更加积极，在挫折面前更能坚持到底。

(2)价值因素

学习动机中的价值因素是指学习者对要达到的学习目标和要完成的学习任务的重要性的判断，从而影响学习的发生和维持。

皮连生认为[②]，价值因素是指学习者对要达到的学习目标以及要完成的学习任务的重要性以及社会意义的判断，主要是回答"我为什么要完成这个学习任务"主要包括兴趣价值、获得性价值，以及利用性价值。其中，兴趣价值指的是学习的兴趣与爱好，而获得性价值和利用性价值分别指完成这一任务可以获得知识或他人的赞许等、完成这一任务可以获得地位和威望的需要等，分别对应的是奥苏贝尔所提出的认知内驱力、附属内驱力与自我提高内驱力。[③]

兴趣爱好。这是指学习者喜好并愿意从事的活动。兴趣爱好对一个人个性的形成和发展有以下几个方面的巨大作用：第一，对未来学习活动的准备作用。如，学生对数学感兴趣，就可能激励他积累多种数学知识，为将来研究和从事数学方面的工作打基础。第二，对正在进行的学习活动起推动作用。它可以使人集中精力去获得知识，并创造性地完成当前的活动。第三，对活动的创造性态度有促进作用。兴趣会促使人深入钻研、创造性的工作和学习。人的兴趣爱好是在学习、活动中发生和发展起来的，是认识和从事活动的巨大动力。

成就动机。这是指学习者追求自认为重要的有价值的学习活动，并使之达到完美状态的动机，即一种以高标准要求自己力求取得成功为目标的动机。例如，具有这种动机因素的学习者，就能刻苦努力，战胜学习中的种种困难和障碍，取得优良成绩。

(3)情感因素

学习动机中的情感因素是指学习者对学习过程及其学习结果的情绪情感体验。这种体验会影响学生参与学习的热情与积极性，继而影响学习的维持，它是激发学生内在动机的重要因素。学习者学习动机中的情感因素主要包括对授课教师和学习活动的态度，

---

① 陈琦，刘儒德：《当代教育心理学》，120页，北京，北京师范大学出版社，1997。

② 皮连生：《学与教的心理学》，276页，上海，华东师范大学出版社，2009。

③ Ausubel D. P., *Educational Psychology*: *A cognitive View*, New York, Holt, Rinehardt & Winston, 1968.

性格与气质以及焦虑。

对授课教师和学习活动的态度。这是指学生对某一类型或某个教师/组织及对上课使用媒体、活动组织形式、教学活动等的喜爱程度，这些因素会影响学习者对某个学科或内容学习的兴趣与积极性。学生会由于自己的喜好而对教师产生不同的感受，从而影响学生对该学科的学习效果与投入。教师的性格，与学生的沟通方式，讲课风格以及人格魅力都是影响学生对教师产生不同态度的因素。对学习活动的态度主要与学生自身偏好以及在活动中的感受有关，教师需要对此重点关注，以保证教学效果与效率。

性格与气质。性格是指表现在人对现实的态度以及与之相适应的习惯化的行为方式方面的具有稳定倾向的个性心理特征。它包括四个特征：①性格的态度特征，指一个人的性格在处理各种社会关系方面的表现，表现为对社会、对集体以及对他人的态度等；②性格的意志特征，表现为为了达到既定目的，自觉地调节自己的行为，千方百计克服前进道路上的困难，具体表现为意志的自觉性、坚定性等；③性格的情绪特征，指人在情绪活动时在强度、稳定性、持续性和心境等方面表现出来的性格特征；④性格的理智特征，表现在人的感觉、直觉、抽象和思维的认识过程中所表现出来的个性差异，理智特征会影响学生的学习习惯和学习方式。性格的这四个特征都会对学生学习产生影响。

气质是表现在心理活动的强度、速度、灵活性与指向性等方面的一种稳定的心理特征。人的气质差异是先天形成的，受神经系统活动过程的特性所制约。目前对气质分类最著名的是希波利特，他根据人体内四种体液的不同配合比例划分成四类气质：多血质，黏液质，胆汁质以及抑郁质。学习者气质有不同的特点与倾向，在学科学习时会有不同体现，如多血质的人外向、社交面广、兴趣广泛，语文成绩相对较好。

焦虑。这是对预料到的不确定的外部事件或内心想法的不愉快体验，由此而引起轻重不等、性质相同的一系列消极情绪。在学习过程中，适度的焦虑对学习具有定向调节功能，能够对学习成绩产生积极的影响。但过度的焦虑则可能对学习产生消极影响。从学习材料的难易度来看，焦虑对学习效率的影响受到材料难易程度的制约。学习越简单，要求焦虑程度相应要高，学习越复杂，要求焦虑程度相应要低。这条规律是心理学家研究总结出来的，称为耶律斯—道德逊定理。焦虑作为一种情感变量影响学习，还取决于学生智力水平高低。心理学研究表明，高智商、低焦虑者的学习成绩不如高智商、高焦虑者；低智商、低焦虑者的学习成绩优于低智商、高焦虑者。也就是说，学习任务复杂并且困难的时候，高焦虑会促进高智商者的学习，但会妨害低智商者的学习。

(4)社会基础

社会基础是指在一定程度上影响学习者认识新事物及产生新看法的生活阅历与生活背景，主要包括学习者的经济、文化及社会背景，家庭情况以及生活经验三个方面的特征。

经济、文化及社会背景。这是指学习者在成长过程中，会对其学习产生影响的经济、文化及社会因素。稳定有力的经济基础是保障学习者物质需要、学习环境、健康条件等方面的基础条件，客观上为其个人成长和持续学习提供源源不断的物质保证，但也可能让学生缺乏学习的动力，而艰苦环境却能磨炼学生的意志力。文化环境会对学生产生潜移默化的影响，他们的学习能力及沟通表达能力等都会有所差异。社会背景会对学生思想认识，价值观的形成产生影响。

家庭情况。主要是指父母的受教育情况，是否存在特殊情况(如父母离异等)，家庭对学生学习的关注情况，家庭的教育理念等。家长是学生的第一任教师，家庭熏陶对学生的性格形成、学习态度、学习习惯的养成等有着举足轻重的地位。学生在学习中出现的不少问题源自家庭，所以对学生家庭进行充分了解并与家长保持一定的沟通联系是使学生健康发展的一个保证因素。

生活经验。主要是指学生除课本之外在社会及生活中获得的体验感受，这些体验与感受是学生学习的基础。学生学习的许多知识内容源自生活，也需要运用于生活，生活经验对学生充分理解教学内容，体味其中情感有着重要作用。

(5)身心基础

身心基础是学习最基本的条件，是指学习者能达到学习所要求的生理和心理水平。其中主要包括学习者的三个特征要素：性别，年龄特征以及特殊身心状况。

性别。主要指不同性别的学生的身心存在差异。有研究指出①，男女学生从小学阶段开始在身心发展上显示出了一定的差别，导致女生在观察和记忆、表达能力上都占据一定的优势，擅长形象思维；而男生对感兴趣的事物注意力更加集中，有较好的抽象思维能力。王雷与张淑平同样指出：由于不同性别导致了生理心理上的差异，使得相对于男生，女生的言语能力较强，擅长形象思维，但是逻辑思维以及空间能力却处于劣势；男生的数学自我概念会比女生的高，而女生的语言自我概念比男生的高②。

年龄特征。主要指学生的认知水平，语言发展，道德水平及社会心理会随着年龄的增长而产生的不同表现。其中，认知发展主要是描述人的发展问题。瑞士心理学家皮亚杰认为，个体从出生到成熟的过程中，认知结构在与环境的相互作用中不断重构，从而表现出具有不同的质的不同阶段。他把儿童认知发展过程分为四个阶段：感知运动阶段，前运算阶段，具体运算阶段以及形式运算阶段。此外，个体获得本社会较为成熟的语言过程中，需经历一个较长的发展阶段，每个阶段都表现出不同的特点。还有，美国心理学家科尔伯格将儿童道德发展划为三个水平：前常规阶段，常规阶段，后常规阶段。另外，美国精神分析理论家埃里克森(E. H. Erikson)提出了发展的心理社会理论，将人的心理发展分为八个阶段，其中五个阶段发生在学生期间：信任对怀疑(出生至18个月)，自主对羞怯(18个月～3岁)，主动感对内疚感(3～7岁)，勤奋感对自卑感(6～12岁)，角色同一性对角色混乱(12～18岁)。③ 学习者受年龄影响，身心各方面发展水平不同，对知识的建构、理解能力、表达能力等都会有所差异，对年龄特征的分析有助于教师对教学进行设计。

特殊身心状况。主要指使个人能力受限的功能局限，而不是残障所指的能力丧失。能力缺失主要有五种：感觉障碍，躯体障碍，智力障碍，言语障碍，学习困难(皮连生，2009)。其中智力障碍会对学习效果产生很大影响，其他几类能力缺失问题会给学习者的学习带来不便，所以教师在设计教学时尽量为这些学生提供便利条件。

(6)知识与能力基础

知识与能力基础是个体开展学习最重要的基础条件，是学习者掌握新知识，获得新技能的先决条件。主要包括四个要素：初始能力，一般能力，学习习惯，多元智能。

---

① 唐智松：《教育生理学》，136页，北京，线装书局，2013。

② 王雷，张淑苹：《因材施教的教育艺术》，125～126页，长春，东北师范大学出版社，2010。

③ 陈琦，刘儒德：《当代教育心理学》，44～45页，北京，北京师范大学出版社，1997。

初始能力。主要包括学习者进行新的学习所必须掌握的知识与技能，是从事新学习的基础，包括学习者对目标技能和各级先决知识及能力的掌握情况，以及对学习内容的态度，即学习者是否对所学内容存在偏爱或误解等，是学习者从事新学习的情感基础。

一般能力与多元智能。学习能力是在学习活动中形成和发展起来的，是指人们在正式学习或者非正式学习环境下，自我求知、做事和寻求发展的能力。高玉祥①、曾文光与曹荣②、张辉蓉③认为，学习能力表现为一般能力和特殊能力。其中，一般能力指的是完成各种活动都必须具备的能力，在多种活动中都体现出来的能力，例如观察、记忆、理解、思维、想象能力；特殊能力是在专业活动中所表现出来的能力，在学习中主要表现为多元智能。多元智能是由美国著名发展心理学家、哈佛大学教授霍华德·加德纳博士提出，他指出人类的智能是多元化而非单一的，主要是由语言智能、数学逻辑智能、空间智能、身体运动智能、音乐智能、人际智能、自我认知智能、自然认知智能、存在智能九项组成，每个人都拥有不同的智能优势组合，所以在不同的领域会有不同表现。在教学时，教师要针对每个学生的不同智能特点、学习类型和发展方向，因材施教。

学习习惯。这是在学习过程中经过反复练习形成并发展，成为一种个体需要的自动化学习行为方式。良好的学习习惯，有利于激发学生学习的积极性和主动性，形成学习策略，提高学习效率；同时有利于学生自主学习能力、创新精神和创造能力的培养，使学生终身受益。良好的学习习惯包括按计划学习的习惯，独立钻研、善于思考的习惯，合理把握学习过程的习惯；等等。

(7)生理因素

学习风格中的生理因素是指由于个体对外界环境生理刺激(如声、光、温度等)、对一天内时间以及在接受外界信息时对不同通道的偏爱等。符合学生这些偏好的学习设计有助于提高学生的学习效果、学习效率及其投入度，否则就会妨碍学生的学习。

学习环境偏好。主要指学习者对学习时的物理环境，如声、光线和温度等的偏好。例如，有的学习者学习时需要绝对的安静，有的则喜欢在有背景音乐的环境中学习等。学习环境偏好为教师安排教学环境提供了依据。

最佳时间偏好。主要指学生偏向在哪个时间段学习其效果及效率最高。最佳时间偏好为教师合理制订计划，制定时间表等提供依据。

感知觉通道偏好。有喜欢通过视觉得到信息的，称为视觉型学习者；有喜欢通过听觉得到信息的，称为听觉型学习者；有喜欢触摸获得信息的，称为触觉型学习者等。因此教学中需要知道学生的这些偏好，提供相应的学习材料。

(8)心理因素

学习风格中的心理基础是指学习者由于个性化的身心差异而表现出的学习偏好，主要包括认知方式和学习策略。

认知方式。主要指个体偏爱的信息加工方式，表现为个体在感知、记忆、思维和问题解决等认知过程中所经常采用的、习惯化的方式。目前的认知风格分类主要包括威特

① 高玉祥：《个性心理学》，191～201 页，北京，北京师范大学出版社，1989。

② 曾文光，曹荣：《学习主体分析》，298～300 页，北京，中国文史出版社，2005。

③ 张辉蓉：《基于学习者差异诊断的教学目标刍议》，载《西南大学学报(社会科学版)》，2013(3)：76～80。

金(H. A. Witkin)提出的场依存性和场独立性，沉思型和冲动型等。由于学习者认知风格的不同，在思考理解问题，组织学习内容等方面会存在差异，而这些差异将成为个性化教学的依据之一。

学习策略。是学习者为了提高学习的效果和效率，有目的有意识地制定的有关学习过程的复杂的方案，是学习技术或学习技能的组合。好的学习策略可以提高学习的效率，对于学习效果的影响也是极其重要的。迈克卡等人将学习策略概括为认知策略、元认知策略、资源管理策略，如图 4-1 所示。

- 学习策略
  - 认知策略
    - 复述策略 （如重复、抄写、画线等）
    - 精细加工策略 （如想象、口述、总结、作笔记、类比、答疑等）
    - 组织策略 （如组块、选择要点、列提纲、画地图等）
  - 元认知策略
    - 计划策略 （如设置目标、浏览、设疑等）
    - 监视策略 （如自我测查、集中注意、监视领会等）
    - 调节策略 （如调查阅读速度、重新阅读、复查、用应试策略等）
  - 资源管理策略
    - 时间监督 （如建立时间表、设置目标等）
    - 学习环境管理 （如寻找固定地方、安静地方、有组织地方等）
    - 努力管理 （如归因于努力、调整心境、自我谈话、自我强化等）
    - 其他人的支持 （如寻求教师或伙伴帮助、小组学习等）

图 4-1　学习策略分类图①

(9)社会性因素

这里主要指学习风格的社会性因素。学习是教师和学生、教学内容和教学媒体等要素交互的产物。所以它依赖于一定的环境进行。同伴、师长对学习个体本身都有一定的影响。

独立或结伴学习。比如，有些学习者喜欢独立学习，和其他学生在一起学习时学习效率降低，无法集中注意力；而有些学生喜欢结伴学习，在集体的环境中相互促进，互相交流，增进学习效率。

竞争与合作意识。有些学生喜欢在课堂中通过竞争来激发学习动机，突出自己特有的优势；而有些则喜欢合作学习，在活动中取长补短，共同完成学习任务。竞争意识使学生在与别人的比较中更加明确自己的目标，同时竞争意识也能激励学习者为了达到这个目标而不断坚持下去。合作意识使学生对学习目标有一定的预期与期待，是个体对共同行动及其行为规则的认知与情感。

3. 学习者分析要素体系的确立

通过前面的研究，我们建立了学习者特征要素体系，旨在从理论出发，全面归纳总结学习者特征。但是，这些要素对学习者的学习产生影响的大小不同；有的是稳定的，有的是不断变化的；有的是外力不能改变的，有的是可以通过引导发生改变的。它们对学习者学习产生影响的重要性也不尽一致，在分析的过程中获得有关学习者特征信息的

① 张岩松：《高中生地理学习策略运用水平及提高策略研究》，硕士学位论文，东北师范大学，2010。

难易程度也不同。因此，我们还应该在学习者特征要素体系的基础上，根据学习者特征要素的以上特点和属性对其进行二次、三次甚至四次分类，进而为教师判断在特定情境下，需要分析其中的哪些学习者特征等提供具体指导意见，这就是学习者分析要素体系的构建。我们可以再进一步从以下三个维度关注学习者特征属性："应适应/可干预""共性/个性"和"必须分析/可选分析"。

首先，学习者的有些特征是天生的，很难改变，如年龄特征，认知方式等，所以，教学设计就必须要考虑如何适应学习者的这些特征。而有些特征是文化熏陶的结果，比如学习习惯，如果这些特征不利于学生的学习，我们就需要在教学设计中设计干预引导其改变。另外，还有一些特征虽然具有天赋性质，但经过教学的长期干预能发生某些积极改变，比如一般能力等；或者有些特征可以后天培养，但是在教学的短时间内并不能发生质的改变，比如性格与气质，这些特征都需要在教学设计时作为参考因素并进行潜移默化的培养。这样，我们将学习者特征分为三类："可干预"要素、"应适应"要素和"可干预应适应"要素。

另外，在学习者特征中，有些特征是学习者群体共有的，教师可一次性统一分析，作为教学的共同基础；而有些特征因学习者而异，这时需要教师针对性地分析，作为教学个性化的依据。根据学习者特征的这个属性，我们确定了关注学习者特征属性的第二个维度"共性与个性"。

通过对学习者特征要素的二次、三次乃至四次分类，帮助进一步了解了学习者特征要素及其作用与学习者学习的机理，以此为基础形成学习者分析要素体系。

(1)"应适应"的学习者特征

如上，这一类特征主要包括稳定的生理因素以及由学习者所处环境决定的要素，它们是：生理因素决定的特征包括性别、年龄特征，气质，特殊身心状况，学习环境偏好，最佳时间偏好，感知觉通道偏好，认知风格。由学习者所处生活环境决定的要素包括经济、文化及社会背景，生活经验，家庭情况等。值得强调的是，"应适应"特征一般无好坏之分，只是表现不同而已。

(2)"可干预"的学习者特征

这类特征主要包括学习者可变化的心理及情感方面的因素以及由学习过程和结果影响而发生变化的特征。它们是：性格，合作与竞争意识，对授课教师和学习活动的态度，自我效能感，归因。由学习过程或学习结果影响而发生变化的特征包括学习目标与志向。

(3)"可干预应适应"学习者特征

"可干预应适应"特征主要包括两类。第一类特征虽然具有天赋性质，但经过教学的长期干预能发生某些积极改变。对于这类特征，教学需要在适应其特点的基础上对其进行潜移默化的培养。第二类特征可以通过后天培养形成，但是短时间内并不能发生质的改变，对这类特征的培养需要教师在长期的教学中不断渗透以促进其改进。

天赋性质但经过针对性培养能发生一定变化的学习者特征包括焦虑水平，多元智能。短期内不能发生质变的但可培养的特征包括一般能力，学习策略，学习习惯，兴趣爱好，初始能力。

(4)"共性"学习者特征

所谓共性，是指某一类事物共同具有的普遍性质，是对个性的抽象。学习者的共性特征是指能够反映学习者群体普遍情况的特征，共性并不是绝对相同的性质，而是"普遍”的性质，学生在某些特征的相似表现可以作为教学设计的共同起点与基础，教师对这些特征可以进行统一分析。一般情况下，学习者的共性特征包括学生发展比较稳定统一的生理心理因素，学生相似的知识起点等。综上所述，学习者共性特征包括年龄特征（含认知发展水平、语言发展水平、道德发展水平等），学生整体的初始能力，学生整体对学习活动和教师的态度等。

(5)“个性”学习者特征

这里的个性特征更多是指学习者的个体差异。教师在认识学习者共性特征的基础上，需要进一步了解学习者个性特征，才能使教学更有针对性，更加有效。在分析学习者个性特征时，我们着重强调学习者个体间的差异和个体内的差异。个体间的差异主要表现在学习动机及学习风格等学生差异较明显的方面。了解个体间差异，是为了在班集体教学中兼顾个性与共性，满足每个学生发展的需要。个体内的差异主要表现在个体内各方面能力水平不均衡的发展，比如多元智能。了解个体内的差异是为了扬长避短，促进每个学生全面和谐地发展。

这里我们主要参考了华国栋对学生个体差异的已有研究。学习者个性特征主要包括：家庭情况，经济、文化及社会背景，学习环境偏好，最佳时间偏好，特殊身心状况，生活经验，认知风格，学生个体初始能力，兴趣爱好，焦虑水平，性格气质，多元智能，一般能力，自我效能感，个体对学习活动和老师的态度，学习价值观，合作与竞争意识，归因，学习目标与志向，一般能力，学习习惯以及学习策略等。

结合学习者分析要素体系的以上两个维度，我们初步确定了学习者分析要素体系，如表 4-4 所示。

表 4-4　学习者分析要素体系构建

<table>
<tr><th></th><th>应适应</th><th>可干预</th></tr>
<tr><td rowspan="2">共性</td><td>性别、年龄特征</td><td>学生整体对授课教师及学习活动的态度</td></tr>
<tr><td colspan="2">学生整体的初始能力</td></tr>
<tr><td rowspan="10">个性</td><td>经济、文化及社会背景</td><td>个体对授课教师及学习活动的态度</td></tr>
<tr><td>家庭情况</td><td>学习目标与志向</td></tr>
<tr><td>生活经验</td><td>自我效能感</td></tr>
<tr><td>学习环境偏好</td><td>归因</td></tr>
<tr><td>最佳时间偏好</td><td>性格</td></tr>
<tr><td>感知觉通道偏好</td><td>合作与竞争意识</td></tr>
<tr><td>气质</td><td></td></tr>
<tr><td>特殊身心状况</td><td></td></tr>
<tr><td>认知风格</td><td></td></tr>
<tr><td colspan="2">多元智能、一般能力、焦虑、学习策略、学习兴趣与爱好、成就动机、个体的初始能力、学习习惯、独立或结伴学习</td></tr>
</table>

值得说明的是，这里的学习者分析要素体系并不是一成不变的，由于学科性质及学习内容的不同，即“学什么”的不同，学习者分析要素也会有所差异，我们将在第五章的

小学英语学习者分析模板设计研究中展示如何学科化应用学习者分析的一般性结论。

需要指出的是，学习者特征各个要素在不同的情境下对教与学的影响程度也不尽相同，有些特征要素直接影响学习者的学习过程和效果(如学生的初始能力)，而有些对学习者发展影响较小(如民族、性格等)，有些则是间接影响学习者发展(如态度等)。因此，根据其“重要性”程度，确定“必须分析/可选分析”维度，会给教师在有限的精力和信息不易获得的情况下做出考虑和安排。

目前，对于学习者分析要素的研究主要集中在心理学和教育学两个领域。在心理学的研究中，“个性心理学”以及“差异心理学”针对个体的心理特征进行了研究①，并提出了对学习者的学习具有重要影响的特征要素②。而教育学中特别是教学设计研究者也提出了对学习者进行分析的时候所必须考虑的、主要的特征要素。两方面的研究成果梳理结果如表4-5所示。

表4-5 心理学与教育学领域重要的学习者分析要素

研究者	年份	重要的学习者特征
邵瑞珍③	1990	成就动机、学习兴趣与爱好、一般能力、多元智能、认知方式、性格与气质、性别
林崇德④	1992	年龄特征(认知发展阶段)、一般能力、多元智能、学习兴趣与爱好、性格与气质、学习习惯、认知方式
王丽娟，张亿钧，李少斌⑤	2003	初始能力、生活经验、对授课教师及学习活动的态度
莫里森(Morrison G. R.)⑥	2004	性别、年龄特征、生活经验、经济文化及社会背景、一般能力、多元智能、对授课教师以及学习活动的态度、学习倾向、学习风格
陈晓慧⑦	2005	年龄特征(认知发展阶段)、学习风格、初始能力
谢利民⑧	2005	年龄特征(认知发展阶段)、成就动机、学习风格
奥姆罗德(Ormrod J. E.)⑨	2005	一般能力、多元智能、成就动机、创造力
郭成⑩	2006	一般能力、认知方式、初始能力

① 曾继耘：《差异发展教学研究》，149～152页，北京，首都师范大学出版社，2006。

② [美]David A. Sousa：《心智、脑与教育：教育神经科学对课堂教学的启示》，3页，周加仙等，译，上海，华东师范大学出版社，2012。

③ 邵瑞珍：《学与教的心理学》，241页，上海，华东师范大学出版社，1990。

④ 林崇德：《学习与发展——中小学生心理能力发展与培养》，202～203页，467～486页，北京，北京教育出版社，1992。

⑤ 王丽娟，张亿钧，李少斌：《教学设计》，142页，海口，南海出版公司，2003。

⑥ Morrison G. R., Ross S. M. & Kemp J. E., *Designing Effective Instruction*, The fourth Edition, United States, NJ: John Wiley & Sons, 2004, pp. 57-59, 57.

⑦ 陈晓慧：《教学设计》，95～96页，105～108页，北京，电子工业出版社，2005。

⑧ 谢利民：《教学设计》，38页，北京，中央广播电视大学出版社，2004。

⑨ [美]Jeanne Ellis Ormrod：《教育心理学(上)第四版》，119页，彭运石，彭舜，谢立平等译，西安，陕西师范大学出版社，2006。

⑩ 郭成：《课堂教学设计》，71页，北京，人民教育出版社，2006。

续表

作者	年份	重要的学习者特征
迪克(Dick W.)等①	2007	起始能力、对授课教师以及学习活动的态度、学习动机、经济文化与社会背景、一般能力、多元智能、一般性的学习偏好、性别
加涅(Gagne R. M.)等②	2007	初始能力、一般能力、多元智能、焦虑、归因
何克抗③	2007	初始能力、认知结构、学习态度、学习动机、学习风格
史密斯(Smith P. L.)等④	2008	一般能力(感知能力、信息加工能力)、认知方式、焦虑、归因、自我效能、初始能力
费兹科(Fetsco T.)等⑤	2008	年龄特征(认知发展阶段)、初始能力、学习兴趣与爱好、自我效能、学习目标与志向
凯泽(Kise J. A. G.)⑥	2009	认知方式
杨开城⑦	2010	年龄特征(认知发展阶段)、认知方式
李龙⑧	2010	年龄特征(认知发展阶段)、成就动机、学习兴趣与爱好、多元智能、一般能力、认知方式、性格与气质、初始能力
胡谊⑨	2010	一般能力、自我效能、多元智能、对授课教师以及学习活动的态度
王雷，张淑平⑩	2010	一般能力、专门领域知识、认知方式、焦虑、成就动机
徐英俊，曲艺⑪	2011	年龄特征(认知发展阶段)、成就动机、初始能力
曾文婕⑫	2011	初始能力、一般能力(理解能力)
王馨，赵靓⑬	2012	初始能力、学习风格、兴趣与爱好、学习动机

① [美]W. 迪克，L. 凯瑞，J. 凯瑞：《系统化教学设计(第六版)》，103页，庞维国等译，上海，华东师范大学出版社，2007。

② [美]R. M. 加涅，W. W. 韦杰，K. C. 戈勒斯等：《教学设计原理(第五版)》，113页，王小明，庞维国，陈保华等译，上海，华东师范大学出版社，2007。

③ 何克抗：《教育技术培训教程(教学人员·中级)》，10页，北京，高等教育出版社，2007。

④ [美]P. L. 史密斯，T. J. 雷根：《教学设计(第三版)》，86页，88～91页，99～100页，庞维国，屈程，韩桂宁等译，上海，华东师范大学出版社，2008。

⑤ [美]托马斯·费兹科，约翰·麦克卢尔：《教育心理学——课堂决策的整合之路》，117～118页，吴庆麟等，译，上海，上海人民出版社，2008。

⑥ [美]Jane A. G. Kise：《不同的人格 不同的教学》，9～44页，王文秀译，北京，中国轻工业出版社，2009。

⑦ 杨开城：《教学设计——一种技术学的视角》，87～91页，北京，电子工业出版社，2010。

⑧ 李龙：《教学设计》，120～122页，北京，高等教育出版社，2010。

⑨ 胡谊：《教学设计——心理学的原理与技术》，46页，上海，华东师范大学出版社，2010。

⑩ 王雷，张淑苹：《因材施教的教育艺术》，11页，长春，东北师范大学出版社，2010。

⑪ 徐英俊，曲艺：《教学设计：原理与技术》，98～99页，105页，109页，北京，教育科学出版社，2011。

⑫ 曾文婕：《课堂教学设计》，77～120页，北京，北京师范大学出版社，2011。

⑬ 王馨，赵靓：《中小学教师教育技术水平考试参考用书——小学文科(教学人员·初级)》，41页，北京：清华大学出版社，2012。

由上表的研究可以发现，学习者分析中重要的特征要素分别为成就动机、学习兴趣与爱好、对授课教师及学习活动的态度、年龄特征(主要是认知发展阶段的表现)、初始能力、一般能力、多元智能、认知方式；那么剩下的其他学习者特征要素可视为可选要素(表 4-6)。

表 4-6　“必须分析”与“可选分析”要素

“必须分析”特征要素	“可选分析”特征要素
成就动机、学习兴趣与爱好、对授课教师及学习活动的态度、年龄特征(主要是认知发展阶段的表现)、初始能力、一般能力、多元智能、认知方式	学习目标与志向、自我效能感、归因、性格与气质、焦虑、经济与文化及社会背景、家庭情况、生活经验、性别、特殊身心状况、学习习惯、学习环境偏好、最佳时间偏好、感知觉通道的偏爱、学习策略、独立或结伴学习、合作与竞争意识

关于学习者特征重要性的考虑很难超越情境，因为不同学科不同教学模式受到不同学习者特征影响的程度不一样，所以，“必须分析/可选分析”这个维度的研究严格意义上讲不具有绝对意义，而只具有示意性作用，也就是说，表 4-6 中“可选分析”中的某些学习者特征要素也许在其他教学情境下就会是“必须分析”的要素。比如说，在现行学校体制下，学习者学习的最佳时间偏好、感觉通道偏好、学习策略、学习风格等作为“可选分析”中的要素，但是在追求个性化教学的情境下，这些要素都是必须要分析的非常重要的学习者特征。

4.1.2　不同教学设计层级的学习者分析要素体系

不同阶段需要不同的学习者特征要素信息帮助教师做教学决策。学期层次重点要关注的是共性且稳定的学生特征；单元层次需要侧重分析学习者的单元初始能力以及与单元主题相关的经验；课堂层次应侧重分析学习者的个性差异特征，以便在课堂教学中进行差异处理。学习者分析不仅仅在课堂教学活动过程中需要，更需要贯穿在整个教育教学过程。基于以上研究和专家意见，形成如表 4-7 所示的不同教学设计层级的学习者分析要素体系。

表 4-7　不同教学设计层级的学习者分析要素体系

“必须分析”与“可选分析”／教学设计层级	“必须分析”特征要素	“可选分析”特征要素
学期	成就动机	学习目标与志向、自我效能感、归因、性格与气质、焦虑、经济与文化及社会背景、家庭情况、性别、特殊身心状况、学习习惯、学习环境偏好、最佳时间偏好、感知觉通道的偏爱、合作与竞争意识
	对授课教师及学习活动的态度	
	年龄特征(主要是认知发展阶段的表现)	
	学期初始能力	
	多元智能	
	认知方式	
单元	初始能力	生活经验、学习策略、独立或结伴学习
课堂	学习兴趣与爱好	学习环境偏好
	初始能力	
	一般能力	

4.1.3 不同层次学习者分析流程设计

学科教学设计从学期初的学期教学设计开始，到各个单元的设计，最终落实到课堂教学设计。每个层次教学设计的特点和关注内容不同，学习者分析的重点和方式也不尽相同。下面我们就将从教学设计层次(包括学期、单元与课堂)出发，对我们关于学习者总体流程的研究成果进行具体阐述。

1. 学期层次学习者分析流程设计

学期层次的教学设计一般是在每学期开始，这一阶段的主要任务是根据课程标准或目标确定各单元的教学内容，确定整个学期的教学活动安排、分配单元、课时和安排进度，同时确定本学期的教学重点。针对学期层次的教学设计主要是以班级为单位，重点关注学生的共性特征，同时，也可以在这个时期对学生一般性的、稳定的个性特征进行收集分析并存档，需要用的时候可随时查看即可。在学期层次，学习者分析主要是为学期教学起点的确定、教学内容的选择和安排以及学期教学活动的安排提供依据，此外也需要针对学习者的特点制订相应的个性化培养计划。

据此，在我们总结的学习者特征中，对调整教学目标及安排教学内容起作用的共性特征主要包括：

①学习者的学期初始能力。学期初始能力是指学习者学习具体学科之前，在认知领域、动作技能领域以及态度领域内已经达到的水平，它是该层次学习者分析的重点。

②在学期内，学习者群体表现相对稳定，不需要频繁分析的特征，如性别比例、年龄特征等，它们是学习内容及学习活动安排的依据，尤其是学生的年龄特征，代表了学生群体的认知水平、道德水平和语言发展水平等，所以教师在选择教学内容及安排教学活动时须考虑学生现有发展水平的接受程度。

③学生群体的性格属性也会影响学生活动的选择，这里主要指班级氛围，有些班级过分活跃(外向型学生占主导)，有些班级过于沉寂(内向型班级占主导)，不同类型的班级可选择安排不同类型的教学活动。

④针对所教学科的特点，侧重分析学习者的某些共性特征。如数学学科重视学生的运算能力、空间想象能力等；英语学科重视学生的语言表达能力、交际能力等等。对学生整体能力进行分析。

除共性特征外，我们有必要对学习者的某些比较稳定的个性特征进行详细了解与分析，主要有：

①学生比较稳定的个性特征，如认知风格及学习习惯等。因为学生的认知风格、学习习惯等特征对学生个体来说虽有差异，但总体来看，是比较稳定的，教师在学期教学之前要进行一定的分析，可作为后续课堂教学策略制定的依据。

②学生的一般性特征及背景信息，如家庭情况，经验，生理障碍与问题缺失，经济社会背景等。

另外，在进行以上过程的同时，我们还需从学习者问题出发对学习者进行分析。需要强调的是，这两个过程并不存在顺序先后，只是分析出发点和角度不同，目的是相互补充，更好地了解学习者情况。学期层次对学习者问题的分析，并不局限于关注学习者的学习问题，从促进学生发展的角度，我们还应挖掘学生的潜力。

这之后，教师综合使用各种方法获得学习者特征的数据，并对数据进行分析整理。分析数据时，可以从以下几个方面着手：学生在先前的学习中掌握了哪些知识以及技能，掌握情况如何？学生在这个年龄段有何特征，具体到这个班，又有哪些特别的情况需要关注？学生是否喜欢这门课，如果大部分同学不喜欢，主要原因是什么？这个班的学生整体氛围如何，相比其他班级同学有何不同之处？等等。针对学生问题，确定造成问题的根因是什么；如果有差距，则看造成差距的原因有哪些；对学生在某些方面的潜力也做深入研究，了解学生在这些优势方面的表现等。

在结果分析的基础上对学习者的整体情况做系统梳理，据此确定应采取的学与教的策略。比如与学生有针对性的谈话，与学生一起做学期规划等。若知识基础不好，则进行学期前的查漏补缺。教师也应根据学生的特殊需求查阅相关资料进行“充电”。在教学设计方面，教师应根据学习者分析结果进行学期目标的调整，学期内容的再组织，如教材内容调整、增删、浓缩和改编，也可以调整单元划分和顺序等。另外，根据学生具体情况，可提前安排单元活动，也可以设计贯穿整个学期的教学活动，因条件而异。

最后，为每个学生建立档案，将该层次的学习者分析结果存档，其中包括学习者的基本情况，学习者的问题、潜力以及针对性的学与教的措施等，并根据相关建议完成学期教学设计方案。在整个学期课程开始前做的学习者分析结果存档之后，可作为教师日后课堂教学查询之用，尤其当新换教师或者有代课教师的时候，可以为他们提供参考。

结合学期特点，对学习者分析总流程进行细化，构建了学期层次的学习者分析流程图，如图 4-2 所示。

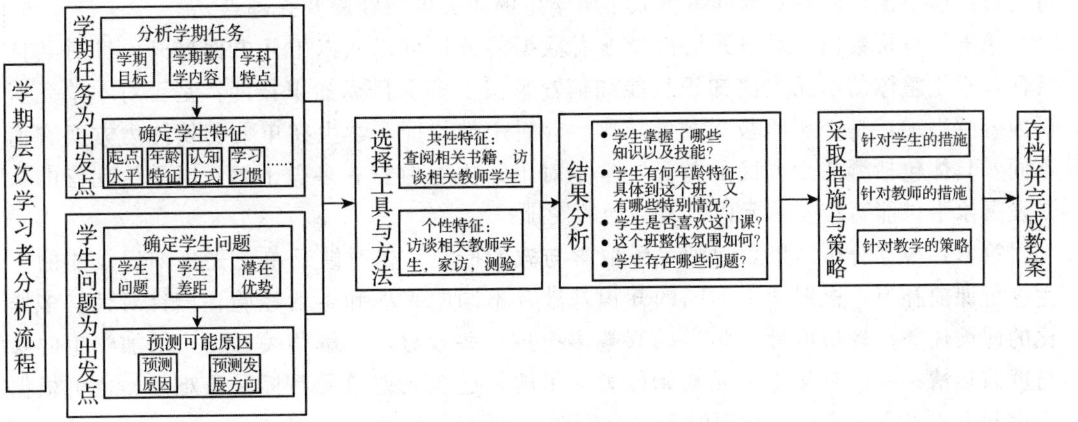

图 4-2　学期层次学习者分析流程图

2. 单元层次学习者分析流程设计

单元是连接具体的“课”与课程之间的桥梁，是站在知识系统性的高度，将课程内具有内在联系的知识内容按照有序性原则编排在一起，组成一个知识整体或意义整体。在整个教学设计过程中，单元教学设计起承上启下的作用。

第一，从单元任务出发分析学习者时，我们主要关注单元目标、单元主题以及单元课时安排。对于单元目标的分析，我们需要结合课程目标及学期目标的要求，明确本单元在整个学期教学中的地位，与其他单元的联系，以及本单元要完成学期目标中的哪些内容。对单元内容的分析，可选择合适的分析方法，如归类分析，层级分析，信息加工分析等，找出内容之间的关系，确定本单元内容对学生的要求。单元多是围绕某个知识技能点或某个主题而设计的相对完整、独立、连续的学习模块。通过对单元主题的把握，我们可以了解单元内容主线。在此基础上，分析单元重难点，了解本单元课时的具体安排。

第二，通过对单元目标与任务的分析，结合单元教学设计的主要任务(确定单元目标、分配课时、明确重难点等)以及单元教学设计的特点(整体性和以主题为单位)，我们确定单元层次学习者分析的特征要素。

在需要分析的特征中，学习者单元初始能力(包括单元先决知识技能，单元目标知识技能以及单元学习态度)是分析的核心内容。这里，学习者的单元初始能力既指学习者的共性特征，也指学生个体在初始能力方面的不同表现。单元先决知识技能是指学习者是否具备进行新的学习单元所必须掌握的知识和技能，这是新单元学习的基础；单元目标技能分析是指了解学生在从事新单元学习之前，对目标知识技能的掌握情况；单元学习态度分析，是指学生对单元内容是否感兴趣，是否有积极参与的意向。此外，教师还应对学生在单元主题方面的相关生活经验，学习策略以及认知风格等做具体分析。学生的生活经验因人而异，不同的生活经验也可作为教学的素材。

第三，从学生问题出发分析学习者，主要是将学期层次的学生问题及学生潜力进行细化，结合单元内容及单元活动安排，预测这些问题和潜力在单元学习中会有何体现。

第四，在确定好待分析学习者特征要素后，选择分析方法。教师可以通过测试，查阅以往成绩，访谈以往任课教师等方式来确定学生的单元初始能力，这里的单元初始能力分析不仅包括了解学生的整体水平，还需照顾到一些单元先决知识技能没有完全掌握的学生。通过访谈，测验等方式确定学生学习的薄弱点及问题产生的原因。另外，教师可通过课前访谈、问卷及提问等方式了解学生的相关生活经验及兴趣点。

第五，分析数据。对单元层次学习者数据的分析可以从以下几方面展开：针对共性特征，学生整体的单元先决知识技能如何？掌握了多少目标知识技能？是否对本单元所讲内容感兴趣，是否想积极参与？等等。针对个性特征，学生在单元初始能力方面有何不同？具体包括哪几个方面的差异？学生对单元主题内容有多少了解？以学生现有的认知发展水平，能否接受单元内容及活动的安排？

第六，根据分析结果，教师可采取学与教的措施。如对缺乏单元先决知识技能的学生进行课前补习，根据学生不同的知识基础及不同的兴趣和生活经验提出针对性、多样化的课前任务；教师可针对学生的兴趣多搜集一些素材，了解相关知识，增加学生的参与度与热情；通过对学生单元初始能力的了解，适当调整单元目标及重难点，也可根据学生起点水平重新安排单元课时等。

第七，将结果存档，存档信息包括学生单元层次的起点水平，生活经验，采取的教学措施等，之后教师完成单元教学设计方案。

结合单元特点，我们对学习者分析总流程进行细化，构建了单元层次学习者分析流程图。如图 4-3 所示。

3. 课堂层次学习者分析流程设计

具体的课程实施则需要教师通过一节节的课来完成，因此，学期教学设计方案和单元设计方案完成后，则需要对一节一节的课进行教学设计。学期与单元设计方案更多关注“为什么教”和“教什么”，在课堂层次则主要看重“怎么教”。课堂层次的学习者分析主要用于教学预设，通过了解学习者，我们将调整课时目标，课时重难点，教学内容组织，课时教学策略(包括教学方法的选择，教学环境的布置，教学媒体的选择等)，板书设计，

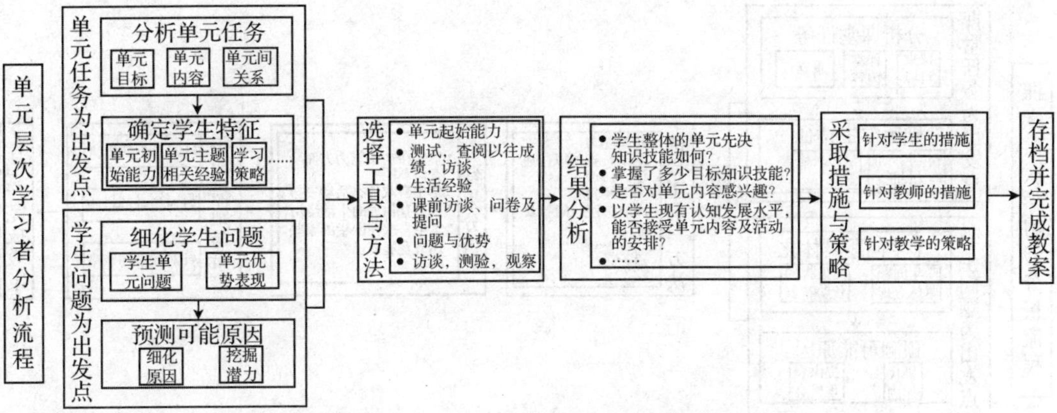

图 4-3　单元层次学习者分析流程图

教学评价等。

首先，从课堂任务出发分析学习者特征，需要关注本节课的教学目标，教学内容以及重难点等。对课堂教学目标的分析，重在了解其在单元目标中的作用，与单元其他课的关系以及课堂目标具体要培养学习者的哪些知识与技能。对课堂教学内容的分析，重在了解本节课的教学内容，内容之间的关系，内容是否符合教学目标的要求。针对课堂重难点，了解重点内容对教学目标达成的重要性以及难点难在哪些方面。重难点的确定与学生情况关系紧密。

课时目标与内容的确定需要依据学生的初始能力、生活经验和一般能力而定；课时重难点要考虑学生的初始能力、一般能力以及学习策略等；教学策略则要重点考虑学生个体的学习兴趣与爱好、年龄特征、学习风格、针对该课的初始能力等。在课堂层次的学习者分析中，教师应将关注点更多偏向个体需求，做到教学面向每一个学生。值得注意的是，学期与单元层次的学习者分析数据也会用于课堂教学，如学期和单元的初始能力，年龄特征，学习策略、认知风格，因之前已存档，可以在档案中直接查询，而不必再重复分析。所以，在该层次需分析的特征主要包括课堂层次的初始能力、一般能力、学习兴趣与爱好等。可见，课堂层次可能用到的学习者信息很多，但由于一些稳定不变的特征等在开始时已经做过分析并存档，就可以减少教师日常课堂教学分析学习者的工作量。

课堂上学生问题体现得最突出，也最具体。例如，在学期层次我们分析学生的学习动机不强，具体在课堂中可能表现为参与活动不积极，上课走神，作业拖拉等。所以在课堂层次从问题出发分析学习者，教师应集中关注学生在平时课上的具体表现，并在课前与学生进行单独的沟通，提前了解学生的困惑与问题。

在明确学生相关特征后，教师可采取相应的方法，使用相应工具收集学习者特征。对课堂层次学习者数据的分析可以从以下几个方面展开：学习者在初始能力方面有何不同？他们喜欢什么样的活动安排？是否有相关的生活经历？学习者喜欢在课堂的哪些环节展现自己？

之后，教师可采取针对性的策略，如让学习者做相应的课堂准备，多向其他教师学习，了解如何根据学习者情况安排课堂活动，最终将结果存档并完成课时教学设计方案。

结合课堂教学特点，我们对学习者分析总流程进行细化，构建了课堂层次学习者分析流程图。具体如图 4-4 所示。

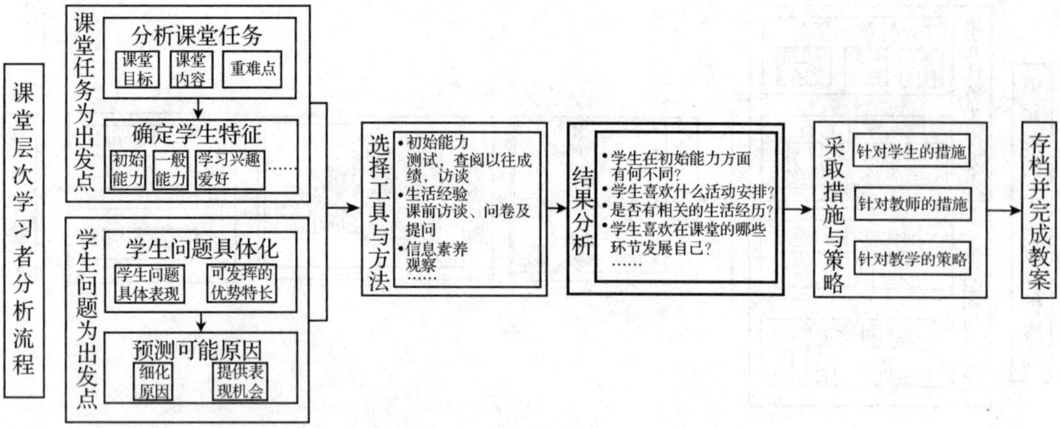

图 4-4 课堂层次学习者分析流程图

4.2 学科教学目标的阐明及其流程

教学目标(亦称学习目标)的阐明是教师教学设计的重要环节，它是指学习者学习完之后能够做什么的明确、具体的表述过程。教学目标的阐明是建立在教育目标分类的基础上的，因为不同类别的教育教学目标其阐明方法也不尽相同。因此，具有一个相对完善的教育目标分类体系，是教师阐明教学目标的重要基础。

自 1956 年布卢姆的教育目标分类理论问世以来，他提出的将教育目标分为认知、动作技能和情感三个领域的理论体系，在教育领域产生了深远的影响，在全世界范围内为测验设计和课程开发提供了基本的依据。[①] 认知、情感和动作技能领域三大教育目标分类相对比较成熟。当前，认知领域层级划分，一般使用安德森认知领域修订版分类，其对认知领域的知识维度和认知维度都做了详细说明(见表 4-8，表 4-9)；最广为人知的动作技能领域教育目标分类是 1972 年由哈罗(Anita J. Harrow)提出[②]的，动作技能领域层级划分的详细说明如表 4-10 所示；情感领域教育目标分类一般使用克拉斯沃尔(David Krathwohl)[③]的分类，详见表 4-11。

表 4-8 安德森认知领域分类——知识维度

1 事实性知识：学生通晓一门学科或解决其中的问题所必须了解的基本要素	
1.1 术语知识	技术词汇、音乐符号等
1.2 具体细节和要素的知识	重要的自然资源、可靠的信息源

① ［美］L. W. 安德森：《布卢姆教育目标分类学修订版(完整版)——分类学视野下的学与教及其测评》，蒋小平等译，北京，外语教学与研究出版社，2009。

② Harrow Anita J. *A taxonomy of the psychomotor domain*: *A guide for developing behavioral objectives*, New York, David McKay Company, 1972.

③ Krathwohl D. R., "A Revision of Bloom's Taxonomy: An Overview," *Theory into Practice*, 2002(4).

续表

2 概念性知识：在一个更大体系内共同产生作用的基本要素之间的关系	
2.1 分类和类别的知识	地质时期、企业产权形式
2.2 原理和通则的知识	勾股定理、供求规律
2.3 理论、模型和结构的知识	进化论、美国国会的组织构架
3 程序性知识：做某事的方法，探究的方法，以及使用技能、算法、技术和方法的准则	
3.1 具体学科的技能和算法的知识	水彩绘画的技能、整数除法的算法
3.2 具体学科的技术和方法的知识	访谈技巧、科学方法
3.3 确定何时使用适当程序的准则知识	确定何时运用牛顿第二定律的准则
4 元认知知识：关于一般认知的知识以及关于自我认知的意识和知识	
4.1 策略性知识	知道概述是获得教材中一课的结构的方法；使用启发法的知识
4.2 关于认知任务的知识，包括适当的情境性知识和条件性知识	知道某教师实施的测验类型；知道不同任务对于认知要求的知识
4.3 关于自我的知识	知道对文章进行评论是自己的长处而写作是自己的短处；知道自己的知识水平

表 4-9　安德森认知领域分类——认知维度

1 记忆/回忆(remember)：从长时记忆中提取相关的知识	
1.1 识别	识别中国现代史中重要事件的日期
1.2 回忆	回忆中国现代史中重要事件的日期
2 理解：从口头、书面和图像等交流形式的教学信息中建构意义	
2.1 解释	阐明重要讲演和文献的意义
2.2 举例	列举各种绘画艺术风格的例子
2.3 分类	将观察到的或描述过的精神疾病案例分类
2.4 总结	写出录像带所放映的事件的简介
2.5 推断	学习外语时从例子中推断语法规则
2.6 比较	将历史事件与当代的情形进行比较
2.7 说明	说明法国 18 世纪重要事件的原因
3 应用：在给定的情景中执行或使用程序	
3.1 执行	两个多位数的整数相除
3.2 实施	在牛顿第二定律使用的问题情境中运用该定律
4 分析：将材料分解为它的组成部分，确定部分之间的相互关系，以及各部分与总体结构或总目的之间的关系	
4.1 区别	区分一道数学应用题中的相关数字与无关数字
4.2 组织	将历史描述组织起来，形成赞同或否定某一历史解释的证据
4.3 归因	依据其政治观点来确定文章作者的立场

续表

5 评价：基于准则和标准做出判断	
5.1 检查	确定科学家的结论是否与观察数据相吻合
5.2 评论	判断解决某个问题的两种方法哪一种更好
6 创造：将要素组成内在一致的整体或功能性整体；将各要素重新组织成新的模型或体系	
6.1 产生	提出解释观察现象的假设
6.2 计划	计划关于特定历史主题的研究报告
6.3 生成	有目的地建立某些物种的栖息地

表 4-10　动作技能领域层级划分

1 感知：运用感觉器官觉察客体或关系的过程，借此获得信息指导动作，重点在于“经由感官来解释行动或现象”。即了解与某种动作技巧有关的知识、性质与功用，或用感觉器官去注意外在现象、刺激来源或关系过程的能力	
1.1 反应	能够运用一种或多种感官感知刺激
1.2 辨别	学习者能够界定及将具体的刺激物和线索同特定的观念、客体及现象联系起来
1.3 连接	学习者能够识别或联系多种线索并将其作为某一观念、客体或现象的特征
2 引导反应：能依据指导、提示或示范，开始学习、模仿或尝试错误，意味着从知觉走向了行动	
2.1 模仿	模仿即学生在指导、提示或示范作用下，能够进行仿效反应或操作，即知觉他人或文件而从事某种行动的直接反应所做出的动作
2.2 尝试错误	指在他人引导下进行试误练习，直到形成正确的动作
3 机械化：指不复杂的技能已成为习惯性或反射性的连续顺畅动作反应。此阶段的学习成果是各种类型的操作技能	
3.1 感官知觉技能	利用各种感知觉器官动作的技能
3.2 肢体运动技能	肢体动作技能
3.3 机械操控技能	操控机械、设备等的技能
4 复杂的外显反应：包含复杂动作模式的熟练动作操作	
4.1 解决不确定性	能够准确完成动作，不再有误操作
4.2 自动化	能够毫不犹豫地执行某一工作，已经有了工作序列的心理图像
5 适应：技能的高度发展水平，学习者能修正自己的动作模式以适应特殊的装置或满足具体情境的需要	
6 创造：创造新的动作模式以适应具体情境。强调以高度发展的动作模式以适应特殊的装置或满足具体情境的需要	

表 4-11　情感领域层级划分

1 接受：指学习者感受到某些现象和刺激的存在，并愿意接受或注意这些刺激	
1.1 意识	学生注意到或意识到某种情境、现象、客体或事态的存在
1.2 愿意接受	愿意接受、忍受某种现象或刺激，而不采取逃避的行为，使保持中立或不做判断

续表

1.3 控制或选择注意	控制自己的注意力，不理其他缺乏吸引力的现象或刺激，而选择自己所喜欢的现象或刺激
2 反应：不仅感知、接受、注意某种现象或刺激，而且主动的注意、积极地参与	
2.1 默认的反应	默认、顺从的反应，属于被动的反应
2.2 自愿反应	学生出于主动、自愿和自动合作的反应
2.3 满意的反应	行为伴随着一种满意的感觉，感到愉快、兴奋或乐趣
3 价值评价：对接触到的事物、现象或行为感到有价值，进而表现出接纳、偏好、承诺及认同等积极的态度和追求其价值的能力	
3.1 价值接受	接受、相信某一现象、行为、事物或价值，强调“价值接纳”
3.2 价值喜好	是对某一价值有兴趣与信心并加以追求，强调“价值的喜欢、追求”
3.3 信奉	即坚决的接受、肯定某种价值或信念，不仅自己坚信，更让他人信服
4 组织：即自行建立属于自己的单一价值，将不同的价值组织结合在一起，以解决不同价值间的冲突，以及开始建立一个内在和谐的价值系统	
4.1 价值的概念化	这一层次具有抽象或概念化的性质。体现了价值是怎样与个体已有价值或将有的新价值联系在一起的
4.2 价值体系的组织	将复杂的价值组成调和一致的系统，此系统具有和谐、内部一致的动态平衡特质
5 个性化：依据价值或价值系统形成品格	
5.1 泛化心向	个人的行为处事，根据其价值与态度系统，表现出相当一致的态度和行为
5.2 形成品格	内化过程的最高层次，具有内部一致性的态度和信仰，已有自己的理想、和谐的人生哲学及做人处世原则，强调“长期、持久习惯的知行合一”

随着学习理论、心理学、脑科学等的发展以及技术的进步，很多学者陆续将教育目标分类理论进行细化、修订或创新。其中，人际交往领域作为独立于认知、动作技能、情感三大领域之外的另一类教育目标，逐渐步入了学者们的研究视野。后续很多学者在该理论的基础上深入研究，从不同的角度提出了新的教育目标分类。我们在此基础上，对人际交往是否可以独立形成教育目标领域进行了论证，并对这个领域的具体内容进行了研究。

4.2.1　人际交往领域教育目标层级划分

1. 教育目标分类理论的发展与创新

20 世纪 70 年代，加涅提出了“五种学习结果”(言语信息、智力技能、认知策略、态度、心理动作技能)，强调学习结果与教学条件的适配；马扎诺(Robert J. Marzano)在基于人的行为模式的基础上提出了四大系统一致分类学①②；安德森等人提出的认知能力完

① Robert J. Marzaro，Homes R. Guskey，*Designing a New Taxonomy of Educational Objectives*，Thousand Oaks，CA：Corwin Press，2001.

② Robert J. Marzano，John S. Kendall，*The New Taxonomy of Educational Objectives* (2nd)，Thousand Oaks，CA：Corwin Press，2007.

善分类学，将布卢姆“一维”的教学目标修订为“二维”①；豪恩斯坦(A. Dean Hauenstein)从整合角度提出了行为整合统筹分类学②。此外，罗密佐夫斯基(Alexander Joseph Romiszowski)提出了“知能结构分类”(知识分为事实、概念、原理和程序；技能分为认知技能、动作技能、反应技能和交互技能)③；梅里尔(M. D. Merrill)提出了二维矩阵分类(业绩维度分为记忆、应用和发现；内容维度分为事实、概念、原理和程序)④，肯普(J. E. Kemp)对其加以拓展(业绩维度分为记忆和应用；内容维度分为事实、概念、原理或规则、程序、人际关系和态度)。我们可以按教育目标分类中的领域划分来梳理这些研究并与布卢姆的理论进行比较，见表 4-12。

表 4-12　各教育目标分类中的领域划分

分类情况	领域划分	与布卢姆的教育目标分类理论的比较
加涅的学习结果分类(1972)	认知领域、动作技能领域、情感领域	加涅将学习分为五种类型：言语信息学习、智力技能学习、认知策略学习、动作技能学习、态度学习，这五种学习类型又可划分为三个领域：认知领域(言语信息、智力技能、认知策略)、动作技能领域(动作技能)、情感领域(态度)
马扎诺的四大系统一致分类学(2001，2007)	自我系统、元认知系统、认知系统、知识系统	马扎诺从“学习是如何发生”这一问题出发，整体考虑学习的机制，认为人的行为由自我系统、元认知系统、认知系统和知识系统组成
安德森认知能力完善分类学(2001)	认知领域、动作技能领域、情感领域	该分类是安德森等人对布卢姆分类教育目标分类中“认知领域”进行修订的研究成果
豪恩斯坦的行为整合统筹分类学(1998)	认知领域、动作技能领域、情感领域、行为领域	豪恩斯坦在布卢姆分类提出的三大领域之外，提出了一个行为领域，用来统筹整合认知、动作技能、情感领域
罗密佐夫斯基知能结构分类(1981)	认知技能、动作技能、反应技能、交互技能	罗密佐夫斯基从培训的角度出发，指出培训的目的可以分为“知识”和“技能”两大类，其中技能又分为“认知技能”“动作技能”“反应技能”和“交互技能”；罗密佐夫斯基本人在专著中指出，“认知技能”“动作技能”“反应技能”分别对应布卢姆教育目标分类中的“认知领域”“动作技能领域”“情感领域”
梅里尔、肯普的学习结果分类(1983，1998)	认知、心理动作、情感、人际关系	肯普对梅里尔提出的业绩—内容方格模型加以扩展，提出了新的业绩—内容方格，其中除认知结果、心理动作、情感之外，还包括人际关系内容

① Anderson L. W.，Krathwohl D. R.，*Taxonomy for Learning，Teaching and Assessing：A Revision of Bloom's Taxonomy of Educational Objectives (Complete Edition)*，New York，Longman，2001.

② Hauenstein A. D.，*A Conceptual Framework for Educational Objectives：a Holistic Approach to Traditional Taxonomies*，Lanham，University Press of America，1998.

③ Romiszowski A. J.，*Designing instructional systems：Decision making in course planning and curriculum design*，London，Kogan Page，1981.

④ Merrill M. D.，"Component Display Theory，"*Instructional-Design Theories and Models：An Overview Of Their Current Status*，1983(1). pp. 282-333.

上表显示，自布卢姆提出教育目标分类之后，不少学者逐步认识到布卢姆分类的不足，有学者对其进行了修订、整合，也有学者从全新的角度出发，提出了独树一帜的分类。布卢姆的教育目标分类和加涅的学习结果分类，事实上将教育目标(学习结果)都分成了三大领域：认知、动作技能、情感。不过，之后也有很多学者对布卢姆的教育目标分类理论进行修订与整合，只是这些学者的教育目标分类在学术界的知晓度比较低。根据这些分类理论的领域划分与传统三大领域的关系，可以将这些教育目标分类理论分为以下三类。第一类教育目标分类体现为构建全新的教育目标分类。例如，马扎诺在有关人的行为模式的基础上建立了自己的教育目标分类学，这一分类完全跳出了布卢姆、加涅三大领域的既定思路，独辟蹊径，构建了全新的教育目标分类。第二类教育目标分类力求在三大领域间建立联系。例如，安德森对布卢姆分类的认知领域进行了修订，并通过完善知识的分类和认知过程的层级划分，在原本相对割裂的三大领域之间建立了联系。豪恩斯坦则在认知、情感、心理动作三个领域之外，新增了行为领域来统筹上述三个领域的目标，体现了他“任何一个人的学习都是完整的人的整体行为，智慧、情感和身体动作在学习过程中缺一不可”①的教育思想，也是对布卢姆教育目标分类广受质疑的“三大领域割裂性”这一缺陷的弥补。第三类则是在三大领域外增添新的构成要素，如罗密佐夫斯基的知能结构分类和肯普的学习结果分类。值得我们思考的是，这些研究中的领域划分都指向一个问题：布卢姆分类中传统的认知、动作技能、情感三个领域是否完备？

2. 人际交往领域的教育目标进入研究视域

学者们的教育目标分类理论中有一个明显的事实就是：人际交往逐渐被重视，并上升至与认知、动作技能、情感并列的地位，最为明显的是罗密佐夫斯基和肯普都不谋而合地在三大领域之外增添人际交往要素。

(1)罗密佐夫斯基的知能结构分类

罗密佐夫斯基指出，在培训领域人们常常用“知识/领域”来表示学习结果。他认为，知识是指储存在学习者头脑中的信息，知识具有“有或无”的性质，即我们要么有某种知识，要么没有；要么储存了这一知识，要么没有储存。他认为，技能是指各种心智的或身体的行动以及对观念、事物和人所做的反应，并将技能分为四种类型。①认知技能(cognitive skill)：主要是思维技能。②动作技能(motor skill)：确切地说是指心理动作技能。③反应技能(reactive skill)：按照价值观、情绪、情感对事物、情境或人做出反应。④交互技能(interactive skill)：指为达到某些目标人与人之间的相互影响，如沟通、教育、接纳、说服等。罗密佐夫斯基认为，认知技能、动作技能、反应技能与布卢姆教育目标分类中的认知、动作技能、情感三大领域相对应，交互技能是其对技能分类的一个独特点。反应技能主要是指学习者面临一个特定的情境时所产生的外显的或内隐的行为；交互技能则是指学习者为了影响或调整该情境所采取的行为。② 反应技能和交互技能可分别看作是“管理自己”和“管理他人”的技能。

---

① 盛群力：《21世纪教育目标新分类》，67页，211～212页，187～189页，杭州，浙江教育出版社，2008。

② 盛群力：《21世纪教育目标新分类》，67页，211～212页，187～189页，杭州，浙江教育出版社，2008。

(2)肯普的“业绩—内容”方格

肯普对梅里尔提出的业绩—内容二维模型加以扩展，用来解释除认知结果以外的心理动作、情感和人际关系的学习任务，见表 4-13。在肯普的定义中，“事实”是将两个命题联系起来的陈述，“概念”则是用来简化世界的，“原理”和“规则”标明了概念之间的关系，“程序”是为获得某个目标而必须遵循的一系列步骤，“人际交往”涉及两人或两人以上的口头的互动，“态度”同情感一样，试图改变学习者的行为倾向。“回忆”只要求学习者为了以后回忆而简单地记忆信息即可，“应用”要求学习者运用信息。①

表 4-13 扩展的业绩—内容方格(肯普)

内容	业绩	
	回忆	应用
事实		
概念		
规则或原理		
程序		
人际关系		
态度		

罗密佐夫斯基和肯普都不约而同地在原有教育目标分类的基础上，增添了与“人际交往”相关的内容，但是关于“人际交往”是否能作为与认知、动作技能、情感三大领域并列的第四大领域，却鲜有人进行论证，也没有对该领域包含的子项进行详细研究。实际上，认知、动作技能、情感三个领域并不是完全脱离的，但之所以能作为三个领域提出，是因为三者具有相对独立性。如果要在这三大领域之外，增添“人际交往”领域，首先需要回答一个问题：人际交往领域是否有其独立于认知、动作技能、情感之外的合理性？尽管能清楚地知道一个事实，那就是，即使一个人了解与人交往的知识，能模仿与人接触的肢体动作，内心具有与人交往的心理倾向，却不一定能建立良好的人际关系，甚至可能连基本的人际交往都无法进行。不过，从研究的角度来说，这一事实还不足以证明增添人际交往领域是合理的。

3. 人际交往领域教育目标提出的理论论证

在回答“‘人际交往’是否能作为与认知、动作技能、情感三大领域并列的第四大领域?”这个问题时，一方面需要从教育的主体——“人”本身的特性和内源需求出发，综合心理学、社会学、脑科学等多种关于人的认知构成、心理机能发展、学习发生的机制等学科的理论知识，判断人际交往领域目标纳入目标分类是否具备概念和理论的支撑。另一方面还需要通过回溯教育的本质，并追问社会对未来人才发展的需求，看是否存在提出人际交往领域目标的现实判据。

(1)多元智能理论：确证人际交往领域的独立性

对人的思维和认知方式的理解，即对人类智能结构的认识，决定着人们对培养何种

① 盛群力：《21 世纪教育目标新分类》，67 页，211～212 页，187～189 页，杭州：浙江教育出版社，2008。

人的价值取向。传统对智能的理解往往停留在“智力＝学业能力＝语言、数学能力”这样一个隐含的等式中。而由美国哈佛大学教育研究院的心理发展学家加德纳(Howard Gardner)提出的多元智能理论，打破了传统智能构成的桎梏。他指出人类的智能至少可以分成语言、逻辑、空间、肢体动作、音乐、人际、内省七个范畴，后续增添了自然探索智能、存在智能两个范畴。其中，人际交往智能(Interpersonal Intelligence)指的是对他人的表情、话语、肢体语言的敏感及对此做出有效反应的能力，能够觉察并分辨其他个体差异、了解他人并与他人沟通，表现为个人觉察、体验他人的情绪、情感并做出适当的反应。这种能力具体表现为：①能够识别他人情感；②从不同的角度看问题；③与他人形成、建立和维持各种社会关系；④喜欢以小组或小队的方式学习；⑤对别人的观点能够倾听、理解并反应；⑥能够影响他人。加德纳的多元智能理论触动人们思考如何突破“智力就是语言、数理能力”这样一种简单的理性霸权对教育产生的影响。因为目前与学习有关的语言和数理逻辑智能在学校教育中受到极大重视，而与此相对的是，像人际交往、内省智能等与人解决未来生活中问题和应对不确定性相关的智能被严重忽视。因此，将人际交往领域纳入教育目标分类体系，是充分发展人的认知结构进而促进人的全面发展的必然需求。

(2)“交往—发展”的心理机能规律：确证人际交往的内源需求

在教育教学活动中，把握学生的心理机能发展规律是开展有效教学的前提保障。众多学者在研究人的心理机能发展时发现：人际交往在人的心理机能的成熟发展中发挥着手段和方法的作用。认知主义心理学家皮亚杰(Jean Piaget)认为有机体与环境的作用的外部感性活动(或可理解为交往活动)是人类心理发生的起点，并指出语言、规则、价值、道德和符号系统等社会经验知识，只能够通过与他人的相互作用中习得。维果茨基(Lev Vygotsky)在研究人的高级心理机能发展的基本规律时，提出所有的高级心理机能因交往而实现了两次“登台”，第一次是作为集体活动、社会活动，以儿童间的相互关系形成，第二次是作为个体活动，成为儿童内部的思维方式和心理机能。① 同样，在维果茨基的“最近发展区”思想中，也体现着人的“交往—发展”的规律。儿童由独立解决问题能力所对应的现有发展水平，向在有成年人指导或与能力较强的同伴合作时所表现出的解决问题的能力所对应的潜在发展水平中过渡。因此，与同伴的交往活动和成年人的指导成为儿童发展的重要条件。维果茨基之后的一些苏联心理学家，如鲁宾斯坦提出人的心理发展应从意识(内部活动)与活动的统一来进行研究。② 列昂节夫(Alexei Nikolaevich Leontyev)构建了活动理论，强调基于心理反应中介下的外部感性实践活动对于人的心理机能发展的价值。③ 在这里，交往是作为活动的一种特殊情况，既可以是活动本身，也可以是活动的构成部分。后续有些心理学家进一步区分了活动和交往的区别，强调了交往作为人的心理发展机制的重要作用。以洛莫夫(Б. Ф. Lomov)为代表，他认为在考虑人的心理发展时，需要分析人的社会存在。因为，活动的模式是“主体—客体”，包含任何对象的关系，而交往的模式是“主体—主体(们)”，包含任何人的关系，二者均是人现实生活的重要方面。④

① [苏]维果茨基：《教育论著选》，430页，徐震球译，北京，人民教育出版社，2005。

② 李沂：《从活动到交往》，载《心理学报》，1982(1)。

③ [苏]阿·尼·列昂捷夫：《活动·意识·个性》，67～74页，上海，上海译文出版社，1980。

④ 李沂：《从活动到交往》，载《心理学报》，1982(1)。

由此可见，人际交往活动对学生发展尤其是高级心理机能发展很重要，正是这些以交往为中介的共同活动，提供了学生理解和建构认知的机会，并形成了个人后续的思维工具，因而人际交往作为学生发展的源泉，理应成为教育目标分类中一个重要的考量因素。

(3)学习发生的社会机制：突出人际交往能力对学习的重要价值

理解学习究竟是如何发生的，探究学习发生的过程、条件和机制，对于开展有效果、有效率、吸引人的教学有着重要作用，也为教学目标的分类确立提供指向。在20世纪，随着学习心理学的研究经历了一个从行为主义、认知主义乃至建构主义学习观的发展过程，以社会建构主义学习观、社会学习理论为代表的一系列理论的出现，使得人际交往能力对学生顺利开展学习的重要地位被彰显出来。社会建构主义学习观基于对知识的社会性认识，提出学习是学习者在社会中意义建构的过程，社会情境是学习者认知与发展的重要资源，要求学习者带着不同的先前经验，进入所处的文化和社会情境(可以构建一个“学习共同体”)进行互动，并通过社会协商过程共享对象、事件和观念的意义。此外，班杜拉和沃尔特斯(A. Bandura & R. H. Walters)等人于20世纪60年代提出社会学习理论(social-learning theory)，以“刺激—反应”的观点为基础并通过实验的方法来扩大探讨社会环境(如他人、群体、文化规范或风俗习惯等)如何影响人产生某些习得行为的理论。该理论认为，人的一切社会行为都是在社会环境的影响下，通过对示范行为的观察学习而得以形成、提高或加以改变的。因而，学习不是孤立的、脱离社会环境的，学习发生在学习者与社会环境相互作用之中，不仅发生在学习者与学习材料之间，更多地发生在学习者与他人、与社会群体之间，需要在一定的社会情境中通过与人际互动、交流、交往进行协商，从而进行意义建构的过程。为此，学习者与他人、与社会群体的交往能力直接影响学习者的学习，学习者的人际交往能力的提升，是学校教育重要的培养目标。

(4)交往行为范式下的教育：追问人际交往目标于教育的本体意义

教育目标必然承载着对教育本质的理解、对教育核心价值的追问以及对教育需彰显的价值取向的把握。从教学产生的时候，交往就发生于师生之间，并随着时间以及技术的发展，人际交往发生在学生之间、团队、社会，甚至是网络学习共同体等一系列复杂的关系之中。因而在追问教育本质的过程中，需要进一步探究人际交往对于教育的意义何在？即人际交往是处于“教学之外的交往、为了教学的交往、作为教学成分的交往抑或是教学就是交往”四个水平中的哪个层级？① 有的学者认为人际交往是教学的手段，如20世纪60年代人本主义教学论代表人物罗杰斯提出的“非指导性”教学，提倡教学目标应当是“全面发展的人”(Full function person)，而教学过程中相互尊重、真诚理解、充分沟通的师生关系是这一目标得以实现的前提保证。也有学者认为交往是教学的过程，如20世纪70年代，德国的“批判—交往教学论”学派对教学交往进行了系统的研究。他们认为教学就是一种交往过程，交往是教育的核心价值。② 他们从人本主义观点出发，尝试提出交往和交往能力的获得是学生参与改造社会的保障，使教学从单纯的知识传授向师生之间情感交流与互动转变。还有的学者认为人际交往对教育具有本体论上的意义，认为交往就是教学存在本身。比如，教育学家季亚琴科在分析教育的本质时指出：“教学就是交

① 陈旭远，杨宏丽：《论交往教学》，载《教育研究》，2006(9)：37～42。

② 李其龙：《交往教学论学派》，载《外国教育资料》，1989(6)：18～24。

往，教学是以特殊方式有组织的交往，或教学是交往的特殊变体。”[①]叶澜从交往的角度论述了教育起源的问题，“人类的教育活动起源于交往，在一定意义上，教育是人类的一种特殊的教育活动”[②]。金生鈜在《理解与教育》一书中也强调教育离不开交往，提出“没有交往，教育关系就不能成立，教育活动就不可能产生。一切教育无论是知识教育还是品德教育都是在交往中实现的”[③]，没有交往就没有教育。

由上面分析可知，人际交往对于教育的价值的认识，已逐步由教学的工具性存在上升为本体性存在。这实际上伴随着哲学界对主体性问题讨论的深入反思，以及人类行为范式的转变。哈贝马斯指出人的行为有两种范式，工具行为和交往行为。人的工具行为，主要指人与物的关系，内含着“主体—客体”的结构，交往行为涉及人与人的关系，内含着“主体—主体(们)”结构。[④] 随着人们开始反思科技主义和理性主义对人主体地位在某种程度上的剥夺，人们逐步从工具性教育中追求工具化的人，转向以“交往—合理性”为行为范式的教育所追求的一种具备主体间性的人。虽然教育活动包含对学习对象的反思操作，比如对学习材料的加工、内化和顺应等行为，也就是工具行为，但这只是教育教学过程的一个环节，教育更有价值的环节在于让学生主动与外部，包括教师、同伴等的交往行为来认识客观世界，从发展自身的规范、观念、能力、情感和需要，形成积极的人生观与主动的生存方式，也就是指向人的精神世界。也可以说在交往行为范式下的教育，其旨趣在于可以给封闭的主体打开一扇“窗”，在交往中生成具备合作、共享、共生、共存的一种视野开阔的人。因此，与其他交往活动不同，人际交往的价值不仅仅在于为教育教学服务，它还是教育教学的本质体现，有自身存在的本体价值。所以，在三大领域之外，增添“人际交往”是让教育回归本质的应然选择。

(5)核心素养框架中的社会参与：回应时代对人际交往目标的终极诉求

未来教育需要培养什么样的人，也决定着教育目标的发展方向。核心素养，是学生在接受教育的过程中逐步形成适应未来生活和社会需要的必备品格和关键能力，它关注教育的输出，实际上就是为了适应未来社会的变革，对教育要培养什么样的人的回应。因而，国际组织与许多国家和地区相继构建了核心素养框架。林崇德指出，虽然不同的国家在构建核心素养框架中采用不同的价值取向，但最终指向培养“全面发展的人”，均重视文化学习(工具性，强调人类智慧文明成果的掌握与运用、精神生产工具的使用等)、自主发展(自主性)、社会参与及互动(社会性)三大领域。[⑤]

例如，经济合作与发展组织在其《素养的界定与遴选：行动纲要》中将核心素养划分为“能互动地使用工具、能在异质群体中进行互动和能自律自主地行动”，其中“能在异质群体中进行互动”维度包括三项素养：与他人建立良好的关系，团队合作，管理与解决冲突。又如美国21世纪技能联盟提出的核心素养框架中，主要包括来自“学习与创新”“信息、媒体与信息素养”“生活与职业素养”三个领域的11个核心素养，其中“交流沟通与合

---

① 朱佩荣：《季亚琴科论教学的本质(上)》，载《外国教育资料》，1993(5)：38～45。

② 叶澜：《新编教育学教程》，32页，上海，华东师范大学出版社，1991。

③ 金生鈜：《理解与教育——走向哲学解释学的教育哲学导论》，125页，北京，教育科学出版社，1997。

④ 哈贝马斯：《交往与社会进化》，135～136页，张博树译，重庆，重庆出版社，1989。

⑤ 林崇德：《核心素养的构建：回到原点的教育追问和反思——访北京师范大学林崇德教授》，载《基础教育课程》，2016(9)。

作”“社会与跨文化素养”“领导与负责”等核心素养直接与人际交往相关。新加坡提出了以价值观为核心的核心素养体系，包括核心价值、社交及情商能力以及21世纪技能三个层级共14项核心素养指标，其中人际关系、社会性意识、公民能力、全球意识、跨文化能力等指标也指向人际交往方面。日本国立教育政策研究所于2013年发布了日本学生21世纪能力框架，主要包括基础能力、思维能力和实践能力，其中实践能力维度包含自律、建立人际管理的能力、社会参与能力和可持续发展的责任指标。[①] 目前，我国核心素养的研究仍在进行中，“中国学生发展核心素养”项目组在2016年9月13日中国学生核心素养研究成果发布会上，提出了中国学生核心素养总体框架以培养“全面发展的人”为核心，分为文化基础，自主发展和社会参与三大部分，综合表现为人文底蕴、科学精神、学会学习、健康生活、责任担当、实践创新六大素养。其中责任担当素养中包括社会责任和国际理解等要点，也与合作、沟通与交往方面素养相关。可见在核心素养框架的整体设计中，社会参与素养被上升到与文化学习、自我发展素养同等重要的地位，均关注到个人与他人、团队、社会、国家，甚至是跨文化的沟通交流与人际交往，因为人际交往是学生在应对21世纪中面对复杂的、不确定的、问题解决的生存和生活情境中的一个必备能力素养。因此，人际交往作为社会参与素养的重要组成，增添到三大领域目标的分类体系中就具有了其应然性。

4. 人际交往领域教育目标的层级划分

综上所述，“人际交往”成为一个独立的教育目标分类领域有其存在的合理性和必要性。那么，人际交往领域的教育目标具体包括哪些范畴和层级？只有对人际交往领域的教育目标进行细化，才能更为有效地指导教育教学实践。

(1)从技能分类视角划分人际交往领域的教育目标层级

在教育目标分类中，对某一目标领域的分类可以采取“过程”分类或者“要素”分类，如认知领域的目标分类采用的便是“过程”分类，而哈罗(Harrow)对技能领域的教育目标分类则是典型的“要素”分类。

人际交往领域目标层次划分有其复杂性和特殊性，这是由人际交往的特征所决定的。人际交往首先具有极强的情境性，人际交往情形可以说是千变万化的，有正式社交场合的交往、也有与知己好友之间的互动，有些带有极强的目的性，有些则是不知不觉中发生；其次具有很强的个体性，每个人与他人交往的方式都不相同，对不同人适用的人际交往技能也不一样。试想一下，如果采用“过程”分类的方式，即从“人际交往如何发生”的角度来对其进行划分，似乎很难找到一个统一的人际交往路径。

不过，通过对人际交往理论的研究，并总结大量的人际交往情形后，我们发现，无论哪种人际交往情形，和什么类型的人交往，所需要用到的基本技能类型都是相同的，从这一点出发可以将人际交往领域统一起来。并且，对人际交往领域采用“基本技能类型”的分类，也打破了人际交往的神秘性和复杂性，有利于转化为教学目标。事实上，把人际交往当作一种技能来研究，也得到了很多社会心理学家的认同。“……我们最好是把社会交际想象为包含着自己从童年到青春期乃至成年所学到的种种相互联系的技能。具备这方面的技能和能力，是一切社会生活的必要条件。……把交际看作技能最大的益处

① 林崇德：《核心素养的构建：回到原点的教育追问和反思——访北京师范大学林崇德教授》，载《基础教育课程》，2016(9)。

是，它有助于打破人们彼此正常相处活动过程中的神秘性。”[①]

(2)人际交往领域教育目标的层级体系

在确定采用技能分类的角度来研究人际交往领域后，以下将依据社会心理学对人际交往的研究，确定人际交往中所包含的基本技能类型。

首先，人的交际需要知觉。无论哪种人际交往情形，首先要做的便是正确地观察要接触的人。对人的感知是日常生活中我们所遇到的最重要、最复杂的任务——假如一个人对他人所做的判断大多都是错误的，对他人的期待便会出现偏差，进一步的交流便会受阻。对人知觉不仅是人们交际之最初的、关键性阶段，在交往过程中，我们还要继续对自己结交的人进行考察，对人的感知在社会交际的起始、持续和终结阶段都起着重要作用。[②]

同对物体的知觉不同，社会知觉(对人的知觉)的关注重点并非感知其外在特征，而是需要推论特征，如他人的智能、态度、品质等。推论是根据一个人的直接可观察到的活动和行为，来重建其隐含的品质和特性的过程。这一推论过程更多的受观察者自身的知识和经验的影响，正如琼斯和尼斯比特所说：“品质更多地存在于观看者的眼睛里，而不是行动者的心灵中。”[③]

社会心理学家指出，对我们的交际对象进行观察，只是社会交际过程中的先行步骤和必要成分，但人与人之间的交际很大程度上是由有序的信息(言语信息和非言语信息)交换或交流构成的。言语信息仅仅是人际交流的一小部分。用词和句子传递的消息通常是由丰富的非言语信息陪衬的，后者支持、修正甚至会完全取代言语信息[④]。事实上，社交技巧训练和诊治的主要应用领域便是“体语”(非言语信息的一类)的使用——因为尽管大多数正常的成年人发送和接收言语信息没什么困难，但是身体交流的障碍导致了他们的人际交往问题。

我们许多的日常交际活动发生于群体之中。在群体交际中，合作和领导技能是最基本的技能类型。这里所说的合作技能不仅包括人们最常联想到的协作技能，还包括群体交际中所涉及的服从、提出异议、提议、征求意见等多项技能。贝尔斯的研究能更好地说明这一问题。贝尔斯设计了一种对交际进行持续观察的广泛使用的方法，称为“交际历程分析”。他研究指出，在群体交际历程中，12 种交际“动作”可以被划入四种类型：积极的人际情绪(表现出团结或一致)，试图解决有关任务(如提建议或意见)，询问有关任务(征求意见或方向)，消极的人际情绪(不同意或表现出对抗)。

群体交际的一个可预见后果便是成员开始占据相应的角色，“领导者”便是其中一个较特殊的位置，大多数人类组织都在一定程度上依靠领导者来调动工作者的积极性，管理生产活动，以显示组织的目标。领导技能以合作技能为基础，但这里为了强调领导技能的特殊性，我们将其单独划分为一种类型。

---

① [澳]约瑟夫・P. 福加斯：《社会交际心理学——人际行为研究》，14，138，323 页，张保生，李晖，樊传明译，北京，中国人民大学出版社，2012。

② [澳]约瑟夫・P. 福加斯：《社会交际心理学——人际行为研究》，14，138，323 页，张保生，李晖，樊传明译，北京，中国人民大学出版社，2012。

③ Jones E. E. & Nisbett R. E., *The Actor and the Observer: Divergent Perceptions of the Causes of Behavior*. New York, General Learning Press, 1972, p. 11.

④ [澳]约瑟夫・P. 福加斯：《社会交际心理学—人际行为研究》，14，138，323 页，张保生，李晖，樊传明译，北京，中国人民大学出版社，2012。

正如加德纳将他所提出的人际交往智力和自我内省智力合称为人格智力，并认为二者均不可脱离另一种得到发展一样，在人际交往过程中，个体的自我调节技能起着非常重要的作用，它的核心要素包括意识到自己的心理活动及其原因，依据对自己的认识和对他人的理解指导自己的行为。自我调节技能对于确定人际交往的期望、调节自己的行为及应对困难都非常重要，在整个人际交往过程中都发挥着作用。

据此，通过分析人际交往过程中需要用到的基本技能类型，可将人际交往领域划分为知觉技能、沟通技能、合作技能、领导技能、自我调节技能。五者的关系如下图所示。知觉、沟通是最基本的技能，是合作、领导的前提，同样合作技能也是领导技能的前提，此外，个体的自我调节技能是保证人际交往正常进行的基础。之后，我们将人际交往领域继续细化，其目标层级及其含义如表 4-14 所示。

表 4-14　人际交往领域的教育目标层级及其含义

<table>
<tr><td rowspan="19">人际交往领域</td><td rowspan="2">知觉</td><td>感知</td><td>运用感官观察他人外在特征、活动、行为</td></tr>
<tr><td>推论</td><td>根据他人直接可观察到的活动和行为，来重建其隐含的品质和特性</td></tr>
<tr><td rowspan="2">沟通</td><td>表达</td><td>运用言语信息和其他非言语信息传递思维活动结果的能力</td></tr>
<tr><td>理解</td><td>接收言语信息和非言语信息，进而通过思维活动达到认知、理解的全过程</td></tr>
<tr><td rowspan="6">合作</td><td>寻求与提供信息</td><td>能从他人那里获取有关事实、听取意见、获得解释、能为别人提供事实、发表自己的意见、解释(澄清)问题的能力</td></tr>
<tr><td>提议</td><td>提出新概念、建议或行动方案的能力</td></tr>
<tr><td>支持与扩充</td><td>对他人的建议或提出的想法表示拥护，并在其基础上进一步发展的能力</td></tr>
<tr><td>引导和阻止</td><td>在讨论或谈话过程中组织其他人讲话或使其停止讲话的能力</td></tr>
<tr><td>表示异议</td><td>能有意识地、直率地表达不同意见，或对他人的观点进行批评的能力</td></tr>
<tr><td>总结</td><td>以简洁的形式复述前面所讨论的内容要点的能力</td></tr>
<tr><td rowspan="3">领导</td><td>组织</td><td>对资源进行分配，同时控制、激励和协调群体活动过程，使之相互融合，从而实现组织目标的能力</td></tr>
<tr><td>协调</td><td>决策过程中的协调指挥才能</td></tr>
<tr><td>决策</td><td>对某件事拿主意、做决断、定方向的综合性能力</td></tr>
<tr><td rowspan="3">自我调查</td><td>自我认识</td><td>在人际交往的场合对自己及自己与周围环境关系的认识，包括对自己存在的认识，对个体身体，心理，社会特征等方面的认识</td></tr>
<tr><td>自我激励</td><td>在人际关系的场合个体具有不需要外界奖励和惩罚作为激励手段，能为设定的目标自我努力的一种心理特征</td></tr>
<tr><td>自我调整</td><td>在人际关系的场合个体对自己本身，对自己的目标、思想、心理和行为等表现进行的管理</td></tr>
</table>

在教育目标分类体系的构建过程中，既需要综合考虑人本身的认知、心理和学习等方面的关系，同时还需要对教育本质和培养何种人的问题进行追问。人际交往领域目标的提出不仅符合人类认知构成的发展要求，还在促进心理机能发展中发挥关键性作用，同时也是顺应学习发生机制的应然选择。将人际交往目标纳入目标分类体系，有助于突破以往僵化、线性和霸权的工具性教育的桎梏，回归教育促进人的全面发展，获得个性的自由解放的本质，同时也是回应教育在培养学生适应未来成长和社会需求的现实诉求。因此，人际交往领域目标有其提出的合理性、必要性和迫切性。

4.2.2 教学目标阐明流程的构建

形成了由认知、情感、动作技能和人际交往教育目标四大分类体系之后，接下来阐述基于教育目标分类，结合学科教师的教学实践，我们研究构建的教学目标阐明的具体流程，以帮助教师利用教学目标分类框架确定和描述教学目标，更好地保障教师教学设计以及整个教学过程的效果。

1. 教学目标的层次分析

教学目标是对学习者通过教学以后将能做什么的一种明确、具体的表述。按照教学活动的需要，如前所述，教学目标可以分为课程、单元、课时三个层次。要构建学期课程目标、单元教学目标、课时教学目标阐明流程，首先需要熟悉学科教学设计的整个过程。从图6-1(本书232页)的学科教学设计过程系统框架中我们可以看出，学期课程目标、单元目标、课时目标三者之间的转化关系。并且，我们注意到：

①在进行学期课程层次的教学设计时，将会划分单元并安排单元顺序，并初步阐明单元目标，在进行单元层次教学设计时，再对单元教学目标进行进一步修改。

②在进行单元层次的教学设计时，将会划分课时并安排课时顺序，并初步阐明课时教学目标，在进行课时层次教学设计时，会对课时教学目标进一步修改。

2. 学期课程层次教学目标阐明流程

教师在学期初准备新课时，需要对本学期课程做整体规划和安排，确定(学期)课程目标是第一步且最重要的一步，一般需要通过正规的学习需要分析来完成。

学习需要是指学生在某特定学习内容方面，目前的学习水平与期望达到的学习水平之间的差距。对中小学学生在课程层次上进行学习需要分析，过程相对简单：通过系统化的调查研究，获得期望学生学习这门课程应该达到的学习水平或状态信息，并据此进一步获得学生当前的学习水平或状态信息，分析二者之间存在的差距，鉴别学生能力素质上的不足，并最终确定学生对这门课程的学习需要，即课程目标。①

(1)确定对学生的期望

对学生能力素质的期望一般来源于以下几方面：社会发展与工作岗位对人才能力素质方面的要求；学科自身逻辑的要求；专业发展的要求；教师对学生的期望；学生自身发展的要求。

对中小学一线教师来说，最直接的来源便是参考课程标准中提出的课程总目标以及学段目标的要求。但课程标准是相对普适性的，并未规定某个年级、某个学期、某个学校的学生需要达到的要求。因此，还需要教师根据当地的实际情况、学校的实际情况以及本班学生的实际情况调整对学生的期望。

(2)分析学生的学习现状

通过学期层次的学习者分析，依据对学生的期望，教师可以了解学生的学习现状。

(3)分析期望与现状的差距，确定课程目标

根据课程标准中课程总目标和学段课程目标的要求，结合学期层次的学习者学习水平现状，分析二者的差距，我们基本可以确定学期目标。

① 刘美凤：《教育技术基础》，27页，北京，中国铁道出版社，2011。

(4)确定学期目标的领域—层级，正确表述目标

写出教学目标之后，接下来我们可以根据需要结合教学目标分类框架，确定学期目标涉及的领域和层级。这一操作一方面可以帮助教师更好地理解学期目标培养的要求，另一方面，教师确定学期目标的领域和层级之后，便能依据不同层级的定义和描述、检查学期课程目标描述是否恰当，反思"在陈述目标时，所使用的措辞是否真正描述了我的意图?"是否切合学生各领域的学习需要，以便及时进行调整。

学期教学目标阐明的流程如图 4-5 所示。

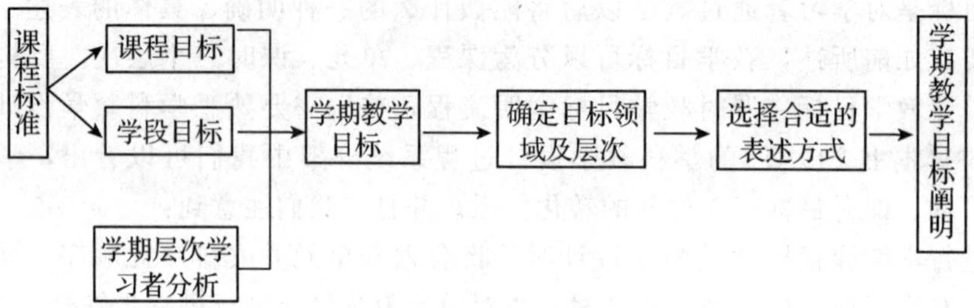

图 4-5　学期教学目标阐明流程图

3. 单元层次教学目标阐明流程

在传统的"课程内容即教材"的观念下，教材就是教学内容，而教学单元就是教材中的单元，在这种情形下，教师可以直接根据教材内容确定单元教学目标。但是，课程改革对教材的定位发生了转变，要求教师"把教材看作引导学生认知发展、生活学习、人格建构的一种范例，不是学生必须完全接受的对象和内容，而是引起学生认知、分析、理解事物并进行反思、批判和建构意义的中介，是案例或范例"。①

课程改革倡导教师根据社会生活实际、学生特点和学校教育情况，对教材内容进行适当的调整、增删、浓缩和改变，形成课程教学内容，并按照内容之间的逻辑关系和学生心理特征进行合理安排。这一过程也就是学习内容分析的过程。

但需要指出的是，现实的学校教育中，教材是教学内容的主要载体，其教学单元的组织也是学科专家根据对学科内容分析的结果进行编排的，仍具有一定的权威性。因而一线教师可多查阅多个版本教材，在此基础上根据课程目标选择和组织课程教学内容。选择和组织课程教学内容主要包括以下几个步骤。

(1)选择并组织单元

确定一门课程到底需要哪些单元，单元之间的逻辑关系是怎样的，它们的先后顺序如何安排等。

(2)确定单元教学目标，辨别学习任务的类别和性质

在确定了每个单元的教学内容及它们之间的逻辑关系以后，下一步就需要明确每个单元的教学目标。单元目标是学期课程目标的子目标，是学期课程目标的相对具体化，是对学生学完本单元的内容以后能做什么的概括说明。

确定单元教学目标以后，需要辨别该单元学习结果的类型和性质，即分析单元教学目标所属的领域—层级，这一操作有助于单元教学目标内容分析的进行，同时参考不同

① 靳玉乐：《中国基础教育新课程的创新与教育观念转变》，载《西南师范大学学报(人文社会科学版)》，2002(1)。

领域—层级的常用阐明动词及目标阐明案例，有助于教师检查单元教学目标表述是否合适，以及是否切合教师期望学生达到的目标。

此时，单元教学目标的阐明已基本完成了。需要指出的是，这些工作在课程层次的教学设计时便可完成。而在正式单元教学之前，教师进行单元教学设计时，教师还需要对单元教学目标做进一步的修正。结合单元层次的学习者分析结果，以及具体的单元教学内容，对单元教学目标进行调整。

单元教学目标阐明的流程如图 4-6 所示。

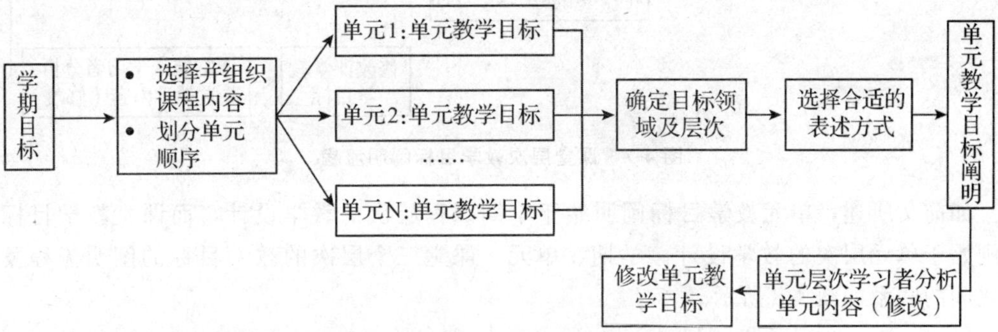

图 4-6　单元教学目标阐明流程图

(3)根据不同的学习任务，选择相应的方法对单元目标进行下位技能分析

虽然此时单元教学目标的阐明已经完成，但是从教学设计过程的维度来说，还有一个重要的步骤——单元目标的内容分析没有完成，这一工作十分重要，影响着后续的课堂教学设计及课堂教学活动。

这一步骤是将相对概括的单元教学目标和具体的教学内容建立联系的过程。通过对不同单元目标作内容分析，可以明确要达到该目标，学生需要习得的知识、技能，及这些知识、技能之间的联系，也是制定课堂层次教学目标的铺垫工作。

4. 课堂层次教学目标阐明流程

课堂层次教学目标的阐明始于单元层次的教学设计。在教师确定单元目标之后，接下来的任务，就是将每条单元目标具体化，形成每节课后学习者的能力行为目标。之后，按照每一条课堂行为目标之间的逻辑关系，承载的学习内容容量、学生的年龄等因素，将它们划分组合，形成各课时目标。

在中小学，一般教材的段落与教学的时间单位是统一的，教师通常按照教材和教参划分课时，确定课堂教学目标。事实上，在此基础上，教师仍然可以根据学生的实际心理发展水平、学习水平，根据当地教学的实际情况，根据学习目标(课堂学习目标)之间的逻辑关系及课与课之间的平衡等因素，重新审视课的划分，甚至重新划分课。

根据确定的课堂教学目标，我们需要依据教学目标分类框架，确定目标的领域及层次，这一操作一方面可以帮助教师更好地理解课堂教学目标的要求，另一方面教师确定课堂教学目标的领域和层级之后，便能依据不同层级的定义和描述，检查课堂教学目标描述是否恰当，这不仅为了更好地阐明教学目标，对于整个教学设计过程及教学活动的开展都具有重要意义，是分析教学目标、教学活动、教学评价三者之间一致性的前提。最后，对照相应的目标表述方式的要求，对课时教学目标的表述进行修改。

以上工作在单元层次的教学设计时便可完成。而在课堂层次的教学设计时，教师还需要对课时教学目标做进一步的修正。结合课堂层次的学习者分析结果，以及具体的课堂教学内容，对课堂教学目标进行调整。课堂教学目标阐明的流程如图 4-7 所示。

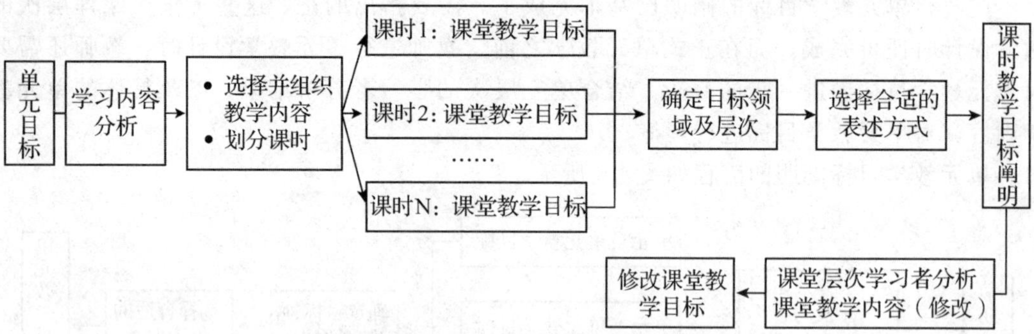

图 4-7　课堂层次教学目标阐明流程

如前文所述，单元教学目标阐明始于学期课程层次的教学设计，而课堂教学目标阐明则始于单元层次的教学设计。学期、单元、课堂三个层次的教学目标的阐明流程及相互之间的联系如图 4-8 所示。

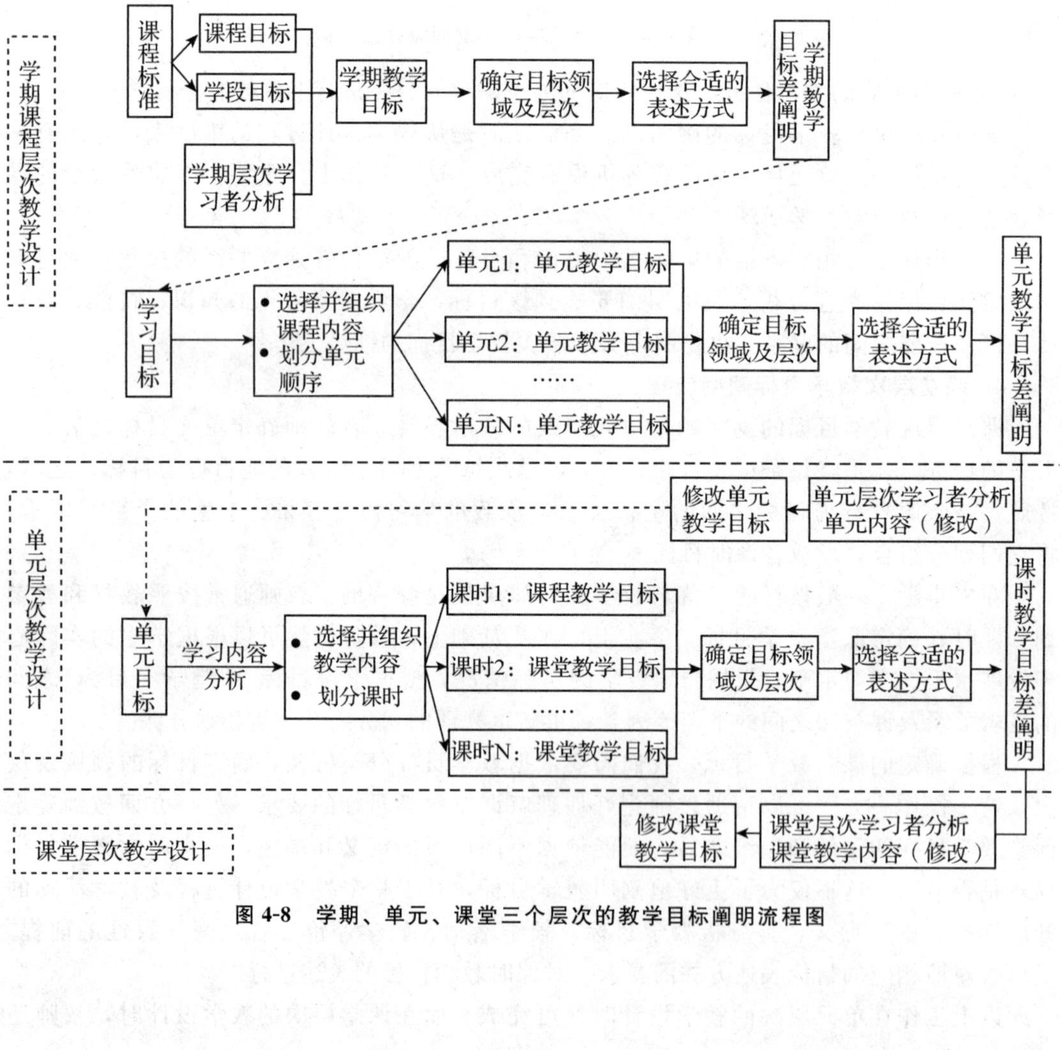

图 4-8　学期、单元、课堂三个层次的教学目标阐明流程图

4.3　教学策略研究及其学科化制定流程

关于教学策略学科化的研究成果，我们扩充了教学策略的外延，并丰富了其中要素的内容；对教学策略制定的影响因素做了更为详细的剖析；设计了教学策略的制定流程等，以对学科教师更有具体的指导意义。

4.3.1　教学策略概念的修订

目前，国内外学者对于教学策略的认识不一，至今还没有统一的界定。归纳起来，大致有“方案/计划/措施”说、“方法/手段”说、“过程/行为/活动”说、“知识”说和“系统决策”说五种观点，如表 4-15 所示。

表 4-15　教学策略的概念分类汇总

观点分类	代表人物
“方案/计划/措施”说	张祖忻(1985)、顾明远(1998)、加涅(1992)、李康(1994)、张大均和余林(1996)、顾泠沅(1999)等
“方法/手段”说	张春兴(1998)、Gary R. Morrison(2004)
“过程/行为/活动”说	车文博(2001)、施良方和崔允漷(1999)和学新(2000)、梁燕惠(2004)、皮连生(2004)等
“知识”说	黄高庆，申继亮和辛涛(1998)
“系统决策”说	乌美娜(1994)、曹成刚(1998)、周军(2007)、刘美凤(2011)、张祖忻(2011)等

虽然各种观点说法不一，但却有两点是共通的：首先，教学策略是针对特定的教学目标的，这一点毋庸置疑；其次，教学策略涉及教学组织形式、教学活动程序、教学顺序、具体教学方法以及教学媒体等一个或多个要素。但具体包含哪几个要素，说法不一。

由于教学策略的制定是教学设计过程的中心环节，承接之前的教学相关分析和之后的教学评价，这就需要我们从系统化和整体化的视角去看待教学策略。因此，“综合方案观”和“系统决策观”较单纯的“知识观”和“方法观”就更为合理，这些观点更加体现出教学策略的“综合性”这一特征，强调了教学策略从整体上对于教学组织与实施的作用。但从梁燕惠提出的动态与静态的角度来看，比如，“方案/计划/措施”说这样的表述，单从静止的角度去认识教学策略确实是有失偏颇的，而教学策略实际上是应该依据课堂教学的实际情况变化而不断调整的，因此“系统决策观”就显得更加合理。

本研究认为教学策略是在一定教学情境下，教师针对教学策略的诸多内容要素进行的整体化考量和系统化决策。它是对于课堂教学如何展开的具体说明与描述，是教学设计过程模型中的一个环节，解决的是教学设计中“如何教”的问题。但是，这里的教学策略内容要素到底指哪些，还需要进一步研究。

1. 教学策略的内容构成要素分析

只有明确教学策略的内容要素有哪些，才能有助于正确理解教学策略，才能保证教师准确并顺利地完成教学策略的制定，进而完成教学设计的整个过程。通过对现有研究和一线实践的考察，我们发现理论研究者和实践专家对于教学策略内容构成要素的观点仍然存在一定分歧，比如，“教学方法”是否属于教学策略内容要素的问题。对于教学策略内容要素的构成，至今没有统一认识。因此，教学策略到底应该包含哪些内容要素，已有的研究是否完备、恰当，这些问题都还需要我们进一步加以探讨，而这也正是本研究期望解决的核心问题。

2. 教学策略内容要素的确定

对于教师而言，在实施教学时无非要考虑这么几个问题：为什么教？教什么？怎么教？教的效果如何？其中，“为什么教”是从宏观的教育理念出发，以促进学生发展为目的，对于课堂教学之后学生在知识和能力等各方面提升的预期，对应教学设计中“教学目标”的确定；“教什么”更多是依据已经确定的教学目标对于教学内容的选择和安排；“为什么教”与“教什么”，是教师确定“如何教”的前提和依据。“如何教”是教学策略要解决的主要问题，是教学策略的本质属性。因此，要作为教学策略的要素就必须在一定程度或水平上体现出“如何教”的性质。

(1)教学策略的四个基本内容要素

首先，在教学目标与内容确定之后，作为教学人员，还需要考虑一个问题，即“先教什么，后教什么”，或者说是学生“先学什么，后学什么”，这其实涉及的是教学顺序的问题。

其次，在目标与内容确定之后，还需要考虑另一个问题，即应该通过哪些教学环节或学习活动来实施开展教学，以通过这些环节或活动完成既定内容的教与学，并达成既定的教学目标。这是“如何教”中必须解决的一个核心问题，我们称之为教学的活动程序。

最后，教学过程是师生、生生的多向交互综合活动。那么在这个过程中，人员及时空的分配形式如何，师生及生生之间又以何种方式交互，这也是“如何教”所必须考虑的一个方面，即教学的组织形式。

另外，对于教学而言，势必会有一个内容呈现与信息表征的过程，而这个信息表征的过程以及上述教学交互的过程也会需要各种媒体与技术工具的支持，如何对它们进行恰当选择与合理运用，也同样是“如何教”中所涉及的问题。本研究中将这些媒体和技术支持工具等统称为教学资源。

至此，我们可以看到，“教学顺序”“教学活动程序”“教学组织形式”以及“教学资源”这四者都具有“如何教”的属性，因此，从教学设计中“如何教”的视角进行分析，它们都属于教学策略的内容要素，而这四个要素也基本上得到了学术界的认可。

(2)“教学方法”不是教学策略的基本内容要素

通过对已有的教学设计研究中有关教学策略部分的调查梳理，我们发现，除了这四个内容要素以外，比如乌美娜、张祖忻等人在其著作中指出，教学策略的构成中还应包含教学方法。但这一点至今仍然存在一定争议。那么“教学方法”是否能作为与“教学顺序”“教学活动程序”“教学组织形式”以及“教学资源”并列的第五个内容要素呢？为了解决这一问题，我们对“教学方法”进行了更进一步的细致考察。

《现代汉语学习词典》中对于“方法”的界定是“为解决问题或达到某种目的而采取的门路、措施和程序。”①而对于“策略”一词的解释是“为实现某一目的而采取的行动步骤、计

① 商务印书馆辞书研究中心：《现代汉语学习词典》，139页，北京，商务印书馆，2010。

划或方法。"①

在"方法"与"策略"概念的基础之上，有了"教学方法"和"教学策略"的概念。《教育大辞典》中对"教学方法"的解释是"师生为完成一定教学任务在共同活动中所采用的教学方式、途径和手段。"②对"教学策略"的界定是"教学系统论或教育工艺学的术语之一，也译为'教学措施'，指建立在一定的理论基础之上，为实现某种教学目标而制定的教学实施总体方案，包括合理选择和组织各种方法、材料，确定师生行为程序等内容。"③

仅从字面语义分析来看，很难清晰划分"策略"与"方法"之间的差别，两者的内涵上都包括为了实现特定目的而采取的途径和程序步骤，在很多情况下它们被视为同义词在现实中替换使用。因此，仅从语义分析出发，我们无法准确判断两者之间的关系。同时，尽管我们都知道一个事实：即使一位教师熟知大量的教学方法，也并不代表该教师就掌握了好的教学策略，不一定就能使课堂教学效果好、效率高、吸引人，但是反过来，一位教师如果有好的教学策略，那么必定会掌握一些好的教学方法。但从研究的角度而言，并不能就此说明教学策略就包含教学方法，只能在一定程度上说明教学策略与教学方法之间具有一定的关系。因此，要判断教学方法能否构成教学策略的内容要素，我们仍需从本质属性上去考察教学方法。

首先，从教学设计中"如何教"的视角去分析"教学方法"，我们可以看到，其目的旨在通过一定的方式、途径和手段促进师生共同完成某一教学任务。因此，"教学方法"具备"如何教"的属性。但是，从前面的分析我们知道，"教学顺序""教学活动程序""教学组织形式"以及"教学资源"这四个要素虽然并非完全脱离，但它们之所以能成为教学策略的内容要素，是因为这四者之间具有相对的独立性，能够分别从不同的角度实现"如何教"。那么，"教学方法"要作为教学策略的内容要素，就必须回答一个问题：教学方法是否与其他四个要素具有相对的独立性？能否从区别于其他四个要素的角度体现出"如何教"的属性？

为了便于理解，我们用常见的三种教学方法——讲授法、演示法、讨论法，来举例进行分析说明。

对于讲授法而言，其自身要实现"如何教"，必须进一步涉及"先讲什么，后讲什么"的讲授顺序问题，即包含了教学顺序。

对于演示法而言，必然会涉及一系列步骤，如先告诉学生要演示的内容是什么，需要学生关注的要点有哪些，演示的过程，以及演示之后学生的反馈等，同时，演示过程中可能还需要用到一些媒体设备。可见，"演示法"这一个教学方法之中又包含了教学的活动事件、教学资源等其他教学策略的内容要素。

讨论法也有着类似之处，要顺利展开"讨论法"来解决"如何教"的问题，首先需要考虑到一个问题：谁跟谁进行讨论？是师生之间一对多的讨论、一对一的讨论，还是生生之间小组的讨论？而这又涉及课堂组织形式的问题。可见，"讨论法"这一教学方法当中又包含教学组织形式。

当然，教学方法不止这三种，但它们作为最为广泛接受和使用的教学方法，在很大

① 商务印书馆辞书研究中心：《现代汉语学习词典》，125 页，北京，商务印书馆，2010。

② 顾明远：《教育大辞典·增订合编本(上)》，713 页，上海，上海教育出版社，1998。

③ 顾明远：《教育大辞典·增订合编本(上)》，712～713 页，上海，上海教育出版社，1998。

程度上具有一定的代表性。从对上述三个典型的教学方法分析之后我们看到，教学方法从不同程度上包含着教学顺序、教学活动程序、教学组织形式和教学资源，不具有相对的独立性，它是通过对其他几个要素的综合作用来实现“如何教”的功能，而这种综合考虑本身就是教学策略要完成的任务。从这个意义上讲，它其实更像是教学策略的一个缩影，我们可以将其看作一种微观层次上的教学策略。因此，其作为教学策略的一个内容要素的条件不成立。

(3)教学策略的新增内容要素：教学行为和课堂管理

既然教学方法并不能构成教学策略的内容要素，那么为何它会被提出来呢？这引起了我们更进一步的思考。通过前面的分析我们知道，教学方法其实是一种微观层次上的教学策略，是教师针对更具体的教学目标和任务时所采取的“如何教”的策略。那么，从这种更微观的“如何教”的层次出发，还有一个问题需要我们解决，即教学活动过程具体要如何执行与落实？这就涉及教师的教和学生的学的具体行为，问题的解决都是从这些具体行为中实际产生。比如说教学活动是引起学生的注意，教学行为可能就是提问、播放音视频或者其他行为等。那么，这些具体的教学行为(包括教师的教和学生的学)能否构成教学策略的内容要素呢？我们仍需要从其本质属性上进行分析。

首先，教师与学生的具体教学行为解决的是“教(学)的活动究竟采用何种行为与技巧执行与落实”的问题，而这一问题的解决体现了“如何教”的属性。

其次，上述问题与之前的四个问题要解决的侧重点有所不同——“先教(学)什么，后教(学)什么”“教(学)的过程需要哪些具体活动和事件展开”“活动事件展开过程中所涉及人员以何种方式进行交互”和“教学过程中如何呈现内容并促进信息的意义表征”，它们相互之间并不重复，是从不同的角度对于“如何教”的诠释。因此，教师与学生的具体教学行为也应该纳入教学策略的内容要素范畴之中。

这样，从教学设计中“如何教”的角度出发进行分析，我们得到了教学策略的五个构成要素，分别是教学顺序、教学活动程序、教学组织形式、教学资源以及教学行为。

“如何教”在一定程度上隐含着另一层意思——“如何教得更好”，即对于教学的最优化，那么就必然需要对教学过程中的时间进度、资源分配、行为规范、课堂纪律等方面进行综合考虑；而这些对于教学过程的调节与控制是从教学管理的视角对于“如何教”的优化，通过这些问题的解决可以促进教与学进行得更好，我们将其称之为“课堂管理”。课堂管理是从更深层次体现出“如何教”的属性，也属于“如何教”所要解决的问题范畴，同时，它又与之前分析的五种内容要素相对独立，因此，教学策略的内容要素中还应该包括“课堂管理”。

至此，我们知道教学策略应该包含六项内容要素，分别是“教学顺序”“教学活动程序”“教学组织形式”“教学资源”“教学行为”和“课堂管理”，如图 4-9 所示。

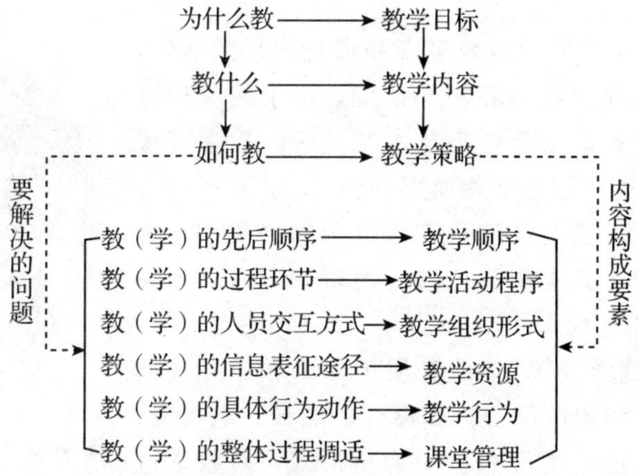

图 4-9　教学策略的内容构成要素总览

3. 教学策略的新内涵

根据以上研究结果，本研究将教学策略的概念界定为：教学策略是在一定教学情境下，为了解决"如何教"的问题，教师依据教学目标、教学内容、学习者等诸多因素，对教学顺序、教学活动程序、教学组织形式、具体教学行为、教学资源以及课堂管理等内容要素的整体化考量和系统化决策。任何一种教学策略都不是万能不变的，需要根据具体的教学情境灵活调适。这一定义在乌美娜教学策略定义的基础上加入了"具体教学行为"和"课堂管理"要素，并将原来的教学媒体丰富为教学资源。这里只对新增添的教学行为、课堂管理要素进行阐述，其他几个要素不再进行阐述(具体研究过程详见翁宁娟的硕士论文①)，并对替代"教学媒体"的"教学资源"做个说明。

(1)教学行为

教学行为指的是在教学活动过程中为达成某一特定目标，教师在教学活动中所采取的具体行为方式或者学生的学习动作与行为。不论是教的行为还是学的行为，都应该符合学生学习的心理规律。

按照行为目的和对象的不同，教学行为可以分为三类：教学呈示行为、教学交互行为、学生学习行为。教学呈示行为是指教学或学习活动过程中用以呈现或展示教学内容与信息的行为，行为的执行方主要是教学者(不一定是教师，也可能是学生)。根据行为方式的不同，可以进一步划分为言语呈示行为(如讲述、举例等)、动作呈示行为(如演示、示范等)和其他呈示行为(如板书、提供先行组织者、呈现概念图等)。教学交互行为是指教学活动过程中师生与生生之间的互动行为，其目的主要在于通过促进教与学的主体之间的对话，加强学习者对于学习内容的意义建构，如教师的提问、学生的回答、讨论等。学生学习行为是指为了增强对于学习内容的认识、理解及应用，学习者在学习活动过程中所进行的一系列具体行为，比如回忆、复述、归纳、总结等，其行为主体是学习者。

① 翁宁娟：《教学设计视野下的教学策略研究》，硕士学位论文，北京师范大学，2014。

(2)教学资源

教学资源指的是用于教学内容呈现和信息表征的载体，比如用于教学过程的硬件设施和软件系统，用于教学信息呈现的教学媒体和材料，以及各类技术工具等。教学资源既可以是物质形态，也可以是非物质形态。

根据资源的特征，我们将教学资源分为四种类型：物理设施类资源、平台工具类资源、内容类资源、以人为主体的资源，如图 4-10 所示。

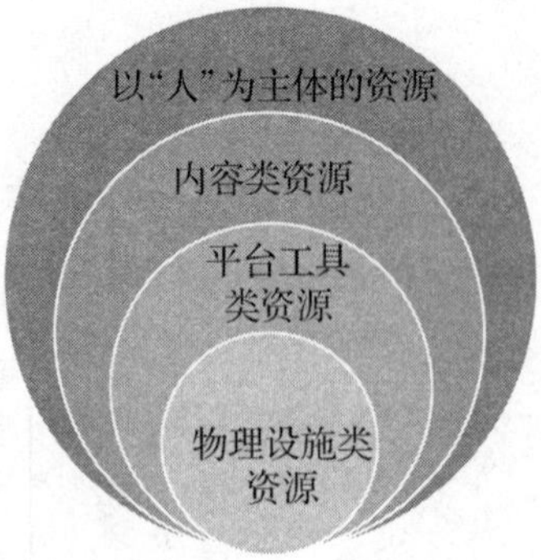

图 4-10　教学资源类型层次图

其中，“物理设施类资源”指的是用于保障教学开展而提供的所有物理装置和硬件设备，如桌椅、黑板、电视机、投影仪、计算机等，这一类资源多为物质形式，对教学过程起着物理承载的作用。

“平台工具类资源”指的是用于支撑教学活动过程或者展示教学信息的平台、系统、计算机软件以及各类工具(如电子白板、几何画板、概念图等可视化工具)等。“平台工具类资源”和“物理设施类资源”一般都不包含具体的教学内容，可用于支持各类多样化的教学活动。

“内容类资源”指的是嵌入于“物理设施类资源”和“平台工具类资源”的，并与具体教学内容相关联的资源，如教师的教学课件、录像、教学设计、教学案例、学生作品、教学游戏、虚拟实验室，以及图片、动画等各类数字化素材等。“内容类资源”属于非物质性的资源，它是教学资源的核心，直接支持教与学过程的开展。

除了上述三类常见的资源形式，还有一类以“人”为主体的资源也是教学资源选择当中值得重视的一部分。比如，学生在进行桥梁设计内容学习的时候，授课教师可以通过获取一线建筑专家的现场讲解来帮助学生进行学习。此时，这位建筑大师就成为一种教学资源。

(3)课堂管理

课堂管理指的是对于课堂教学过程中所有顺序编排、活动程序选择、组织形式选择、具体行为选择以及资源分配的整体调节、适配，以促进教学策略各要素的综合作用最大化，进而实现教学的最优化。

根据课堂教学过程中需要管理的对象，可以将其划分为四类：对教师自身的管理、对学生学习活动与行为的管理、对课堂环境的管理以及对教与学时间的管理。①

对教师自身的管理主要包括对教师教学的仪表、体态、言行等方面的规范，这些因素会在一定程度上影响课堂教学的心理文化环境，从而影响到教与学的效果。比如，某一节课的教学目标是让学生了解并感受某一民族的文化，那么教师就可以选择穿该民族的服饰来上这一节课，在课堂中强化了这种文化环境的形成，从而带来教学效果上的差异。

对学生学习活动与行为方面的管理主要包括三个方面，一是对于学生学习动机的激发，二是对于学生问题行为的处理，三是对于教学突发事件的应对机智。

对课堂环境的管理是指对于教室的各项设施、班级规模以及座位编排等方面的调控，其本质体现的是对于教学资源的优化分配。

① 解晓莉：《教师课堂管理职能的失落与回归》，载《现代教育科学(普教研究)》，2012(3)。

除了对于教师、学生以及环境的管理，如前所述，教学过程中还有一方面因素会影响“如何教得更好”，这就是教学时间。因此，课堂教学管理中还有很重要的一项就是对于教与学时间的调控，不仅包括对于教学进度的安排、对于学生活动时间的控制，还包括对于教学时机(如何时提问、何时给出问题答案等)、教学节奏的把握等。

由以上分析我们可以看到，教学策略涉及“教学”这一过程中“如何教”的各个方面，从“如何教的准备环节”——教学顺序的安排，到“如何教的实施环节”——教学活动程序、教学组织形式、教学行为以及教学资源，再到“如何教的整体调适环节”——课堂管理。教学策略是从系统性的角度，对“如何教”的各个方面的综合考虑，这与前面我们对于教学策略的认识也是相一致的。

4.3.2　教学策略制定的影响因素剖析

为了更好地制定教学策略，我们首先需要研究影响教学策略制定的因素。我们认为，影响教学策略制定的因素可以分为七大类，共计 16 项因素，影响因素框架如图 4-11 所示。

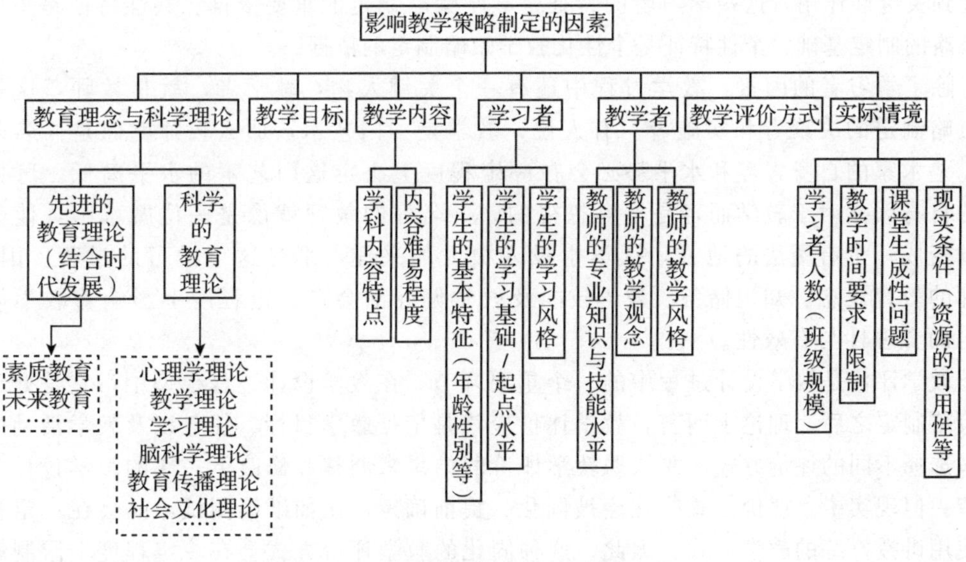

图 4-11　教学策略制定的影响因素框架

“教育理念”因素是指能够有效指导教学策略合理制定的先进的教育思想，是确保教学策略能够紧随时代发展的关键与核心。这些理念要求在制定教学策略的过程中必须符合当下时代对于人才素质的要求，必须适应当前社会的生产方式和未来的生产方式。

科学的教育理论则包括直接指导教师教与学生学过程的相关科学原理。比如，丰富多元的教学理论与学习理论，这是与教师教和学生学直接相关的；还有促进理解学生学习过程的心理学理论与脑科学理论；教学的过程也是一种教学内容的传播过程，也是师生、生生之间的一种社会交往，因此，也会涉及教育传播理论和社会文化学理论等。

教育理念和科学理论不仅可以直接影响教学策略的制定，还会通过教学目标、教学内容，以及对教师教学观念的改变来间接影响教学策略的制定与实施。

教学目标是教学设计各个环节的起点和依据，其中的教学策略也不例外，必须围绕教学目标的类型和层次展开设计，这应该是教学策略制定中首先进行考虑的因素。教学目标是教学策略制定的基础，不同的教学目标和任务，比如认知领域的目标和动作技能领域的目标，在教学策略的选择上必然会有不同的侧重。

关于教学内容，一线教师，尤其是国外教师，在教学设计的策略制定过程中侧重于针对不同的知识类型进行教学活动程序、组织形式、教与学行为以及资源和管理的组合设计，这一点应该是吸收了加涅和史密斯与雷根等人的研究成果，教学内容是指诸如概念、规则、态度、动作技能、问题解决等不同的学习内容结果类型。在以教学目标为出发点的前提下，教学策略的制定必须符合教学内容的要求。最为突出的就是不同学科内容特点以及同一学科中内容难易程度上的层次差异会影响教学策略的制定，比如数学学科内容的特点适合个人探究式教学，英语学科内容的特点适合情境对话式教学等。

学习者的共性和个性化特点是教学策略制定的重要依据。教学的核心价值在于促进学生的全面发展，教学策略作为教学设计过程中的核心环节，势必也要从促进学生发展的角度出发去进行考虑。前述的学习者特征要素体系，也必然会在教学策略的决策过程中起到关键性作用，这些学习者的特征是教学策略制定的重要依据。共性特征是集体教学策略的制定基础，个性特征是个性化教学策略制定的依据。

除了学习者的因素，教学过程中还有一个关键人物，教学者，就是教师，这是教学策略制定的决策者和实施者。有人说，教学是一门艺术，那么教师就像是一名艺术家，艺术家的自身素养和水平势必会在一定程度上决定这门艺术的水平高低。可见教师的自身因素对于教学而言是不容忽视的。一名好的教师就像是一位魔术师，他会将课堂变成一个有魔法的地方，让学生投入极大的兴趣，享受这个学习的过程。因此，教师的教育观念、知识储备、教学技能及教学偏好都会在一定程度上影响着教学策略制定的合理性与有效性。

教学评价是教学设计过程中的一个重要环节，在教学设计过程模型中，它是处于教学策略制定之后。理论上而言，教学评价应该是依据教学目标、任务以及教学活动的特点来选择不同的评价方式，并依据教学评价的结果来调整和修改下一次的教学设计各个环节。但现实中，评价方式往往会被固化、提前确定，比如纸笔测试，就会在一定程度上使用讲授操练的教学方式。因此，这种固化的教学评价方式会在一定程度上限制教学策略的选择。在制定教学策略时，应该尽量避免被不合理的评价方式所引导。

教育理念与科学理论、教学目标与教学内容、学习者与教学者等是影响制定教学策略的理想因素，但是，教学策略的最终制定还会受到很多实际因素的影响。根据已有研究的成果以及部分的教师访谈，本研究认为实际的教学情境中至少会有以下四方面的因素对教学策略制定产生影响。

学习者人数，或称之为班级规模①，指的是在一堂课或者一次教学过程中所参与的学习者的数量。学习者的人数会影响教师对于教学组织形式和课堂管理的决策。学习者的人数从一定意义上来说，也是学习者整体(班级)水平上的特征分析。

教学时间要求也会制约教学活动的设计以及教学组织形式的选择。一般而言，如果要在规定的时间内呈现较多的教学信息，那么集体授课可能就会以其“规模效益”的极大

① 由于有些学校实行走班制，或者一些创新的教学模式下是没有班级的概念的，因此我们用“学习者人数”这一术语来表示，它与一些学者提到的“班级规模”属于同一个意思。

优势而得以突出；但如果时间允许，小组教学和讨论、自主学习、多师共教等组织形式则会更加有利于学生的个体差异发展。

课堂生成性问题是指课堂教学过程中出现的教师事先没有预想到的问题，这种生成是对教师的考验和挑战，会影响和改变教师的教学行为，同时也会在一定程度上影响教学策略的课堂管理要素。

现实条件。除了实际的学习者人数和教学时间等具体情境中的因素以外，在教学策略的制定过程中还需要考虑当地教学条件的可能性，尤其是各种教学资源的可用性等。比如说，通过一系列分析，教师认为这节历史课采用视频赏析的形式教学效果是最优的，但由于学校的教学设施不够齐全，无法满足这样的教学条件，那么教师在教学策略的制定上肯定只能退而求其次了。

综上，我们依次阐述了影响教学策略制定的主要因素及其细分的二级因素，明晰了这些要素是如何对教学策略产生影响和作用。为了更好地帮助教师和教学设计者制定教学策略，根据上述这16项因素的性质及其对于教学策略影响的方式，本研究将这些影响因子进一步划分为理想的因素和现实的因素两大类，如表4-16所示。

表4-16 教学策略制定的影响因素分类

理想的因素	现实的因素
先进的教育理念	教师的教学观念
科学的教学理论	教师的专业知识与技能水平
教学目标	教师的教学风格偏好
学科内容特点	学习者人数(班级规模)
内容难易程度	教学评价方式
学习者的基本特征	教学时间要求
学习者的学习风格	现实条件(如资源的可利用性等)
学习者的学习基础	课堂的生成性问题

其中，“先进的教育理念”“科学的教学理论”“教学目标”“学科内容特点”“内容难易程度”“学习者的学习风格”“学习者的学习基础”这八项因素是较为稳定的，一旦形成基本上很少大幅变化，它们是教学策略制定过程中“应然”考虑的。

而“教师的教学观念”“教师的专业知识与技能水平”“教师的教学风格偏好”“课堂的生成性问题”这四项因素针对不同的教学个体而言是复杂多变的；而“学习者人数(班级规模)”“教学评价方式”“教学时间要求”和“现实条件(如资源的可用性等)”也基本是在教学发生之前就已经确定的、无法人为改变的，是相对不可控的因素。这八种因素对于教学策略的影响上有一部分负向作用的性质，因此会导致教学策略在制定过程中受到诸多限制，由此可能无法实现最优的教学策略决策。

因此，教学策略制定的过程就是对这两方面影响因素进行平衡的过程，但我们应该尽可能地依据理想的因素，同时减少现实因素的负向作用。

4.3.3 教学策略制定的流程构建

首先，由教学策略的内涵我们知道，教学策略制定是一项需要综合考虑和协调多方要素的系统工程，因此，在制定教学策略的时候就必须体现出一定的系统化思维。那么，将教学策略的制定视为一个系统过程，该系统必然会有其输入和输出。在构建教学策略制定的一般流程时，不能简单地仅对教学策略自身进行分析，而应该从系统思维出发，将该系统过程的输入与输出纳入流程构建的范畴。因此，该流程构建的总体框架应该分为三个部分，以教学策略制定的系统过程为核心，以系统过程的输入与输出为辅助。

其次，在确立了该流程构建的系统框架之后，需要明确该系统过程的输入、内部核心以及输出分别是哪些内容。从教学设计的视野下进行分析，该系统过程的输入自然就来自于教学设计的前端分析环节，如教学目标、教学内容以及学习者的分析，它们是教学策略制定的直接依据。系统过程的内部核心，就是对于教学策略诸多内容要素自身的设计，这是一般流程构建的关键。而该系统过程的输出，则与系统输入相对，主要是指经过教学策略制定的环节之后，为教学设计后续环节的工作铺垫，比如形成的教学策略方案或教学资源的进一步开发等。

最后，在明确了教学策略制定作为一个系统过程的输入、内部要素和输出之后，需要分析各部分具体内容的内在逻辑关系，并据此构建教学策略制定的一般流程。综上所述，从教学设计的视野下，本研究将教学策略制定视为一个系统过程，在构建教学策略制定的一般流程时分为“教学设计其他环节的输入”“教学策略制定的内部过程”和“为教学设计其他环节的输出”三个阶段；在此基础上，分析该系统过程各部分内容之间的内在关系，并根据其逻辑关系形成最终的一般流程。

根据上述确定的流程构建思路，结合之前对于教学策略研究的理论梳理、内容要素以及影响因素分析的研究，我们初步构建了教学策略制定的一般流程，如图 4-12 所示。

为了强化本研究成果的有效性与合理性，在初步构建了教学策略制定的一般流程之后，研究者进一步与一线教师以及教学设计领域专家、教学设计专业研究人员进行了深度访谈与交流，以期完善与丰富本研究的成果。一线教师的访谈对象包括北京市丰台区某小学四位数学教师，北京市某重点中学两位语文教师，另外还通过网络在线形式访谈了湖南省某高中信息技术教师周老师和浙江省某高中信息技术教师潘老师。

在访谈过程中，大部分教师都表示，该研究对于他们有很好的启发意义和学习价值，但现实由于受多方面因素的限制，他们也确实很少花大力气设计教学策略，没有全方位考虑过教学策略该如何去设计才是合理有效的，甚至有些教师说都没有在教学中有意识地制定过教学策略，该怎么教基本上都是学经验、靠经验。

针对本部分构建的一般流程，大部分教师认为还是比较合理的，也有一些教师提出了修改建议，根据建议修改后的版本如图 4-13 所示。

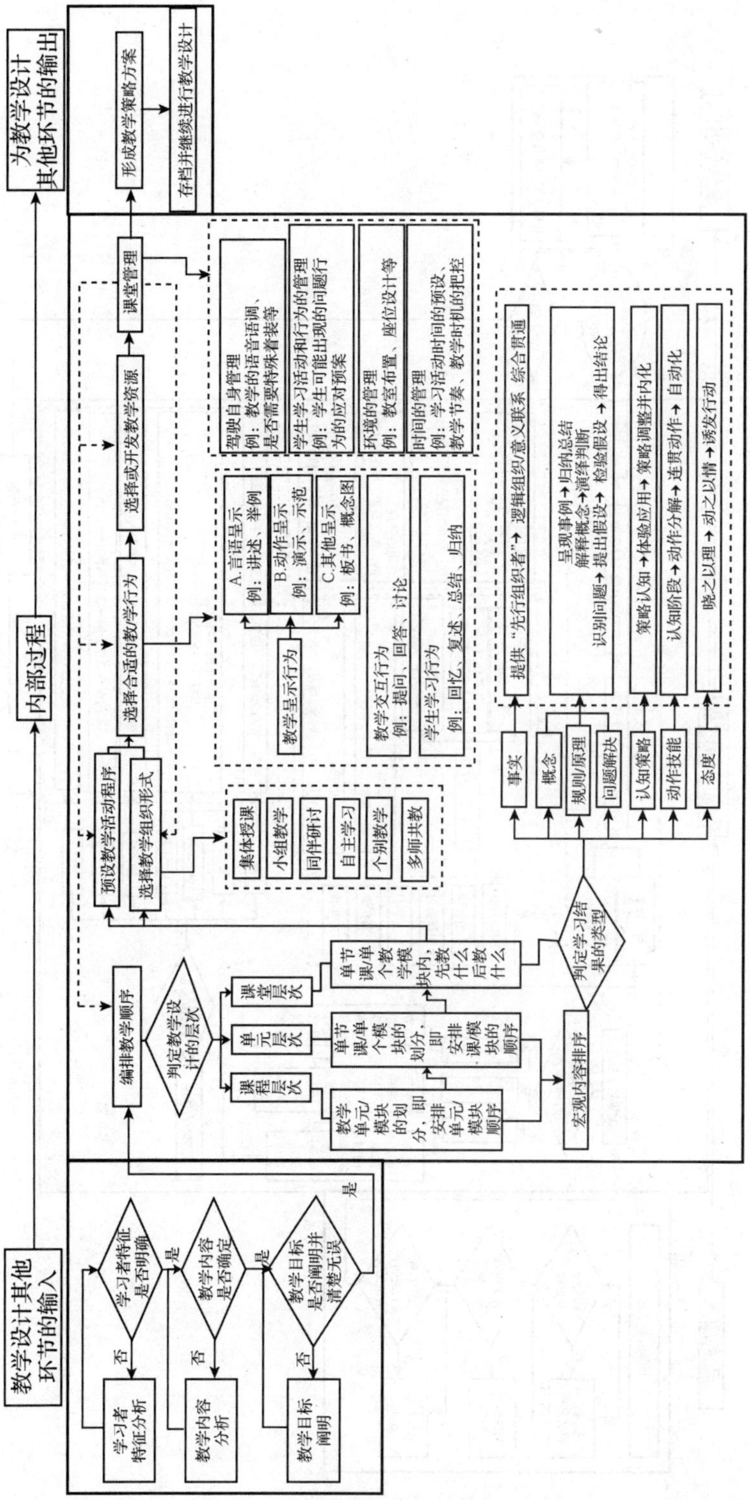

图 4-12　教学策略制定的一般流程

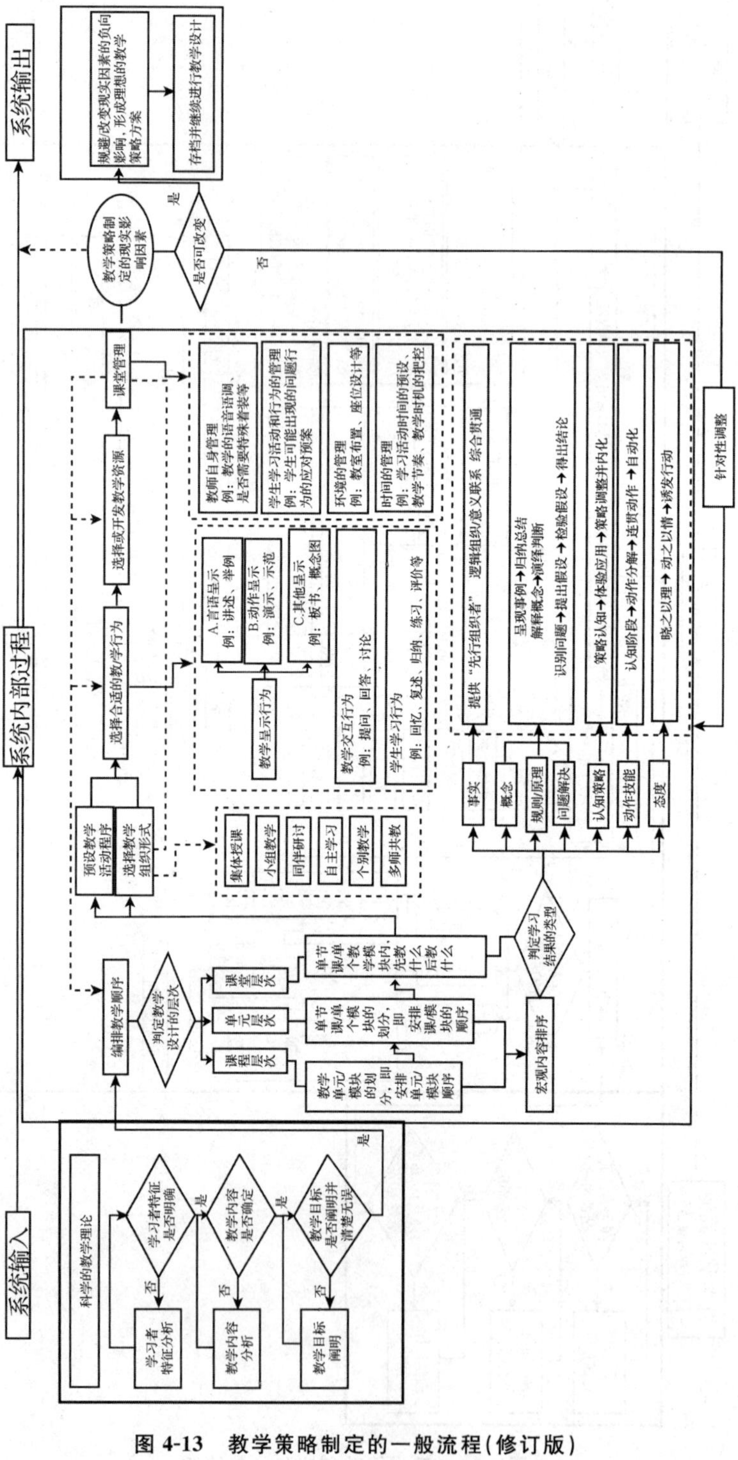

图 4-13 教学策略制定的一般流程(修订版)

4.4　教学设计评价研究及其学科化

关于教学设计评价要素的学科化研究，我们重新审视并丰富了评价的类型，形成了教学设计的“评价—过程”二维表，并进一步建立了课堂层次、产品层次和系统层次的评价模型。

4.4.1　教学设计评价的类型

教学设计评价的目的是“保证或判断教学设计是否能够或已经‘效果好、效率高、吸引人’地达到目标”。过程评价用来保证教学设计能够达到目标。要保证目标的达成，我们首先要通过评价确定现有的起点，也就是了解距离目标的差距，这符合诊断性评价的思想；其次，还要通过不断地评价修改来逐渐达到目标，这符合形成性评价的思想。这两种评价是目前教学评价领域讨论比较多的评价类型。

除此之外，从项目管理的角度，教学设计评价还要监督教学设计各个阶段的执行情况来保证达到目标，加涅等人认为对教学系统设计过程的评价有可能会导致该过程结果与效率的不断改善。这里的评价包括对教学设计的各个环节的把控，是否以合理规范的形式完成了教学设计各个环节。此外，在项目评价中，采取必要的管理措施来实现或达到既定目标(计划目标)也是非常重要的，这里的评价的主要目的是改进项目管理，加强对项目的监督和控制等，在本研究中，我们主要关注对教学设计项目的进度和成本的控制等。无论是监控教学设计过程的规范性，还是监控教学设计项目的进度和成本，都是为了保证教学设计的质量，我们称这种评价类型为“监控性评价”。这种评价监控了教学设计整个过程，也符合全面质量管理的思路。

此外，过程评价还有一种情形，即在教学设计过程中发现教学设计项目无法继续，这时候就需要终止或放弃进行教学设计，特别是对一些投资风险大的项目，在教学设计过程中需要不断地评估项目风险，决定是要继续还是放弃，尽可能避免决策失误造成重大的经济损失和不好的社会影响，这种评价类型我们称为“决策性评价”。决策性评价的评价结果只有两种，继续项目和终止项目。

也就是说，过程评价包括了诊断性评价、形成性评价、监控性评价和决策性评价。

结果评价用来确认教学设计是否达到目标。根据已有的研究，我们发现总结性评价和证实性评价都是为了确认教学设计是否达到目标，二者的主要区别是评价的时机不同，总结性评价是在教学设计实施后进行的评价，而证实性评价是在教学设计实施一段时间以后进行的评价。二者相结合，能够更好地确认教学设计是否达到目标。也就是说结果评价包括证实性评价和总结性评价，这也跟项目评价中的项目管理后评价和项目跟踪评价相呼应。

这样，我们从应然角度得到了教学设计评价所包含的类型，如图 4-14 所示。

根据已有文献，我们从教学设计目的推演出了教学设计评价的六种类型，涵盖了教学设计中的各种评价类型，并且新提出了监控性评价和决策性评价，尽可能地做到了完备。然而，从分类的角度，我们还需要考察这几种评价类型之间的互斥关系。这里我们进一步明确各种教学设计评价类型，如表 4-17 所示。

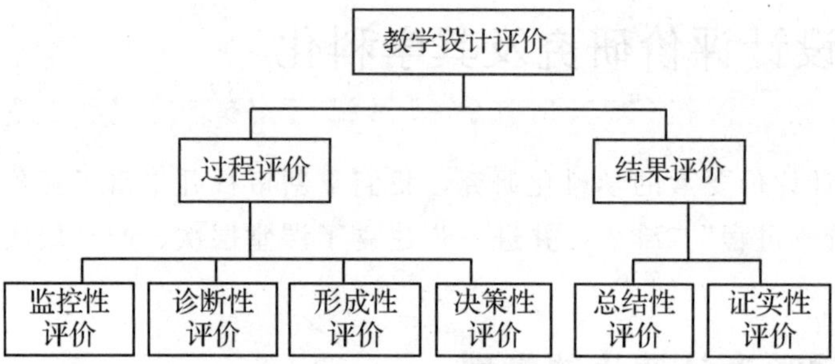

图 4-14　教学设计评价总览

表 4-17　教学设计评价类型的界定

评价类型	界定
监控性评价	监控性评价是监督教学设计各个阶段的执行情况来保证目标达成而进行的评价。包括对教学设计的各个环节的把控，是否以合理规范的形式完成了教学设计各个环节，还包括对教学设计项目的进度和成本的控制，等等
诊断性评价	诊断性评价是对评价对象的现实状况及存在的问题、产生的原因所进行的价值判断的过程。① 这里主要指为了了解学生进入下阶段学习的准备状态，确定学生原有基础，以便正确规定新的学习阶段的起点和方案进行的评价
形成性评价	形成性评价是为了支持教学设计过程的改进而进行的评价，通常委派或由能对设计做出改进的人来评价②
决策性评价	决策性评价是项目进行过程中为了评估项目风险，决定是要继续还是放弃而进行的评价。评价结果只有继续项目和终止项目两种
总结性评价	总结性评价是为了判断教学设计的有效性而进行的评价，是由观察人员或决策者(非开发者)来进行的评价③
证实性评价	证实性评价是为了确定教学材料的长期效果，而进行评价的过程④

从上表中可以看出各种教学设计评价类型的主要区别在于评价目的的不同，区别也就比较明显，存在互斥关系。这里特别说明一下“监控性评价”和“形成性评价”的不同，监控性评价主要是为了保证教学设计的每个环节是否都按照科学的方式进行，监控项目的进度、成本等。而“形成性评价”是为了发现教学设计中存在的问题，如“教学策略”是否合适？交互设计是否合理等？二者的关注点不同，监控性评价关注的重点是教学设计项目的管理，而形成性评价则更关注教学设计的内容。

① 陶西平：《教育评价辞典》，北京，北京师范大学出版社，1998。

② Scriven M.，“The methodology of evaluation”，In *Perspectives of curriculum evaluation*，ed. CR. W. Tyler，R. M. Gagneé & M. Scriven，Chicago，Rand McNally，1967，pp. 39-83.

③ Scriven M，“Types of evaluation and types of evaluator，”*American Journal of Evaluation*，1996(2)，pp. 151-161.

④ Misanchuk E. R.，*Uses and Abuses of Evaluation in Continuing Education Programs：On the Frequent Futility of Formative，Summative and Justificative Evaluation*，San Antonio，Texas，1978.

4. 4. 2　教学设计的“评价—过程”二维表

前面我们对教学设计评价所包含的评价类型进行了界定，基本确定了教学设计评价的范围。然而，要想使教学设计评价更加接近实践就需要把评价类型与教学设计过程相结合，该部分就是要解决如何结合的问题。

模式是再现现实的一种理论性的简化形式，教学设计过程模式则是在教学实践当中逐步形成的，运用系统方法进行教学设计的理论的简化形式。也就是说，教学设计过程模式是展现教学设计过程的一个窗口。在教学设计过程模式中，ADDIE 模式可以算作所有模式的基础，甚至超过 100 种以 ADDIE 为基础的教学设计过程模式。该模式展现了教学设计过程的最基本要素，也是其余几乎所有的教学设计模式共有的要素。ADDIE 作为教学设计最基本的模式，是其他教学设计模式的一个重要缩影。如果能把该模式跟教学设计评价模式结合，将会为教学设计评价的实践起指导作用。此外，在 ADDIE 模式中，评价这一要素位于教学设计过程的中心，贯穿整个教学设计过程，如图 4-15 所示。

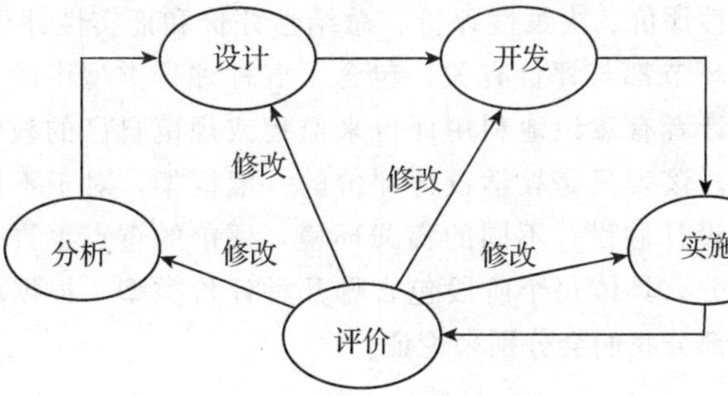

图 4-15　ADDIE 模式

这里的评价不仅包括“评价”自身所在的节点所代表的对教学设计成果的评价，还通过评价修改影响分析、设计、开发和实施环节，通过评价做出理性的决策，为成功地完成教学设计项目奠定了基础。这也符合我们提出的教学设计评价的目的——“保证或判断教学设计是否能够或已经‘效果好、效率高、吸引人’地达到目标”。基于此，我们提出了教学设计评价类型和教学设计过程相结合的二维表，见表 4-18。此二维表中，标题行是 ADDIE 的五个阶段，标题列是我们前面从应然角度得到的教学设计评价的类型。表格中的空白区域表示的是在相应的阶段所包含的教学设计评价类型。

表 4-18　教学设计的“评价—过程”二维表

		分析阶段	设计阶段	开发阶段	实施阶段	评价阶段
过程评价	监控性评价					
	诊断性评价					
	形成性评价					
	决策性评价					
结果评价	总结性评价					
	证实性评价					

ADDIE到底何时或是由谁提出的已不可考，迪克-凯瑞曾对该模式做了重新界定，我们以此为依据，简要介绍每个阶段所包含的工作，如表4-19所示。

表4-19 ADDIE模式中各阶段的主要工作

	主要工作
分析阶段	确定学习问题，进行学习需要分析，进行目标分析，学习者分析，学习环境分析，同时还要考虑教学设计所受的限制，如媒体传输、项目时间等。
设计阶段	学习目标具体化，学习内容设计，策略设计，媒体的选择，脚本或原型设计。
开发阶段	基于已有设计创作或生产教学设计成果(教学设计方案、学习材料等)，试用修改。
实施阶段	制订培训学习者或教师的计划、教学设计成果(教学设计方案、学习材料等)的传输或分发。
评价阶段	在这里的评价阶段，主要指评价作为该模式的一个节点，也就是其他各个环节都已经进行完之后的评价。

教学设计评价类型主要包括过程评价和结果评价两大类，细分后主要包括监控性评价、诊断性评价、形成性评价、决策性评价、总结性评价和证实性评价六种。而ADDIE中共有五个环节，每个环节都与评价有关，包含了五种评价类型中的一种或几种。该二维表，可以指导教学设计者有意识地利用评价来监控或规范自己的教学设计过程，取得最优化的教学设计成果。该表只是教学设计评价的一般框架，对于不同的教学设计层次来说，由于不同的教学设计假设，不同的实践环境，评价的重点也许会有所区别，但总会是这个总体中的一部分。具体每个阶段包含哪几种评价类型，根据教学设计层次的不同，而有所区别，后续部分我们会分别来论证。

4.4.3 课堂层次教学设计评价模型

教学设计评价的目的是"保证或判断教学设计是否能够或已经'效果好、效率高、吸引人'地达到目标"。课堂层次教学设计评价的主要目的是"保证或判断课堂层次的教学设计是否能够或已经'效果好、效率高、吸引人'地达到目标"。其最终目的是通过改进教学设计来提高教学效果。课堂层次教学设计的主体一般是教师，斯蒂金斯(Rick Stiggins)曾指出，教师要花费三分之一至一半的专业时间用于与评价相关的活动。① 其中包括教学设计评价，也包括课堂评价。

课堂评价作为课堂教学活动的有机组成，对改进学生学习和教师教学有着不可替代的地位和作用。课堂评价是课堂教学的一个重要环节，也是教师的一项重要的专业技能。同样，教学设计评价是课堂教学设计的一个重要环节，同样是教师所必需的重要专业技能。② 二者可能存在一些交叉，相互之间可以借鉴。

1. 教学设计的视角

根据当前中国中小学的特点，学科教学设计一般需要根据教学大纲的要求，针对一个班级的学生，在固定的教学设施和教学资源的条件下进行教学系统设计。具体可能包

① Stiggins R. J, "Relevant classroom assessment training for teachers," *Educational Measurement: Issues and Practice*, 1991(10), pp. 7-12.

② 刘志平，刘美凤，吕巾娇：《小学数学教师教学设计能力及其构成研究》，载《中国电化教育》，2009(9)：81。

括一门课程、一个单元，一节课甚至几个知识点的教学设计。其假设基本符合古斯塔夫森和布兰奇(Gustafson & Branch)①教学设计模式的三个分类中课堂取向的教学设计的特点。古斯塔夫森和布兰奇提出的课堂层次的基本假设(接近真实情况)如下。

①已有比较明确的学习者；②教师的职责是确定合适的内容，安排教学策略，选用合适的媒体，开展教学和评价学习者；③教师一般有比较重的教学负担，没有时间完整地开发教学材料，可利用的开发资源也比较有限；④大多数教师，同样内容的教学一学期基本只有一次，所以很少进行严格的评价修改；⑤教师更多是选择或者改编已有的资源，而不是开发。

从教学设计的视角出发，我们参照古斯塔夫森和布兰奇对模式的选取方式，选取了三个课堂层次的教学设计模式，具体如表 4-20 所示。

表 4-20 选用的课堂层次的教学设计模式

层次	模式名称	提出者	提出时间
课堂层次	格拉齐和埃利模式	Gerlach and Ely	1980
	ASSURE 模式	Heinich，Molenda，Russell and Smaldino	1999
	PIE 模式	Newby，Stepich，Lehman and Russell	2000

我们前面从教学设计评价类型和教学设计过程两个维度提出了教学设计的"评价—过程"二维表，这个二维表从两个维度提供了最基本的分析框架。而不同的教学设计模式，其最基本的要素是 ADDIE 中的五个要素，也就是最基本的教学设计过程。在这里我们可以以此为框架进行分析，最后得到教学设计视角的课堂层次教学设计评价模型(详细分析过程见董丽丽的硕士论文②)，如表 4-21 所示。

表 4-21 教学设计视角的课堂层次教学设计评价模型

评价类型		分析阶段	评价阶段
过程评价	监控性评价		
	诊断性评价	初始能力的评定	
	形成性评价		针对教学目标、教学策略、教学材料和媒体进行的形成性评价
	决策性评价		
结果评价	总结性评价		学生对内容与教学的态度评价、评价学习者成就
	证实性评价		

该模型中，课堂层次的教学设计基本集中在分析阶段的诊断性评价，也就是对学习者初始能力的评价，此外，还有在评价阶段的形成性评价和总结性评价，形成性评价主要用来为下一次教学提供经验，主要集中在对目标、策略、材料和媒体三方面的形成性

① Gustafson K. L. & Branch R. M., *Survey of Instructional Development Models*, New York, ERIC Clearinghouse on information & Technology, 2002: pp. 18-19.

② 董丽丽：《教学设计评价的理论研究——从教学设计的三个层次出发》，硕士学位论文，北京师范大学，2013。

评价；总结性评价主要通过收集学生的反应，一方面可以通过评价学习者的成就，另一方面了解学习者对教学的反应。

2. 课堂评价的视角

课堂评价技能构成了教师的核心专业技能。1990 年，美国教师联盟、美国教育测量全国委员会和美国教育协会发布了《学生评价的教师能力标准》。[①] 教师的课堂评价活动如图 4-16 所示。

教学活动发生之前的评价

- ✓ 理解学生在一系列学习领域或学科领域中所具有的文化背景、兴趣、技能和能力；
- ✓ 理解学生对特定教学内容的动机和兴趣；
- ✓ 明确阐述期望学生达到的绩效效果；
- ✓ 规划学生个体和小组教学。

教学过程中的评价

- ✓ 监控学生达成学习目标的情况；
- ✓ 识别学生在学习和表现中取得的成就及遇到的困难；
- ✓ 调整教学；
- ✓ 向学生提出适切的、特殊的和可靠的赞扬与反馈；
- ✓ 激励学生学习；
- ✓ 判断学生达到教育目标的程度。

适当的教学单元（如一节课、一个教学单元、一个学期或一个学年）结束后的评价

- ✓ 描述每一位学生实现短期和长期教学目标的程度；
- ✓ 向学生、家长或学生的监护人传达以评价结果为基础所获得的有关学生学习优势和弱点的信息；
- ✓ 记录和报告适用于学校水平分析、评价和决策的评价结果；
- ✓ 评价教学的效益；评价课程和使用中的教学材料的效益。

图 4-16 美国教师课堂评价活动

课堂评价是教师为了判断学生的学习情况、了解自己的教学效果、促进学生的有效学习而开展的对学生学习信息的采集、分析和利用活动。与之相比，教学设计评价的评价主体更多倾向于对教学设计过程和结果的评价，对学生学习效果和教师教学工作过程的评价是进行教学设计评价的手段，而不是目的，通过对学生和教师的评价，来完善和评价教学设计。课堂评价和教学设计评价有很多交叉的地方，以上对教师课堂评价技能的要求中，有很多也属于教学设计评价的范畴，整理如图 4-17 所示。

其中教学活动发生之前的评价，也就是教学设计实施之前的评价，而这里提到的对学生的文化背景、兴趣、技能以及动机、兴趣的了解，也是教学设计中诊断性评价的内容；教学过程中的评价，更多是教学设计实施中的评价，其中根据学生反馈调整教学，属于教学设计形成性评价的内容；适当的教学单元结束后的评价，是教学设计实施后的评价，其中对学习目标达成程度的判断可以反映教学设计的效果，而评价教学的收益，算是教学设计总结性评价的范畴。因此，我们可以从“学生评价的教师能力标准”中推导出课堂层次教学设计评价的类型及相关内容。如表 4-22 所示。

① 沈玉顺：《课堂评价》，34 页，北京，北京师范大学出版社，2006。

教学活动发生之前的评价

- ✓ 理解学生在一系列学习领域或学科领域中所具有的文化背景、兴趣、技能和能力；
- ✓ 理解学生对特定教学内容的动机和兴趣。

教学过程中的评价

- ✓ 监控学生达成学习目标的情况；
- ✓ 识别学生在学习和表现中取得的成就及遇到的困难；
- ✓ 调整教学；
- ✓ 判断学生达到教育目标的程度。

适当的教学单元（如一节课、一个教学单元、一个学期或一个学年）结束后的评价

- ✓ 描述每一位学生实现短期和长期教学目标的程度；
- ✓ 向学生、家长或学生的监护人传达以评价结果为基础所获得的有关学生学习优势和弱点的信息；
- ✓ 记录和报告适用于学校水平分析、评价和决策的评价结果；
- ✓ 评价教学的效益；评价课程和使用中的教学材料的效益。

图 4-17　课堂评价活动所含的教学设计评价

表 4-22　课堂评价视角的教学设计评价模型

评价类型		分析阶段	实施阶段	评价阶段
过程评价	监控性评价			
	诊断性评价	初始能力的评定		
	形成性评价		识别学生在学习和表现中取得的成就及遇到的困难，进而调整教学	
	决策性评价			
结果评价	总结性评价			判断学习目标达成程度，评价教学效果
	证实性评价			

3. 课堂层次教学设计评价模型的提出

以上我们分别从教学设计和课堂评价两个视角得出了课堂层次的教学设计评价理论。教学设计视角的分析，一方面是对已有的课程层次教学设计评价的梳理，把握研究现状；另一方面也从教学模式的角度提取出了教学设计评价的理论。课堂教学评价的视角从课堂教学中教师必备的评价技能出发，找出与教学设计评价相关的技能，得出相应的教学设计评价的理论。

通过表 4-21 和表 4-22 对比发现，在对学生的诊断性评价方面，以及最后教学设计的总结性评价方面，两种角度得出的结论基本是相同的。然而，课堂评价的角度多了教学设计实施中的评价，而教学设计的角度多了实施后的形成性评价。

实施中的形成性评价主要是给教师提供矫正性反馈，根据学生的情况来调整教学。实施后的形成性评价是为了以后的教学积累经验，总结反思进而改进，更好地进行以后的教学。这两种评价都非常重要。在一个单元及一堂课中收集信息，了解并纠正或者补救出现的教学问题或学习困难，是对学生负责任的表现。课堂评价的功能不仅仅是评价学生的学习，更重要的是促进学生的学习，而促进学生的学习应该成为课堂评价的主要目的。而实施后的评价和反思对于教师的专业发展尤其重要。在对多位中小学高级教师的访谈中，他们均不约而同地提到"评价和反思能力是教师成长的关键。"在实际的调查中发现，中小学实践中有很多优秀的经验可以促进教师的监控和反思能力的提升，比如：录像反思法、集体教研法、师徒学习法等。

综上，我们得到了课堂层次的教学设计评价模型，如表 4-23 所示。一线教师可以参照该表有意识地改进自己的教学设计。

表 4-23 课堂层次教学设计评价模型

评价类型		分析阶段	设计阶段	开发阶段	实施阶段	评价阶段
过程评价	监控性评价					
	诊断性评价	① √				
	形成性评价				②√	③√
	决策性评价					
结果评价	总结性评价					④√
	证实性评价					

分析阶段的主要评价类型是诊断性评价①，其主要评价焦点是学生的初始能力。实施阶段的主要评价类型是形成性评价②，其主要评价焦点是识别学生在学习和表现中取得的成就及遇到的困难，及时调整教学。评价阶段的主要评价类型包括形成性评价③和总结性评价④，③的主要评价焦点是针对教学目标、教学策略、教学材料和媒体进行的形成性评价，反思是否存在需要扩充和补救的地方以及思考怎样改进学习材料和学习活动来进行重复使用。④的主要评价焦点是根据学习目标达成程度，评价教学的效益并判断教学的质和量是否达到了需要的水平。

需要说明的是，一线教师一般工作负担比较重，很少有时间进行严格的评价修改，但是教学设计中的形成性评价是一个连续的过程，表 4-23 给教师提供了一个参考依据，教师需要形成评价修改的意识，不断地完善自己的教学设计。

4.4.4 产品层次教学设计评价模型

"产品层次的教学设计"是为具体顾客或商业市场制作特定的教学产品。其基本假设为：在进行不同产品设计时，需求分析的工作量可能会区别较大，但教学产品是确定需要的；通常需要设计生产新产品，而不是从现有的材料里选择或修改；传输的技术复杂度各异，基于可用的技术；非常强调试用和修改；设计成果要广泛推广；产品必须是供学习者自学的。

我们分别从教学设计和产品设计两个视角得出了产品层次教学设计各阶段所包含的评价类型。经过比较，我们可以发现，产品设计视角和教学设计视角在分析、设计、开发的每个环节都包含了形成性评价，二者的主要区别在于产品设计的各个阶段多了决策性评价。在各个阶段，形成性评价活动包括内部评论、开发尝试、不断反馈和连续的项目修改。每个阶段内的形成性评价可能和决策性评价研究相同的变量，使用相同的工具，并且收集相同类型的数据，但是却为了不同的目的，即形成性评价是为了有助于项目的修改，从而达到项目的成熟、高质量和效果；而决策性评价是为了决定该产品设计项目的去留。过程中的决策性评价也可能由项目工作人员、管理者或者发起者执行，尤其当遇到要尽快终止有害的、浪费的或者无效的产品开发的重要情况时。而最终的总结性评价，独立考察项目，并且根据以下标准来评价项目的价值：产品的质量、产品使用的效果、产生的短期结果和长期影响、积极和消极方面的影响、在其他环境下的效用以及关键的竞争产品(如可以达到相同结果的、更好、更廉价或者更少的消极方面影响等的其他可选产品)。总结性评价的委托人包括项目发动者、产品消费者和其他继续使用或者支持项目成就的人。根据分析，我们得到了产品层次的教学设计评价模型，如表 4-24 所示。

表 4-24　产品层次的教学设计评价模型

		分析阶段	设计阶段	开发阶段	实施阶段	评价阶段
过程评价	监控性评价					
	诊断性评价					
	形成性评价	①√	③√	⑤√		
	决策性评价	②√	④√	⑥√		
结果评价	总结性评价					⑦√
	证实性评价					

分析阶段主要确定或者确认教学设计项目的可行性。主要包括形成性评价①和决策性评价②，①主要评价的焦点是该阶段的成果有哪些问题，需要做哪些修改调整；②主要评价焦点在于决定要不要投资，或者中止那些认为不可行、太昂贵的，或者是需求、质量或影响都不确定的项目。

在设计阶段，产品可能要经过几个阶段，包括确定设计定位、构思产品功能、进行内容设计、教学策略设计、交互设计和原型的制作。主要评价类型包括形成性评价③和决策性评价④。③的主要评价焦点是通过以下评价判断来进行评价改进，其中包括：内容是否是最新的，从教育上讲是否是合适的，对用户来说是否是恰当的；教育程序和策略对于用户和内容来说是否是恰当的，是否反映了有效教育设计的原则；使用材料的适宜性和制作质量怎样。而决策性评价④主要评价焦点在于是否要因为项目不可行或者项目花费远超预算而结束项目(在这一阶段，预期到的质量或者效用问题还是可以挽回的)。

在开发阶段，产品可能要经过几个阶段，利用和改编现有资料、素材，用编程或其他手段，经过多种不同水平的测试和试用后，最终完成产品。主要评价类型包括形成性评价⑤和决策性评价⑥。这里的形成性评价⑤主要体现在根据用户体验反馈，对产品版本的反复测试和修改上。评价将继续集中在对项目的内容、过程、材料、用户的转变以及短期效应的关注上，但这里阶段评价的关注度已经转到真实使用的场合的评价：产品在这一领域像最初预想的一样有效吗？为各种用户、应用软件以及机构而设计的这些产品对于他们有效吗？在不是由开发人员控制的应用中，产品的实施会发生什么问题？当用户试图在工作现场使用这一产品时，用户是否会有一些特殊的问题？形成性评价局限在最终产品的修改，以提高或者支持当地的应用、增加推广产品的吸引力、最大化产品相对于同类竞争产品的优势。开发阶段的特征是在开发者控制减少的情况下进行主动的形成性评价。产品的使用从理想的条件转变到典型的工作现场条件，用这样的程序作为产品的 Beta 测试，对产品的修改是基于开发测试和最初的设计说明。在这一阶段，也会不断增加总结性评价来为项目决策提供信息，并且预见到一些可能由预期的用户提出的总结性问题。决策性评价⑥主要关注焦点是根据试生产，观察市场反应，进而决策是否要进行大规模生产等。

在评价阶段，产品已经大规模推广，主要的评价类型是总结性评价⑦，主要关注与市场分析研究相类似的信息，即效益跟踪。[①]

4.4.5 系统层次教学设计评价模型

调整过后的系统层次的教学设计的设计对象包括：教学资源库平台系统、网络课程、学习平台系统、一门课、一个新的专业、一个培训系统等。其基本假设为：需求分析要求很高；通常情况下要开发新材料；传输的技术复杂度各异，基于可用的技术；非常强调试用和修改；推广比较广泛，一般不需要教学设计团队人员的参与。这里主要包括大型系统产品开发和课程(或课程体系)开发两种类型。

大型系统产品开发一方面属于教学设计的范畴，另一方面还可以借鉴企业新产品开发的理论。在产品层次，我们主要借鉴了产品设计理论，系统层次的大型系统的开发则主要借鉴新产品开发理论。这主要是从系统层次教学设计和新产品开发的特点来确定的。新产品开发是指从研究选择适应市场需要的产品开始到产品设计、工艺制造设计，直到投入正常生产的一系列决策过程。新产品开发具有市场需求的不确定性和高费用性。[②] 据我们前面对系统层次教学设计的界定，系统层次的教学设计需求一般不确定，需要进行大量的需求分析。因此，产品层次的教学设计成果更多属于产品设计的范畴，而不属于新产品开发的范畴。因此，像大型的学习平台，学习系统等大型教学软件产品，则应该属于新产品系统开发范畴。这与其他的系统层次的教学设计的设计对象的基本假设也是相同的，所以都可以以新产品开发理论做参考。

此外，对于系统层次的教学设计项目一般拥有大型团队和众多媒体资产，需要强有力的项目管理来保证项目进度和产出质量。对于一个项目推进过程中的各项活动来说，项目理论均有清晰而明确的阐述。因此我们有必要借鉴项目管理的理论来对系统层次的教学设计评价进行指导。这里项目管理也是系统层次教学设计模型提出的一个重要视角。

基于以上考虑，我们根据“提出教学设计三个层次的评价模型的基本假设”从教学设计、新产品开发和项目管理三个角度展开分析，最后经过综合得到系统层次教学设计评价模型。相对于已有的系统层次的教学设计的研究，系统开发角度和项目管理的角度，对项目质量的把控更为严格。

教学设计视角每个阶段的监控性评价更多是针对每个环节的把控，查看是否按照规

① [瑞典]T. 胡森，[德]T. N. 波斯尔斯韦特：《教育大百科全书：教育技术》，285 页，张斌贤等译，重庆，西南师范大学出版社，海口：海南出版社，2006。

② 刘求生：《新产品开发》，7～8 页，北京，清华大学出版社，2001。

范执行等。形成性评价主要是在设计和开发阶段进行的，此外还包括诊断性评价、总结性评价和证实性评价。

系统开发视角提到的在每个阶段结束后进行的项目决策既包括了形成性评价(如重新修改调整)，也包括了监控性评价的内容(如需要重新执行，一般情况下是由于信息收集不完整，需要重新收集，这种决策等于是对每个环节的质量监控，保证每个环节都按照程序认真完成)，还有决策性评价的内容(如终止项目等)。这里的分析、设计和开发环节都包含了监控性评价、形成性评价和决策性评价三种评价类型。

而项目管理的视角中的监控性评价包括对项目的成本、进度以及质量的监控，前面我们把监控性评价界定为只包括对项目的成本和进度的监控，也就是说，这里的监控性评价，考虑更多的是改善项目的管理，而不是改善项目的产品。对于原有的对项目质量的监控，可以归为形成性评价的范畴。这里的分析、设计和开发各个环节包含了监控性评价和形成性评价两种类型。

两种角度里对监控性评价的界定有所差异，系统开发角度的监控性评价主要针对各个环节的操作规范，而项目管理角度的监控性评价主要针对项目时间和项目成本的监控。这两种视角的监控性评价都是为了保证项目的效果和效率，因此都属于监控性评价的内容。此外，系统开发角度提出的项目进行过程中的决策性评价的目的是为了减少项目风险，以免项目遭受重大损失，对于大型的教学设计系统开发和课程设计是非常必要的。这些评价类型都符合教学设计评价的目的——“保证或判断教学设计是否能够或已经‘效果好、效率高、吸引人’地达到目标”，都是非常必要的。系统层次的教学设计评价模型如表 4-25 所示。

表 4-25　系统层次的教学设计评价模型

		分析阶段	设计阶段	开发阶段	* 实施阶段	评价阶段
过程评价	监控性评价	①√	⑤√	⑧√		
	诊断性评价	②√				
	形成性评价	③√	⑥√	⑨√		
	决策性评价	④√	⑦√	⑩√		
结果评价	总结性评价					⑪√
	证实性评价					⑫√

分析阶段的任务包括需求分析、项目可行性分析以及项目立项等。在该阶段，主要包括监控性评价①、诊断性评价②、形成性评价③和决策性评价④。①的主要目的是监控项目立项过程、各个环节的执行进度、成本等；②的主要目的是判断学习内容的起点；③的主要目的是对输出不满意的地方进行重新执行或修改；决策性评价④的主要目的是针对输出结果判断是否要继续该项目。

设计阶段的任务包括教学目标的具体化，教学内容设计，教学策略设计。在该阶段，主要包括监控性评价⑤、形成性评价⑥和决策性评价⑦。⑤监控教学目标的具体化，教学内容设计，教学策略设计各环节的执行过程、执行进度、成本等；⑥对比原型设计，对输出不满意的地方进行重新执行或修改；⑦根据项目的可行性、花费等判断是否要继续该项目。

开发阶段，跟设计阶段的评价类型基本相同，相比较而言测试更多，更加频繁，不断测试和修改。

实施阶段加了*号，是因为在产品开发和课程开发中，稍有不同。产品开发中，该阶段主要是产品投放市场，会有监控性评价监督是否按照制定的营销计划执行等，而课程开发中，实施中的监控就相对较少，更多是教师个人的调控能力，因为课程开发到实施，需要经过课堂教学设计的转化，而不仅仅是执行。这里就不做详细介绍，具体参考课堂层次的教学设计。

评价阶段，主要包括总结性评价⑪和证实性评价⑫，⑪主要针对短期效果，⑫主要针对长期效果的评估。

4.4.6 教学设计评价流程的构建

教学设计评价流程主要提供评价的具体步骤并确定每个步骤的关注点，为教学设计人员进行教学设计评价提供思路。我们初步确定了进行教学设计评价的总体流程，并结合教学设计的三个层次进行了试验研究(具体试验过程详见董丽丽的硕士论文[①])。

评价价值论强调评价的普遍性和合理性，主张事实判断与价值判断、合规律和合目的性的统一。[②] 教学设计评价流程的构建一方面要遵循评价的一般流程，保证评价的合规律性；另一方面要谨记教学设计评价的目的，保证评价的合目的性。同时，评价是一项技术性工作，能否科学地组织评价，对评价的质量与结果的可靠性和有效性有着重要的影响。评价过程一般包括评价准备阶段、评价信息收集阶段、结果处理阶段和反馈阶段。[③] 教学设计评价的流程要符合评价的一般流程，才能保证评价的质量。

“教学设计评价的目的是保证或判断教学设计是否能够或已经‘效果好、效率高、吸引人’地达到目标”。要达到教学设计评价的目的，首先要明确各个层次的教学设计有哪些评价类型，何时进行该类型的评价；其次要明确该类型的评价该如何实施。我们前面提出的三个层次的教学设计评价模型都是围绕教学设计评价的目的展开的，为我们明确各个层次的教学设计评价应该有哪些类型提供了参考。而该类型的评价该如何实施，需要各个评价要素的参与。哲学范畴的评价是指主体对客体满足自身需要的一种估价，属于主客体关系范畴，其直接对象是客体的价值，其表现形式是价值判断。因主体的立场、观点、方法、利益、需要不同，对客体的评价也不同，甚至相反。[④] 从中我们可以看出，评价活动首先要确定评价目的，然后根据评价的目的不同，确定评价的主体、客体、评价的方法等。这些都是评价活动应该具备的基本要素。

此外，教学设计评价的主要作用是为教学设计人员或其他利益相关者提供信息，以帮助决策者进行决策。在评价要素部分，我们特别添加了反馈对象这一要素。评价要素包括：评价的主体、客体、评价的方法和反馈对象。评价的目的决定评价主体的选择、评价客体的确定、评价方法的选择及评价的反馈对象等。评价主体是对被评对象做出价

① 董丽丽：《教学设计评价的理论研究——从教学设计的三个层次出发》，硕士学位论文，北京师范大学，2013。

② 冯平：《评价论》，57页，北京：东方出版社，1995。

③ 张意忠：《教育评价的理论与实践》，92页，北京，高等教育出版社，2012。

④ 高清海：《文史哲百科辞典》，长春，吉林大学出版社，1988。

值判断的人。评价客体也就是评价的对象。评价方法是达到评价目的的手段，解决的是如何评的问题。各个评价要素会根据评价目的和评价情境的不同而不同。

结合评价的一般流程和教学设计评价的目的，我们得到教学设计评价的一般流程(图4-18)，各个层次的教学设计实践人员在实践中可以参考该流程。

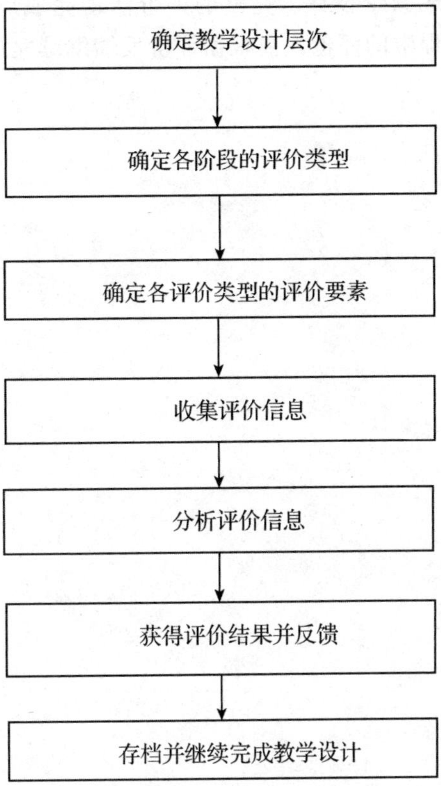

图4-18 教学设计评价的一般流程

第一，根据自己面临教学问题的层次，判断所处的教学设计层次，是课堂层次、产品层次还是系统层次，选择相应的教学设计模式进行教学设计。这里可以参考前面提出的教学设计的三个层次的基本假设。

第二，依据相对应的教学设计评价模型，确定教学设计各个阶段至少应该包含的教学设计评价类型。在教学设计过程中，对该模型进行教学设计评价，保证教学设计质量。这里可以参考前面提出的三个层次的教学设计评价模型。

第三，在教学设计过程中，在明确了各个阶段需要进行哪些教学设计评价后，需要确定各个评价要素，如评价的目的、评价主体、评价客体和评价方法等。

第四，拟定评价实施程序，收集评价信息。评价信息是评价的依据，信息的收集要采用行之有效的科学方法。一般的信息收集方法包括观察法、问卷调查法、访谈调查法、文献调研法和测验法等。

第五，分析处理收集到的评价信息。对评价信息的处理是从已经收集的评价信息中发现能对评价对象做出科学的价值判断的资料。对评价信息的分析处理一般分为定性分析和定量分析两种。

第六，获得评价结果并做出反馈。反馈一般有三种形式：反馈给领导者或决策者，为决策提供信息；反馈给被评价者，让他们自觉改进工作；公布于众，一方面可以让同行相互借鉴，另一方面通过造成公众舆论，促进被评价个人改进工作。在反馈评价结论时，要注意选择好反馈形式，一般情况下，反馈形式与评价目的相对应，在教学设计中，一般是反馈给领导者或决策者。

第七，存档并继续完成教学设计。完整的评价活动完成后，要对该评价的相关信息进行存档备用，如果是过程中的评价，要根据评价反馈继续完成教学设计。

第 5 章　学科教学设计绩效支持研究

——小学英语学习者分析模板的设计

教师在对学科进行教学设计研究和实践时，面临诸多困难。一方面，是很多教师没有受到过教学设计的培训；另一方面，即使学过教学设计，也很难将教学设计与他们的学科教学紧密结合起来。因此，为学科教师的教学设计提供支持，设计相应的教学设计全过程或某些阶段绩效支持工具或系统，也是教育技术学领域中一项重要的工作。

本章我们选择小学英语学科作为案例，基于我们以上对学习者分析的研究成果，就小学英语学科教学设计过程模式的具体环节和要素——“学习者分析”，尝试为教师在做不同层级的教学设计时如何分析学习者提供绩效支持。

5.1　小学英语学习者分析研究的必要性

目前，我国绝大部分地区都在小学阶段开设了英语课程。通过对已有文献进行调研，我们发现，学生差异问题是小学英语教学需要首先解决的。小学生在学习英语之初并非站在同一起跑线上，有些学生已经掌握了简单的英语对话，而有些学生则是零起点。① 我们在访谈中发现，很多教师也反映学生参加英语课外辅导班的现象十分普遍。不少小学英语教研员指出，学生差异大确实给小学英语教学带来了不小的挑战。对学习者分析不够深入或多或少地都会引发小学英语教学中的一些问题，如教学内容过于复杂或简单，教学过程重形式、轻内容等。② 所以，小学英语一线教师必须依据科学的理论，在正确分析学习者的基础上，科学地设计教学，才能解决上述教学问题。

小学英语学习者分析如此重要，但在我们分析了部分一线教师的教学设计方案③并访谈一些小学英语教研员及学科专家后发现，小学英语教师在学习者分析方面的情况不容乐观，具体表现在对学习者分析的重要性认识不足。有教研员指出，很多教师不知道学习者分析有何意义，不知道为什么要分析；对学习者分析的认识模糊，缺乏针对性；教师的分析大多缺乏深度，蜻蜓点水式的分析内容居多；缺少学习者分析的策略与方法。从教案中可以发现，大多数教师都是根据小学生认知发展所处的阶段用讲故事、做游戏的方法激发其学习动机，但很少就学生先决知识的缺失采取补救措施。另外，从对教案的分析中我们也发现，大多数教师还不具备根据学习者分析结果调整教学目标、选择教学内容和实施多元教学评价等的意识。

① 孙少坤：《小学英语教师教学设计能力体系的构建及运用研究》，硕士学位论文，北京师范大学，2010。

② 王玉玲：《小学英语教学问题解决方法》，载《大连教育学院学报》，2008(1)。

③ 我们收集了 2005 年至 2008 年《中小学英语教学》杂志中关于教学设计方案的文章以及英语公开课教案，并对其中的学习者分析部分进行了分析。

5.2 小学英语学习者分析理论基础

第四章我们对学习者分析的一般理论进行了构建，但若将理论真正运用于实践，还必须使之与具体学科相结合。学科化的学习者分析理论与一般理论的不同在于其学科性质和学科内容的凸显，这在一定程度上能够细化并丰富学习者分析的一般理论，可能还会有新的发现。

5.2.1 小学英语教学任务与特点

小学阶段英语教学的主要任务是激发学生学习英语的兴趣，培养其学习英语的积极态度，使其建立初步的英语学习自信，培养学生一定的语感、语调基础，使其形成运用英语进行简单日常交流的能力，为其进一步学习打下基础。所以在小学阶段，英语教学的主要任务是培养学生的英语学习兴趣，不宜以语音、语法知识为主，更不能进行成人化教学。在此阶段，英语教学不宜超出小学生的接受能力范围。

在我国英语课程标准中，对小学英语教学提出了不少指导性意见，如教学主题内容贴近生活，教学内容应与学生生活息息相关；语言功能、结构、话题、任务有机结合；教学主要以话题为核心，以功能和结构为主线，以任务型活动为目标安排各单元教学；教学方法多样，兼容并蓄，通过创设情境以及设置任务型活动让学生参与到学习中来；采用多媒体现代化手段，让英语学习生动、形象、感染力强；教学评价多样化。这些建议较多地考虑了小学生发展的特点。但通过多次观察小学英语常态课及公开课，我们发现很多教师刻意使用多种教学策略，看似热闹，但学生却没有太大收获，教师往往为了用方法而用方法，让学生适应教学；有些课堂知识性太强，许多学生由于基础不好而对学习英语失去了兴趣。所以进行小学英语教学设计时，需要我们充分考虑小学生的发展特点，明确小学英语教学的任务。

5.2.2 小学英语课程标准分析

《义务教育英语课程标准(2011 年版)》指出，基础教育阶段英语课程总体目标是培养学生的综合语言运用能力，并提出了小学英语课程的五个内容标准：语言技能、语言知识，情感态度、学习策略和文化意识。其中，语言知识与语言技能是综合语言运用能力的基础，文化意识是得体运用语言的保证。情感态度是影响学生学习和发展的重要因素，学习策略是提高学习效率、发展自主学习能力的保证。这五方面共同促进综合语言运用能力的形成。

一线教师在平时教学设计时使用较多的是三维目标，为与教师教学接轨，并方便教师使用，我们将课程标准的五个内容标准整合到三维目标中，以便于从三个维度提取各自偏重的学习者特征要素。构成英语综合语言运用能力的五个基本方面与新课程三维目标的内容是一致的。“语言知识”和“语言技能”对应知识与技能目标，“学习策略”对应过程与方法目标，“情感态度”对应情感态度价值观目标。在“文化意识”中，则既包含知识与技能目标的内容，即文化知识、跨文化交际，又包括情感态度价值观的内容，即文化理解、意识和能力。所以，我们将内容标准结合三维目标划分，如图 5-1 所示。

英语课程标准对小学阶段学生英语水平的要求是要达到二级，结合三维分类及课程

图 5-1　小学英语三维目标划分图

标准的要求，我们对小学英语目标进行了归类描述，如表 5-1 所示。

表 5-1　小学英语目标要求

知识与技能目标		
语言知识	语音	1. 正确读出 26 个英文字母；2. 了解简单的拼读规律；3. 了解单词有重音，句子有重读；4. 了解英语语音包括连读、节奏、停顿、语调等现象。
	词汇	知道单词是由字母构成的；2. 知道要根据单词的音、义、形来学习词汇；3. 学习有关本级话题范围的 600～700 个单词和 50 个左右的习惯用语，并能初步运用 400 个左右的单词表达二级规定的相应话题。
	语法	1. 在具体语境中理解以下语法项目的意义和用法：(1)名词的单复数形式和名词所有格；(2)人称代词和形容词性物主代词；(3)一般现在时、现在进行时、一般过去时和一般将来时；(4)表示时间、地点和位置的常用介词；(5)简单句的基本形式。2. 在实际运用中体会以上语法项目的表意功能。
	功能	理解和运用有关下列功能的语言表达形式：问候、介绍、告别、请求、邀请、致谢、道歉、情感、喜好、建议、祝愿等。
	话题	理解和运用有关下列话题的语言表达形式：个人情况、家庭与朋友、身体与健康、学校与日常生活、文体活动、节假日、饮食、服装、季节与天气、颜色、动物等。
文化意识	表达方式	1. 知道英语中最简单的称谓语、问候语和告别语；2. 对一般的赞扬、请求等做出适当的反应。
	风俗习惯	知道英语国家中最常见的饮料和食品的名称。
	文化含义	1. 知道主要英语国家的首都和国旗；2. 了解世界上主要国家的重要标志物，如英国的大本钟等。
	文化活动	1. 知道国际上最重要的文娱和体育活动；2. 了解英语国家中重要的节假日。

续表

<table>
<tr><td colspan="3">知识与技能目标</td></tr>
<tr><td rowspan="5">语言技能</td><td>听</td><td>1. 能在图片、图像、手势的帮助下，听懂简单的话语或录音材料；2. 能听懂简单的配图小故事；3. 能听懂课堂活动中简单的提问；4. 能听懂常用指令和要求并做出适当反应。</td></tr>
<tr><td>说</td><td>1. 能在口头表达中做到发音清楚、语调基本达意；2. 能就所熟悉的个人和家庭情况进行简短对话；3. 能运用一些最常用的日常套语(如问候、告别、致谢、致歉等)；4. 能就日常生活话题做简短叙述；5. 能在教师的帮助下和图片的提示下描述或讲述简单的小故事。</td></tr>
<tr><td>读</td><td>1. 能认读所学词语；2. 能根据拼读的规律，读出简单的单词；3. 能读懂教材中简短的要求或指令；4. 能看懂贺卡等所表达的简单信息；5. 能借助图片读懂简单的故事或小短文；6. 能正确朗读所学故事或短文。</td></tr>
<tr><td>写</td><td>1. 能正确地使用大小写字母和标点符号；2. 能写出简单的问候语和祝福语；3. 能根据图片、词语或例句的提示，写出简短的语句。</td></tr>
<tr><td>玩演视听</td><td>1. 能按要求用简单的英语做游戏；2. 能在教师的帮助下表演小故事或小短剧；3. 能学唱简单的英语歌曲和歌谣 30 首左右；4. 能看懂程度相当的英文动画片和英语教学节目，课堂视听时间每学年不少于 10 小时(平均每周 20～25 分钟)。</td></tr>
<tr><td colspan="3">过程与方法目标</td></tr>
<tr><td>基本学习策略</td><td colspan="2">1. 积极与他人合作，共同完成学习任务；2. 遇到问题主动向老师或同学请教；3. 制订简单的英语学习计划；4. 对所学习内容能主动复习和归纳；5. 在词语与相应事物之间建立联想；6. 在学习中集中注意力；7. 在课堂交流中，注意倾听，积极思考；8. 尝试阅读英语故事及其他英语课外读物；9. 积极运用所学英语进行表达和交流；10. 注意观察生活或媒体中使用的简单英语；11. 能初步借助简单的工具书学习英语。</td></tr>
<tr><td colspan="3">情感态度价值观目标</td></tr>
<tr><td>情感态度</td><td colspan="2">1. 能体会到英语学习的乐趣；2. 敢于开口，表达中不怕出错误；3. 乐于感知并积极尝试使用英语；4. 积极参与各种课堂学习活动；5. 在小组活动中能与其他同学积极配合和合作；6. 遇到困难时能大胆求助；7. 乐于接触外国文化，增强祖国意识。</td></tr>
<tr><td>文化意识</td><td colspan="2">1. 知道英语中最简单的称谓语、问候语和告别语；2. 对一般的赞扬、请求等做出适当的反应；3. 知道世界上主要的文娱和体育活动；4. 知道英语国家中典型的视频和饮料的名称；5. 知道主要英语国家的首都和国旗；6. 了解主要英语国家的重要标志物，如英国的大本钟等；7. 了解英语国家中重要的节假日；8. 在学习和日常交际中，能初步注意到中外文化异同。</td></tr>
</table>

5.3 小学英语不同层级的学习者分析要素体系

不同学科所需要做的就是根据学科特点对最具有影响的学习者特征要素进行分析。在对第二语言的学习者分析研究、小学英语学习者分析研究、小学英语的课程标准分析进行综述的基础上，我们归纳出了小学英语学习者分析中的比较重要的特征要素，并与前面所划分出的、一般情况下开展学习者分析所“必须分析”的可选要素进行了对比，对新增加的、重要的特征要素进行了信息收集难易度的理论分析，以确定该特征要素属于“必须分析”的范畴还是“可选分析”的范畴，进而归纳确定了小学英语的不同层级的学习者分析要素，并通过咨询英语教研员来加以完善。

5.3.1 以“重要性”维度确定的小学英语学习者分析要素

1. 第二语言的学习者分析研究综述

语言教学是以学习者的语言认知能力的发展、语言应用能力的发展以及综合素质的发展为目标的。[①] 20世纪80年代以来，随着语言教学重心逐渐从教师转移到学习者，外语教学研究的重点也逐渐从语言本体、教材与教法研究转向了学习者的研究，英语学习者个体差异研究逐渐成为二语研究的重点之一。[②] 我们以“第二语言”和“学习者”、“外语”和“学习者”、“第二语言学习”和“影响因素”、“外语学习”和“影响因素”搜索有关文献。通过文献分析发现，在语言学习中，学习者存在各种各样的差异，国内外研究者从多个方面对学习者进行了分析，主要包括学习者的自我效能感、成就动机、学习态度、性格、焦虑、社会文化的差异、年龄特征、初始能力、认知方式、学习策略等。

(1)自我效能感

美国心理语言学家克拉申(Stephen D. Krashen)研究发现[③]，学习者的自信心越强，则整个语言学习的过程便会更加顺利。在同一语言情境下，自信心强的学习者比自信心较弱的学习者学得快一些；郝玫与吴薇通过中国知网找到了2000－2011年与外语学习动机研究直接或间接相关的文章共285篇，结果发现：学习者分析要素主要涉及的是成就动机与自我效能感。[④]

(2)成就动机

关于成就动机，早在1959年，加德纳(Gardner)和兰伯特(Lambert)针对第二语言态度、动机和成绩之间的关系，在加拿大进行了首例实证调查后提出[⑤]：第二语言学习者的学习动机可以分为两种，即工具型和融合型。融合型动机的学习者为了融入目标语的文化和社会，对目标语表现出强烈的兴趣，在学习的过程中会发展为较稳定且强烈的内在动力，参与第二语言学习的积极性相对较高，属于掌握目标取向；而工具型的学习者学习语言的目的是为了应付考试，以帮助自己获得出国留学的机会等，属于表现目标取向。

(3)学习态度

在学习态度方面，外语学习的态度包括对外语学习的态度、对二语课程的态度、对二语教师的态度等。[⑥] 穆凤英认为学习者对教师、教材以及教学方法等的态度会影响学习者的语言学习效果[⑦]，因为对二语学习抱有积极的态度会影响对学习的投入程度以及课堂

---

① 鲁子问，康淑敏：《英语教学设计》，65页，上海，华东师范大学出版社，2008。

② 张馨引，王伟：《学习者个体焦虑度对英语学习的影响》，载《黑龙江教育学院学报》，2014(1)：164～165。

③ Krashen S. D., *Second Language Acquisition and Second Language Learning*, Oxford, Pergamon Press, 1981.

④ 郝玫，吴薇：《十年来国内外语学习动机学习者层面实证研究综述——基于10种外语类核心期刊(2000—2011年)论文的统计分析》，载《太原理工大学学报(社会科学版)》，2012 (2)：66～69。

⑤ 黄红安，文卫平，《非英语专业本科生英语学习动机组成因素的实证研究》，载《国外外语教学》，2005 (3)。

⑥ 张庆宗：《外语学与教的心理学原理》，110页，北京，外语教学与研究出版社，2011。

⑦ 穆凤英：《试论课堂外语学习中的信任度——对克拉申的“情感过渡假设”的新认识》，载《徐州师范大学学报(哲学社会科学版)》，2000(1)：82～84。

活动的参与程度。①

(4)性格

在第二语言学习者分析研究中，外向性是较多被关注的性格特征之一。尼尔(H. D. Nie)②、王雪梅③，张宗庆④指出，语言学习者的性格一般分为外倾型以及内倾型。外倾者一般性格比较外向，一遇到刺激便会马上做出反应，听说能力较强，因为他们性格好动，敢于使用语言进行交流；内倾者一般性格比较内向，在做出反应之前会经过判断，内倾者保持注意力的时间会比外倾者长，倾向于阅读、写作等任务，但在分组讨论中会感到不自在。此外，冯丽萍发现⑤，性格外向的人对刺激不敏感，不会明显感到焦虑，抗击压力的能力也比较强；性格内向的人对刺激比较敏感。程胜也指出⑥，外向型的学习者由于善于交际而在外语学习方面占有优势，他们更容易获得表达的机会，获取更多的语言信息；内向型学习者则是在认识语言水平方面具有优势，往往花费大量的时间在阅读以及写作方面。

(5)焦虑

自20世纪70年代起，语言学习的焦虑问题也越来越受到学术界的重视。在外语学习中，学习者的语言焦虑主要表现在交际焦虑(沟通焦虑)、课堂焦虑、测试焦虑、评价焦虑等⑦。交际焦虑是指学习者担心自己不能够使用正确的语言来表达自己的意思；课堂焦虑是指学习者担心自己的语言水平以及语法技能落后于其他人，从而对自身的自尊造成伤害；测试焦虑是指学习者担心考试成绩而产生的焦虑；而这三种焦虑都是属于评价焦虑，即害怕失败而给自己带来负面的评价，过度的焦虑会对学习者的外语学习造成负面影响。刘莉认为⑧，外语焦虑可以分为听力焦虑、口语焦虑、阅读焦虑和写作焦虑。研究者普遍认为“说”的方面学习者最容易产生焦虑，其次是“听”和“读”，最后是“写”。

(6)社会文化差异

关于第二语言学习中的社会文化差异，曼卡特和卡霍通过研究指出，母语学习者和外语学习者在提问和应答方式上存在文化差异，母语学习者在交谈中的提问方式比英语学习者的提问方式更复杂多样。另外，克拉申⑨、库克(Vivian Cook)⑩均指出，当语言环境与母语的语言环境相似时，第二语言的学习是最成功的。此外，克拉申还指出，影响语言学习的情感因素包括成就动机、自我效能感以及焦虑程度。

---

① Gardner R. C. & Lambert W. E., *Attitudes and Motivation in Second Language Learning*. Rowley, Mass, Newbury House, 1972.

② Nie H. D., *An analysis of individual learner differences affecting second language acquisition*, Ann Arbor, ProQuest, UMI Dissertations Publishing, 2000.

③ 王雪梅：《论性格倾向对英语学习的影响》，载《外语教学》，2000(4)。

④ 张庆宗：《外语学与教的心理学原理》，91页，北京，外语教学与研究出版社，2011。

⑤ 冯丽萍：《认知视角的对外汉语教学论》，219页，北京，北京大学出版社，2013。

⑥ 程胜：《如何分析学情》，36～37页，上海，华东师范大学出版社，2014。

⑦ 张莉，王飙：《留学生汉语焦虑感与成绩相关分析及教学对策》，载《语言教学与研究》，2002(1)。

⑧ 刘莉：《外语学习听力焦虑研究综述》，载《齐齐哈尔大学学报(哲学社会科学版)》，2009(2)。

⑨ Krashen S. D., *Second Language Acquisition Theory*, Oxford, Pergamon Press, 1982.

⑩ Cook V., *Second Language Learning an Language Teaching*, London, Edward Arnold, 1991.

(7)年龄特征(主要为认知发展阶段)

在年龄特征方面，张庆宗认为，处于不同的年龄认知发展阶段，学习者的认知发展水平是不同的，而认知发展是语言发展的基础，当认知发展到了一定阶段后才出现语言。① 伦内伯格(E. H. Lenneberg)认为，习得自然语言的关键期是2岁至发育期，因为在这一阶段整个大脑都在参与语言学习，伴随着大脑的逐渐发育成熟，左脑负责语言处理的神经协调机制就会慢慢减弱，这时候学习语言便会比较费力，而这一关键期对于外语学习也有明显的影响。②

(8)初始能力

知识学习是一个新旧交错、循序渐进的过程。每一项新知识的学习，都需要学习者立足于自身已有的经验及技能，对旧知识进行整合。因此学生目前已有的知识与技能，对教学设计是否能够顺利实施、能否取得较高的教学成效，有着至关重要的作用，而小学英语的学习也不例外。因此，冯颖妍认为："在进行英语教学有效设计时，教师应注意分析、确定目前学生现有的英语水平，继而为新知识的引入与学习拟定一个合适的起点，以确保教学设计中各部分内容的有效实现。"③

(9)认知方式

关于认知方式，吴一安与刘润清通过研究发现，场依存型的学习者往往依赖外部的事物来从整体上认知周围世界，善于交际，在听说方面优于场独立型的学习者；场独立者往往依靠自己的内部知识体系来独立分析周围的世界，在词汇、语法以及阅读协作方面优于场依存型学习者。④ 戴炜栋先生也认为，了解不同学习者不同的学习风格并加以引导将有助于学习者外语的习得。⑤ 对于冲动型学习者以及沉思型学习者，国内外研究表明：冲动型学习者反应速度快，往往能够比较快地形成自己的观点，急于回答问题；反思型学习者往往比较沉稳，在回答问题之前会进行仔细的思考。因此沉思型的认知方式促进语言运用的准确性，而冲动型的认知方式有利于流利性。

(10)学习策略

在学习策略方面，根据信息加工理论将外语学习的策略分为元认知策略、认知策略和社会/情感策略。⑥ 认知策略能够帮助学习者更好地识别、理解、保持、提取信息；元认知策略能够帮助学习者在学习的过程中有意识地计划、组织、控制、评价自己的学习活动；情感策略能够帮助学习者管理调控自身的情感情绪。张庆宗认为还应该包括交际

---

① 张庆宗：《外语学与教的心理学原理》，29～31页，北京，外语教学与研究出版社，2011。

② Lenneberg E. H, *The Biological Foundations of Language*, New York, John Wiley & Sons, 1967.

③ 冯颖妍：《小学英语口语有效教学设计研究》，硕士学位论文，广州大学，2012。

④ 吴一安，刘润清，[美]P. Jeffrey：《中国英语本科学生素质调查报告》，载《外语教学与研究》，1993 (1)：36～47。

⑤ 戴炜栋，束定芳：《试论影响外语习得的若干重要因素——外语教学理论系列文章之一》，载《外国语》，1994(4)：1～10。

⑥ O'Malley J. M. & Chamot, A, *Learning Strategies in Second Language Acquisition*, Cambridge, Cambridge University Press, 1990.

策略[①]：一种有助于学习者使用语言进行交际并提高交际效果的策略，如解释、手势语等。

2. 小学英语的学习者分析研究综述

我们分别以“小学英语”和“学情分析”、“小学英语”和“学习者分析”、“英语学习”和“影响因素”为关键词进行全文搜索，查阅了中国学术期刊网的相关文章，共查阅了51篇相关的文章。最终发现，英语教学学习者分析主要是对学习者的成就动机、学习兴趣与爱好、对授课教师和学习活动的态度、焦虑、年龄特征、初始能力、一般能力、认知方式、学习策略等进行了分析。

(1)成就动机、学习兴趣与爱好、对授课教师和学习活动的态度

北京师范大学王蔷教授在其主编的《小学英语教学法教程》中指出：“小学阶段的英语教学应该侧重于激发学生的学习兴趣和学习动机，培养良好的学习习惯，掌握有效的学习策略，从而为后续学习做好准备。”[②]所以，小学阶段的英语教学应该注重和保持学生对英语学习的兴趣，以此提高学生的学习成效。[③]

英语学习者的学习动机是教师所关心的一个问题，可分为内在动机和外在动机，或融入型动机和工具型动机等，另外，学习态度以及情感因素、性格、认知风格对英语学习也是重要的因素。[④] 李清峰认为，对英语学习者来说，重要的个人心理因素主要包括以下几个方面：学习动机、学习兴趣、性格、学生对英语学习的认识等。[⑤] 强烈的成就动机以及学习兴趣与爱好有助于学生积极参加语言学习活动并提高学习的效果，而五六年级的小学生爱表现、善模仿，希望引起别人的注意，重视老师的表扬，同时同伴的赞许也是一个强而有力的动机因素[⑥]，喜欢尝试新的事物，好奇心强。因此课前还需要分析学生的学习兴趣与爱好，以及相关的学习态度。

(2)焦虑

学生的情感情绪是影响听力理解的另一个重要因素，李相群认为，影响英语学习者的主要情感因素包括了焦虑以及学习兴趣等，如听力焦虑，指的是学生在听力课堂上由于担心自己不能听懂并由此可能得到负面评价而产生的紧张、不安情绪情感体验。[⑦] 陈艳君在2005年通过研究发现，过度的焦虑不利于学生的能力发挥[⑧]；秀玲等学者也发现焦虑与英语听力、口语、阅读、协作成绩呈负相关。[⑨] 教师需要借鉴学期前所做的焦虑分析，帮助学生克服焦虑情绪，以消除不利的情感情绪影响。

---

① 张庆宗：《外语学与教的心理学原理》，101页，北京，外语教学与研究出版社，2011。

② 王蔷：《小学英语教学法教程》，北京，高等教育出版社，2003。

③ 郭松梅：《基于新课程标准的小学英语教学设计》，硕士学位论文，华东师范大学，2009。

④ 王嘉欣：《基于学生个体差异的小学英语合作学习策略研究》，硕士学位论文，陕西师范大学，2013。

⑤ 李清峰：《个人心理因素对英语学习的影响》，载《南阳师范学院学报》，2002(5)。

⑥ 张庆宗：《外语学与教的心理学原理》，107页，北京，外语教学与研究出版社，2011。

⑦ 李相群：《情感因素对英语学习者的影响》，载《吉首大学学报(社会科学版)》，2006(2)。

⑧ 刘莉：《外语学习听力焦虑研究综述》，载《齐齐哈尔大学学报(哲学社会科学版)》，2009 (2)。

⑨ 郝玫，吴薇：《十年来国内外语学习动机学习者层面实证研究综述——基于10种外语类核心期刊(2000—2011年)论文的统计分析》，载《太原理工大学学报(社会科学版)》，2012(2)。

张馨引和王伟认为，对学习者焦虑感进行问卷设计和调查，数据统计和分析涉及有关个人心理和社会等的观察和研究，有一定的难度且不易获得令人满意的研究成果。① 但焦虑的大小直接影响到学习者习得第二语言的结果。

(3)年龄特征、认知方式

郭松梅认为："学习者的年龄特点和认知方式与水平、原有的知识技能、家庭背景和当时的学习环境等都会对学习效果产生一定的影响，在教学设计前了解这些情况，有助于教师把握班级学生的总体情况，在此基础上产生的教学设计能满足大部分学生的学习需求，从而做到教学效益的最大化。"②另外，孙鸣③、王馨与赵靓④认为，小学三年级到六年级的学生多处于9～12岁的年龄阶段，这一年龄阶段的学生具有好奇、善模仿的特征，对于英语学习有直接的兴趣；感知觉正在不断地发展，但是在观察的时候容易表现出自我中心的倾向，受到生活经验的影响；记忆仍需要靠无意识记忆来积累知识，机械记忆占主导地位；注意力不持久，成就动机更多是与学习活动本身所联系；小学生的思维阶段处于皮亚杰的具体运算思维阶段，并且不同的学科中思维的发展具有不平衡性。鲁子问与康淑敏在《英语教学设计》一书中也强调⑤，英语教学中每一节课都有其类型，教学目标的不同需要教师认真分析教学内容是否适合学习者的特点，包括认知的特点以及年龄的特点等，而根据认知方式的差异，可以将学生划分为场独立型与场依存型的认知方式，或者是冲动型与慎思型的认知方式。

(4)初始能力

邱若颖认为，根据学生的准备状态进行教学是教学成功的重要因素。⑥ 进行教学对象的分析的目的是了解学生的起点能力等，并在此基础上进行合理的教学设计，主要包含：①学习者原有的英语知识和能力；②学习者的心理特点，包括学习兴趣与爱好、成就动机、对授课教师以及学习活动的态度等心理因素；③学习者的认知差异，包括认知水平差异以及认知方式差异；④学习者的个人背景，包括社会经历以及社会、家庭背景等差异。

居梅芳认为，学习者分析涉及的方面比较多，要抓住与教学内容相关的、重要的特点，做出针对性的分析，从学生的知识基础、能力基础、困难分析三方面进行分析。⑦ 例如，听力材料中大多数关于日常生活的素材都与国外的文化有关，尤其是英语国家的文化背景知识，如果学生之前并不了解这一些方面的知识，便难以理解所听到的内容。而目前的英语教学环节中，教师缺乏有意识地进行听力训练的设计，课前并没有去努力了

---

① 张馨引，王伟：《学习者个体焦虑度对英语学习的影响》，载《黑龙江教育学院学报》，2014(1)。

② 郭松梅：《基于新课程标准的小学英语教学设计》，硕士学位论文，华东师范大学，2009。

③ 孙鸣：《英语学习与教学设计》，44～45页，上海，上海教育出版社，2004。

④ 王馨，赵靓：《中小学教师教育技术水平考试参考用书——小学文科(教学人员·初级)》，41页，北京，清华大学出版社，2012。

⑤ 鲁子问，康淑敏：《英语教学设计》，71页，上海，华东师范大学出版社，2008。

⑥ 邱若颖：《小学英语课堂教学设计研究》，硕士学位论文，西南大学，2008。

⑦ 居梅芳：《小学英语单元整体教学设计的实践与研究——以上海版牛津教材为例》，硕士学位论文，上海师范大学，2013。

解学生的背景知识。[①] 因此，在课前分析学生的相关预备技能以及目标技能，并借鉴学生的相关生活经验做出的分析，有助于教师针对教学中的一些难点提出预设策略。

(5)一般能力、学习策略

全国中小学教师继续教育网编制的《2011 年版义务教育课程标准解读小学英语》特别指出，在小学英语教学中结合教学内容，提前针对学生的听说读写能力等进行分析是非常重要的一项。[②] 例如，在听力理解时，当输入的语音信息进入学生的短时记忆中时，学生便会提取长时记忆中的词汇等对语音进行分辨，确认音素，梳理出形态结构，所以学习者的感知能力、听辨能力以及注意力、记忆力对英语听力的影响很大，另外，学习者是否能够运用听力策略的能力，抓紧时间记下有用的信息，对于听力的效果有很大的影响。[③]

3. 小学英语课程标准分析

不同的学生具有不同的学习需求和学习特点，而不同的学习需求以及学习特点体现在了个性化的学习者特征。近年来，国内外的外语教学在总体上都特别重视培养学习者学习的兴趣以及学习的态度；重视培养学生学习外语的策略以及方法，并形成良好的学习习惯以及自主学习能力，为终身学习打下坚实的基础；帮助学生了解世界的文化差异，拓宽视野，并培养爱国主义精神以及健康的人生观，在学习的过程中提高学习的自我效能感；特别强调能用所学的语言做事情。[④]

2011 年年底，基础教育课程专家委员会完成了义务教育课程标准的修订以及审议工作，小学英语课程标准也因此得到了进一步的完善。目前，国家颁布的中小学英语课程标准确立了五个大的目标[⑤]，语言知识、语言技能、学习策略、文化意识、情感态度。而这五个目标其实也是课程的内容标准，语言知识和语言技能是综合运用语言的基础；文化意识是得体使用语言的保证；情感态度是影响学生学习和发展的重要因素；学习策略是提高学习效率，发展自主学习能力的保证。其中，语言技能的培养是最为核心的一个目标，即所有的目标都是围绕着发展学生综合运用语言的能力而展开的。

在语言知识方面，小学生在进入初中的学习前，需要在语音、词汇、语法、功能和话题方面达到相应的二级目标，在语音教学方面，需要注重学生的拼读能力，这也决定了教师在整个教学的过程泛读不能过快，需要对单词的读音进行分解，让学生充分感知语音[⑥]；词汇教学方面，由于小学生认识客观事物的过程仍然是以形象思维为主，所以应运用多种方式去调动学生的多种感官和已有的知识经验，加深学生对所学的词汇的记忆

① 全国中小学教师继续教育网：《2011 年版义务教育课程标准解读小学英语》，5 页，北京，中国轻工业出版社，2013。

② 全国中小学教师继续教育网：《2011 年版义务教育课程标准解读小学英语》，1 页，北京，中国轻工业出版社，2013。

③ 张庆宗：《外语学与教的心理学原理》，211～212 页，北京，外语教学与研究出版社，2011。

④ 罗毅：《英语课程标准研修与教材分析》，79 页，杭州，浙江大学出版社，2011。

⑤ 罗毅：《英语课程标准研修与教材分析》，43 页，杭州，浙江大学出版社，2011。

⑥ 全国中小学教师继续教育网：《2011 年版义务教育课程标准解读小学英语》，99～100 页，北京，中国轻工业出版社，2013。

和理解[①]。因此，与语言知识密切相关的学习者特征主要为学生的词汇拼读能力和词汇记忆能力，原有的知识经验。

在语言技能方面，每一个学期的学习对学生的听说读写能力都有一定的培养目标；而在学习策略方面，义务教育英语课程标准中将学生的学习策略分为了认知策略、调控策略、交际策略和资源策略。

文化意识方面，主要涉及的是学生的文化知识以及文化理解，这也就决定了教师需要根据学生的年龄特点以及认知能力和生活经验来导入相应的文化背景知识；而情感态度方面，主要涉及的学习者特征包括了成就动机以及学习兴趣、自我效能感、合作与竞争意识。

4. 小结

以上通过对第二语言的学习者分析研究综述、小学英语的学习者分析研究综述以及小学英语课程标准的分析，并结合之前对小学英语学习者分析现状的调研，可以得出小学英语的学习者分析特征要素包括：自我效能感，成就动机，学习兴趣与爱好，对授课教师及学习活动的态度，性格，焦虑，年龄特征(主要是认知发展阶段的表现)，初始能力，一般能力，认知方式，学习策略，合作与竞争意识。

这些要素是具有学科性质的，根据对特定学科学习产生影响的因素而总结归纳出的，与我们前面所提出的开展学习者分析时，“必须分析”的特征要素对比如表5-2所示。

表5-2　小学英语相对重要的学习者分析要素与一般性“必须分析”的学习者分析要素

学习者分析特征要素	学习者分析“必须分析”特征要素
成就动机	成就动机
学习兴趣与爱好	学习兴趣与爱好
对授课教师及学习活动的态度	对授课教师及学习活动的态度
年龄特征(主要是认知发展阶段的表现)	年龄特征(主要是认知发展阶段的表现)
初始能力	初始能力
听说读写能力、词汇拼读能力、词汇记忆能力等(一般能力)	一般能力、多元智能
认知方式	认知方式
自我效能感	
性格	
焦虑	
学习习惯	
学习策略	
合作与竞争意识	

可以发现，在原有的基础上，英语学科方面的学习者分析还有六个非常重要的特征要素，分别为自我效能感、性格、焦虑、学习习惯、学习策略、合作与竞争意识。对于

① 全国中小学教师继续教育网：《2011年版义务教育课程标准解读小学英语》，102页，北京，中国轻工业出版社，2013。

其中的一般能力，结合之前提到的必须分析的多元智能，结合英语学科的特征，李静在她的研究中对英语课程标准对小学生所提出来的能力要求进行了总结，主要包括了词汇拼读能力、词汇记忆能力、听力、阅读理解能力、口语交际能力、书面表达能力，并对每一项能力的分能力进行了进一步的划分，如听力可以分为听力辨音能力、预测能力等。[①] 但考虑到信息获取的便利性，教师可以根据学生在以往的考试中所表现出的在词汇拼读能力、词汇记忆能力、听力、阅读理解能力、口语交际能力、书面表达能力进行大致的判断。

5.3.2 以“收集信息难易度”维度进一步确定的小学英语学习者分析要素

1. 自我效能感

对于学习者学习英语时的自我效能感情况，可以采用王超在探究儿童英语学习兴趣、自我效能对英语学习的影响时所采用的《自我效能量表》[②]，量表共计 10 个题目，其中题目 7、8 是反向题目，每一个题目从 1～5 表示学生的认同程度的递加，平均为 3 则表示自我效能感一般，5 则表示自我效能感特别高，教师可以很容易地收集到学生的自我效能感信息。

2. 性格

对于性格，教师主要是通过观察的方式去简单判断学习者是比较外向还是比较内向，是否善于表露情感和行为，善于与人交往。外向的学习者喜欢从讨论中获得对事情的看法，倾向于先行动后思考；而内向的人喜欢自己思考问题，倾向于先思考后行动。每一位学习者都有内向与外向的一面，只是更倾向于哪一种而已。

3. 焦虑

对于英语学习的焦虑这一特征要素，可以采用成芬[③]在研究北京市小学生英语学习焦虑问题时所采用的量表，量表包括 20 个题目，从 1～3 表示认同程度的递加，其中题目 6，9，12 是反向题目，得分越高则表示学生的英语学习焦虑程度越高，教师通过该问卷能够简单有效地测量出小学生开展英语学习时的交际焦虑(沟通焦虑)、课堂焦虑、测试焦虑、评价焦虑等情况。

4. 学习习惯

学习习惯，是在学习过程中经过反复练习而逐渐发展形成的个体的一种自动化学习行为方式[④]。教育部关于小学英语课程开设的文件中也特别强调，小学英语教学要求培养学生良好的学习习惯，特别是小学低年级。对于小学生英语学习习惯的分析，在国内最早见于黄建华所写的文章，其中他强调的小学生的英语学习习惯包括了“认真听”“大胆说”“经常读”“规范写”“及时做”“动手做”六个方面。[⑤] 而林立老师在《小学英语教学研究》中也指出，小学英语学习习惯包括了听、说、读、写四方面的内容。[⑥] 田澜则通过专家访

---

① 李静：《学习者分析研究——以小学英语为例》，硕士学位论文，北京师范大学，2012。

② 王超：《儿童英语学习兴趣、自我效能对英语学习影响的实证研究》，硕士学位论文，首都师范大学，2005。

③ 成芬：《北京市小学生英语学习焦虑研究》，硕士学位论文，首都师范大学，2008。

④ 范文：《小学生学习习惯培养实践研究》，硕士学位论文，华中师范大学，2007。

⑤ 黄建华：《小学生英语学习习惯应当如何培养?》，载《基础教育外语教学研究》，2003(8)。

⑥ 林立：《小学英语教学研究》，北京，首都师范大学出版社，2004。

谈以及理论建构的方式构建了小学生学习习惯的问卷，并通过对2401名小学生进行了施测检验，最终确定了小学生学习习惯包括了七个要素：课堂守纪、专心听讲、主动学习、勤奋学习、认真做作业、不拖沓、课外阅读。①

郭爱莲以“英语学习习惯”为关键词进行检索发现，国内对于小学英语学习习惯的研究在2008年后才相继出现了11篇文章，她对检索到的文章中相关的80篇文章进行梳理，在此基础上归纳出了小学阶段要分析的学习习惯包括：①听的习惯(课上专心听讲、积极思考，课下坚持听录音，认真模仿)；②说的习惯(大胆会话，克服羞怯)；③读的习惯(朗读注重语音语调和语感，课外注重阅读，扩充知识)；④写的习惯(书写以及写作的时候正确规范，写作的时候语法规范，表达准确)；⑤背诵的习惯(背诵的习惯，积累语言)；⑥自学的习惯(复习预习，会查字典、会方法、会记笔记)。②

可以发现，有的学习习惯与学习策略存在一定的相似性以及重复性，苏思慧与金盛华在总结国内外研究的基础上提出，学习习惯其实是根本性的学习策略，而且，学习习惯会受到认知方式的影响，如场独立型的学生相对于场依存型的学生，更容易形成稳定的学习习惯。③ 关于学习习惯的分析，主要是通过教师平时的观察，以及对学生作业的分析，结合访谈方式来获取信息的。

5. 学习策略

关于英语学习的策略，教师主要是通过问卷调查的方式来简单了解学习者是否在学习过程中有好的学习方法，是否在遇到问题时能够通过其他途径解决，是否对自己的学习有自我监控能力？是否有沟通策略？④ 对此，可以采用李冬云⑤参照奥斯佛(Oxford R.)制定的《语言学习策略量表》所设计出的《少儿英语学习者语言学习策略问卷(中文版)》，整一个问卷包括30个题目，包含了6个学习策略：记忆策略(1～5题)、认知策略(6～16题)、补偿策略(17～19题)、元认知策略(20～24题)、情感策略(25～27题)、社交策略(28～30题)。每一个题目从1～3表示认同程度的递加，最终得分平均分为2.25～3.00则表示学生经常使用这些学习策略，1.00～1.74则表示较少使用这些策略，1.75～2.24是中等程度水平。

6. 合作与竞争意识

合作与竞争意识已经成为个人取得成功的重要因素之一。目前在英语教学中，教师每一节课基本都会让学生开展合作学习活动，有合作当然就会涉及竞争，两者是一对矛盾统一体。对于合作与竞争意识，教师主要是依靠自己的经验去观察学生是否能够在平时的团队合作中与同伴保持良好的协作关系，能够在平时的合作中明确并发挥自己的角色，在学习上或其他事情上有不服输的表现等。

① 田澜，《小学生学习习惯问卷的编制》，载《心理学探新》，2010(5)。

② 郭爱莲：《小学生英语学习良好习惯培养的研究》，硕士学位论文，天津师范大学，2012。

③ 苏思慧，金盛华：《学习习惯及其形成的影响因素》，载《学科教育》，1999 (9)。

④ 李静：《学习者分析研究——以小学英语为例》，硕士学位论文，北京师范大学，2012。

⑤ 李冬云：《小学生英语学习策略研究》，硕士学位论文，首都师范大学，2008。

5.3.3 小学英语学习者分析中的“必须分析”以及“可选分析”要素

综上所述，小学英语教师在开展学习者分析时，“必须分析”的学习者特征要素为以下13个：自我效能感，成就动机，学习兴趣与爱好，对授课教师及学习活动的态度，性格，焦虑，年龄特征(主要是认知发展阶段的表现)，初始能力，一般能力，学习习惯，认知方式，学习策略，合作与竞争意识。具体情况如表5-3所示。

表5-3 小学英语学习者分析中的“必须分析”以及“可选分析”要素

“必须分析”特征要素	“可选分析”特征要素
自我效能感、成就动机、学习兴趣与爱好、对授课教师及学习活动的态度、性格、焦虑、年龄特征(主要是认知发展阶段的表现)、初始能力、听说读写能力、词汇拼读记忆能力、多元智能、学习习惯、认知方式、学习策略、合作与竞争意识	学习目标与志向、归因、气质、经济与文化及社会背景、家庭情况、生活经验、性别、特殊身心状况、学习环境偏好、最佳时间偏好、感知觉通道的偏爱、独立或结伴学习

5.3.4 小学英语不同层级的学习者分析要素初步归纳

结合前面所归纳出的小学英语学习者分析中必须分析以及可选分析的特征要素，按照“学期”“单元”“课堂”三个教学设计层级梳理出小学英语的学习者分析要素体系，详细如表5-4所示，该体系还需要通过咨询学科教研员以及学科专家，并在学科的不同教学设计层级实践中，根据课堂观察以及教师对学习者分析的需求进行改善。

表5-4 初步归纳的小学英语学习者分析要素体系

“必须分析”与“可选分析” 教学设计层级	“必须分析”特征要素	“可选分析”特征要素
学期	自我效能感	学习目标与志向、归因、气质、经济与文化及社会背景、家庭情况、性别、特殊身心状况、学习环境偏好、最佳时间偏好、感知觉通道的偏爱
	成就动机	
	对授课教师及学习活动的态度	
	性格	
	焦虑	
	年龄特征(主要是认知发展阶段的表现)	
	学期初始能力	
	多元智能	
	学习习惯	
	认知方式	
	合作与竞争意识	
单元	单元初始能力	生活经验、独立或结伴学习
	学习策略	
课堂	学习兴趣与爱好	
	初始能力	
	听说读写能力、词汇拼读记忆能力	

5.3.5　小学英语不同层级的学习者分析要素体系的初步修订

在初步归纳出小学英语不同层级的学习者分析要素体系，本研究访谈了四位小学英语的教研员，目的是进一步验证以及确定研究所设置的学习者分析的“必须分析”以及“可选分析”要素是否合理等，所访谈的教研员相关信息如表 5-5 所示。

表 5-5　被访小学英语教研员信息简介

教研员	职称	访谈方式
廖老师	中学高级	电话访谈
张老师	特级教师	邮件访谈
王老师	中学高级	电话访谈
彭老师	中学高级	在线访谈

访谈中详细的问题我们设计了“小学英语学科教研员访谈稿”，关于小学英语教学中“必须分析”以及“可选分析”的学习者分析要素的设置，教研员们从自身的教育教学实践经验出发，分别提出了自己的观点，将教研员的观点总结如表 5-6 所示。

表 5-6　被访小学英语教研员认同的“必须分析”特征要素

教研员	小学英语学习者分析“必须分析”的特征要素
廖老师	成就动机、对授课教师及学习活动的态度、性格、年龄特征(主要是认知发展阶段的表现)、认知方式、初始能力、学习兴趣与爱好、听说读写与词汇拼读记忆能力、学习环境、生活经验
张老师	初始能力、听说读写与词汇拼读记忆能力、生活经验
王老师	对授课教师及学习活动的态度、年龄特征(主要是认知发展阶段的表现)、学习习惯、合作与竞争意识、初始能力、学习兴趣与爱好、听说读写与词汇拼读记忆能力、生活经验
彭老师	对授课教师及学习活动的态度、性格、年龄特征(主要是认知发展阶段的表现)、认知方式、初始能力、学习兴趣与爱好、听说读写与词汇拼读记忆能力、生活经验

关于是否有必要对认知方式中“场独立型/场依存型”“沉思型/冲动型”都进行分析，教研员们均认为有时间都可以进行分析，但是侧重点还是在于第一种。而关于学习策略的分析方式，廖老师认为，如果单纯只是罗列十个策略让学生测试的话会显得单调且没有意义，需要考虑一下方式；张老师与彭老师一致认为，学习策略多是根据单元涉及的一些策略来大致思考下学生的学习情况，其实没有必要进行专门的分析。关于听说读写能力、词汇拼读记忆能力的分析，教研员们一致认为，具体就是分析学生的听说读写能力，另外词汇的拼读能力也是非常重要的，发音的标准与否会决定孩子的语感程度。另外，需要重视在语境中培养学生的词汇理解和记忆能力，没有多大必要再细分下去。

综上所述，对于初步归纳的小学英语学习者分析要素体系中的“自我效能感”“焦虑”“学习策略”，四位教研员均认为不是特别重要的特征要素，所以应该从“必须分析”转到“可选分析”中去，“生活经验”则应该转到“必须分析”中来。另外，廖老师特别强调了学习环境的重要性，应该放到“必须分析”中来。初步修订的小学英语的学习者分析要素体系如下表所示，其中，后面标有“－”的因素表示从原来的“必须分析”转为“可选分析”的特征因素，标有“＋”的因素表示从原来的“可选分析”转为“必须分析”的特征要素。在要素体系后面增加了有关高低年级侧重点的注明。需要强调的是，教研员们依据自身的经验，针对框架中的特征要素所提出来的修改建议，还将经过后面的学科化教学实践，以及学科专家等的验证。如表 5-7 所示。

表 5-7　初步修订的小学英语学习者分析要素体系

"必须分析"与"可选分析" 教学设计层级	"必须分析"特征要素	"可选分析"特征要素
学期	自我效能感(－)	学习目标与志向、归因、气质、经济与文化及社会背景、家庭情况、性别、特殊身心状况、最佳时间偏好、感知觉通道的偏爱
	成就动机	
	对授课教师及学习活动的态度	
	性格	
	焦虑(－)	
	年龄特征(主要是认知发展阶段的表现)	
	学期初始能力	
	多元智能	
	认知方式	
	学习环境偏好(＋)	
	合作与竞争意识	
单元	生活经验(＋)	独立或结伴学习
	单元初始能力	
	学习策略(－)	
课堂	学习兴趣与爱好	
	初始能力	
	听说读写能力、词汇拼读记忆能力、词汇记忆能力等	

注：小学的低、中、高年级的学习者分析侧重点不同，如果是低年级，那么除了偏重学习兴趣与爱好、对授课教师及学习活动的态度、对学习内容的态度，还需要特别分析学生的学习习惯；小学低年级的一般能力分析侧重于听说能力的分析，中年级加入了写的能力，高年级的时候还要分析读的能力。

5.4　小学英语学习者分析模板的编制

学习者分析模板是整个教学设计模板中的一部分，起到教学预设的作用，为整个教学设计提供参考依据，所形成的干预策略也能够较为容易地整合到教学设计中。

首先，学习者分析模板的设计目的是从行为层面引导教师开展学情分析，明确学情分析应该分析什么，怎么分析以及针对分析结果开展相应的干预，进而将干预策略融合到总的教学设计中去。因此也决定了模板的主要框架包括了所要分析的学习者特征要素、分析方法与工具、分析结果以及处理预案，这三者也正是刘兆义教授在接受访谈的时候所强调的，学习者分析模板所要解决的三个问题：目标、过程与方法、评价与结果。他认为，这样的模板才对教师具有真正实际的意义。同时，该模板也呼应了李静所提出的学习者分析的一般性原则：综合运用多种方法收集学习者的信息，并根据学习者的情况有针对性地预设策略，调整教学。①

其次，近十年来，学习者分析也由宏观分析逐步落实到具体层面，特别是单元层级以及课堂层级的学习者分析，要基于教学内容进行分析才能做到有效。② 因此，本研究中，学习者分析模板的设计理念是知识本位与学生本位的结合，学期、单元以及课堂层级的分析模板需要从教学内容以及学习者学习问题两方面出发整合分析的结果。

最后，设计形成的学习者分析模板是在综合考虑了小学英语学科独特性的基础上形成的，体现了学科性；包括学期、单元、课堂三个层级(表5-8，表5-9，表5-10)，体现出了层级性；不同层级分别包括了“必须分析”以及“可选分析”的特征要素，使得整个模板具有弹性以及针对性，体现出了学习者分析的主次性；在分析学生的相应的特征要素后，针对结果制定相应的干预措施，即制定处理预案，体现出了差异性；分析后所形成的总体干预策略可以较为容易地整合到整体教学设计中，与其他环节密切联系，体现出了衔接性；并且，在学期、单元、课堂的分析模板中设置了反思环节，帮助教师对教学过程中的所得、所失、所感、所思进行审视分析，以及时调整相关分析结果，开展新预设，体现了动态性。即小学英语学习者分析模板体现出了学科性、层级性、主次性、差异性、衔接性、动态性。

表5-8 小学英语学期层级学习者分析模板

<table>
<tr><td colspan="4">学期学情分析模板</td></tr>
<tr><td>班级：</td><td colspan="2">学习者人数：</td><td>男女人数：</td></tr>
<tr><td>★★“必须分析”要素
成就动机、对授课教师及学习活动的态度、性格、年龄特征(主要是认知发展阶段的表现)、学期初始能力、多元智能、学习习惯、认知方式、学习环境偏好、合作与竞争意识</td><td colspan="3">★“可选分析”要素
自我效能感、学习目标与志向、归因、气质、焦虑、经济与文化及社会背景、家庭情况、性别、特殊身心状况、最佳时间偏好、感知觉通道的偏爱</td></tr>
<tr><td colspan="4">学期学习任务与内容对学习者的要求</td></tr>
<tr><td colspan="4"></td></tr>
<tr><td colspan="4">学习者之前所存在的学习问题以及原因</td></tr>
<tr><td colspan="4"></td></tr>
<tr><td>分析项目与分析内容</td><td>分析方法与工具</td><td>分析结果</td><td>干预策略</td></tr>
<tr><td>成就动机
追求获得外部的奖赏以及他人的奖赏，还是掌握知识并提高自己的能力水平？</td><td>查阅教育心理学方面的书籍，结合平时的观察</td><td></td><td></td></tr>
</table>

① 李静：《学习者分析研究——以小学英语为例》，硕士学位论文，北京师范大学，2012。

② 陈隆升：《语文课堂教学研究——基于“学情分析”的视角》，博士学位论文，上海师范大学，2009。

续表

对授课教师及学习活动的态度 学习者是否愿意积极参与课堂学习活动，对老师的评价如何？	观察与访谈		
性格 学习者是外向还是以内向为主？外向的学生喜欢从讨论中获得对事情的看法，倾向于先行动后思考；而内向的学生喜欢自己思考问题，倾向于先思考后行动	观察		
年龄特征 学习者所处的认知发展阶段	查阅教育心理学方面的书籍		
学期初始能力 对于预备知识与技能的掌握情况如何，存在哪些问题？ 对于目标知识与技能了解了多少，存在什么问题？对于即将学习的内容是否表现出兴趣？	查看学习者的成绩记录；测验；访谈；课堂提问		
多元智能 学习者在九个智能的水平如何？学习者的优势智能有哪些？	多元智能测试量表		
学习习惯 课上是否专心听讲，积极思考，课下是否坚持听录音？ 是否敢于大胆表达？ 朗读是否注重语音语调，课外是否注重阅读？ 书写是否规范，写作语法是否规范，表达是否准确？ 背诵的习惯如何？ 复习预习情况，是否会查字典，是否会记笔记？	观察		
认知方式 场依存者往往更多地利用外在的社会参照确定自己的态度和行为，特别是在模棱两可的情况下，表现出善于与人交往的能力；场独立者倾向于依赖内在的感觉来确定自己的态度和行为，更有主见，但在社会活动中不善于人际交往，对社会线索不敏感	采用《认知方式图形测验》		
学习环境偏好 学习者对学习的物理环境的偏好，包括班级规模、教室设备、教具、声音、光线、温度以及座位的编排方式等。	学习环境偏好测试；观察		
合作与竞争意识 学习者是否能够积极与他人合作以共同完成学习任务，能够在平时的合作中明确并发挥自己的角色，在学习上或其他事情上有不服输的表现？	观察		

续表

学习者总体存在的问题以及总的干预策略
课程实施后的总结性评价和反思

表 5-9 小学英语单元层级学习者分析模板

<table>
<tr><td colspan="4">单元学情分析模板</td></tr>
<tr><td>★★“必须分析”要素：单元初始能力、生活经验</td><td colspan="3">★“可选分析”要素：学习策略、独立或结伴学习</td></tr>
<tr><td colspan="4">单元学习内容与任务对学习者的要求</td></tr>
<tr><td colspan="4"></td></tr>
<tr><td colspan="4">学习者学习单元前所存在的问题以及原因</td></tr>
<tr><td colspan="4"></td></tr>
<tr><td>分析项目与分析内容</td><td>分析方法与工具</td><td>分析结果</td><td>处理预案</td></tr>
<tr><td>单元初始能力
对于预备知识与技能的掌握情况如何，存在哪些问题？
对于目标知识与技能了解了多少，存在什么问题？对于即将学习的内容是否表现出兴趣？</td><td>查看学习者的成绩记录；课前测验；访谈；课堂提问</td><td></td><td></td></tr>
<tr><td>生活经验
学习者是否具备单元学习内容所涉及的生活经验</td><td>查看教材单元教学内容</td><td></td><td></td></tr>
<tr><td colspan="4">学习者总体存在的问题以及总的干预策略</td></tr>
<tr><td colspan="4"></td></tr>
<tr><td colspan="4">单元实施后的反思</td></tr>
<tr><td colspan="4"></td></tr>
</table>

表 5-10 小学英语课堂层级学习者分析模板

<table>
<tr><td colspan="4">课堂学情分析模板</td></tr>
<tr><td colspan="4">课堂教学内容与任务对学习者的要求</td></tr>
<tr><td colspan="4"></td></tr>
<tr><td colspan="4">学习者之前所存在的问题以及原因</td></tr>
<tr><td colspan="4"></td></tr>
<tr><td>分析项目</td><td>分析方法与工具</td><td>分析结果</td><td>处理预案</td></tr>
<tr><td>学习兴趣与爱好
学习者会对本节课哪些教学内容感兴趣，哪些教学内容不感兴趣？</td><td>观察与访谈</td><td></td><td></td></tr>
</table>

续表

初始能力 对于预备知识与技能的掌握情况如何，存在哪些问题？对于目标知识与技能了解了多少，存在什么问题？对于即将学习的内容是否表现出兴趣？	查看学习者的成绩记录；课前测验的方式；上一节课的练习、作业情况；课堂提问		
本节课教学内容涉及的词汇拼读能力、词汇理解记忆能力、听力、阅读理解能力、口语交际能力、书面表达能力，学习者的表现如何？	结合本节课教学内容以及学习者以往的表现判断		
学习者总体存在的问题以及总的干预策略			
分析的效果如何？学生产生了哪些未预料到的问题？我是如何解决的？是否有更好的方法？			

5.4.1 小学英语学习者分析模板的两轮验证与修订

在前面阶段，本研究初步编制了小学英语学期、单元、课堂层级的学习者分析模板，该阶段针对所编制的初级模板进行了两轮验证与修订，通过教案分析、课堂观察、与教师交流、咨询学科专家等方式多方收集数据和信息，验证这些要素的必要性和完备性，以及方法的可操作性，进而改进分析模板。因为学习者分析要素设置的正确性很大程度上决定了模板的科学性，所以在这一方面所开展的工作是整个研究非常重要的方面，需要反复验证。

根据研究目的，本研究尽可能选择能够为研究的问题提供最大信息量的样本，因此，本研究选择了两位小学英语教师作为研究的固定样本(表 5-11)，通过教案分析、课堂观察与交流，在学习者分析模板的学科实践中为研究提供一定的反馈。教师的信息简介如下，需要强调的是，对乙老师课堂的观察是通过课堂录像的方式进行的，交流则是通过在线方式。这里需要强调的是，除了上面所提到的甲、乙两位教师是研究长期的合作对象，而本研究在分析课堂教学所涉及的要素时，还短期观察了来自 C 小学的丙、丁老师的课；在分析教师所认同的“必须分析”特征要素时，还访谈了来自 T 小学有着二十年教学经验的戊老师。

表 5-11　小学英语固定研究对象简介

教师	学校	教龄	任教年级
甲老师	S 小学	5 年	二年级、四年级
乙老师	G 小学	2 年	五年级

1. 教案所涉及的特征要素

通过教案分析的方式，分析发现其中所涉及的特征要素。甲老师对所教的四年级四个班非常熟悉，从一年级开始她就是这四个班的英语老师，已经知道哪些学生大致上属于学有余力类，哪一些学生需要更多的帮助；学生在这一年龄段的认知特点；学生的成就动机以及性格情况。

甲老师提供了两个教学设计方案，一个是为了上公开课而设计修改的，是四年级上册第五单元"Safety"的第25课；另一个则是四年级上册第六单元"Jobs"的第37课，是一个日常的教学设计方案。"Safety"教案是公开课上用的，里面的学习者分析很有针对性。另一个教案"Jobs"是平时的教案，虽然没有写出具体的学习者分析情况，但是从教学设计中还是可以看出很多学习者分析的痕迹，而且根据学习者分析的情况制定了一定的干预策略。所涉及的特征要素包括：

(1)对学习活动的态度、合作与竞争意识：学生课堂纪律良好，部分学生英语学习水平较高，但发言并不十分积极，需要通过同伴、小组活动等调动学生的学习积极性；

(2)生活经验、学习兴趣与爱好：采用调查法，对学生的日常生活经验进行了科学的分析，从而得出他们是否对一些危险的行为具有正确的判断能力，在引入主题时所采用的视频也是与学生的校园生活密切相关的；

(3)初始能力：对于一些职业名称，teacher、dentist、cook，之前是学习过的了，所以不做重点学习，只是在课前通过游戏的形式复习一遍即可；通过学生完成课堂练习的情况检查学生的学习效果，为下节课的教学提供参考依据。

通过分析，所涉及的因素包括成就动机、对授课教师及学习活动的态度、性格、年龄特征、合作与竞争意识、生活经验、初始能力、学习兴趣与爱好。在初步修订的学习者分析要素体系的基础上，用"★"标志出了所涉及的因素有哪些，具体如表5-16所示。

2. 课堂教学所涉及的特征要素

通过课堂观察的方式，分析发现课堂教学涉及哪些学习者分析特征要素，发现教师教学中所存在的与学习者分析有关的问题。该环节共观察了四位小学英语教师的课堂，详细情况如表5-12所示。

表5-12　课堂观察环节教师信息简介

教师	学校	教龄	所观察的课
甲老师	S小学	5年	人教版四年级英语(一年级起点)下册第67、68、79、80、81课
乙老师	G小学	2年	PEP小学五年级英语(三年级起点)下册unit2、unit3
丙老师	C小学	3年	北京出版社五年级英语(一年级起点)上册第11课
D老师	C小学	1年	北京出版社二年级英语(一年级起点)上册第13课

观察甲老师的班级包括了二年级以及四年级各一个固定的班级。对于四年级这个班级，甲老师坦言，这一个班级的学习纪律比同年级的班级要差很多，课前甲教师总需要花部分时间强调纪律，课上经常强调学习策略以及学习习惯。通过观察发现，甲老师在课前特别注重对学生的生活经验以及初始能力进行分析，以及学生学习的兴趣与爱好。而且课堂上，她经常会渗透一些学习策略；而对于不同层次学生的需求，甲老师会在课程的平台上放入一些资源，包括很多的阅读材料，以满足不同学生的学习需求。同时也发现，甲老师在学情分析方面也存在一些问题：①有时没能考虑到不同学生的成就动机情况；②有时没能考虑到学生对学习活动的态度；③有时没能考虑到学生对物理环境的需求；④有时没能考虑到学生学习的合作与竞争意识。

观察乙老师的班级为五年级的一个固定班级。这一个班级已学过两年多的英语，但由于教材难度偏大，教学内容与课时不成比例，学生的学习兴趣难以保持，两极分化较严重，口语能力较差。通过观察发现，乙老师在课前特别注重对学生的学习的兴趣与爱好进行分析，经常思考如何设计一些有趣的学习活动，在调动学生学习兴趣的同时也帮助学生复习原有的知识；注重对学习习惯的引导，课堂上经常渗透如何做听力，怎么阅读，怎么规范写小作文的知识等。同时也发现，乙老师在教学中存在的学情分析有关的问题包括：①忽略学生是否具备了相关的生活经验；②忽略了学生的初始能力的分析。

丙老师的课是北京出版社五年级英语(一年级起点)上册第三单元第 11 课 Can you tell me more about the mid-autumn festival? 通过观察发现，丙老师注重针对学生的学习兴趣与爱好制作主题视频，引导学生说唱，并结合提问，引导学生回顾学习内容，对学生的初始能力以及生活经验加以检验；丙老师也注重结合目标知识与技能预设学生学习难点，再结合课堂的实际情况进行教学干预。同时也发现，丙老师在教学中所存在与学情分析有关的问题包括：①忽略对学生说的能力的分析。②缺乏对学生学习习惯的分析。

丁老师也是 C 小学的老师，她的课是二年级英语(一年级起点)上册第四单元第 13 课 There are many animals? 通过观察发现，丁老师注重针对学生的年龄特点调动学生的学习兴趣；也注重结合目标知识与技能预设学生学习难点，结合课堂的实际情况进行的教学干预，积极引导学生开展学习；同时还注重分析学生学习习惯，积极干预，潜移默化地培养。同时也发现，丁老师在教学中所存在与学情分析有关的问题主要是：忽略对学生说的能力的分析。

通过分析，所涉及的因素包括成就动机、对授课教师及学习活动的态度、年龄特征(主要是认知发展阶段的表现)、学习习惯、合作与竞争意识、生活经验、初始能力、学习环境偏好、学习兴趣与爱好、听说读写能力。在初步修订的学习者分析要素体系的基础上，用“★”标志出了所涉及的因素有哪些，具体如表 5-16 所示。

3. 教师认同的“必须分析”特征要素

研究中多次与甲、乙两位小学英语教师进行交流，交流的目的是进一步了解教师在开展学习者分析的时候具体会分析什么内容，怎么分析，以及存在的需求。与戊老师的交流则是借着对“小学英语课堂中实施差异教学策略的研究”这一课题进行讨论交流的机会。甲、乙老师前面已经介绍过，戊老师则是 T 小学的教师，有着二十年的教学经验，任教年级涵盖了一至六年级。关于小学英语教学中具体会分析哪些内容以及分析的方式，教师分别就自身的经验进行了分享，如表 5-13 所示。

表 5-13　被访小学英语教师认同的“必须分析”特征要素

教师	小学英语学习者分析“必须分析”的特征要素
甲老师	成就动机、性格、年龄特征(主要是认知发展阶段的表现)、对授课教师以及学习活动的态度、初始能力、学习兴趣与爱好、生活经验
乙老师	成就动机、对授课教师及学习活动的态度、年龄特征(主要是认知发展阶段的表现)、初始能力、学习兴趣与爱好、听说读写与词汇拼读记忆能力
戊老师	对授课教师及学习活动的态度、年龄特征(主要是认知发展阶段的表现)、学习习惯、合作与竞争意识、初始能力、学习兴趣与爱好、听说读写与词汇拼读记忆能力、生活经验

甲老师认为，自己在与班级学生所相处的四年中，对于学生的成就动机以及性格已经有了大致的了解，如性格这一方面可以采取小组学习的方式来加以调动。乙老师认为，与年龄特征一样，这阶段的学生的成就动机基本都是表现出一定的特征的，所以基本不使用问卷量表去做分析的，如果个别学生的内部学习动机特别强烈的，自己也是能够觉察到的，那么在平时的单独辅导中会加以注意。性格也是在个性化辅导的时候考虑的比较多，面向整体教学的时候，性格可能会考虑得比较少，一方面是因为比较难操作，另一方面是因为与学习成绩也确实没有太直接的关系。

关于焦虑，甲老师谈道："自己在与班级学生所相处的四年中，焦虑的情况是没有怎么发现的，分析的作用是不大的，同样，对于自我效能感没什么必要进行分析。"乙老师认为，对于焦虑，根本不需要采用量表问卷什么的去测查，因为一看就知道了，学生考试都是会有焦虑的，有的在被提问的时候也会焦虑，或许是因为不懂，或许是因为开小差没听课，或许是因为害羞，但总体上，分析后对于教学设计的帮助作用不大，自己在上课的时候多加注意就行了；学生都普遍存在一种畏难情绪，效能感的高低与学生的学习基础，也就是已有的知识与技能存在很大的关系，所以没有多大的必要进行分析。

关于认知方式，甲、戊老师认为是比较重要的，但由于现实条件的限制，英语老师所执教的班级比较多，所以自己是不可能对所有的学生的认知方式进行量表测试的，如果问卷的题目比较多的话，那么学生测试所花费的时间就会比较长，部分学生不愿意配合，因此也降低了问卷量表的效度。乙老师同样认为，认知方式是比较重要的特征，但是比较难收集到信息。在此，我们提取了张厚粲等人所修订编制出的《认知方式图形测验》中的第一部分，形成了《场独立与场依存测试》问卷。由甲老师在四年级这个班的课后活动课上发放，并严格按照制定者所规定的不同年龄段学习者的测试时间开展测试，时间为8分钟。总分为9分，得分越高表明学习者越是偏向场独立型。由于各种原因，部分学生缺席，共发放回收了29份问卷，回收率100%。结果如表5-14所示，班级的学生总体上偏向于场独立，只有少数的学生是属于场依存型。

表5-14　"场独立型与场依存型测试"结果

分数	人数	备注
9	7	
8	16	
7	3	
6	2	
0	1	该学生属于特殊儿童，存在能力缺失与行为障碍

甲老师认为，现实情况中自己取长补短，综合采用多种方式来促进学生的学习，同时满足两种类型学习者的需要，实现教学的最大有效化。所以，测试结果在一定程度上让自己知道应该更加关注谁，但总体上对自己的教学影响不大，可以作为一个弹性选择。

关于学习策略，甲老师谈道："如果每个单元都需要测试一次学生的学习策略掌握情况的话，学生的家长都会在事后质问学校，那么对于教师来说实在是有点为难，所以还是根据单元涉及的策略，结合学生之前的表现，来加以判断。"乙老师认为，平时教学中所渗透的是一些小策略，如记单词、背课文、写作文、如何总结归纳等，学生肯定有的会，但是可能他没有意识到自己的这种方式的正确性，老师讲了之后学生就会坚定这种做法，之后一直坚持下去，但是策略太细太多，对于学情分析来说就显得很艰难了。

关于听说读写与词汇拼读记忆能力，甲、戊老师均觉得：模板出发点是为了尊重学生的差异，考虑到学生的不同情况，但同时也需要考虑到教师的教学实际情况，所以分析了学生的听说读写能力以及词汇拼读、记忆、理解能力等就可以了，如果再细致分析进去，花费的精力太大，教师没有时间，那么操作起来也会很困难的。乙老师同样觉得：再细分下去老师会很吃力的。

关于怎么判断自己的分析已经全面了，自己在学习者分析方面所存在的需求，甲老师认为：这就很考究教师的经验了，因为也没有一定的量规和标准，所以只能靠自己对学生的了解了。乙老师与戊老师均认为，自己需要一个工具来加以辅助。乙老师认为，新老师成长为熟手教师的过程中，需要的是对整个教育教学情境的不断熟悉，如果有工具辅助的话，那么这一过程就会加速前进。有的时候，老教师可能会存在思维定式的现象，不比新教师敢于尝试这一些工具。

同时乙老师提出了一个非常值得考虑的问题：目前所编制的课堂学习者分析是否指的是课前的，那么课中，课后需要分析什么特征要素呢？

4. 小学英语学习者分析要素体系的第二次修订

程胜在《如何分析学情》一书中指出，学习者分析要体现出学习者的差异性，才能因材施教；要体现出学科性，才能使得教学具有针对性；要体现出情境性，才能根据学生的学习状态调整教学。① 其中，情境性要求教师在教学中，能够将课前学习者分析的结果与学生在课堂中的实时状态动态结合起来，进而对分析结果做出判断、分析，并进行相应的调整。因此，结合乙老师所提出的问题，本研究将课堂层级进一步划分为课前、课中、课后三个层级，并对特征要素进行相应的归纳。

陈瑶②、安桂清③、程胜④均认为，这三个层级之间各有侧重：首先，课前的学习者分析，注重的是初始能力的分析，以及预测学习目标知识存在的难点；其次是课中的学习者分析，主要是分析学生的课堂进入状态以及表现状态，即注重实时学习状态的分析，以方便教师根据学生的实际情况调整教学；最后是课后的学习者分析，主要是分析学生对教学目标的实现程度，包括知识与技能、过程与方法、情感与态度三个层面，即注重学习结果的分析，以改进提升有效性。

最终所形成的学习者分析的五个层级，以及各自的关注点，与宏观—中观—微观层次的对应情况如表 5-15 所示。这里需要强调的是，五个层级的学习者分析不仅覆盖了教学设计的学期、单元、课堂层级，同时也包括实施以及评价环节阶段的学习者分析。学期层级的学习者分析是宏观层次的学习者分析，为单元层级以及课堂层级的学情分析提供一定的参考依据；单元层级的学习者分析则是中观层次的学习者分析，结合具体的教学内容，为课堂层级提供一定的参考依据；而微观层级的学习者分析则是针对具体的教

① 程胜：《如何分析学情》，上海，华东师范大学出版社，2014。
② 陈瑶：《论学情分析的三个阶段》，载《当代教育理论与实践》，2014(3)：6～8。
③ 安桂清：《论学情分析与教学过程的整合》，载《当代教育科学》，2013(22)：40～42。
④ 程胜：《如何分析学情》，上海，华东师范大学出版社，2014。

学内容的课堂层次分析①②，课前结合具体的教学内容进行预设，课中将课前学习者分析与学习者实时状态动态结合起来，进而对分析情况进行判断、分析及调整；课后的学习者是课前学情分析的参考依据，而单元以及学期层级也有相应的分析反思，在这样的循环反复中实现了与教学过程的整合。

表 5-15　学习者分析的五个层级

宏观—中观—微观	层级	关注点
宏观	学期层级	与学生学习有关的一般特征
中观	单元层级	基于单元教学内容的学习起点
微观	课前	基于课堂教学内容的学习起点
微观	课中	课堂实时状态的分析
微观	课后	课堂学习结果的分析

前面我们提到，课前的学习者分析常采用访谈以及测验等方法，即通过课前的交流来了解学习者的详细情况，根据学习新知识学习者必备的知识与能力基础、生活经验以及新知识重难点等设计问题，知道他们在学习上的需求；在课堂教学过程中则是通过观察、提问、追问、交流讨论等方式时刻关注学习者的学习动态，而学习者的学习状态又可以分为参与状态、互动状态、思维状态、情绪状态和生成状态等③；课后的学习者分析常采用教学反思、作业分析以及后测的方式。其中，教师通过学习者完成作业的情况，不仅可以了解他们在完成作业方面的主动性以及专注性，分析他们的学习动机和态度，以及学习习惯，还能够发现自己在课堂教学中所存在的不足，为改进之后的教学提供方向。④

综上所述，第二次修订的小学英语的学习者分析要素体系如表5-16所示，其中，标有"－"的因素表示从原来的"必须分析"转为"可选分析"的特征因素；标有"＋"的因素表示从原来的"可选分析"转为"必须分析"的特征要素；标有"★"的因素表示通过教案分析、课堂观察、教师交流所验证的学习者分析所涉及的特征要素，可以发现，"自我效能感""焦虑""学习策略"这三个要素均没有涉及，正如他们所建议的，应从"必须分析"转到"可选分析"中去；教研员所认为的，应该转到"必须分析"中来的"生活经验""学习环境偏好"都涉及了。通过与第一次修订的学习者分析要素体系对比可以发现，修订后的小学学习者分析要素体系将"认知方式"这一要素转移到了"可选分析"中去，新增加课中与课后两个层级，其余不变，同时相应修改各层级模板。

① 陈隆升：《语文课堂教学研究——基于"学情分析"的视角》，博士学位论文，上海师范大学，2009。

② 吴蕾：《教师对学情分析的认知与实践——以S小学的五位教师为例》，硕士学位论文，华东师范大学，2014。

③ 程胜：《如何分析学情》，123页，上海，华东师范大学出版社，2014。

④ 程胜：《如何分析学情》，159～160页，上海，华东师范大学出版社，2014。

表 5-16　第二次修订的小学英语学习者分析要素体系

"必须分析"与"可选分析" / 教学设计层级	"必须分析"特征要素	"可选分析"特征要素
学期(为单元层级以及课堂层级的学习者分析提供一定的参考依据)	自我效能感(一)	学习目标与志向、归因、气质、经济与文化及社会背景、家庭情况、性别、特殊身心状况、最佳时间偏好、感知觉通道的偏爱
	★成就动机	
	★对授课教师及学习活动的态度	
	★性格	
	焦虑(一)	
	★年龄特征(主要是认知发展阶段的表现)	
	★学期初始能力	
	★多元智能	
	★学习习惯	
	认知方式(主要为场独立型和场依存型)(一)	
	★学习环境偏好(十)	
	★合作与竞争意识	
单元(结合具体的教学内容，为课堂层级提供一定的参考依据)	★生活经验(十)	独立或结伴学习
	★单元初始能力	
	学习策略(一)	
课堂(课前结合具体的教学内容进行预设)	★学习兴趣与爱好	
	★初始能力	
	★听说读写能力、词汇拼读记忆能力等	
课堂(课中关注学习者的学习状态)	参与状态	
	互动状态	
	思维状态	
	情绪状态	
	生成状态	
课堂(课后关注学习者的学习结果)	目标知识与技能的掌握情况	
	对学习内容的态度	
	学习习惯	

注：小学的低、中、高年级的学习者分析侧重点不同，如果是低年级，那么除了偏重学习兴趣与爱好、对授课教师及学习活动的态度、对学习内容的态度，还需要特别分析学生的学习习惯；小学低年级的一般能力分析侧重于听说能力的分析，中年级加入了写的能力，高年级的时候还要分析读的能力。

5. 学科专家认同的"必须分析"特征要素

为了进一步确定不同层级的学习者特征要素，检验模板中学情分析要素的合理性，本研究采用邮件访谈的方式，咨询了三位小学英语领域的学科专家。三位专家的信息简介如表 5-17 所示。

表 5-17　所咨询的小学英语学科专家信息简介

学科专家	简介
刘兆义	全国著名英语特级教师，教育部“英语课程标准”研制组核心成员，从事英语教学教研 46 年，具有丰富的教学实践经验和教科研究能力
鲁子问	华中师范大学教授，国家“英语课程标准”专家组专家，教育部英语教师专业标准学术委员。多年从事中小学英语教学研究
王媛	北京教育学院国际语言与文化学院教授，多年来参与了大量中小学英语教学课题研究、英语教师培训项目及教学跟踪指导工作

咨询所采用量表，统计的结果如表 5-18 所示，后面标有“一”的因素表示的是至少有两位专家认为重要，少于两位专家认为难以收集的，因此应该放入“可选分析”中的特征因素。可以发现，专家的意见与经过两次修订的学习者分析要素体系基本一致，唯一不同的是，在原有的“必须分析”的要素中增加了家庭情况、特殊身心状况这两个特征要素。

表 5-18　小学英语学科专家反馈

教学设计层次	学情分析特征要素	选项(重要性)				选项(该特征的信息收集难易度)			
		很重要4	重要 3	一般 2	不重要1	容易 4	一般 3	难 2	很难 1
学期(为单元层级以及课堂层级的学情分析提供一定的参考依据)	学习目标与志向			★★★		★	★★		
	成就动机	★	★	★		★★	★		
	自我效能感(一)	★	★	★				★★	★
	归因(一)		★	★	★			★	★★
	对授课教师及学习活动的态度	★★★				★★★			
	性格与气质(一)		★★		★			★	★★
	焦虑(一)		★	★★			★★★		
	经济与文化及社会背景(一)		★	★	★	★★	★		
	家庭情况		★★		★	★★★			
	性别(一)			★	★★	★★★			
	年龄特征(主要是认知发展阶段的表现)	★★	★			★★★			
	特殊身心状况		★★	★			★★	★	
	学习习惯	★★			★	★	★★		
	认知方式(场独立型与场依存型)(一)	★★		★				★	★★
	最佳时间偏好(一)			★★	★	★★	★		
	感知觉通道的偏爱(一)	★		★	★	★	★		★
	多元智能(一)	★	★★				★		★★
	大脑左右半球的不同偏爱(一)		★★		★			★	★★
	合作与竞争意识		★★	★			★★★		

续表

教学设计层次	学情分析特征要素	选项(重要性)				选项(该特征的信息收集难易度)			
		很重要4	重要3	一般2	不重要1	容易4	一般3	难2	很难1
单元(结合具体的教学内容,为课堂层级提供一定的参考依据)	生活经验	★★			★	★★★			
	初始能力	★★	★			★★	★		
	学习策略(一)	★	★	★			★		★★
课堂(课前结合具体的教学内容进行预设)	学习环境偏好		★★★				★★★		
	学习兴趣与爱好	★★	★				★★★		
	初始能力	★★	★				★★★		
	一般能力(听说读写能力、词汇拼读能力、词汇记忆能力等)		★★	★			★★	★	
课堂(课中关注学生的学习状态)	参与状态	★★	★			★★★			
	互动状态		★★★			★★★			
	思维状态	★★	★			★★			★
	情绪状态	★★	★			★★★			
	生成状态	★	★★			★★			★
课堂(课后关注学生的学习结果)	目标知识与技能的掌握情况	★★	★			★	★★		
	对学习内容的态度	★	★★			★★	★		
	学习习惯	★★	★				★★	★	

注：在进行这次专家咨询时，未加入“多元智能”和“独立或结伴学习”这两个要素。

6. 小学英语学习者分析要素体系与模板的再修订

通过咨询小学英语学科专家，综合各方意见所形成的小学英语学习者分析要素体系如表5-19所示。通过与第二次修订的学习者分析要素体系对比可以发现，修订后的小学学习者分析要素体系将“家庭情况”“特殊身心状况”这两个特征要素转移到了“必须分析”中来，其余不变。研究根据要素体系的修订结果相应地修改各个层级的模板，在“学期层级”模板中增加“家庭情况”“特殊身心状况”两个要素，将“认知方式”这一特征要素放到“可选分析”中去，如表5-20所示；单元层级的学习者分析模板如表5-21所示；并修改课前层级的学习者分析模板，如表5-22示；新增加课后层级的学习者分析模板，如表5-23所示。

表 5-19　第三次修订的小学英语学习者分析要素体系

“必须分析”与“可选分析”／教学设计层级	“必须分析”特征要素	“可选分析”特征要素
学期(为单元层级以及课堂层级的学习者分析提供一定的参考依据)	成就动机	学习目标与志向、自我效能感、归因、气质、焦虑、经济与文化及社会背景、性别、最佳时间偏好、感知觉通道的偏爱、认知方式(主要是场独立型或场依存型)
	对授课教师及学习活动的态度	
	性格	
	年龄特征(主要是认知发展阶段的表现)	
	学期初始能力	
	多元智能	
	家庭情况	
	特殊身心状况	
	学习习惯	
	学习环境偏好	
	合作与竞争意识	
单元(结合具体的教学内容，为课堂层级提供一定的参考依据)	生活经验	学习策略、独立或结伴学习
	单元初始能力	
课堂(课前结合具体的教学内容进行预设)	学习兴趣与爱好	
	初始能力	
	听说读写能力、词汇拼读记忆能力等	
课堂(课中关注学习者的学习状态)	参与状态	
	互动状态	
	思维状态	
	情绪状态	
	生成状态	
课堂(课后关注学习者的学习结果)	目标知识与技能的掌握情况	
	对学习内容的态度	
	学习习惯	

注：小学的低、中、高年级的学习者分析侧重点不同，如果是低年级，那么除了偏重学习兴趣与爱好、对授课教师及学习活动的态度、对学习内容的态度，还需要特别分析学生的学习习惯；小学低年级的一般能力分析侧重于听说能力的分析，中年级加入了写的能力，高年级的时候还要分析读的能力。

表 5-20　小学英语学期层级学习者分析模板

<table>
<tr><td colspan="3">学期学习者分析模板</td></tr>
<tr><td>班级：</td><td>学习者人数：</td><td>男女人数：</td></tr>
<tr><td>★★“必须分析”要素
成就动机、对授课教师及学习活动的态度、性格、年龄特征(主要是认知发展阶段的表现)、学期初始能力、多元智能、家庭情况、特殊身心状况、学习习惯、学习环境偏好、合作与竞争意识</td><td colspan="2">★“可选分析”要素
自我效能感、学习目标与志向、归因、气质、焦虑、经济与文化及社会背景、性别、最佳时间偏好、感知觉通道的偏爱、认知方式(主要是场独立型与场依存型)</td></tr>
</table>

续表

学期学习任务与内容对学习者的要求				
学习者之前所存在的学习问题以及原因				
分析项目与分析内容	分析方法与工具	分析结果	个别情况	干预策略
成就动机 追求获得外部的奖赏以及他人的奖赏，还是掌握知识并提高自己的能力水平？	查阅教育心理学方面的书籍，结合平时的观察			
对授课教师及学习活动的态度 学习者是否愿意积极参与课堂学习活动，对老师的评价如何？	观察与访谈			
性格 学习者是外向还是以内向为主？外向的学生喜欢从讨论中获得对事情的看法，倾向于先行动后思考；而内向的学生喜欢自己思考问题，倾向于先思考后行动	观察			
年龄特征 学习者所处的认知发展阶段	查阅教育心理学方面的书籍			
学期初始能力 对于预备知识与技能的掌握情况如何，存在哪些问题？ 对于目标知识与技能了解了多少，存在什么问题？ 对于即将学习的内容是否表现出兴趣？	查看学习者的成绩记录；测验；访谈；课堂提问			
多元智能 学习者在九个智能的水平如何？学习者的优势智能有哪些？	多元智能测试量表			
家庭情况 父母的受教育情况，是否存在特殊情况(如父母离异等)，家庭对学生学习的关注情况等	观察与访谈			
特殊身心状况	观察，与家长交流			
学习习惯 课上是否专心听讲，积极思考，课下是否坚持听录音？是否敢于大胆表达？朗读是否注重语音语调，课外是否注重阅读？书写是否规范，写作语法是否规范，表达是否准确？背诵的习惯如何？复习预习情况，是否会查字典，是否会记笔记？	观察			
学习环境偏好 学习者对学习的物理环境的偏好，包括班级规模、教室设备、教具、声音、光线、温度以及座位的编排方式等。	学习环境偏好测试；观察			

续表

分析项目与分析内容	分析方法与工具	分析结果	个别情况	干预策略
合作与竞争意识 学习者是否能够积极与他人合作以共同完成学习任务，能够在平时的合作中明确并发挥自己的角色，在学习上或其他事情上有不服输的表现？	观察			
学习者总体存在的问题以及总的干预策略(请以下两部分打印出来后，贴在自己的办公桌上，为后续的教学提供参考依据)				
课程实施后的总结性评价和反思				

注：小学的低、中、高年级的学习者分析侧重点不同，如果是低年级，那么除了偏重学习兴趣与爱好、对授课教师及学习活动的态度、对学习内容的态度，还需要特别分析学生的学习习惯；小学低年级的一般能力分析侧重于听说能力的分析，中年级加入了写的能力，高年级的时候还要分析读的能力。

表 5-21 小学英语单元层级学习者分析模板

单元学习者分析模板				
★★“必须分析”要素：单元初始能力、生活经验	★“可选分析”要素：学习策略、独立或结伴学习			
单元学习内容与任务对学习者的要求				
学习者学习单元前所存在的问题以及原因				
分析项目与分析内容	分析方法与工具	分析结果	个别情况	处理预案
单元初始能力 对于预备知识与技能的掌握情况如何，存在哪些问题？ 对于目标知识与技能了解了多少，可能会存在什么问题？ 对于即将学习的内容是否表现出兴趣？	查看学习者的成绩记录；课前测验；访谈；课堂提问			
生活经验 学习者是否具备单元学习内容所涉及到的生活经验	查看教材单元教学内容			
学习者总体存在的问题以及总的干预策略(与前面学期层级的梳理结果进行对比后，进行相应的修改，将以下两部分贴在自己的办公桌上，为后续的教学提供参考依据)				
单元实施后的反思				

注：小学的低、中、高年级的学习者分析侧重点不同，如果是低年级，那么除了偏重学习兴趣与爱好、对授课教师及学习活动的态度、对学习内容的态度，还需要特别分析学生的学习习惯；小学低年级的一般能力分析侧重于听说能力的分析，中年级加入了写的能力，高年级的时候还要分析读的能力。

表 5-22　小学英语课前层级学习者分析模板

课前学习者分析模板				
课堂教学内容与任务对学习者的要求				
学习者之前所存在的问题以及原因				
分析项目	分析方法与工具	分析结果	个别情况	处理预案
学习兴趣与爱好 学习者会对本节课哪些教学内容感兴趣，哪些教学内容不感兴趣?	观察与访谈			
初始能力 对于预备知识与技能的掌握情况如何，存在哪些问题? 对于目标知识与技能了解了多少，可能会存在什么问题? 对于即将学习的内容是否表现出兴趣?	查看学习者的成绩记录；课前测验的方式；上一节课的练习、作业情况；课堂提问			
本节课教学内容涉及的词汇拼读能力、词汇理解记忆能力、听力、阅读理解能力、口语交际能力、书面表达能力，学习者的表现如何?	结合本节课教学内容以及学习者以往的表现判断			
学习者总体存在的问题以及总的干预策略(与前面学期层级以及单元层级的梳理结果进行对比后，进行相应的修改，并将此部分融入自己的教学设计中去)				

注：小学的低、中、高年级的学习者分析侧重点不同，如果是低年级，那么除了偏重学习兴趣与爱好、对授课教师及学习活动的态度、对学习内容的态度，还需要特别分析学生的学习习惯；小学低年级的一般能力分析侧重于听说能力的分析，中年级加入了写的能力，高年级的时候还要分析读的能力。

表 5-23　小学英语课后层级学习者分析模板

课后学习者分析模板				
分析项目	分析方法与工具	分析结果	个别情况	处理预案
目标知识与技能的掌握情况，存在哪些学习上的困惑	作业分析以及后测的方式			
对学习内容的态度	教学反思、作业分析			
学习习惯 课上是否专心听讲，积极思考，课下是否坚持听录音? 是否敢于大胆表达? 朗读是否注重语音语调，课外是否注重阅读? 书写是否规范，写作语法是否规范，表达是否准确? 背诵的习惯如何? 复习预习情况，是否会查字典，是否会记笔记?	教学反思、作业分析			

续表

课后学习者分析模板				
分析项目	分析方法与工具	分析结果	个别情况	处理预案
学习者总体存在的问题以及总的干预策略(将以下两部分剪切下来，与下一节课的课前层级学习者分析模板相结合，融入教学设计中去)				
学习者的参与互动情况、思维情绪状态如何？产生了哪些未预料到的问题(生成状态)？是如何解决的？是否有更好的方法？				

注：小学的低、中、高年级的学习者分析侧重点不同，如果是低年级，那么除了偏重学习兴趣与爱好、对授课教师及学习活动的态度、对学习内容的态度，还需要特别分析学生的学习习惯；小学低年级的一般能力分析侧重于听说能力的分析，中年级加入了写的能力，高年级的时候还要分析读的能力。

7. 学习者分析模板中要素、方法、策略的验证

针对小学英语学科专家的咨询结果检验修改了小学英语不同层级的学习者分析模板后，甲、乙老师针对学生所存在的问题，结合策略库，设置了相应的干预策略。第二轮的观察验证侧重于进一步观察检验教师的教学中是否涉及这些特征要素，分析后制定的策略是否有针对性，存在什么问题。

成就动机：二年级班的一堂课，进入新课的学习之前，甲老师首先是嘉奖了参加学校英语故事比赛的同学，给他们颁发了奖状和奖品，同时也给班级里面参加初赛的同学颁发了小奖品，同学们都特别喜欢，甲老师最后在表扬学生的时候总不忘激励下大家以后要多参与这些英语活动。

五年级班的李某某同学英语基础比较差，前面好几节课都不好好听讲，但是他的口语发音不错，而且表现欲望很强烈，乙老师就利用自己带学校话剧班的机会，让他出演“The puppet”中老板的角色，并在文艺会演中登场。虽然并不是主角，但这样的机会足以让小家伙很有成就感，在后面的学习中小家伙的学习兴趣和积极性明显提高，而且也自信了很多。

对授课教师及学习活动的态度：甲老师让四年级班的学生之间互相分享各自总结的3个单元的内容，为此采用的方式是让学生念自己总结的内容，其他学生听并作补充，甲老师对做得比较好的学生给出鼓励，指出做得好的地方，同时也指出可以进一步完善的地方。但是很多学生并不能像预料的那样认真听。

二年级一个班在第五单元“My day”的最后一课“Story Time”的学习中，全班女生扮演小兔子，男生扮演猴子，甲老师则是老虎，读完后让学生自愿出来扮演不同的角色，进行对话。学生非常的积极，相互之间讨论得很是激烈。第一组学生上台后，虽然只有两个人，但是他们能够完全脱离书本了，说得很是流利；第二组学生有四个人，第五组学生有五个人，有扮演花朵和树的，特别有趣……

性格：回答问题的时候，甲、乙老师对那些总显得特别爱说话的学生，特别是很容易因此注意力就不集中的学生起来回答问题，另外，对于内向的学生，甲老师在一些合作学习活动的时候总会走到他们旁边提醒他们参与进去，并鼓励他们起来展示成果。

进入期末复习后，很多学生在课堂上出现了明显的学习怠惰的现象，学习积极性不高。为此，乙老师会在课前和课后播放一些视频，视频内容主要是短小并有教育意义的广告，让学生在休息同时有所收获，这大大改善了学生的学习态度，B老师一改平时严格的作风，最近经常和学生们开下玩笑，课堂氛围融洽和谐了。

家庭情况：家庭主要是指父母的受教育情况，是否存在特殊情况(如父母离异等)，家庭对学生学习的关注情况，家庭的教育理念等。甲老师班级学生家长的教育文化水平比较高，对学生的学习普遍都很关注，所以甲老师每一节课的作业有必做以及选做的类型，突出自主性，并且明确告知家长此次作业的题目以及所需要达到的目标，以达到有效的监控，体现个别干预的目标。

特殊身心状况：甲老师的班级中有一名男生的智商、情商存在一定的问题，上课课本也不打开，不能够控制自己的行为，注意力难以集中，存在能力缺失与行为障碍的情况，所以甲老师需要时不时走到这名学生的旁边提醒他。这名学生的家长会根据课堂的作业，结合与教师的联系，在课后对这名学生进行辅导，所以可以发现，这名学生在听写中也是能够写对一半以上，考试有时候也能够及格的。

年龄特征：甲老师布置了作业，学生可以通过不同的方式查找有关吉尼斯的记录，这在一定程度上也培养了学生的自主学习能力和文化意识，但是作业的格式怎么样呢?我们想，四年级的学生肯定不知道，因为很多学生在课下都追着老师问这个问题。甲老师没有考虑到这个年龄阶段的学生的理解能力，有点高估了。

由于部分学生对 There is 以及 There are 的使用还是不太熟练，乙老师设计了微课“The little house”，通过讲述一个小房子改变了自己的生活环境，对比乡村和城市生活，反映城市化带给人们的改变的同时，让学生复习 there be 的用法，并描写自己喜欢的生活环境。但整个微课呈现形式相对较单一，不太利于小学生的注意力集中。

学习习惯：甲老师在课堂上经常会安排不同形式的教学活动来吸引学生听，并采用跳跃式指名读，学生不知道什么时候会被叫到，自然也就能够保持认真听的状态；甲老师每次布置作业后也会在学校班级的平台上写上当天的作业，平时家长会的时候也会明确要求学生在家里听的要求，以便家长更好地监督学生在课下复习、预习以及课外拓展听。

对于平时表达能力差的学生，甲老师采用课前辅导的方式，提前把下节课的任务布置给他们，指导他们做好准备，在课堂上他们就能够有出色的表现了；甲老师多鼓励不善于表达的学生，多一些引导和提示；甲老师经常通过角色扮演或者复述的形式给学生提供说的机会。

大多数学生每天都是能够朗读英语的，但也存在不注重朗读时的语音语调的问题，甲老师经常使用配套的录音，给学生“先入为主”的朗读音调印象，让学生多模仿，使得学生的语音、语调标准地道；针对本班学生不爱阅读的情况，有时候甲老师还会专门从图书馆挑很多书来给学生阅读，有时候会针对性介绍一些平台上适合学生阅读的课外读物。

合作与竞争意识：学生两两对话，开始问自己的同伴爱好是什么。很多学生说了几句之后开始就闲聊起来了，有几个男生围在一起谈论别的去了，有的学生没有同伴进行交流，坐在那里看着别人讲，这点甲老师没有事先预设到，或者预设到了却没有设定一定的干预策略，所以课堂上她并没有采取一定的措施。对于 Lesson75，听完录音后甲老师给大家圈出了一些词汇，要求大家根据右边一些旅游地点，编写新的歌谣，其实就是替换掉之前圈出来的词汇，所以学生在以小组开展合作学习的时候就特别明确自己应该做什么，在编歌谣的过程中所有的学生都很积极活跃，效果很不错。

乙老师展示Story time部分的挂图，简单描述完挂图的大致内容后，乙老师引导学生听录音和阅读故事。接下来根据故事内容向学生提问：What is Zip doing? What is Zoom doing? ……引导学生一一做回答。最后请学生两人一组，分别扮演Zip和Zoom的爸爸表演故事，在学生讨论的过程中就学生的问题进行指导。

生活经验：甲老师采用和学生对话的方式，也就是用Where are they going? How long are they going to stay there? 学生回答要去野营，时间是两天，那么需要带什么东西呢？学生因为有过丰富的经验，所以讨论得很激烈。在做完这一部分的学习后，甲老师便开始过渡到B部分的学习，也就是在沙滩上或者沙漠中又需要什么东西呢？也就是希望学生能够根据自己已有的生活经验写出需要带的物品，并能够用英语表达出来。

在学习新课的单词短语之前，乙老师在先出示一群小学生背着背包去郊游的图片，唤起了学生已有的生活经验，然后再向学生提问：Where are they going? 部分学生不会回答，所以乙教师慢慢引导，提供给了学生trip这个词，引导学生说出：They are going on a trip。接着乙老师进一步提问：What can they do on a trip? 联系生活，猜测郊游可以做的事情。

单元初始能力：因为学生已经具备了相关的知识和经验，甲老师便让学生看图猜内容，还让一两位学生上台去玩悠悠球，下面的同学来数，为的是学生能够在学习了第一个小短文后，体会到打破纪录的艰辛。对于吉尼斯纪录，通过提问以及学生们的反应，甲老师基本能够知道学生们不熟悉这个名词，所以及时给学生们补充介绍了这一部分的背景知识。

在Lesson76课的学习中，对于第一部分，甲老师采用和学生对话的方式，也就是用Where are they going? How long are they going to stay there? 学生回答要去野营，时间是两天，那么需要带什么东西呢？学生对于这个话题就比较感兴趣了，当然对于物件学生会不太熟悉，所以甲老师先给大家介绍了课本上的这些物品，接着才让学生四人小组的形式圈出物体。

学习环境偏好：甲老师给大家找了一些阅读材料，本来想通过教室前面的屏幕展示出来的，但是后排的学生们普遍反映看不到。所以甲老师只能是读出来给大家听，再让大家根据听到的，对问题进行判断。读了一遍之后，甲老师问还需要再读一遍吗？有说需要的，也有说不需要的，甲老师似乎没有听到说需要的同学的声音，便开始念问题了，所以很多学生基本答不上来。

学习兴趣与爱好：第六单元“My Week”的新课Lesson1，甲老师开始播放教材配带的视频，学生看得津津有味，还不时模仿画面中人物的说话方式。看了两遍后，甲老师提问学生记住了哪一天的单词，根据学生说的那个词，甲老师及时出示单词卡并带着学生一起读这个单词；紧接着，学生对照着课本上的歌词，边听着英语歌谣边学唱，之后是两两合唱，还有上台表演的活动，经过前面这些学习活动，学生基本已经知道一星期包括哪七天了。

听说读写能力、词汇拼读能力、词汇记忆能力等：读了第一段短文后，甲老师要求通过一定的格式记录短文的信息：name、country、hobby、when did he break the Guinness World Record、He completed ________ loops in 3 hours。甲老师先引导学生一起记录第一个小短文信息。之后第二个和第三个小短文的学习教师便让学生在制定好了的任务单上，用固定好了的格式记录信息，这是在间接培养学生获取信息的能力以及短文的仿写能力，并为说做准备，最终取得了很好的效果，学生都能够积极参与进来并有比较好的表现。

对于 Lesson74 第二部分，学生开始积极地在课堂上对小伙伴们进行调查并认真做记录，但他们在回答的时候需要转述，所以为了帮助他们转述，甲老师在黑板上写了 ________ wants to go to ________，________ wants to ________ there，________ wants to go there by ________，其实这句话在课本上是有的，但是甲老师强调了一下。

关于课程教学过程中的学习者分析，甲、乙老师通过观察、提问、追问、交流讨论等方式时刻关注学生的学习动态，进而调整自己的教学。关于课后的学习者分析，甲老师认为课外作业是学生巩固知识、提高教学质量的需要，也是学情反馈的重要途径。并且，甲、乙老师在每次考试后开始要求学生回家后要按照一定的要求写试卷分析，谈谈自己一直以来在英语学习方面存在一些什么样的问题，包括回家后有没有做作业，考试前有没有复习，怎么复习以及复习了什么等，日后自己需要采用什么策略来提高学习效率等？这么做的目的是让学生自己分析自己存在的问题，之后两位老师也会看看学生所说存在的问题，如果确实需要自己的帮助的话自己也可以知道应该做出哪些调整，但不会说一个个进行干预。

5.4.2　小学英语学习者分析模板的第三轮验证与修订

上一阶段，研究针对学习者特征要素的必要性和完备性等，我们开展了两轮的实验验证，并相应地修改了各个层级的模板。该阶段围绕分析模板的适用性、操作性以及针对性，通过学科化的实践，进行分析模板的第三轮实践和改进。

需要强调的是，由于上一阶段开展学科实践的两位教师的教龄均没有超过五年，而对于有经验的教师，需要进一步作探究，所以在第三阶段增加了一位教龄为 20 年的小学英语教师丙老师，丙老师任职于 C 小学，任教年级为小学六年级。因此，学习者分析模板的整体使用验证者包括以下三位教师，如表 5-24 所示。

表 5-24　小学英语学习者分析模板使用者信息简介

教师	学校	教龄	任教年级
甲老师	S 小学	5 年	二年级、四年级
乙老师	G 小学	2 年	五年级
丙老师	C 小学	20 年	六年级

1. 学习者分析模板的整体实践

学习者分析模板在执行阶段中需要经过多方的验证修订，为确保模板的实践验证是基于教师教学的真实任务，我们根据三位教师各自的教学进度以及教学安排，引导他们开展了各个层级的模板实践，每个层级的实践流程以及最终的实践反馈如所示。

其中甲、乙教师的学期层级分析模板是在这个过程中逐步完成的；丙老师的学期模板是在 12 月 14 日完成的。其中，甲老师在第 15 单元“communication”开展了单元层级的分析，在 86 课、87 与 88 课开展了课前和课后的学习者分析；乙老师在第 5 单元“look at the monkeys”开展了单元层级的分析，在第 1 课时和第 2 课时(共 6 课时)开展了课前的学习者分析；丙老师在第4单元“World famous fables”开展了单元层级的分析，在23课、26课开展了课前和课后的学习者分析，详细的实践信息如表5-25所示。

表5-25 小学英语学习者分析模板的实践信息

教师 模板的实践	甲老师	乙老师	丙老师
学期层级模板完成时间	2014年6月12日	2014年6月12日	2014年12月14日
实践单元	人教版小学四年级英语(一年级起点)下册第15单元“Communication”	人教版小学五年级英语(三年级起点)下册第5单元“Look at the monkeys”	清华大学出版社小学六年级英语(一年级起点)上册第4单元“World famous fables”
单元层级模板完成时间	2014年6月15日	2014年6月14日	2014年12月15日
实践课堂1	86课	第1课时	23课
课前层级模板完成时间	2014年6月21日	2014年6月15日	2014年12月18日
课后层级模板完成时间	2014年6月24日	2014年6月16日	2014年12月19日
实践课堂2	87与88课	第2课时	26课
课前层级模板完成时间	2014年6月25日	2014年6月17日	2014年12月25日
课后层级模板完成时间	2014年6月26日	2014年6月18日	2014年12月26日

2. 学期层级学习者分析模板实践

三位教师首先各自通过阅读本学期教材，明确本学期的教学任务以及相应的教学内容对学生的要求，并回顾总结学生此前所存在的问题，以及问题背后的原因。进而分析学生的相关情况，包括成就动机、对授课教师及学习活动的态度、性格、年龄特征(主要是认知发展阶段的表现)、家庭情况、特殊身心状况、学习习惯、合作与竞争意识，根据分析的结果，查看策略库文本，寻找并预设相应的策略，最终总结出学生总体存在的问题，形成总的干预策略。最后将总体问题以及总体策略这一部分剪切下来，贴在了自己的办公桌上，以便为后续的教学提供参考依据。此外，在学期结束的时候再进行总体的反思。

3. 单元层级学习者分析模板实践

开展单元层级分析的时候，首先明确单元学习任务与教学内容对学生的总体要求，总结学生存在的相应问题。进而分析学生的相关情况，包括初始能力、生活经验，并形成最终的干预策略，对于“可选分析”的特征要素学习策略。例如，甲老师虽然不做详细的分析，但事实上，她一直都会在课堂上渗透相关的学习策略，包括如何复习的策略，包括课后复习、阶段复习、期中期末复习，如何通过对照笔记记忆掌握重点内容。结合着学期层级的学习者分析结果，三位教师最后将自己所梳理出的学生总体存在的问题以及总的干预策略与学期层级的梳理结果进行对比后，进行了相应的修改。最后将总体问题以及总体策略这一部分剪切下来，贴在了自己的办公桌上。此外，在单元结束的时候再进行总体的反思。

4. 课前层级学习者分析模板实践

开展课前层级的学习者分析时，三位教师根据每节课的具体教学内容对学生的要求，即教学目标，分析了学生相应的学习情况，包括学习者对学习环境的偏好、学习兴趣与爱好以及初始能力、词汇拼读能力、词汇理解记忆能力、听力、阅读理解能力、口语交际能力、书面表达能力等，并形成了总体的干预策略，同样，与前面学期层级以及单元层级的梳理结果进行对比后，进行了相应的修改。最后将总体策略这一部分融入自己的教学设计中去。

5. 课后层级学习者分析模板实践

而在课后层级的学习者分析时，通过学生的课堂作业完成情况等方式分析了本节课学生的目标知识掌握情况，学习习惯，并回顾反思学生的课堂参与互动情况、思维情绪状态如何，学生产生了哪些未预料到的问题(生成状态)，学生对学习内容的态度等，进而总结学生总体存在的问题以及总的干预策略，为下一节课的教学提供参考依据。

6. 实践反馈与学习者分析模板的修订

甲老师在实践后认为：该学习者分析模板可操作，具有一定的针对性，能够帮助自己在不同的阶段，侧重不同的特征要素开展学习者分析，并引导自己预设一定的教学策略，帮助自己的课上或课下去帮助部分学生开展学习。同时，模板通过逐步的引导，帮助自己层层反思，提升自己对学生的教育教学情况。即模板具有层级性、主次性、差异性、动态性。同时，甲老师也对模板给出了建议，主要为：每个层级的模板在分析之后需要设置一定的指导语，引导教师把这些模板给衔接起来，并最终将预设的策略融入每一节课的教学设计中去。

乙老师在实践后认为：模板能够引导自己逐步学会分析学情，利用分析的结果开展干预，给予自己的教学很多的启示。例如，学期模板中学习习惯，自己会将学期的要求渗透到每一节课中来，包括引导学生用不同颜色的笔在课文中划出重点词语和短语等。同时，乙老师也对模板给出了建议，主要为：模板中的分析结果处可能需要提醒教师将一些需要注意的个别情况写出来，这样有助于教师在关注共性的同时也兼顾个性。

丙老师在实践后认为：不同的课以及不同的教学内容所需要分析的学生的情况是不同的，而且常态课不可能像研究课那样，关注那么多的差异，只能注重最有影响的。模板能够在不同层级，各有侧重地引导自己去分析学生的相关情况，这个确实不错。例如模板能够让自己注意到，每一次小组合作要引导学生明确自己的角色。最后模板所形成的策略也能够融入课堂的总体教学设计中去。对于有多年教龄的教师来说，能够有这么一个工具帮忙梳理，对自己的教学和研究都有不错的作用。即模板具有层级性、主次性、差异性。同时丙老师也对模板给出了建议，主要为：课堂层级的模板对预设每一节的难点强调得不够，需要再突出一点。例如，寓言类的课文，自己一般会预设学生存在的学习难点，包括一些词汇和短语，然后在课上引导学生一起看图片，回顾故事时，通过学生的回答情况，就可以在需要的时候及时出示相关的词汇和短语，帮助学生开展学习。

针对教师的建议，我们对模板进行了相应的修订，包括在模板中增加了相应的指导语，引导教师将分析结果联结起来；并且在“分析结果”后新增一列，引导教师同时关注个别学生的情况，进一步体现差异性；在初始能力分析中，引导教师注重结合分析学生在学习新内容时可能存在的困难，具体如表 5-20，表 5-21，表 5-22，表 5-23 中的下划线的文字部分所示。

第 6 章　学科教学设计综合应用研究

经过几年的学科教学设计理论和实践的研究，我们形成了“追踪教学设计过程要素理论前沿发展—结合学科教学进行教学设计的实践—为教师提供学科教学设计的绩效支持”的研究和实践思路，取得了一些阶段性的研究成果。因此，如何综合利用我们现有的研究成果，沿着我们形成的研究与实践思路，针对一门课程进行学科教学设计的应用研究就成为我们的另一个研究内容。将形成的学科教学设计的研究成果综合应用于学科课程的教学设计，一方面可以提高课程的教学质量，另一方面也有助于进一步检验所形成的学科教学设计的理论、流程和方法。

本章我们首先在一般教学设计流程的基础上，构建学科教学设计过程的系统框架；之后，在这个框架的基础上，运用我们对各个要素的学科化教学设计的研究成果，选取高中信息技术课程进行学科教学设计综合应用研究。

6.1　学科教学设计过程系统框架

综合以上对教学设计过程一般模式要素的学科化研究，结合教学设计的一般过程模式，我们构建了一个学科教学设计过程的系统框架(图 6-1)，它包括学期课程、单元、单节课三个层次的系统设计。该系统构架有以下突出特征①：

①呈现了“课程设计—单元设计—课堂设计”的系统过程。教学设计的过程是教师对自己所从教的学科进行系统规划的过程，学科教学设计系统框架整体呈现了“课程设计—单元设计—课堂设计”的全过程。

②反映了“课程标准/学段课程目标—学期目标—单元目标—教学目标”的多重转换。目标是教师进行教学设计的出发点和归宿，课程标准或学段课程目标仅仅规定了教师进行教学设计的宏观目标，未提供具体细化的操作方式。学科教学设计系统框架对学科教学设计过程中目标的多重转换进行了详细的描述，方便教师理解和操作。

③对每一个设计层次中教师到底应分析学生哪些基本特征做了较为详细的设计。学生特征分析是教学设计的基础，它贯穿于教学设计的各个环节，为学科教学提供重要依据，是每一个教师进行教学设计时必须做的工作。然而，不少教师对于学生特征分析到底应分析什么比较困惑，不知道从何分析、如何分析、什么时候分析。学科教学设计系统框架是我们结合教学设计的基本原理和教师的教学实践提出来的，其中对课程设计、单元设计和课堂设计三个层次中的学生特征分析应该包含的基本要素进行了较为细致的设计。

① 康翠：《基于教师专业发展的学科教学设计研究——教案编制的视角》，博士学位论文，北京师范大学，2011。

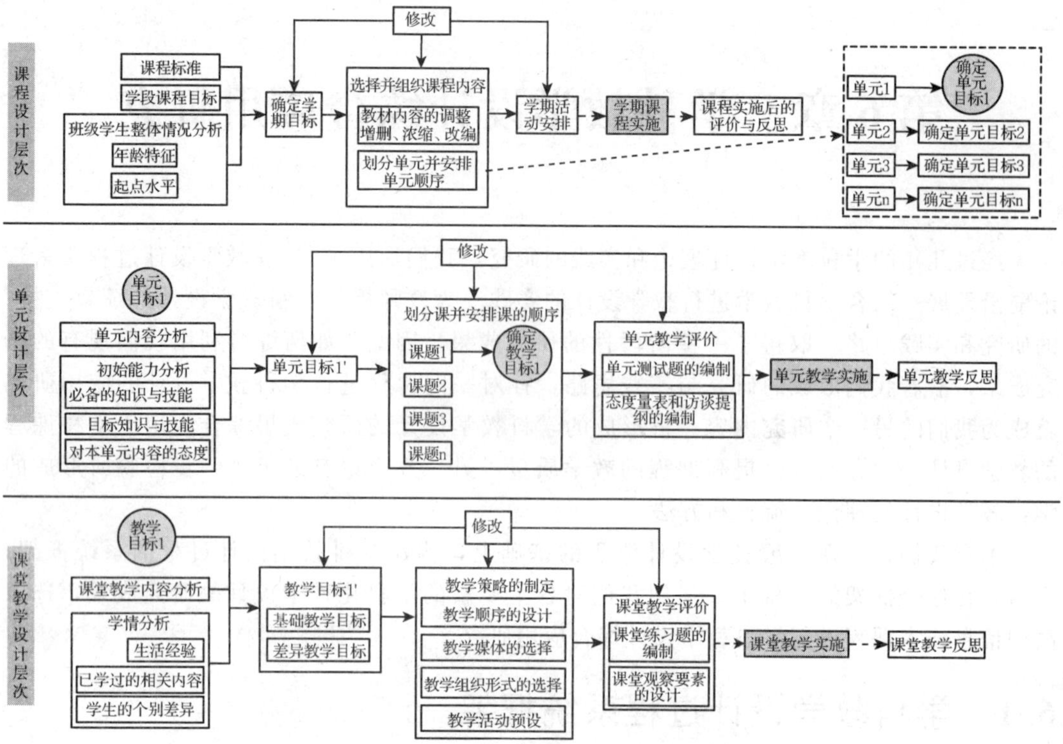

图 6-1　学科教学设计过程系统框架

6.2　依据学科教学设计过程系统框架构建信息技术教学设计流程

学科教学设计过程系统框架是我们构建信息技术教学设计流程的基础。流程是指一系列的连续的、有规律的活动的组合，信息技术教学设计流程则是在信息技术课程教学实践当中逐步形成的，运用系统方法进行教学设计的一系列的连续的、有规律的活动的组合，解决信息技术课程教学实践中做什么、怎么做的问题。构建信息技术教学设计流程的思路为：首先，根据前面我们构建的学科教学设计过程模式进行分析和小范围试用，确定适用于一线教师的教学设计模式或框架；其次，信息技术课程有其区别于其他学科的特质，结合信息技术课程的特点及启示，构建信息技术教学设计流程。

6.2.1　学科教学设计层次分析

众所周知，教学设计一般可归纳为三个层次：以"系统"为中心的层次、以"产品"为中心的层次和以"课堂"为中心的层次。那么一线学科教学设计属于哪一层次呢？我们以信息技术学科教学设计的理论和实践角度为例进行分析。因此，按照教学活动的需要，我们从应然角度得到的信息技术教学设计可以分为课程、单元和课堂三个层次。

信息技术一线教师在开展教学计划时会使用这样的划分方式：学年计划、学期计划、单元教学进度计划、备课写教案。课程层次的信息技术教学设计包括课程设计，对应一线教师所说的学期教学计划；单元层次的信息技术教学设计包括单元设计，对应一线教师所说的单元教学计划；课堂层次的信息技术教学设计包括课堂设计，对应一线教师所说的备课写教案。其中，课程标准对课程必修课选修课的具体要求做出了明确规定，而学期课程设计、单元设计和课堂教学设计则需要教师在教学设计时进行阐明。因此，学科教学设计层次，应由课程－单元－课堂三个层次构成，学科教学设计的三个层次与图 3-6 构建的学科教学设计系统框架不谋而合。从该角度来看，学科教学设计系统框架更适合一线学科教学设计。

6.2.2 来自一线教师的反馈

我们在 Y 学校从教研组组长、高级教师中分学科选取了 12 名教师(表 6-1)，这些教师对迪克—凯瑞模式、史密斯—雷根模式、教学设计一般过程模式(图 3-1)和学科教学设计过程系统框架(图 6-1)进行分析与选用，我们围绕“你会选择哪一教学设计模式作为课前备课的依据”，通过非正式访谈获得教师的第一思考结果与感受。

表 6-1 试用对象情况表

编号	对象	性别	学科	教龄	职称
A	张老师	男	语文	32	中学高级
B	许老师	男	数学	30	中学高级
C	曹老师	女	英语	24	中学高级
D	计老师	男	地理	21	中学高级
E	张老师	女	生物	25	中学高级
F	马老师	女	历史	26	中学高级
G	马老师	男	数学	27	中学高级
H	王老师	男	化学	21	中学高级
I	李老师	女	语文	29	中学高级
J	魏老师	男	生物	27	中学高级
K	贾老师	男	物理	28	中学高级
L	马老师	女	化学	29	中学高级

通过非正式访谈，我们了解到大多数老师认为：迪克—凯瑞模式、史密斯—雷根模式感觉很不错，但离我们(教师)很远，学科教学设计过程系统框架最接近我们平时的备课活动，相比于其他模式容易理解，比较具体全面，步骤明确，指示清晰可操作性强(I/H/F)，目标比较清楚，每个学期、每一单元/章节、每节课要达到什么目标，怎么实施，实施效果如何，能够较好地反映并得到相应的反馈(B/J/L)，宏观上整体把握，自上而下的连贯性、层次性强(D)，但是又有些烦琐(G/K)，也有极个别老师选择教学设计一般过程模式和史密斯—雷根模型，认为：其逻辑性好，整体思路清楚，学科教学设计系统框架过于复杂(A)。老师们认为教学(设计)理论很多，没有哪个最好，只是说哪个更合适，根据我们的教学实际，我们更偏向于这个(学科教学设计过程系统框架)(J/I/E)。不难看出，一线教师更乐意使用学科教学设计过程系统框架，认为此框架更贴近一线教学实际。

6.2.3 信息技术教学设计流程的提出

至此，通过整理一般教学设计模式的已有研究，分析对一线教师如何选用上述四种模式进行非正式访谈得到的结果，确定了适用于一线教学的学科教学设计过程系统框架，接下来，我们将在学科教学设计过程系统框架基础上，结合信息技术课程特点与启示，构建信息技术教学设计流程。

1. 信息技术课程的特点以及对其进行教学设计的启示

信息技术课程，相比于其他学科，是新时代形成的一门独立年轻的知识型与技能型相结合的基础课程，既具有一般学科课程的共性，也具有其本身鲜明的特点。根据我国信息技术教学体系和教学内容来分析，信息技术课程具有如下特点。

(1)基础性

中小学开设信息技术课，着眼于基础教育在培养人才方面的重要作用。毋庸置疑，学生学习信息技术学科知识的目的是为今后所学专业做好准备，是学生在未来社会中自我可持续发展的基础。在信息时代，每个公民必须具有的基本素质和基本能力已不再局限于读、写、算，还包括信息技术。信息技术课程的目标是培养信息素养，具备信息素养对学生的发展及将来生存起着决定性的作用，因此，以培养信息素养为目标的信息技术教育是当代社会每一个人生存、生活、学习、交往、发展所必须接受的基础教育。① 因此，信息技术教师在选择和组织课程内容时必须把握好基础的核心知识，这也凸显了课程层次教学内容分析环节的必要性。例如，高中信息技术课程中必修课是多个方向的基础部分，即数据管理基础、算法程序设计基础、多媒体基础等基础知识的有机组合，选修课应是专业取向较强的深层次内容，通过信息技术教学使学生掌握和应用信息工具实现对信息的获取、加工、管理、表达与交流，通过学习应用信息技术、信息资源去解决学习和生活中的问题，为目前及将来奠定基础。同时，课程活动安排应该从培养学生的信息素养角度出发，选取基础知识和基本技能作为课程活动的重要内容。

(2)发展性

作为一门新兴课程，信息技术课程还处于不断发展变化的过程中，这是信息技术本身的迅速发展变化所造成的，也是新课程发展中特有的。现实表明，以计算机和网络为核心的信息技术的发展速度是当今任何其他一门学科都从未有过的②，计算机硬件技术的高速发展带来的是软件的不断更新换代，软件发展的高速度、高淘汰的状态直接影响着信息技术课程内容的变化。那么，如何在中学阶段为学生以后发展打好基础，使学生在有限的课时中学到的信息技术知识与技能不至于随着信息技术的快速发展而很快“过时”，是当前信息技术课程面临的突出问题。

首先，信息技术本身是快速发展变化的技术，不断有新的信息技术经过研究、开发与推广，应用到人们生产生活的各个方面，因而信息技术课程内容和目标要求必然随之不断更新与发展。但是信息技术教材内容和课程标准显然滞后于信息技术的新发展，因此，需要在教学时及时带领学生了解关于信息技术的新进展、新动态、新技术及新思想等，这是教学内容分析需要完成的，也需要在学习需要分析时根据信息技术的最新发展

① 李艺：《信息技术课程与教学》，86页，北京，高等教育出版社，2005。

② 雷体南：《信息技术教学论》，44页，北京，北京大学出版社，2013。

和信息社会的要求重点分析确定课程目标，使得信息技术课程相对于其他学科在需求分析环节的量相对大些。信息技术课程与其他学科的不同，归根结底在于它利用软件、系统或平台等工具解决问题，培养学生的信息素养，也就是说这些工具是手段，目的在于提升学生的多种综合能力。显然，信息的获取加工与表达是信息技术教学的明线，软件工具是暗线。所以，信息技术教学中的内容从横向来看可以分两大块，即信息的获取加工与表达和软件工具的使用，而不论是标准还是教材，都是按纵向来对如何获取加工与表达信息进行编排的，我们的教学内容分析大都也是以如何获取加工与表达信息为主线展开的。因此，信息技术教学设计流程需要加入软件工具分析这一内容，且可与教材内容分析同步进行。

其次，人们对于信息技术课程的目标与任务以及教学活动的过程处于逐渐认识且不断在发展变化的过程。伴随信息技术的变化以及人们对课程认识的提高，信息技术新课程发展过程中经历了不同的阶段，从最初伊尔肖夫倡导的“文化论”到影响至深的“工具论”再到“文化论”的重新兴盛，直至今天的“信息文化观”①，每一个阶段都反映了人们对课程认识的改变，改变的结果是信息技术课程的不断发展、课程文化意义的不断凸显，计算机课程发展成为信息技术课程，简单技能的掌握让位于信息素养的培养，信息素养的内涵和外延逐渐丰满和扩大，信息素养的培养上更加重视对学生信息意识、信息情感、信息交流等的培养，因此，我们为目标领域增加了人际交往领域。同时，随着中小学信息技术课程的分阶段普及，学生的信息素养也随着社会信息化程度的提高而不断发展，信息技术教育的起点已发生变化，以往普遍存在的初高中零起点的现象将消失，如何根据学生的实际水平来确定信息技术课程的教学内容已成为当前信息技术教育的迫切问题。这是学习者分析时需要解决的问题，需要分析学生课程起点、单元学习时的起点，以及课堂起点。学生起点差异大的问题也逐渐凸显出来，差异教学便显得极为必要。

最后，信息技术教育的教学环境也在不断发展与变化。一方面，由于信息技术设备的迅速更新，学校的信息技术环境不断发展变化，许多学校在大力建设校园网的基础上，努力实现无线网的全面覆盖，使得网络化学习无处不在；另一方面，各种系统软件、应用软件不断推出，大众所使用的软件也在发展变化，更利于学生进行个人探究、远程资料共享、合作交流等信息活动。但是许多学校不可能直接放弃原有的信息技术设施，也不可能马上适应这些变化，因此，信息技术课程要发展，又要兼顾各个学校的具体情况，这就需要我们在进行教学设计时分析教学环境，选择教学媒体，了解学生对信息技术环境的情感态度，这正是信息技术课程相比于其他学科特别之处。

(3)实践性

信息技术课程的目标是培养中小学生的信息素养，而信息素养是通过他们对于信息技术操作与应用的积极性、正确态度与使用水平体现出来的②，因此，信息技术教学必须重点考虑其实践问题。信息技术课程是实践性较强的学科，信息能力的获得和巩固重在实践上，学生必须通过参与实践活动来增长知识、提高技能、获得感悟与体验；信息素养的其他方面，如信息意识情感、信息伦理道德、信息技术基本知识等，均需要通过实践进行培育和检验，逐步得到提升。信息技术教与学都离不开实践，离不开具体的操作

---

① 李艺：《信息技术课程与教学》，88页，北京，高等教育出版社，2005。

② 王吉庆：《信息技术课程与教学论》，127页，杭州，浙江教育出版社，2003。

与应用，上机实践操作直接关系到信息技术教学的水平和效果。

①学习时间安排时强调实践环节，课程标准明确要求教师要根据教学需要，尽量将信息技术课安排在计算机机房等与教学内容相关的实践场所。

②上机操作是实现信息技术教学知识和技能目标的基本手段，是培养学生实践操作技能的主要途径，是发展学生非智力因素的重要环节。

③信息技术教学要求，要从以计算机程序设计为主逐步向以问题解决为主的计算机操作和应用过渡，淡化计算机语言教学的同时加强计算机操作训练。

④信息技术教学应该强调"面向应用"，即以实践为主精讲多练，重在培养学生的信息技术操作和应用意识。

⑤上机实践重视完成任务的过程，而非结果。信息技术软件使用方法本身不断向多样性、个性化的趋势发展，当前系统软件与应用软件几乎都允许使用者进行尝试，允许放弃和恢复，学生了解了使用的基本过程，就能够在不断尝试的过程中完成任务。这样学生可以把原来的"听—记—练"转变成为"设想—尝试—纠正"的过程，有利于提高学生的主动性与积极性，也可以把一个简单枯燥的操作变为有挑战性的探究式试误活动，多给学生亲身体验的机会。

为使教学实施时充分突出信息技术课程实践性的特点，一是教学内容和教学案例资源的遴选从实践出发，面向学生的现实生活和学习实践，选取那些应用价值高、对学生今后的学习生活有应用价值的实践性内容作为信息技术课程内容；二是教学组织形式上除必要的集体授课外，尽量多安排上机实践，多给学生自由学习的空间；三是教学活动设计时，注重实践性，坚持学以致用，借助信息技术综合性探究活动，增强学生信息技术学习及其应用的实践性，培养学生的创新、实践能力。

(4)应用性

信息技术课程是一门应用性学科课程，培养学生应用信息技术解决实际问题的能力是课程的核心目标。[①] 在信息技术课程的学习中不仅要教会学生各种技术方法，还要重视他们使用这些技术方法在各个领域应用能力的培养。再者，教学中注重理论与实际相结合，不仅要切实掌握计算机基本知识，而且应该掌握结论背后的丰富事实和过程，学会观察与分析，提高抽象概括能力、逻辑推理和计算机所特有的跳跃性思维的能力以及研究计算机科学的能力。这就要求在教学目标上，学生不必死记信息技术的术语和概念、面对一张张枯燥的试卷，应是真实生活对他们的考验以及身处信息社会中是否具有生存能力的挑战，需要的是通过应用性强的教学案例资源培养学生对浩如烟海的信息进行检索、筛选、使用、表达以及如何使用所学信息技术知识和技能解决各种问题的能力。

(5)综合性

信息技术本身是多种科学技术与社会能力综合的技术，它要求人们具有较高的综合素质才能很好地应用。因此，信息技术课程具有综合性，主要体现在以下几个方面。

①信息技术课程的主要目标是提升学生的信息素养，而信息素养本身就综合了意识情感、伦理道德、知识与能力等各个方面。因此，信息技术课程不能只注重知识能力，还必须关注信息意识与情感，通过实践培育中小学生的信息伦理道德，忽视任何一点，都不能达到信息技术课程的总体目标。

---

① 吴军其：《新理念信息技术教学论》，89页，北京，北京大学出版社，2013。

②信息技术课程涉及了各种信息系统的概念与原理，综合了物理、数学、化学、生物学、心理学等各个学科的许多研究成果，体现现代科学技术的水平。信息技术课程要求学生对这样的综合性问题感兴趣，并且具有了解与熟悉这些问题的愿望，其结果是使学生利用信息技术解决这类综合问题的能力得到提升。

③应用信息技术，理解与表达信息十分重要，它综合了语言、文字、符号、图形和图像的理解与表达的能力。比如，同样是统计图表，折线图更能反映事物的发展趋势，柱形图和条形图擅长比较数据的多少大小关系，饼形图适合于表达分布等。因而，仅仅依靠操作，难以培养学生综合的信息能力。

信息技术课程内容中使用其他学科内容作为信息理解、价值判断、信息活动的关注点等是十分自然的现象，但是信息技术课程的目标非常明确，即提升学生的信息素养，因此，课程内容在关注其综合性特点时，首先考虑信息技术内部的综合性，再考虑信息技术与其他学科的整合性，保证其他学科内容的科学性和健康性的基础上，围绕信息技术的教学任务进行组织，以防把其他学科中学生不熟悉的内容作为学习任务。我们不应该要求信息技术课程的内容涵盖完成某些学科的教学任务，而是巩固其他学科教学中已学习过的某些知识、技能或者适度拓展其某些方面的应用。

信息技术课程由于其目标与内容的综合性，使得教学活动形式体现出综合特点。既有大量地信息技术上机操作训练，也有许多概念与知识的讲授活动，还有引导学生进行社会调查研究等活动。另外教学活动开展所需的教学资源(如使用的案例、实践活动的任务、学生作业设计等)也提倡涉及各个学科领域的综合性知识，或者是学生感兴趣的体现现实世界各种具体问题的信息，这会涉及社会、文化、艺术、体育等人类生活的各个方面。同时，信息技术课程的教学评价方式也具有综合性。例如，学生熟练记忆的概念性知识内容可通过笔试或在线问答来测试；某些操作性的技能可通过完成任务的情况来评价；有关信息意识、情感价值观和伦理道德方面的素养，可通过观察学生日常使用信息技术的情况来进行评价。

2. 信息技术教学设计流程

在教学设计理论指导下，依据学科教学设计系统框架、结合高中信息技术课程特点和教学实践，构建信息技术教学设计流程。

①信息技术教学设计的过程是教师对信息技术学科进行系统规划的过程，图 6-2 呈现了信息技术“课程设计—单元设计—课堂设计”三个层次的完整的教学设计系统过程。整个教学设计流程，始于课程层次的教学设计，课堂教学设计流程始于学习目标的阐明。

②教学目标、学习者分析、教学内容分析、教学评价贯穿于信息技术教学设计的整个过程，且在三个层次上各有其关注点。“课程目标—学期目标—单元目标—课堂教学目标”环环相扣，紧密衔接，方便教师理解和操作；根据高中信息技术课程特点的分析，学习者分析在不同层次的教学设计中关注点不同，结合前述我们关于学习者分析的研究成果，这里对每一个设计层次中教师到底应分析学生哪些基本特征做了较为详细的设计，课程层次关注学生的起点水平、一般特征、学习风格和对信息技术学科的态度等，单元层次关注学生初始能力，课堂层次关注学生个体差异；教学内容分析在课程层次关注对教材的取舍、完备与重组等，单元层次关注单元内容知识点的关联，课堂层次关注重难点突破。

③在学校教育中，课程目标一般是根据课程标准来确定的，鉴于信息技术课程的特

殊性和标准的滞后性，需要我们重新确定信息技术课程标准。可根据国内外信息技术相关的标准、文件以及教育教学信息理念来确定。

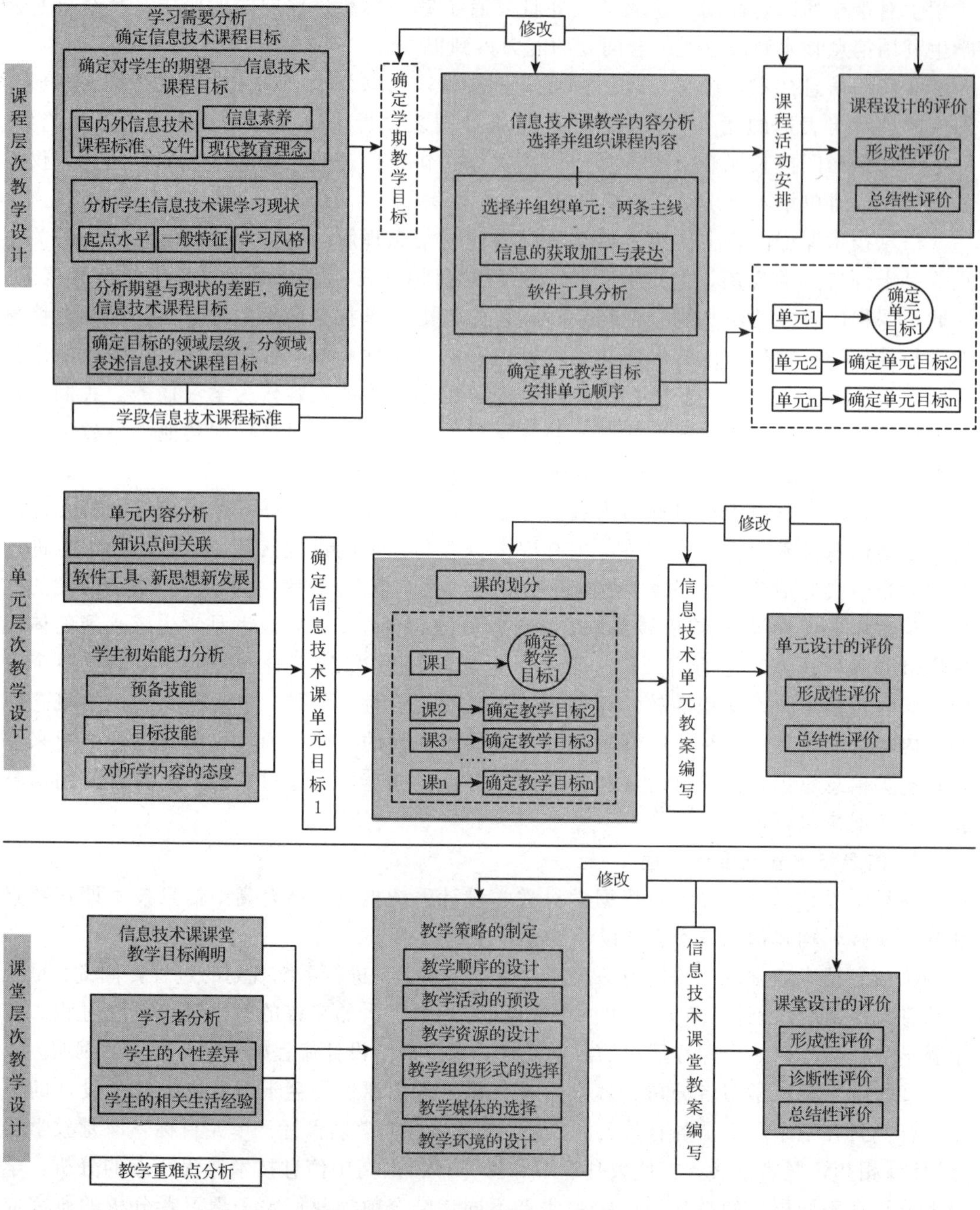

图 6-2　信息技术教学设计流程

3. 信息技术教学设计流程的说明

下面将分别从课程层次、单元层次、课堂层次依次进行说明。

(1)课程层次的信息技术教学设计流程说明

课程层次的信息技术教学设计旨在划分信息技术的课程内容以及确定每个单元的学习内容的范围和深度，这是“做什么”的问题，接下来“如何做”呢？课程设计的基本步骤，即确定课程目标、选择并组织课程内容、安排课程活动、课程教案编写、课程设计的评价[①]，课程层次的信息技术教学设计也可按此步骤进行。

信息技术教师在学期初准备新课时，需要对本学期课程做整体规划和安排，确定信息技术课程目标是第一步且最重要的一步，一般需要通过正规的学习需要分析来完成。

❖确定课程目标——学习需要分析

学习需要是指学生在某特定学习内容方面，目前的学习水平与期望达到的学习水平之间的差距[②]。据此我们得到在信息技术课程层次上进行学习需要分析的过程：①通过系统化的调查研究，获得期望学生学习信息技术课程应该达到的学习水平或状态信息，即期望学生达到的目标；②获得学生当前的学习水平或状态信息，即学生现状；③分析二者之间存在的差距，确定学生对信息技术课程的学习需要，即信息技术课程目标。

期望学生达到的目标。对一线信息技术教师来说，可直接参考相关课程标准中提出的课程总目标以及学段目标的要求，但不论是2000年颁布的《中小学信息技术课程指导纲要(试行)》还是2003年颁布的一些课程标准，都已不能满足当前社会对信息技术的现实性需求，因此，信息技术教师需要结合世界各国相对权威的信息技术课程的相关指导文件，根据当地学校实际和本班学生的真实情况调整课程目标。

分析学生的学习现状。不同类型学习的习得存在相同的条件是教学设计的基础，因此，我们需要了解学习者差异中的相似性。一般来说，信息技术课程层次的学习者分析主要是针对课程目标的学生现状分析，包括学生的起点水平和一般特征、学习风格、学科态度等。具体来看，学习者整体的起点水平，即学生学习信息技术课程之前已经达到的某些相关能力和水平；一般特征，包括会对学习产生影响的学生心理、生理和社会的特点[③]，如年龄、学习动机、生活经验等；学习风格是学习者持续一贯的带有个性特征的学习方式[④]，即在学习过程中的学习偏好。此外，教师还可以对学习者的某些比较稳定的个性特征如家庭情况、生理障碍、学科态度等做一定的分析。[⑤]

分析期望与现状的差距，确定课程目标。根据信息技术课程总目标的要求，结合学习者分析的结果，分析二者的差距，进一步确定信息技术课程目标。

确定课程目标的“领域—层级”，正确表述目标。中小学信息技术课程始终贯穿信息的获取加工和表达这一主题，其中信息的交流至关重要，包括师生与各类信息间的交流和师生间的各种交流，而在此过程中学生是否具有良好的交流能力对提升其信息技术能力水平的难易有很大影响。显然，习得良好的交流能力对学生发展有很大裨益，但是我们却不知将期望学生获得的这种能力划分到哪一个目标领域。刘美凤、李璐等人对“人际交往领域教育目标——教育目标分类理论的新发展”进行论述，将教育目标划分为认知领域、动作技能领域、情感领域和人际交往领域，此分类即可解决这一问题。[⑥] 因此，我们可以依据教学目标新分类确定信息技术课程目标涉及的领域和层级。

---

① 刘美凤：《教育技术基础》，17页，北京，中国铁道出版社，2011。

② 刘美凤：《教育技术基础》，27页，北京，中国铁道出版社，2011。

③ 刘美凤：《教育技术基础》，63页，北京，中国铁道出版社，2011。

④ 谭顶良：《学习风格论》，12页，南京，江苏教育出版社，1995。

⑤ 李静：《学习者分析研究——以小学英语为例》，硕士学位论文，北京师范大学，2012。

⑥ 刘美凤，李璐，刘希等：《人际交往领域教育目标——教育目标分类理论的新发展》，载《中国电化教育》，2017(1)。

❖选择并组织课程内容——教学内容分析

教学内容分析在一线教学中通常被称为教材分析。为实现信息技术课程目标，信息技术教材应该涵盖了课程标准所需要的知识、技能、情感态度等内容范围和深度。相对于传统的"课程内容即教材"的观念，新课程改革对教材的定位发生了转变，而信息技术教材的编排顺序、内容的选择和多少、具体的例子和主题的呈现等不一定会完全考虑到不同地域、不同生活背景的师生的不同需求。因此，信息技术教材作为教师教学的主要参考，还需要教师根据情况进行具体分析。在不违背课程标准和保证学生达到信息技术课程目标的前提下，教师可以按照课程目标，综合分析教材，根据本地区学生和教师的实际情况，对教材进行取舍、修改等。因此，严格意义上讲，教学内容分析不等同于教材分析。

那如何对教材进行重新审视、取舍与完备呢？

加涅等的《教学设计原理》一书中依据其学习层次论和教学课程图从教学课题内容和目标类型两个维度组织课程教学内容顺序①，我们可以借鉴这种方法，按照信息技术课程内容和结果目标两个维度上组织教学内容。美国教学心理学家加涅的学习结果分类理论是对教学内容进行分析的有效依据，不同类型的教学内容有相应的分析方法。本研究拟在加涅的学习结果分类理论的基础上，借鉴李锋、王吉庆对信息技术整体内容的划分②形成高中信息技术教学内容分析框架，如表 6-2 所示。

表 6-2　高中信息技术教学内容分析框架

信息技术 / 学习结果分类		基础知识	应用软件	网络应用技术	程序设计内容
认知领域	言语信息				
	智力技能				
	认知策略				
动作技能领域	动作技能				
情感领域	态度				
人际交往领域					
需要哪些软件工具支持					

信息技术教学设计不仅要依据学科知识的逻辑，还需考虑知识的表征形式和学生的学习心理过程。这里需要特别指出两个问题：第一，人际交往领域能力涉及面较广，需要多种能力的达成来获得；第二，根据前面对信息技术课程特点的分析，信息技术教学设计流程需要加入软件工具分析这一内容，而且软件工具的分析这一部分内容可与教材中教学内容分析同步进行。因此在选择和组织课程教学内容时需要先从纵向方面进行分析，然后对应的思考横向方面应该包括的内容。

选择和组织课程教学内容主要包括以下几个步骤。

① [美]R. M. 加涅，L. J. 布里格斯，W. W. 韦杰：《教学设计原理》，皮连生，庞维国等译，199～200 页，上海，华东师范大学出版社，1999。

② 李锋，王吉庆：《信息技术教育：历史的考察与现实的追问》，载《中国电化教育》，2013(2)。

①选择并组织单元。确定信息技术课程到底需要哪些单元，单元之间的逻辑关系是怎样的，它们的先后顺序如何安排等。

②确定单元教学目标，辨别学习任务的类别和性质。单元目标是信息技术课程目标的子目标，是课程目标的具体化。确定信息技术单元教学目标以后，需要辨别该单元学习结果的类型和性质，即分析单元教学目标所属的“领域—层级”，这一操作有助于单元教学内容分析的进行。

③横向选择和组织课程教学内容。根据具体确定的纵向教学内容，分析部分内容的教学是否需要软件工具支持，需要何种软件工具的支持，确定软件工具后，再分析具体需要该软件工具的什么功能加以支持，如何将软件工具的具体支持融合到纵向教学内容中展开。

④教学内容分析。这一步骤是将相对概括的单元教学目标和具体的教学内容建立联系的过程。通过对不同单元目标作内容分析，可以明确要达到该目标，学生需要习得的知识、技能，及这些知识、技能之间的联系，也是为制定信息技术课堂层次教学目标做铺垫。

❖安排课程活动

信息技术课程活动的安排是从信息技术课程目标出发，根据课程内容从课程整体上进行规划，设计一个或多个完整的活动，这些活动可以安排在某一单元中，也可以贯穿几个单元，甚至贯穿整个学期的课程。信息技术教材中每章最后一节也有给出相关的活动设计，教师设计活动时需关注与课程内容紧密结合但不局限于教材，与学生生活实际相联系，培养学生在活动中运用信息技术解决问题的能力、合作能力、探究能力等。

❖课程教案编写

在教学实践中，学校在开学之初要求教研组规划学期教学进度，对整个学期的课程进行相应的安排。它的优点在于教师能够按照工作进程进行计划，了解学期的时间安排；局限性是分析过于形式化，并不能使教师从整体上把握一门课程的脉络，而且教师大多是笼统地把本学段的课程标准摘录在教学进度表中，并未细化到学期目标，不具有针对性；对单元的划分也是遵循教材中的单元内容和顺序，未进行适当的加工。不过，我们在编制教案模板时，对教学计划进度表中比较合理的要素予以了适当的考虑，增加到学期教案模板中，方便教师的日常使用。所设计的课程教案模板如表 6-3 所示。

表 6-3　信息技术课程教案模板

课程/学期目标的确定
学生学习现状
起点水平
一般特征
学习风格

续表

学科态度			
教学内容分析			
对教材的审视			
教材内容的增、删和改编以及相应的理由			
单元的划分和顺序的安排			
单元名称	单元目标	课时	日期
学期活动安排			
课程实施后的评价与反思			
包括如何判断学生是否达到了学期课程目标的评价的设计(如期末测试题的设计，学习档案袋的评价等)和学期课程结束后的反思(包括课程目标是否合适，学期活动安排是否合适，为下学期课程教学能够提供哪些建议等)。			

❖课程设计的评价

课程设计的评价，包括对以上环节的修改和对课程的实施效果好坏、学生预期的能力是否达到的整体评价。即学生起点分析的诊断性评价以及对课程设计的形成性评价和总结性评价。

(2)单元层次的信息技术教学设计流程说明

❖单元内容分析

对不同类型的学习任务，需运用不同的内容分析方法。信息技术课中可用的方法有：归类分析法、层级分析法、信息加工分析法、程序分析法、图解分析法等。厘清单元内容之间的关系后，还需对教材内容进行分析和处理、对支持学习内容的软件功能进行分析以及查询与学习内容相关的新思想新发展等。

❖学生初始能力分析

学生的初始能力分析包括学生对单元内容的学习已经具备的相关知识和技能的基础，以及对单元内容的认识和态度。[①] 一般通过编制单元前测试题、问卷调查和访谈、教学经验等形式获得。

❖单元教学目标的阐明

根据课程层次信息技术教学设计中单元内容分析的结果，将单元目标具体化，逐条写成信息技术课堂教学的行为目标。

❖课的划分

我们将单元目标具体化后得到教学目标，再根据学生情况来确定这些教学目标可以

① 段青:《中小学信息技术教学设计》，40页，长春，东北师范大学出版社，2006。

划分成几节课来完成。虽然信息技术教材中比较明确地给出了课时安排的建议，但是，信息技术教师在制定一节课的教学策略之前，可以按照教学目标达成的时间顺序、目标之间的逻辑关系、目标分类的层次以及学生的实际心理发展水平和学习水平、当地教学的实际情况，对信息技术课进行重新划分，确定一个单元需要几节课完成，以便通过完成每节课的教学目标，最终达到该单元的教学目标。

❖单元教案编写

单元教案模板的设计遵循了单元设计的基本过程，如表 6-4 所示。

表 6-4　信息技术单元教案模板

<table>
<tr><td colspan="4">单元基本信息</td></tr>
<tr><td>单元名称</td><td></td><td>教材章节</td><td></td></tr>
<tr><td>授课班级</td><td></td><td>授课时数</td><td></td></tr>
<tr><td colspan="4">单元目标的确定</td></tr>
<tr><td colspan="4"></td></tr>
<tr><td colspan="4">学生初始能力分析</td></tr>
<tr><td colspan="4"></td></tr>
<tr><td colspan="4">单元内容分析</td></tr>
<tr><td colspan="4">单元内容之间的关系以及对教材内容的分析和处理</td></tr>
<tr><td colspan="4"></td></tr>
<tr><td colspan="4">支持学习内容的软件功能分析</td></tr>
<tr><td colspan="4">（涉及哪类软件？具体需要某种软件的何种功能？可用图解分析法分析该软件的各个功能结构，或利用层级分析法结合课程的具体内容、软件功能作为学习的辅助进行分析）</td></tr>
<tr><td colspan="4">与学习内容相关的新思想新发展等</td></tr>
<tr><td colspan="4"></td></tr>
<tr><td colspan="4">课的划分和顺序安排</td></tr>
<tr><td>课题名称</td><td colspan="2">教学目标</td><td>课时</td></tr>
<tr><td></td><td colspan="2"></td><td></td></tr>
<tr><td></td><td colspan="2"></td><td></td></tr>
<tr><td></td><td colspan="2"></td><td></td></tr>
<tr><td colspan="4">单元教学评价</td></tr>
<tr><td colspan="4">单元测试题（针对知识与技能类目标）</td></tr>
<tr><td colspan="4"></td></tr>
<tr><td colspan="4">访谈提纲或观察表（针对态度、人际交往类目标）</td></tr>
<tr><td colspan="4"></td></tr>
<tr><td colspan="4">单元教学反思</td></tr>
<tr><td colspan="4"></td></tr>
</table>

❖单元设计的评价与反思

单元教学评价即是指单元教学结束以后，如何确定学生是否达到了单元目标。评价的方式一般是根据单元目标的要求，采用编制后测试题和访谈的方式进行。测试题主要是针对知识与技能类目标，而访谈提纲或者观察表的设计主要针对态度、人际交往类目标进行。单元教学结束后，对单元设计的效果进行全面反思。

(3)课堂层次的信息技术教学设计流程说明

课堂层次的教学设计重在解决学生要去哪里、现在在哪里、如何去那里、是否到了那里等一系列问题[①]，这就需要明确教学目标、学生的现状、教学策略、教学评价等构成课堂教学系统的各个要素，这也是课堂层次的信息技术教学设计需要执行的。

❖课堂学习目标阐明

单元设计划分课时对每一节课的教学目标进行了初步确定，考虑到学生已学过的内容、学生之间的个别差异会对内容的选择、教学策略的制定带来较大的影响，此时需要教师根据不断发展变化的学生实时情况再次对课堂教学目标进行确定。

❖学生分析

课堂层次的学习者分析重点关注学生学习内容相关的生活经验和个别差异。

❖教学内容重难点分析以及相应的处理

根据教学目标进一步确定教学的重点和难点，使教学真正做到有的放矢。

❖教学策略的制定

教学策略及其制定依据。划分好课之后，就需要针对每一节信息技术课的教学目标制定教学策略。学习是一系列的信息加工过程，在课堂教学中，有两种情况，一种是全部由教师替学生控制信息的加工过程，这种教学策略称之为替代性策略；另外一种是学生自己控制学习信息的加工过程，我们称之为生成性策略[②]。一般教师在信息技术课堂教学中使用的教学策略都是介于完全替代性策略和完全生成性策略之间，这要根据具体的情况做具体的选择(图 6-3)。具体而言，就是要根据给定的时间，任务的紧迫性，学生的信息技术能力水平，先前知识的水平，动机水平以及认知策略的水平等，权衡两种策略的利弊，并最终进行决定。

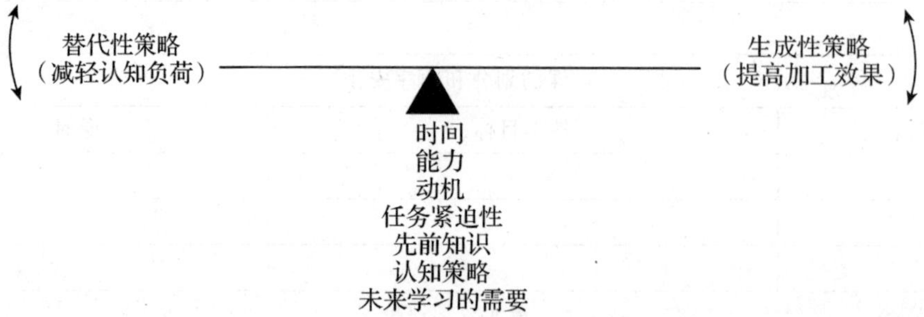

图 6-3　生成—替代性教学策略的选择

教学顺序和教学活动安排。这里的教学顺序是指一堂信息技术课里“先教/学什么，后教/学什么”，是微观的教学顺序的安排。信息技术课中教学活动的安排应当以学生对学习过程的认识为基础。目前对学习过程的认识主要有两种观点：一是信息加工学习观，二是建构主义学习观。

教学资源设计。本研究中教学资源指支持教师的教和学生的学的软件资源。信息技

① 刘美凤:《教育技术基础》，54 页，北京，中国铁道出版社，2011。

② 邬美娜:《教育技术学》，318～321 页，合肥，安徽教育出版社，2004。

术教学资源的来源可以有几种途径：自制、网络资源、随书光盘，教师下载后修改等。这里为信息技术教师提供一些质量较高的资源下载网站：第二资源网、高考资源网、南京信息技术教研室资源网。

教学组织形式。教学组织形式归纳起来，可分为集体授课、自学、小组相互作用三大类。任何一种教学活动，都与这三类基本形式有关。

教学媒体。教学媒体是与教师、教学内容和学生一起共同构成教学系统的要素，信息技术课堂教学活动的开展更加离不开教学媒体。表 6-5 给出了教学活动与刺激种类、媒体选择的参考样例，可以帮助我们根据教学活动来选择媒体类型。

表 6-5　教学活动与刺激种类、媒体选择参考表

教学活动	刺激种类	媒体选择
引起注意	声音、图像、视频、实物	口语表述、电视、动画片
关于目标的信息	语言、实物	口语表述、静止图片、三维物体
指导学习	语言、板书、录像、教师示范	口语表述、教学机器、有声电影、黑板
提供反馈	语言、板书	口语表述、音频、视频、黑板
促进记忆和迁移	声音、视频、实物	三维物体、演示、问题情境

在进行信息技术教学时，我们常常需要考虑采用什么信息传递方式即选择哪一种或哪几种媒体的组合才最为合适、最为有效？选择教学媒体是为了在教学中有效地运用以优化学习过程。教师可以将自己在选择媒体时的种种考虑融合或升华至如何合理运用拟选媒体的设想上来，具体来讲，应当把知识点、学习水平与媒体的关系，及其应用方式表达出来作为教学过程实施的参考(表 6-6)。① 这样，可以帮助教师更清楚自己使用媒体的目的和使用的时机。

表 6-6　教学媒体运用一览表

课题名称	知识点	目标水平	拟选媒体	媒体内容要点	使用时间	资料来源	媒体在教学中的作用	媒体使用方式
	1							
	2							
	3							

注：“媒体在教学中的作用”包括创设情境、引发动机，反映事实、显示过程，示范演示、验证原理，提供练习、训练技能等。“媒体使用方式”包括设疑—演示—讲解，讲解—演示—概括，演示—练习—总结，边播放、边讲解等。

① 刘美凤：《教育技术基础》，88 页，北京，中国铁道出版社，2011。

教学环境。教学环境涉及“在哪里学”的问题。在信息技术课实际教学中，教学环境一般有两种，多媒体教室(基于计算机的交互式信息展示系统的教室)和计算机网络教室(俗称机房)。大多数情况下我们会选择在机房上课，是否在机房上课关键取决于教学活动的设计中需不需要学生上机操作。教学环境包括硬件环境和软件环境。硬件环境指上课环境的硬件设施，软件环境指工具资源和信息资源。工具资源①是指维持信息技术教学正常运行所需要的各类系统软件、应用软件、工具软件、教学软件等，信息资源包括电子书刊、虚拟图书馆、教育网站等。软件环境和硬件环境可以相互弥补。比如，一些学校机房里没有教师演示的硬件设备，如一体机或交互式电子白板或幕布投影等，教师可以在教师机和学生机上安装教学广播软件(极域)，把教师机上的演示操作广播给学生。

组成教学策略的教学顺序、教学活动、教学资源、教学组织形式、教学媒体和教学环境等是互相依存、互相嵌入的。教学活动是借助教学环境依据一定的教学组织形式展开的，在活动的过程中会使用某种媒体和资源，而教学活动又是依据教学顺序的展开而安排的。

❖课堂教案编写

教案编写可以看作记录教师教学设计的过程，并作为教师实施课堂教学的一个蓝本。所以，教案编写对教师有效设计和实施教学都非常重要。下面我们提供一个信息技术课堂教案模板供参考使用，见表 6-7。

表 6-7 信息技术课堂教案模板

<table>
<tr><td colspan="4">教学基本信息</td></tr>
<tr><td>课的名称</td><td></td><td>所属单元</td><td></td></tr>
<tr><td>课的类型</td><td>新授课、练习课、复习课、综合课</td><td>授课时数</td><td></td></tr>
<tr><td>授课班级</td><td></td><td>选用教材</td><td></td></tr>
<tr><td colspan="4">教学目标的制定</td></tr>
<tr><td colspan="4">(尽量从认知领域、动作技能领域、情感领域和人际交往领域四个维度进行阐述，但是如果这节课中确实没有涉及其中一领域，可留白)：</td></tr>
<tr><td colspan="4"></td></tr>
<tr><td colspan="4">学习内容分析</td></tr>
<tr><td colspan="4">在单元中的地位和作用</td></tr>
<tr><td colspan="4"></td></tr>
<tr><td colspan="4">学生情况分析</td></tr>
<tr><td>相关经验
个性差异</td><td colspan="3"></td></tr>
<tr><td colspan="4">教学重难点及处理方法</td></tr>
<tr><td>项目</td><td>内容及原因</td><td colspan="2">处理方法</td></tr>
<tr><td>重点</td><td></td><td colspan="2"></td></tr>
<tr><td>难点</td><td></td><td colspan="2"></td></tr>
</table>

① 祝智庭，李文昊：《新编信息技术教学论》，131 页，上海，华东师范大学出版社，2008。

续表

<table>
<tr><td colspan="4">教学策略的制定</td></tr>
<tr><td>教学顺序及设计意图</td><td colspan="3"></td></tr>
<tr><td>教学活动及设计意图</td><td colspan="3"></td></tr>
<tr><td>教学资源及设计意图</td><td colspan="3"></td></tr>
<tr><td>教学组织形式及设计意图</td><td colspan="3"></td></tr>
<tr><td>教学环境</td><td colspan="3">多媒体教室或计算机网络教室(机房)</td></tr>
<tr><td rowspan="4">教学媒体及设计意图</td><td colspan="2">选用媒体</td><td>使用设想</td></tr>
<tr><td colspan="2"></td><td></td></tr>
<tr><td colspan="2"></td><td></td></tr>
<tr><td colspan="2"></td><td></td></tr>
<tr><td colspan="4">教学实施预设(教学过程设计)</td></tr>
<tr><td>教学环节
时间预设</td><td>教师活动</td><td>学生活动</td><td>设计意图</td></tr>
<tr><td></td><td></td><td></td><td></td></tr>
<tr><td></td><td></td><td></td><td></td></tr>
<tr><td></td><td></td><td></td><td></td></tr>
<tr><td colspan="4">教学评价及课堂调控预设</td></tr>
<tr><td>教学目标</td><td colspan="2">评价方式</td><td>调控策略</td></tr>
<tr><td></td><td colspan="2"></td><td></td></tr>
<tr><td></td><td colspan="2"></td><td></td></tr>
<tr><td></td><td colspan="2"></td><td></td></tr>
<tr><td colspan="4">板书设计</td></tr>
<tr><td colspan="4"></td></tr>
<tr><td colspan="4">教学反思</td></tr>
<tr><td colspan="4">感到最自豪的教学活动是什么？已经实现了哪些目标？哪些目标尚未实现？选择的教学内容是否合适？制定的教学策略是否有效？学生产生了哪些未预料到的问题？我是如何解决的？是否有更好的方法？(其他想到的内容)</td></tr>
</table>

❖教学评价与反思

第 3 章所提出的三个层次的教学设计评价模型，尤其是课堂层次的教学评价模型在评价时机、评价焦点和具体的评价类别上有清晰的指示，给一线信息技术教师提供了教学评价的参考。因此，本研究信息技术课堂层次的教学评价主要参照课堂层次的教学评价模型来执行，详见表 6-8。

表 6-8 课堂层次教学设计评价模型

		分析阶段	设计阶段	开发阶段	实施阶段	评价阶段
过程评价	监控性评价					
	诊断性评价	①学生的初始能力				
	形成性评价				②识别学生在学习和表现中取得的成就及遇到的困难，及时调整教学	③针对教学目标、教学策略、教学材料和媒体进行的形成性评价，反思是否存在需要扩充和补救的地方以及思考怎样改进学习材料和学习活动
	决策性评价					
结果评价	总结性评价					④根据学习目标达成程度，评价教学的效益并判断教学的质和量是否达到了需要的水平
	证实性评价					

6.3 依据信息技术教学设计流程设计高中信息技术教案

前面构建了课程—单元—课堂三个层次的信息技术教学设计流程。本部分则依据信息技术教学设计流程，对高中信息技术必修课《信息技术基础》进行教学设计。

6.3.1 高中信息技术课程目标的确定

高中信息技术教育以国家统一制定的课程标准作为指导，课程标准是对学生要达到的信息技术课程目标的最低要求，规定了课程的具体目标和内容标准，对我国信息技术课程的实施和发展起到了指导和促进作用。① 经过近十年的教学实践，课程标准也暴露出一些问题。首先，课程标准对课程目标和课程内容的描述过于笼统，与具体知识点难以衔接，如在“信息获取”主题中要求学生掌握“信息的基本特征”，但是课程标准没有明确提出信息具有哪些基本特征。其次，课程标准内容与现实教学环境有很大差距，缺乏时效性，不能体现信息技术当前的发展状态以及前沿发展趋势，如“移动终端”“社交网络”“开源”等热点内容均没有涉及。我国进行信息技术教育是希望培养出能够适应信息时代的思考和解决问题的新方法，具有良好信息素养的新公民，而现行的课程标准已经无法满足这样的需求，急需进行改革更新。世界各国均有相对权威的信息技术课程的相关指导文件，其中对于高中阶段信息技术课程目标的规定，是本研究构建高中信息技术课程目标分

① 教育部文件教基〔2003〕6 号．http：//www.moe.edu.cn/srcsite/A26/s8001/200303/t20030331_167349.html，2003-03-31.

类框架的重要参考依据。除相关课程标准外，我们参考了《英国信息与通信技术课程第 4 阶段学业目标水平描述》和《美国国家教育技术标准·学生版(NETS·S)》(第二版)。

通过对上述文件对比分析发现，英美更为重视学生思维的发展尤其是批判性思维和创新思维，以及交流与协作的有效性。课程标准中过程与方法领域也能显现出以问题解决为主的对学生思维方面的培养，但交流与协作方面仅提及"能采用适当的工具和方式呈现信息、发表观点、交流思想、开展合作"，那么交流与协作是否有必要作为课程目标中独立的一个领域呢？信息技术存在的价值不仅在于其自身的内在属性，它还具有鲜明的社会属性，这种社会性价值理所应当体现在个体使用信息技术进行人际交往的过程中。李艺参照梅瑞尔(M. D. Merrill)目标—内容分类理论、加涅的学习结果分类理论、加德纳(Howard Gardner)的多元智能理论等将信息素养解析为知识、技术、人际互动、问题解决、评价调控、情感态度与价值观六个部分①，详见图 6-4。

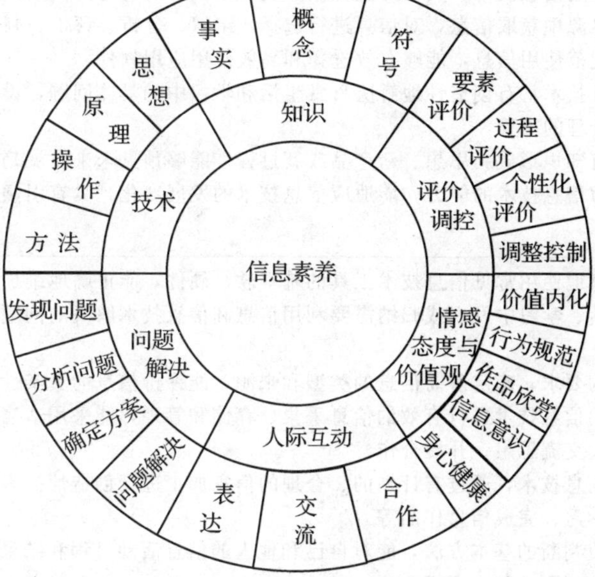

图 6-4 信息素养组成

显然李艺所提出的人际互动独立于课程标准中课程目标三个领域。借鉴我们前述对教育目标分类的研究成果——教育目标的四大领域，即认知、动作技能、情感和人际交往(具体划分为知觉技能、沟通技能、合作技能、领导技能、自我调节技能等)，在以课程标准为主、参考英美等发达国家有关信息技术课程权威指导文件的基础上，我们将高中信息技术课程目标分为总目标和领域目标。具体阐述如下。

(1)课程总目标

通过高中阶段的信息技术学习，学生应该：

能使用数字化工具和软件获取、加工、管理、表达与交流信息，能评价信息及信息活动的过程、方法、结果；

具有创新思维能力、积极主动地发现并发挥更新的信息技术的潜力，能使用信息技术构建知识、开发新的产品与过程；

① 李艺：《信息技术课程与教学》，80 页，北京，高等教育出版社，2005。

能在感兴趣的领域和其他学科中恰当的选择并使用信息技术，能应用所学知识和技能，解决学习和生活中实际问题；

遵守相关的伦理道德与法律法规，知道应负责任地使用信息技术系统及软件，养成良好的信息技术使用习惯和责任意识，形成与信息社会相适应的价值观和责任感；

产生并保持学习和使用信息技术的兴趣；

能借助信息技术工具，与他人交流、合作，促进相互之间的学习。

(2)领域目标

对于领域目标，我们从以下四个方面分别进行了阐述，如表 6-9 所示。

表 6-9　高中信息技术课程目标分类

认知领域	①理解信息及信息技术的含义，了解利用信息技术获取、加工、管理、表达与交流信息的基本工作原理，了解信息技术的发展趋势 ②熟练地使用常用信息技术工具，并能根据解决问题的需要，选择恰当的方法或技术应用多种媒体从众多信息源中获取信息，对信息进行选择、组织、分析、评价、判断、综合和表达等处理，并按道德规范使用信息，能够有效选择和高效使用应用软件 ③能够利用信息技术富有创造性地解决日常生活和学习中的具体问题，设计和开展研究，管理项目，并做出合理的决策 ④能够运用已有知识形成新思想、新产品或新过程。能够预见未来发展趋势，推测各种可能性 ⑤形成自主学习信息技术的能力，能适应信息技术的发展变化，具有引领数字化时代公民的领导能力
动作技能领域	①能正确、健康地使用常见信息技术工具的基本软、硬件，能正确地维护与保养信息技术工具 ②能从日常生活、学习中发现或归纳需要利用信息和信息技术解决的问题，能通过问题分析确定信息需求 ③能根据任务的要求，确定所需信息的类型和来源，能评价信息的真实性、准确性和相关性 ④能选择合适的信息技术进行有效的信息采集、存储和管理，能采用适当的工具和方式呈现信息、发表观点、交流思想、开展合作 ⑤能熟练运用信息技术，通过有计划的、合理的信息加工进行创造性探索或解决实际问题，如辅助其他学科学习、完成信息作品等 ⑥掌握信息价值判断的基本方法，能对自己和他人的信息活动过程和结果进行评价，能归纳利用信息技术解决问题的基本思想方法 ⑦养成健康地使用信息技术工具、合理地应用信息技术的行为习惯
情感领域	①在动手与动脑结合的过程中感受信息对学习与生活的作用，产生并保持学习与使用信息技术的兴趣 ②能够把原创性行为视为自我和团体的一种表达方式 ③体验信息技术蕴含的文化内涵，激发和保持对信息技术的求知欲，形成积极主动地学习和使用信息技术、参与信息活动的态度 ④能辩证地认识信息技术对社会发展、科技进步和日常生活学习的影响 ⑤能理解并遵守与信息活动相关的伦理道德与法律法规，形成健康、安全、合理使用信息技术的责任意识 ⑥对终身学习负有责任感
人际交往领域	①具有初步的对网络虚拟世界中的人际关系的良好认识 ②能借助信息技术工具，与多种受众有效地交流信息与思想，能体会与他人合作和交流的重要性，并具有乐意与他人一起合作解决学习和生活中问题的表现 ③能够应用多种数字化环境和媒体与同龄人、专家或其他人进行交互、协作与发表见解 ④能够通过与其他文化背景的学习者交流沟通，提高自身的文化理解能力与全球意识 ⑤能够通过创作原创性作品或解决问题为项目团队贡献力量

高中信息技术课程总目标的四个领域，并不是相互独立、割裂的，而是一个相互交融、密切联系的有机整体。在课程—单元—课堂设计和课程活动安排、教学活动组织中，应同时兼顾这四个领域的目标。

6.3.2　某区“信息技术基础”课程设计

某区高中一年级学生，信息技术水平差异性较大。教师通过学生自主选择软件完成的自我介绍的作品，发现很多同学的信息技术基础较差，不能运用学过的信息技术知识解决一些简单的问题，如不会通过网络有效的搜集信息，甚至有同学还停留在打字的水平。同时，通过与学生的接触还了解到，有一部分学生之前从未学习过信息技术课程，面对信息技术学业水平考试的压力，他们对信息技术课程存在严重的恐惧和厌倦情绪，不喜欢上信息技术课。

如何帮助那些零基础的学生对信息技术学习建立信心、产生兴趣，成为该区高中信息技术教师需要思考的问题。我们结合该区高一年级学生的实际情况，对高一信息技术必修课“信息技术基础”(粤教版)进行了课程设计。

1. 确定课程目标——学习需要分析

学期课程设计中，学生需要分析旨在确定学生在特定学习内容方面已经具备的普遍水平与期望达到的水平之间的差异，从而根据差距确定学期的课程目标。那么，学生当前的水平和期望学生达到的水平之间的差距如何？

(1)期望学生达到的水平

课程标准是对学生要达到的信息技术课程目标的最低要求，规定了课程的具体目标和内容标准，对高中信息技术必修课“信息技术基础”的课程目标和内容进行了规范说明。然而现行的课程标准已有十多年之久，已不能满足当前信息技术教育的现实需求。依据本研究中确定的高中信息技术课程目标，结合“信息技术基础”模块的内容标准，以及在高一年级学生特征的基础上，形成期望学生通过第一学期学习信息技术必修课模块内容能够达到的能力，如表 6-10 所示。

表 6-10　信息技术必修课模块目标

认知领域	①理解信息及信息技术的含义，了解利用信息技术获取、加工、管理、表达与交流信息的基本工作原理，了解信息技术的发展趋势 ②熟练地使用常用信息技术工具，并能根据解决问题的需要，选择恰当的方法或技术应用多种媒体从众多信息源中获取信息，对信息进行选择、组织、分析、评价、判断、综合和表达等处理，并按道德规范使用信息，能够有效选择和高效使用应用软件 ③能够利用信息技术富有创造性地解决日常生活和学习中的具体问题，设计和开展研究 ④了解当前常见的信息资源管理的目的与方法，通过使用常见的数据库应用系统，感受利用数据库存储、管理大量数据并实现高效检索方面的优势 ⑤能够运用已有知识形成新思想、新产品或新过程 ⑥形成自主学习信息技术的能力，能适应信息技术的发展变化 ⑦认识网络使用规范和有关伦理道德的基本内涵

续表

动作技能领域	①能正确、健康地使用常见信息技术工具的基本软、硬件，能正确地维护与保养信息技术工具 ②能从日常生活、学习中发现或归纳需要利用信息和信息技术解决的问题，能通过问题分析确定信息需求 ③能根据任务的要求，确定所需信息的类型和来源，能评价信息的真实性、准确性和相关性 ④能选择合适的信息技术进行有效的信息采集、存储和管理，能采用适当的工具和方式呈现信息、发表观点、交流思想、开展合作 ⑤能熟练运用信息技术，通过有计划的、合理的信息加工进行创造性探索或解决实际问题，如辅助其他学科学习、完成信息作品等 ⑥掌握信息价值判断的基本方法，能对自己和他人的信息活动过程和结果进行评价 ⑦能够简单操作和使用信息资源管理工具 ⑧养成健康地使用信息技术工具、合理地应用信息技术的行为习惯
情感领域	①在动手与动脑结合的过程中感受信息对学习与生活的作用，产生并保持学习与使用信息技术的兴趣 ②能够把原创性行为视为自我和团体的一种表达方式 ③体验信息技术蕴含的文化内涵，激发和保持对信息技术的求知欲，形成积极主动地学习和使用信息技术、参与信息活动的态度 ④能辩证地认识信息技术对社会发展、科技进步和日常生活学习的影响 ⑤能理解并遵守与信息活动相关的伦理道德与法律法规，形成健康、安全、合理使用信息技术的责任意识
人际交往领域	①具有初步的对网络虚拟世界中的人际关系的良好认识 ②能借助信息技术工具，与多种受众有效地交流信息与思想，能体会与他人合作和交流的重要性，并具有乐意与他人一起合作解决学习和生活中问题的表现 ③能够应用多种数字化环境和媒体与同龄人、专家或其他人进行交互、协作与发表见解 ④能够通过与其他文化背景的学习者交流沟通，提高自身的文化理解能力与全球意识 ⑤能够通过创作原创性作品或解决问题为项目团队贡献力量

(2)学生目前已具备的普遍水平

了解学生当前的普遍水平，便于我们根据实际情况调整学期课程目标。为了尽可能全面了解某区学生的普遍的起点水平，我们采取了在往届学生情况经验总结的基础上，根据第一堂课学生使用最擅长软件完成的“自我介绍”作品和学期初从信息意识、信息能力、信息基本知识、信息道德以及对信息技术课程的态度等维度利用“问卷星”进行的“高一学生信息技术基础情况调查”调查问卷(共收回数据 559 份)的分析(表 6-11)等，来确定学生的普遍水平。

表 6-11 “高一学生信息技术基础情况调查”调查问卷部分题目统计结果

第 13 题　你一般从何种渠道获得信息？　[单选题]	
广播、电视	27.37%
书籍、报刊	11.09%
网络	58.50%
其他	3.04%

续表

第 14 题　你能辨别网上信息的真实性吗？［单选题］	
能	33.63%
不能	7.69%
不太确定	58.68%

第 15 题　你能从网上找到自己需要的内容吗？［单选题］	
能	60.82%
有时能	37.92%
不能	1%

第 16 题　你对常用软件的掌握情况如何［矩阵量表题］

题目＼选项	熟练使用	可以简单操作	了解但不太会	知道	不知道
Word 文档	14.67%	53.67%	18.96%	5.01%	7.51%
Excel 电子表格	4.65%	40.07%	27.55%	9.30%	18.43%
PowerPoint 演示文稿（PPT、课件）	6.08%	26.48%	30.41%	11.27%	25.76%
VB 程序设计	1.25%	9.30%	24.87%	14.67%	49.91%

第 17 题　你对一下内容的掌握情况如何［矩阵量表题］

题目＼选项	完全了解	不太了解	不了解
计算机硬件	13.77%	69.95%	16.28%
计算机基本原理	17.71%	62.43%	19.86%
操作系统	22.36%	63.33%	14.31%
人工智能	6.98%	65.30%	27.73%
网络安全法规	23.08%	58.50%	16.64%
计算机病毒	20.93%	61.00%	18.07%

第 18 题　你的网络知识主要来自哪里？［单选题］	
学校	22.18%
自学	51.34%
同学	16.64%
亲人	9.84%

第 19 题　你在网络交流中会使用不友好或攻击型的语言吗？［单选题］	
从不	57.60%
经常	1.61%
偶尔	40.79%

续表

第 20 题　你曾经在网络上发布过虚假信息吗？［单选题］	
从不	94.28%
经常	0.18%
偶尔	5.55%

由上表不难得出，某区高一学生缺乏信息意识，信息能力不高，信息知识了解较少，比较有信息安全意识，总体来说，信息技术基础较弱，甚至有部分学生完全是零基础，与广东教育出版社出版的《信息技术基础》教材(以下简称粤教版教材)明确的学生起点“在初中已经学习了信息技术基本知识和技能，具备了一定的解决问题的能力”相比，差距较大。因此，教师在设置期望学生达到的目标时要多考虑学生的普遍水平。

(3)课程目标的确定

通过学习需要分析，我们发现对该区该阶段的学生来说，信息技术基础相对薄弱，与期望水平之间的差距较大，因此期望学习者达到的目标即该学期的课程目标，显然，该区的高中信息技术教师教学任务艰巨。

2. 选择和组织课程内容——学习内容分析

根据课程标准，信息技术基础必修模块由 4 个主题组成，结构如图 6-5 所示。

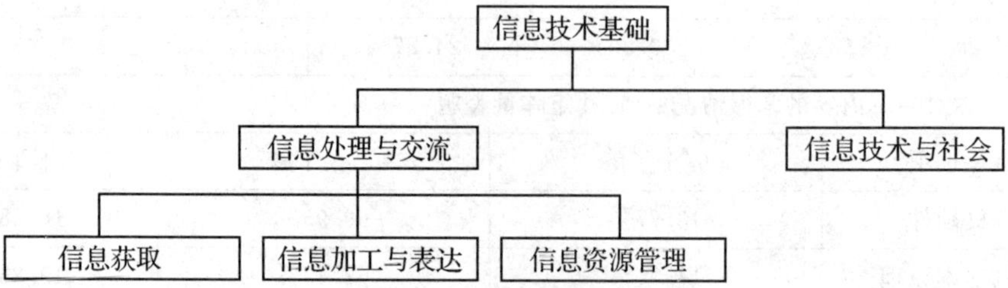

图 6-5　信息技术模块结构图

在某区目前使用的粤教版教材中，“信息技术基础”课程内容分为以下几章：

第一章：信息与信息技术

第二章：信息的获取

第三章：信息的加工与表达(上)

第四章：信息的加工与表达(下)

第五章：信息资源管理

第六章：信息安全

那么，目前的教材内容是否能承载学期课程目标呢？通过与教研员、教师的交流[①]，我们发现，该版本教材的单元安排存在以下几个问题：

信息与信息技术。内容相对枯燥单一，概念性知识多，文字量大，理论性强，操作性内容少。

信息获取。对于学生如何正确快速地找到所需信息的能力、筛选信息的能力涉及较

① 对粤教版教材不足的分析以及单元的重新组织，是作者利用参与某区教研活动的机会，与教研员、教师进行交流的结果。

少，未考虑网络数据库导致内容不全面。

信息的表达与加工。信息的表达与加工是课程标准的核心内容，因而所占比重最大。这部分内容涉及的软件很多，但都是泛泛而谈，没有突出重点，更没有突出与初中内容的区别，把课程标准中“信息技术与社会”部分的有关内容全部分散在各相关章节中。

信息资源管理。课程标准中没有要求创建数据库及应用系统，教材中也没有具体写到数据库的创建方法，但设计建立“我喜欢的音乐”数据库的扩展练习，给教师教学和学生学习带来一定难度。

信息安全在教材中单独作为一章，这部分重点是让学生养成习惯具有意识，可分布到各章。

根据以上分析，为了更好地实现该学期的课程目标，我们需要对现有的教材内容进行增、删、改编等活动。

3. 选择并组织单元

针对现有教材存在的问题，围绕教学目标的实现，通过参考各个版本教材，改编后的单元安排如下：

第一章：信息与信息技术

第二章：信息的获取

第三章：信息的加工与表达

　　第一单元：文本信息的加工与表达(Word)

　　第二单元：表格信息的加工与表达(Excel)

　　第三单元：多媒体信息的加工与表达(PPT)

　　第四单元：编制计算机程序解决问题(VB)

　　第五单元：利用智能工具加工与表达信息

　　第六单元：信息的发布与交流

第四章：信息资源管理(数据库)

信息与信息技术属于基础知识，文本信息的加工与表达(Word)、表格信息的加工与表达(Excel)、多媒体信息的加工与表达(PPT)、利用智能工具加工与表达信息、信息资源管理属于应用软件，信息的获取、信息的发布与交流属于网络应用技术，编制计算机程序解决问题(VB)属于程序设计内容，详细分析见表 6-12。

表 6-12　高中“信息技术基础”课程教学内容分析

信息技术 学习结果分类		基础知识	应用软件	网络应用技术	程序设计内容
认知领域	言语信息	信息的特征、信息和信息技术的含义、信息安全的概念、法律法规、计算机病毒	文本信息加工和表达的一般过程、表格信息加工和表达的一般过程、多媒体信息加工和表达的一般过程	信息交流的类型	计算机解决问题的一般过程

续表

学习结果分类 \ 信息技术		基础知识	应用软件	网络应用技术	程序设计内容
认知领域	智力技能	维护信息安全的一般措施	文本信息的加工、多媒体作品的规划和设计、计算机解决问题的内在机制	信息需求和来源的确定	剖析简单的计算机程序
	认知策略	预防计算机犯罪的常用方法	文本信息的结构化和形象化表达、表格信息的处理、计算机解决问题的过程与方法、信息智能处理的方式、信息资源管理的方式方法	获取信息的方法、信息价值判断的方法、信息检索的策略、信息发布的方式	编写简单的计算机程序
动作技能领域	动作技能	有效防治计算机病毒的方法	文本信息排版、表格信息的处理、多媒体素材的采集与加工表格数据的图形化、信息智能处理工具的使用、操作数据库建立数据库基本过程	网络文件下载工具和方法、搜索引擎及其使用	VB 开发环境的使用
情感领域	态度	信息安全防范的重要性、计算机犯罪的危害	信息智能处理的实际应用价值、信息资源管理的意义与作用、数据库优势	信息交流安全意识	
人际交往领域		信息技术对社会发展、个人的影响		信息交流的方法	与他人探讨分析问题
需要哪些软件工具支持		浏览器	Word、PPT、Excel、Access	浏览器	VB

这样处理的目的是以信息处理与交流为主线，按照“信息的获取与评价、信息的加工与表达、信息的发布与交流、信息的存储与管理”的线索呈现学习内容，并且兼顾信息技术学科知识间的系统性。

4. 确定单元目标，辨别学习任务的类别和性质

组织好各个单元之后，我们确定各部分的主要教学目标，如表 6-13 所示。

表 6-13　信息技术必修课各单元目标

第一章：信息与信息技术
理解信息和信息技术的含义 列举信息技术的应用实例，了解信息技术的历史和发展趋势 探讨信息技术对社会发展、科技进步以及个人生活与学习的影响 体验信息知识和信息技术的文化内涵，激发和保持对信息技术的求知欲，形成积极主动学习信息技术的态度
第二章：信息的获取
知道信息来源的多样性及其实际意义；学会根据问题确定信息需求和信息来源，能够针对不同类型的信息选择适当的方法获取信息 掌握网络信息检索的几种主要策略与技巧，能够合法地获取网上信息 掌握信息价值判断的基本方法，学会鉴别与评价信息
第三章：信息的加工与表达
能够根据任务需求，熟练使用文字处理、图表处理等工具软件加工信息，表达意图；选择恰当的工具软件处理多媒体信息，呈现主题，表达创意 合乎规范地使用网络等媒介发布信息、表达思想 初步掌握用计算机进行信息处理的几种基本方法，认识其工作过程与基本特征 通过部分智能信息处理工具软件的使用，体验其基本工作过程，了解其实际应用价值
第四章：信息资源管理
通过实际操作或实地考察，了解当前常见的信息资源管理的目的与方法，描述各种方法的特点，分析其合理性 通过使用常见的数据库应用系统，感受利用数据库存储、管理大量数据并实现高效检索方面的优势 通过对简单数据库的解剖分析，了解使用数据库管理信息的基本思想与方法

可以看出，第一章的任务类型属于认知领域、情感领域和人际交往领域；第二章、第三章、第四章既涉及认知领域，也涉及动作技能领域和人际交往领域。此外，“能利用现代信息交流渠道广泛地开展合作，解决学习和生活中的问题”“树立信息安全意识，学会病毒防范、信息保护的基本方法”“具有初步的对网络虚拟世界中的人际关系的良好认识”“能借助信息技术工具，与多种受众有效地交流信息与思想，能体会与他人合作和交流的重要性，并具有乐意与他人一起合作解决学习和生活中问题的表现”等，这些目标是渗透在每一个单元、每个课时的教学之中的，在这里没有单独写出来。

5. 课程活动安排

结合课程目标的要求、高一年级学生的思维特点及该区两所高中的具体情况，特别是机房配置情况，我们安排了以下课程活动。

信息与信息技术部分，涉及两个小活动。为达到认知领域理解信息和信息技术的含义以及信息的特征和传播过程这一目标，需要让学生对信息本身多一些体验，有助于帮助理解信息本身，设计了你做我猜小游戏。这个过程中包含了信息、信息的载体和传播途径、信息的传播过程等方面。为达到情感领域探讨信息技术对社会发展、科技进步以及个人生活与学习的影响，激发和保持对信息技术的求知欲形成积极主动学习信息技术的态度，设计了信息技术畅想活动，让学生头脑风暴想象信息技术可能的应用、发展前景等。

信息的获取和信息的加工和表达部分。为达到认知领域目标——学会根据问题确定信息需求和信息来源，能够针对不同类型的信息选择适当的方法获取信息，掌握网络信息检索的几种主要策略与技巧，能够合法地获取网上信息，和动作技能领域目标——能够根据任务需求，熟练使用文字处理、图表处理等工具软件加工信息，表达意图；选择恰当的工具软件处理多媒体信息，呈现主题，表达创意，以及情感领域和人际交往领域目标——能理解并遵守与信息活动相关的伦理道德与法律法规，形成健康、安全、合理使用信息技术的责任意识；能借助信息技术工具，与多种受众有效地交流信息与思想，能体会与他人合作和交流的重要性，并乐意与他人一起合作解决学习和生活中的问题。

设计两个主题活动。一个以“旅行计划”“环保”“名人名地”为主题，或自选主题，制作同一题材两种形式的作品：PPT 作品和 Word 作品(电子报刊)。PPT 作品主要涉及多媒体作品加工和表达时的需求分析、规划与设计的基本方法，主要用到 PPT 软件插入文字、图片、音乐和视频动画的功能；Word 作品(电子报刊)主要涉及电子报刊加工与表达的基本过程和方法，主要用到 Word 软件图文混排、自选图形、艺术字等技术。

另一个以“×××小调查”为主题，通过编制简单问卷、发放并收集问卷、录入并分析数据，形成“×××小调查”调查报告。学生可以自选主题，如高中生阅读习惯调查、早餐情况调查、动漫知识调查等，开展小调查。问卷用 Word 软件来呈现，可参考网络上相关问卷，或自行编写，用 Excel 软件录入并分析数据形成图表，最后的调查报告用 Word 软件来呈现。

这两个活动涉及一个共同的内容——信息的获取，即如何快速有效的获取尽可能全面、准确、有意义的信息。

6. 课程教案编写

图 6-14 “信息技术基础”课程教案

课程/学期目标的确定
详见表 6-10 信息技术必修课模块目标
学生学习现状
起点水平
高一学生缺乏信息意识，信息能力不高，信息知识了解较少，比较有信息安全意识，总体来说，信息技术基础较弱，甚至有部分学生完全是零基础。
一般特征
(1)学习者认知特点 教学对象为刚步入高一年级的学生。该阶段的学生，认知能力不断提高，思维能力逐渐成熟，辩证思维和创造思维有了较大发展，抽象逻辑思维属于理论型；注意的稳定性较初中增强，但对枯燥机械的教学和操作，学生容易厌烦而分散精力。 (2)学习者情感特点 该阶段的学生追求善良、正义、美好的东西，好奇心盛，自尊心、荣誉感迅速增强，学习动机由兴趣型逐渐倾向于信念型，独立性、自主性是情感发展的主要特征，学生的意志行为越来越多，高层自我调控在行为控制中占主导地位。

续表

<table>
<tr><td colspan="4">学习风格</td></tr>
<tr><td colspan="4">多数学生喜欢通过触觉或“动手”活动进行学习，喜欢通过视觉刺激(如视频、动画等)、听觉刺激(如音频、听讲等)以及多种刺激同时作用的情况下进行学习，并能达到较好的学习效果；喜欢被鼓励和赞扬，多数学生认知风格偏向于场依存性。</td></tr>
<tr><td colspan="4">学科态度</td></tr>
<tr><td colspan="4">大学多数学生学习信息技术只是为了应付会考，部分学生认为信息技术课比较重要，要熟练掌握一些基本操作，只有极少数学生认为除了要学好会考内容还应尽量多的掌握信息技术知识，以适应时代发展。</td></tr>
<tr><td colspan="4">教学内容分析</td></tr>
<tr><td colspan="4">对教材的审视</td></tr>
<tr><td colspan="4">信息与信息技术。内容相对枯燥单一，概念性知识多，文字量大，理论性强，操作性内容少。
信息获取。对于学生如何正确快速地找到所需信息的能力、筛选信息的能力涉及较少，未考虑网络数据库导致内容不全面。
信息的表达与加工。信息的表达与加工是课程标准的核心内容，因而所占比重最大。这部分内容涉及的软件很多，但都是泛泛而谈，没有突出重点，更没有突出与初中内容的区别，把课程标准中“信息技术与社会”部分的有关内容全部分散在各相关章节中。
信息资源管理。课程标准中没有要求创建数据库及应用系统，教材中也没有具体写到数据库的创建方法，但设计建立“我喜欢的音乐”数据库的扩展练习，给教师教学和学生学习带来一定难度。
信息安全在教材中单独作为一章，这部分重点是让学生养成习惯、具有意识，可分布到各章。</td></tr>
<tr><td colspan="4">单元的划分和顺序的安排</td></tr>
<tr><td>单元名称</td><td>单元目标</td><td>课时</td><td>日期</td></tr>
<tr><td>第一章：信息与信息技术</td><td>(1)理解信息和信息技术的含义，以及信息的特征和传播过程。
(2)列举信息技术的应用实例，了解信息技术的历史和发展趋势。
(3)探讨信息技术对社会发展、科技进步以及个人生活与学习的影响。
(4)体验信息知识和信息技术的文化内涵，激发和保持对信息技术的求知欲，形成积极主动学习信息技术的态度。</td><td>2</td><td></td></tr>
<tr><td>第二章：信息的获取</td><td>(1)知道信息来源的多样性及其实际意义；学会根据问题确定信息需求和信息来源，能够针对不同类型的信息选择适当的方法获取信息。
(2)掌握网络信息检索的几种主要策略与技巧，能够合法地获取网上信息。
(3)掌握信息价值判断的基本方法，学会鉴别与评价信息。</td><td>2</td><td></td></tr>
<tr><td>第三章：信息的加工与表达</td><td>(1)能够根据任务需求，熟练使用文字处理、图表处理等工具软件加工信息，表达意图；选择恰当的工具软件处理多媒体信息，呈现主题，表达创意。
(2)合乎规范地使用网络等媒介发布信息、表达思想。
(3)掌握用计算机进行信息处理的几种基本方法，认识其工作过程与基本特征。
(4)通过部分智能信息处理工具软件的使用，体验其基本工作过程，了解其实际应用价值。</td><td>33</td><td></td></tr>
</table>

续表

第四章：信息资源管理	(1)通过实际操作或实地考察，了解当前常见的信息资源管理的目的与方法，描述各种方法的特点，分析其合理性。 (2)通过使用常见的数据库应用系统，感受利用数据库存储、管理大量数据并实现高效检索方面的优势。 (3)通过对简单数据库的解剖分析，了解使用数据库管理信息的基本思想与方法。	3	
学期活动安排			
结合课程目标的要求、高一年学生的思维特点及该区两所高中的具体情况，特别是机房配置情况，安排了以下课程活动。 信息与信息技术部分，设计两个小活动。你做我猜小游戏和信息技术畅想活动。 信息的获取和信息的加工和表达部分，设计两个主题活动。这两个活动涉及一个共同的内容——信息的获取，即如何快速有效的获取尽可能全面、准确、有意义的信息。以“旅行计划”“环保”“名人名地”为主题，或自选主题，制作同一题材两种形式的作品：PPT 作品和 Word 作品(电子报刊)。PPT 作品主要涉及多媒体作品加工和表达时的需求分析、规划与设计的基本方法，主要用到 PPT 软件插入文字、图片、音乐和视频动画的功能；Word 作品(电子报刊)主要涉及电子报刊加工与表达的基本过程和方法，主要用到 Word 软件。以“×××小调查”为主题，通过编制简单问卷、发放并收集问卷、录入并分析数据，形成“×××小调查”调查报告。学生可以自选主题，如高中生阅读习惯调查、早餐情况调查、动漫知识调查等，开展小调查。问卷用 Word 软件来呈现，可参考网络上相关问卷，或自行编写，用 Excel 软件来录入并分析数据形成图表，最后的调查报告亦用 Word 软件。			
课程实施后的评价与反思			
从信息技术课程知识的逻辑性、系统性来看，这样编排课程是可行的。但是根据以往经验，部分学生的信息技术基础(尤其是软件应用能力)为零，所以在信息与信息技术这一节结束后，添加了“文本的输入”一节内容作为过渡，而且在讲授软件功能时，从零开始，一边使得这些零基础的学生能够跟上进度，一边规范学生的操作，一举两得。课程实施之后需要对课程的实施效果如何、课程的质量的高低、学生预期的能力是否达到有一个整体评价。			

7. 课程设计的评价

❖课程设计的形成性评价

从信息技术课程知识的逻辑性、系统性来看，这样编排课程是可行的。但是根据以往经验，部分学生的信息技术基础(尤其是软件应用能力)为零，所以在信息与信息技术这一节结束后，添加了“文本的输入”一节内容作为过渡，而且在讲授软件功能时，从零开始，一边使得这些零基础的学生能够跟上进度，一边规范学生的操作，一举两得。

❖课程设计的总结性评价

课程实施之后需要对课程的实施效果如何、课程的质量的高低、学生预期的能力是否达到有一个整体评价。

6.3.3 “信息与信息技术”单元教学设计

信息技术课程设计完成后，我们开始单元层次信息技术教学设计，这里以第一单元

“信息与信息技术”为例说明这一过程。

1. 单元内容分析

在确定单元学习任务类型之后，教师可以对单元内容进行分析，便于后续课堂教学设计的开展。根据第一单元的学习任务类型，我们选用图解分析法对该单元进行内容分析。如图 6-6 所示。

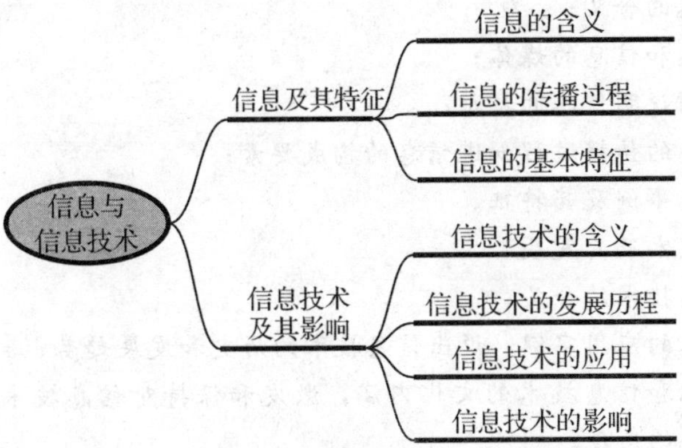

图 6-6 图解分析法分析“信息与信息技术”

教材内容的分析和处理。教材以“刘翔获得奥运会田径 110 米栏项目金牌”为开篇，引入对信息含义的理解和信息特征的探究活动。第二节课由三部分组成，考虑到学生的基础与兴趣，以及课时的问题，对教材进行了再开发，对内容进行了补充。

支持学习内容的软件功能分析。思考该学习内容涉及哪类软件？具体需要某种软件的何种功能？可用图解分析法分析该软件的各个功能结构，或利用层级分析法结合课程的具体内容、软件功能作为学习的辅助进行分析。本单元主要是信息和信息技术基本概念的理解，涉及的网络检索也相对简单，无须专门学习软件。

与学习内容相关的新思想新发展等。一是关于信息特征的真伪性的争议，二是信息技术的发展趋势和应用部分涉及物联网、3D 虚拟博物馆、虚拟教室等新技术。

2. 学生初始能力分析

学生在学习和生活中已接触过很多信息，只是没有意识到它们就是信息。大部分学生在小学或初中已上过信息技术课，对信息和信息技术有较浅显的认识，但是也有部分学生没有上过信息技术课，甚至没有接触过电脑，因此，他们对这块内容不甚了解。

3. 单元教学目标的阐明

根据单元内容分析的结果，我们可以将单元目标逐条写成课堂教学的行为目标。

①能够说出信息和信息技术的含义；

②能够区分信息和信息的媒体；

③结合生活实例说明信息的特征；

④通过了解信息的传播过程知道信息的构成要素；

⑤能够分析信息事例及其特征；

⑥列举信息技术的应用实例，了解信息技术的历史和发展趋势；

⑦体验信息知识和信息技术的文化内涵，激发和保持对信息技术的求知欲，形成积极主动学习信息技术的态度；

⑧知道信息技术带来的不利于身心健康的因素，养成健康使用信息技术的习惯。

4. 课的划分

教材中将“信息与信息技术”这一章分为两节课。同时，考虑到该区信息技术课课时少、教学内容多且高一年级学生大多喜欢在信息技术课上多动手操作等现实因素，我们将“信息与信息技术”这一章的两节课进一步充实。

第一课：信息的特征

①举例说明信息的含义；

②能够区分信息和信息的媒体；

③结合生活实例说明信息的特征；

④能够说出信息的传播过程知道信息的构成要素；

⑤能够分析信息事例及其特征。

第二课：信息技术及其发展

①举例说明信息技术的含义；

②列举信息技术的应用实例，说出信息技术的历史和发展趋势；

③体验信息知识和信息技术的文化内涵，激发和保持对信息技术的求知欲，形成积极主动学习信息技术的态度；

④知道信息技术带来的不利于身心健康的因素，养成健康使用信息技术的习惯。

5. 单元教案编写

表 6-15 “信息与信息技术”单元教案

单元基本信息			
单元名称	信息与信息技术	教材章节	广东教育出版社《信息技术基础》第一章
授课班级	高一(2)班	授课时数	2 课时
单元目标的确定			
(1)能够说出信息和信息技术的含义； (2)能够区分信息和信息的媒体； (3)结合生活实例说明信息的特征； (4)通过描述信息的传播过程知道信息的构成要素； (5)能够分析信息事例及其特征； (6)列举信息技术的应用实例，说出信息技术的历史和发展趋势； (7)体验信息知识和信息技术的文化内涵，激发和保持对信息技术的求知欲，形成积极主动学习信息技术的态度； (8)知道信息技术带来的不利于身心健康的因素，养成健康使用信息技术的习惯。			
学生初始能力分析			
学生在学习和生活中已接触过很多信息，只是没有意识到那就是信息。大部分学生在小学或初中已上过信息技术课，对信息和信息技术有较浅显的认识，但是也有部分学生没有上过信息技术课，甚至没有接触过电脑，因此，他们对这块内容不甚了解。			

续表

<table>
<tr><td colspan="3">单元内容分析</td></tr>
<tr><td colspan="3">单元内容之间的关系以及对教材内容的分析和处理</td></tr>
<tr><td colspan="3">教材以“刘翔获得奥运会田径 110 米栏项目金牌”为开篇，引入对信息含义的理解和信息特征的探究活动。第二节课有三部分组成，考虑到学生的基础与兴趣，以及课时的问题，对教材进行了再开发，将内容合并为一课时。</td></tr>
<tr><td colspan="3">支持学习内容的软件功能分析</td></tr>
<tr><td colspan="3">本节课主要是信息和信息技术基本概念的理解，不需要软件的学习。</td></tr>
<tr><td colspan="3">与学习内容相关的新思想新发展等</td></tr>
<tr><td colspan="3">信息技术的发展趋势和应用部分：物联网、3D 虚拟博物馆、虚拟教室等。</td></tr>
<tr><td colspan="3">课的划分和顺序安排</td></tr>
<tr><td>课题名称</td><td>教学目标</td><td>课时</td></tr>
<tr><td>第一课：
信息的特征</td><td>(1)举例说明信息的含义；
(2)能够区分信息和信息的媒体；
(3)结合生活实例说明信息的特征；
(4)通过描述信息的传播过程知道信息的构成要素；
(5)能够分析信息事例及其特征；</td><td>1</td></tr>
<tr><td>第二课：
信息技术
及其发展</td><td>(1)举例说明信息技术的含义；
(2)列举信息技术的应用实例，说出信息技术的历史和发展趋势；
(3)体验信息知识和信息技术的文化内涵，激发和保持对信息技术的求知欲，形成积极主动学习信息技术的态度；
(4)知道信息技术带来的不利于身心健康的因素，养成健康使用信息技术的习惯。</td><td>1</td></tr>
<tr><td colspan="3">单元教学评价</td></tr>
<tr><td colspan="3">单元测试题(针对知识与技能类目标)</td></tr>
<tr><td colspan="3">1. 下列不属于信息的主要特征是(　　)。
A. 时效性　　B. 不可能增值　　C. 可传递、共享　　D. 依附性
2. 下面有关对信息作用事例的理解，错误的是(　　)。
A. 许多历史事件以文字的形式记载在书上，体现信息的依附性
B. 交通信号被许多行人接收，体现信息的共享性
C. 天气预报、股市行情体现信息的有价值性
D. 信息无处不在，体现了信息的不完全性
3. 张杰拿了一张 1998 年版的兰州市地图查找兰州的某个地方，结果找了很长时间也没有找到。这说明了信息具有(　　)。
A. 传递性　　B. 时效性　　C. 价值相对性　　D. 真伪性
4. 2012 年 3 月第十一届全国人民代表大会第五次会议和政协第十一届全国委员会第五次会议在北京召开，随后关于该会议的视频在网上迅速传播，世界各地的网民都能通过网络及时了解会议情况。这主要归功于人类社会发展史上的(　　)信息技术革命。
A. 第二次　　B. 第三次　　C. 第四次　　D. 第五次
5. 以下(　　)项所述不是信息。
A. 通知：今天下午高一年级与高二年级举行篮球赛　B. 全班的期中考试成绩
C. 2006 年 12 月 23 日的《新华日报》　D. 教育部公布“2008 年全国高考改革方案”
答案：BDBDC</td></tr>
</table>

续表

访谈提纲或观察表(针对态度、人际交往类目标)
访谈提纲： 1. 请举例说明信息与信息技术对你的学习和生活有何价值。 2. 喜欢小组讨论吗？本节课小组交流的过程中，你认为哪些地方很有必要，哪些地方遇到阻碍，你们是如何解决的？ 3. 你对自己本节课的表现满意吗？
单元教学反思
本单元内容重在理解，特别是对信息的特征。教学实施中，为帮助学生理解信息的真伪性，提供了“空城计”的案例，但在案例的分析理解上产生了争议，有学生提出“空城计”本身所传递的信息是真的，之所以有真伪性在于不同人对“空城计”信息是否相信如何理解的，信息是否具有真伪性是值得进一步探讨的。

6. 单元设计的评价与反思

本单元内容重在理解，特别是对信息的特征。教学实施中，为帮助学生理解信息的真伪性，提供了“空城计”的案例，但在案例的分析理解上产生了争议，有学生提出“空城计”本身所传递的信息是真的，之所以有真伪性在于不同人对“空城计”信息是否相信如何理解的，信息是否具有真伪性是值得进一步探讨的。

6.3.4 “信息技术基础”课堂教学设计

选取信息技术基础知识中《信息与信息技术》单元《信息的特征》作详细的方案设计。

1. 课堂教学目标的阐明

根据单元内容分析的结果，我们可以将单元目标逐条写成课堂教学的行为目标。

(1)认知领域

√举例说明信息的含义；

√能够区分信息和信息的媒体；

√结合生活实例说明信息的特征；

√通过了解信息的传播过程知道信息的构成要素；

√能够分析信息事例及其特征。

(2)情感领域

体验信息知识的文化内涵，激发和保持对信息技术的求知欲，形成积极主动学习信息技术课程的态度。

(3)人际交往领域

在小组合作中可以较好地对信息的相关问题进行讨论交流。

2. 学生分析

虽然学生对信息的概念不甚了解，但在学习和生活中已接触过很多信息，只是他们没有意识到。大部分学生在小学或初中已上过信息技术课，对信息和信息技术有较浅显的认识，也有部分学生没有上过信息技术课，甚至没有接触过电脑，因此，课堂中引入的案例应尽可能贴近学生生活。

3. 教学重难点分析及其处理

本节课教学重点：对信息全面而正确的理解。难点：对信息的依附性和价值性的全面、科学的认识和对信息特征分析方法的掌握。提供简单到具体的多个信息事例，引导学生分析这些事例来突破重点；通过多个不同角度的信息特征的案例以帮助学生突破难点。

4. 教学策略的制定

教学顺序。先导入信息主题，然后通过亲身体验，得出信息的传播过程；通过案例，分析得出信息的各个特征。

教学活动。先利用"野外生存训练"探讨来激发学生学习的兴趣，引出信息主题；"你做我猜"游戏，让学生在轻松愉悦的氛围中体验信息是如何传递的；学生通过分析几个信息的事例，进一步理解信息、信息的载体、信息的传播途径之间的区别和联系；通过信息特征的案例，帮助学生理解信息的各个特征；观看短片，学生回顾信息的基本内容。

教学组织形式。集体教学为主，小组合作学习(2～4 人)为辅。

教学媒体。教学媒体主要是用于辅助集体讲授，需要媒体展示的可见范围较大，因此采用投影、电子白板等教学机器展示课件内容；也设计了自学环节，学生需要自带课本，还设计了"你做我猜"小游戏，需要用到词语卡片。表 6-16 展示了本节课中媒体的选择和利用的设想。

表 6-16　教学媒体的选择和利用

<table>
<tr><th>课题名称</th><th>知识点</th><th>目标水平</th><th>拟选媒体</th><th>媒体内容要点</th><th>使用时间(分钟)</th><th>媒体在教学中的作用</th><th>媒体使用方式</th></tr>
<tr><td rowspan="5">信息的特征</td><td rowspan="3">信息</td><td rowspan="3">理解</td><td>投影</td><td>引入课题
信息的含义</td><td>5</td><td>创设情境、引发动机</td><td>设疑—演示—讲解</td></tr>
<tr><td>卡片</td><td>词语</td><td>5</td><td>示范演示、验证原理</td><td>演示—概括</td></tr>
<tr><td>投影</td><td>信息的传播过程</td><td>7</td><td>反映事实、显示过程</td><td>演示—练习—总结</td></tr>
<tr><td>信息的特征</td><td>应用</td><td>投影</td><td>信息的特征案例</td><td>10</td><td>应用方法</td><td>演示—练习—总结</td></tr>
<tr><td>信息基本内容</td><td>理解</td><td>录像、投影</td><td>信息社会、信息传播</td><td>4</td><td>呈现内容</td><td>边播放、边讲解</td></tr>
</table>

5. 教案编写

表 6-17　"信息与信息技术"教案

<table>
<tr><th colspan="4">教学基本信息</th></tr>
<tr><td>课的名称</td><td>信息的特征</td><td>所属单元</td><td>第一章</td></tr>
<tr><td>课的类型</td><td>新授课</td><td>授课时数</td><td>1 课时</td></tr>
<tr><td>授课班级</td><td>高一(2)班</td><td>选用教材</td><td>广东教育出版社《信息技术基础》</td></tr>
</table>

续表

<table>
<tr><th colspan="3">教学目标的制定</th></tr>
<tr><td colspan="3">1. 认知领域
(1)举例说明信息的含义；
(2)能够区分信息和信息的媒体；
(3)结合生活实例说明信息的特征；
(4)通过了解信息的传播过程知道信息的构成要素；
(5)能够分析信息事例及其特征。
2. 情感领域
体验信息知识的文化内涵，激发和保持对信息技术的求知欲，形成积极主动学习信息技术课程的态度。
3. 人际交往领域
在小组合作中可以较好地对信息的相关问题进行讨论交流。</td></tr>
<tr><th colspan="3">学习内容分析</th></tr>
<tr><td colspan="3">在单元中的地位和作用</td></tr>
<tr><td colspan="3">教学内容选自教材第一章(信息与信息技术)第一节(信息及其特征)</td></tr>
<tr><th colspan="3">学生情况分析</th></tr>
<tr><td>相关经验
个性差异</td><td colspan="2">虽然学生对信息的概念不甚了解，但在学习和生活中已接触过很多信息，只是没有意识到。大部分学生在小学或初中已上过信息技术课，对信息和信息技术有较浅显的认识，但是也有部分学生没有上过信息技术课，甚至没有接触过电脑，因此，课堂中引入的案例应尽可能贴近学生生活。</td></tr>
<tr><th colspan="3">教学重难点及处理方法</th></tr>
<tr><td>项目</td><td>内容</td><td>处理方法</td></tr>
<tr><td>重点</td><td>对信息全面而正确的理解。</td><td>提供简单到具体的多个具体的信息事例，引导学生分析这些事例。</td></tr>
<tr><td>难点</td><td>对信息的依附性和价值性的全面、科学的认识；
对信息特征分析方法的掌握。</td><td>选取了五个信息特征的五个典型案例，学生在分析的过程中理解。</td></tr>
<tr><th colspan="3">教学策略的制定</th></tr>
<tr><td>教学顺序及
设计意图</td><td colspan="2">先导入信息主题，然后通过亲身体验，得出信息的传播过程；通过案例，分析得出信息的各个特征。</td></tr>
<tr><td>教学活动及
设计意图</td><td colspan="2">先利用“野外生存训练”探讨来激发学生学习的兴趣，引出信息主题；“你做我猜”游戏，让学生在轻松愉悦的氛围中体验信息是如何传递的；学生通过分析几个信息的事例，进一步理解信息、信息的载体、信息的传播途径之间的区别和联系；通过信息特征的案例，帮助学生理解信息的各个特征；观看短片，学生回顾信息的基本内容。</td></tr>
<tr><td>教学资源及
设计意图</td><td colspan="2">信息特征的案例(网上搜索)——突破难点。</td></tr>
<tr><td>教学组织
形式及
设计意图</td><td colspan="2">以集体教学为主，小组合作学习(2～4 人)为辅。</td></tr>
</table>

续表

教学环境	计算机网络教室(机房)	
教学媒体及设计意图	选用媒体	使用设想
	投影、电子白板等教学机器	集体讲授，需要媒体展示的可见范围较大，用投影、电子白板等教学机器展示课件内容。
	课本	自学环节，学生需要自带课本。
	词语卡片	设计了“你做我猜”小游戏，需要用到词语卡片来辅助游戏的开展。

教学实施预设(教学过程设计)

教学环节 时间预设	教师活动	学生活动	设计意图
课前准备	打开所有机器，学生注册。	注册、课前准备	
创设情境 引入新课 5′	【PPT】野外生存训练 第一，你将通过飞机空降到半径为 1000 公里原始森林的中心地带，要求在一个月时间内从森林里走出来；第二，你除了身上穿的衣服外，随身只能带三件物品，每件物品不能超过两千克。水、手枪、钢刀、降落伞、火石、指南针、酒、维生素、厚衣服。你带哪三件物品合适？ 【提问】好，大家四人一小组，讨论出你们的结果，并说明选择的原因。 【提示】钢刀、火石、指南针，物质能源信息，是人类社会的三大要素。这也是控制论奠基人维纳对信息的认识。	分组讨论。 【回答】小组派代表分享讨论的结果。	利用小游戏来激发学生学习的兴趣。
新课讲解 32′	一、信息及其特征 关于信息还有很多种不同的描述，请同学们带着以下问题阅读本节课内容： 信息的不同描述 P3； 信息的传播过程 P4～P5； 信息的特征(重点) P5～P6。 【游戏】你做我猜 在这个过程中大家可以体会到，做的人通过肢体动作、言语向猜的人传递了内容，这些内容就可以称为信息，猜的人对这些信息进行分析判断与理解，给出结论。 1. 信息的传播过程 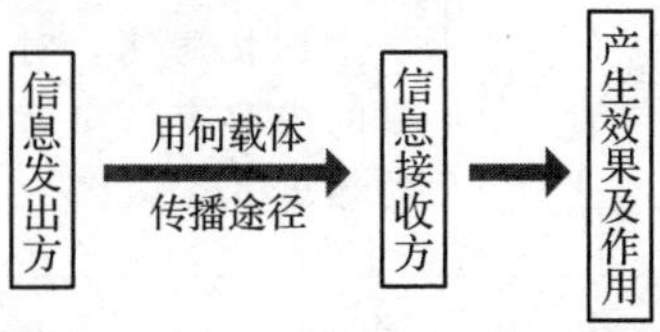 接下来我们再一起看一下信息还有哪些描述。	学生根据教师所给提示阅读课本内容，自学。 学生按列由第一位同学开始依次向后按游戏规则进行游戏，最后一位同学用语言的形式表述前面同学的意思。	学生融入游戏中，在轻松愉悦的氛围中以游戏的形式体验信息是如何传递的。

续表

新课讲解 32′	2. 何为信息？ (1)信息的概念 人类的生活离不开信息。古有“结绳记事”“烽火告急”“信鸽传书”，古人用这些方法来存储传递表达信息，而今人们对信息的定义并未取得共识，从不同的角度出发有不同的描述。 信息论奠基人香农从通信工程的角度提出 控制论奠基人维纳 我国信息论学者钟义信教授 理解信息 【提问】文字，声音，图像，视频等是信息吗？ 不是，是信息的表现形式，是信息的载体。 【练习】下列事例中信息和它的载体分别是什么？ 【任务】从具体事例出发，认识信息的含义 结合 P3～P4 具体实例，填写课本中 P4 的表1-1 (先自主思考，后小组交流) (2)信息的特征 【案例一】卫星电视呈现精彩节目；时间表和课程表 【案例二】KTC 优惠券、学校通知，新区地图 【案例三】玉不琢不成器、啤酒与尿布 【案例四】律师辩护案例；病历 【案例五】空城计 【小结】信息的六大特征：传递性、共享性、依附性和可处理性、价值相对性、时效性、真伪性。 讨论：对真伪性的争议及其他特征。 我们先来看一个视频“生活在信息社会”，看完后再来回顾一下。 回顾： 信息社会； 信息传递的途径、载体； 信息的特征。	学生根据自己的理解初步分析出载体形式、传播途径、接收方式、产生作用。 学生复述传播过程。 学生听讲，理解、思考。 思考，回答问题。 (可能回答是) 学生理解、思考、回答。 学生分析、理解案例中体现出的信息的特征。 学生思考、记忆。 学生观看视频学习，了解并归纳出信息概念。 学生听教师重点讲解。	直观地将信息的传播过程呈现给学生。 先让学生理解什么是信息。 通过简单事例使学生辨别信息和信息的载体。 通过分析具体事例帮助学生理解信息的载体形式、传播途径、接收方式、产生作用。 以提问、案例讨论的方式帮助学生分析案例中信息的特征，进一步掌握分析信息特征的方法。 明确提出任务要求，学生明确这块活动的任务。
课堂小结 3′	总结信息的特征及信息技术的发展历程、发展趋势。	学生回忆思考，对课堂的内容有一个整体的感知和理解。	总结课堂内容，便于学生在以后能合理运用。

续表

教学评价及课堂调控预设		
教学目标	评价方式	调控策略
结合生活实例说明信息的特征。	向学生呈现贴近生活实际的案例，并分析案例理解信息的特征。可能出现的问题：学生不能迁移。	给出信息特征，让学生举出实例。
通过了解信息的传播过程知道信息的构成要素。	你做我猜游戏。 可能的问题：老师提供的词语学生可能难以猜出。	让学生自己提供卡片词语。
掌握分析信息事例的方法。	从具体事例出发，认识信息的含义。 可能的问题：学生混淆信息的载体和信息的传播途径。	进一步举例讲解信息的载体和信息的传播途径。
板书设计		
无		
教学反思		
激发学生对信息技术课程学习的兴趣是关键，引导学生积极参与信息技术的学习，活动组织进程上要注意把握时间，由于各活动内容所需时间比较多，在教学资源设计上要考虑好时间的自动化控制。通过对信息基础知识系统化的讲授，辅以学生自主尝试，使学生更好地理解所讲内容。教师在实际的教学中应注意及时归纳和小结，有助于学生对知识目标的学习和理解。 本课的教学内容类型大多属于事实性知识，如果单纯地采用讲解法会使人感到枯燥乏味，而通过设计“野外生存”“你做我猜”两个小游戏，让学生通过亲身体验来理解信息，调动学生参与课堂的积极性，再通过设计的案例活动，帮助学生归纳信息的基本特征，加深学生对教学内容的理解，活动的设计紧扣教学目标。此类课设计的关键是活动项目的选择要有针对性，切合教学内容，注重引导学生归纳结论，避免游戏的纯娱乐作用，在实践过程中要注意课堂的组织和教学时间的把握。		

6. 教学评价

根据课堂层次教学设计评价模型，评价阶段主要包括形成性评价和总结性评价。形成性评价主要评价焦点是针对教学目标、教学策略、教学材料和媒体进行的形成性评价，反思是否存在需要扩充和补救的地方以及思考怎样改进学习材料和学习活动来进行重复使用。总结性评价的主要评价焦点是根据学习目标达成程度，评价教学的效益并判断教学的质和量是否达到了需要的水平。

结合生活实例说明信息的特征——向学生呈现贴近生活实际的案例，并分析案例理解信息的特征。可能出现的问题：学生不能迁移。调控策略——给出信息特征，让学生举出实例。

通过了解信息的传播过程知道信息的构成要素——你做我猜游戏。可能的问题：老师提供的词语学生可能难以猜出。调控策略——让学生自己提供卡片词语。

掌握分析信息事例的方法——从具体事例出发，认识信息的含义。可能的问题：学生混淆信息的载体和信息的传播途径。调控策略——进一步举例讲解信息的载体和信息的传播途径。

6.4 信息技术教学设计存在的问题与困难

在实践中，通过观察和询问信息技术教师试用过程中的困惑或难点，以及平常的深入访谈、课堂观察(听课)等活动，总结一线信息技术教师使用信息技术教学设计流程时存在的主要困难有以下几点。

①编写信息技术课堂教学目标时，不知道如何表述，不知道将目标划分到四领域的哪个领域哪个层次，特别是之前没有涉及的人际交往领域；在根据教学目标的层次选择目标表述方式时有时存在困惑。

②信息技术教学内容分析是教师教学设计中的难点，问题在于不理解教学目标阐明和教学内容分析之间的关系，不熟悉教学内容分析的流程、方法，在具体操作上存在困难。

③课堂层次信息技术教学设计中教学策略一词颇感陌生，它与实际教学中信息技术教师常提及的教学模式教学方法有何区别与联系？对于替代性策略和生成性策略不甚了解，不同类型的教学目标、教学内容，适合哪种教学策略、哪种教学顺序等。

④教学顺序是教师教学设计容易被忽略的。信息技术教师一般都是根据自己的教学经验和感觉去安排先教什么后教什么，或者直接将软件的各个功能讲一遍，常常忽视教学顺序的重要性，不能科学的安排教学顺序。

⑤信息技术教师大多会忽略课堂层次信息技术教学设计中教学活动的安排，少有涉及的也是按照以往经验来完成，需要相关的理论来做指导。

⑥教学评价是教师教学设计中最常见的疑难点，信息技术教学设计流程中教学评价部分比较偏理论，具体如何实施，可以用何种方法进行评价，如何利用教学评价环节来检查教学目标与教学活动是否达到了预期的设想。

6.5 信息技术教师教学设计支持体系

针对 6.4 中总结与归纳的问题，我们应该为教师提供以下支持。

问题①中领域划分困难的原因之一是信息技术教师不习惯教学目标新分类的四个领域认知领域、动作技能领域、情感领域和人际交往领域，更重要的原因是教师不熟悉不同领域一层级所代表的含义和常用的表述动词和表述方式。针对这一问题，我们提供了不同领域的教学目标阐明动词表以及相应的示例，详见表 6-18。

针对问题②，我们对现有的教学内容分析方法的研究结果进行了梳理，介绍了 7 种教学内容分析方法，详细说明了它们的适用范围、分析方法、表达方式并举例，详见表 6-19。

针对问题③，我们对教学策略、教学模式、教学方法进行了比较分析，并根据相关已有研究对信息技术教学内容与教学策略、教学模式、教学方法进行对照，详见表 6-20。

针对问题④，我们根据学习结果分类对言语信息、智力技能、动作技能、态度四种类型的教学顺序分别加以阐述，针对不同学习结果的教学顺序建议详见表 6-21。

针对问题⑤，给出了教学活动安排的理论依据——信息加工学习观和建构主义学习观，详见 6.5.5 中“信息技术教学活动安排的理论依据”内容。

针对问题⑥，我们对现有的教学评价具体实施方法进行文献梳理，提供了 8 种教学评价方法，详见 6.5.6 中“信息技术教学设计各阶段教学评价工具和方法”内容。

另外，本研究制定了适合当下高中信息技术课程的高中信息技术课程目标，阐明了高中信息技术必修课课程教学设计流程，为整体素质较弱和课程成熟度较差的地区的高中教师进行信息技术教学设计提供了有力的支持。对于信息技术课程不成熟、师资力量薄弱的地区，需要相关研究者或专家与一线信息技术教师合作完成信息技术课程设计，协作完成信息技术课堂设计，这样教师可独立完成教案编写。

6.5.1　信息技术教学目标要求与阐明时可使用行为动词

课程标准中列出了教学目标使用的行为动词及对应的学习目标和掌握水平，由于教学实际的需求，本研究在课程标准基础上制定了适合当下高中信息技术课程的高中信息技术课程目标，特别添加了人际交往领域的目标。为更好地帮助一线信息技术教师理解，提供了高中信息技术课程目标分类表中可使用的行为动词，见表 6-18。

表 6-18　高中信息技术教学目标要求与阐明时可使用行为动词表

			各水平的要求	使用的行为动词
认知领域	低↓高	了解水平	再认或回忆事实性知识	记得、说出、熟悉
			识别、辨认事实或证据	说出、辨认、了解
			列举属于某一概念的例子	列举、列出
			描述对象的基本特征等	描述、澄清
		理解水平	把握事物之间的内在逻辑联系	知道、识别
			在新旧知识之间建立联系	理解、总结
			进行解释、推断、区分、扩展	解释、比较、对比
			提供证据	调查、预测、推理
			收集、整理信息等	检索、概括、归纳、归类
		迁移应用水平	归纳、总结规律和原理	分析、评价、总结
			将学到的概念、原理和方法应用到新的问题情境中	选用、选择、学会、画出、适应、自学、设计、制订、探讨
			建立不同情境之间的合理联系等	研究、发现、归纳、确定、判断
动作技能领域	低↓高	模仿水平	在原型示范和他人指导下完成操作	尝试、模仿、访问、解剖、使用、运行、演示、调试
		独立操作水平	独立完成操作	获取、加工、操作、安装
			在评价和鉴别基础上的调整与改进	交流、管理、表达、运用、发布
			与已有技能建立联系等	搭建、运用、使用、制作、开发、实现
		熟练操作水平	根据需要评价、选择并熟练操作技术和工具	熟练操作、熟练使用、有效使用、合乎规范地使用、创作

续表

			各水平的要求	使用的行为动词
情感领域	低↓高	经历(感受)水平	从事并经历一项活动的全过程，获得感性认识	亲历、体验、感受、交流、讨论、观察、(实地)考察、参观
		反应(认同)水平	在经历基础上获得并表达感受、态度和价值判断	关注、借鉴、欣赏、评价、坚信
			做出相应的反应等	顺从、服从、默认、自愿、关怀、快乐
		领悟(内化)水平	建立稳定的态度、一贯的行为习惯和个性化的价值观等	形成、养成、确立、树立、构建、增强、提升、保持
人际交往领域	低↓高	知觉水平	运用感官观察他人外在特征、活动、行为	看见、听见、感知、感觉、感受
			根据他人直接可观察到的活动和行为，来重建其隐含的品质和特性	猜测、推测、认为、假设
		沟通	指运用言语信息和其他非言语信息传递思维活动结果的能力	说话、演讲、做……动作、做……表情
			接收言语信息和非言语信息，进而通过思维活动达到认知、理解的全过程	看懂，听懂，领悟，释义
		合作	指能从他人那里获取有关事实、听取意见、获得解释、能为别人提供事实、发表自己的意见、解释(澄清)问题的能力	获取、听取、提供、呈现、发表、解释、澄清
			指提出新概念、建议或行动方案的能力	提出、建议、倡议、倡导
			指对他人的建议或提出的想法表示拥护，并在其基础上进一步发展的能力	赞同、用户、认可、补充、扩展
			指在讨论或谈话过程中组织其他人讲话或使其停止讲话的能力	领导、带领、启发、中止、停顿
			指能有意识地、直率地表达不同意见，或对他人的观点进行批评的能力	反对、不赞同、批评、质疑、怀疑
			指以简洁的形式复述前面所讨论的内容要点的能力	概括、归纳
		领导	指对资源进行分配，同时控制、激励和协调群体活动过程，使之相互融合，从而实现组织目标的能力	分配、安排、控制
			指决策过程中的协调指挥才能	指挥、调度、调和
			指对某件事拿主意、做决断、定方向的综合性能力	决定、判断、定出计策、管理
		自我调节	指对自己及自己与周围环境关系的认识，包括对自己存在的认识，对个体身体，心理，社会特征等方面的认识	自我感觉、自我概念、自我观察、自我分析、自我评价
			个体具有不需要外界奖励和惩罚作为激励手段，能为设定的目标自我努力工作的一种心理特征	自我鼓励、自我勉励
			指个体对自己本身，对自己的目标、思想、心理和行为等表现进行的管理	调节、适应

6.5.2　信息技术教学内容分析方法

在信息技术课程层次的教学设计中，信息技术教师在依据学期目标选择和组织单元之后，需要辨别单元学习任务的类型，并对其进行学习内容分析。不同的任务类型适合的学习内容分析方法不同，这一点众多学者已达成共识。下面我们将学习内容分析的相关研究结果进行归纳整理，见表 6-19。

表 6-19　教学内容分析方法

分类	适用范围	分析方法	表达方式	举例
归类分析法	主要用于言语信息类学习内容，适合对具有包含关系的知识进行分类，把实现教学目标所需要掌握的知识归纳成若干方面，从而确定教学内容的范围以及教学内容之间的关系	首先确定信息的主要类别，再把需要学习的知识归类成若干方面，从而确定教学内容的范围	组合或组成图示（分层或分簇），或者列提纲	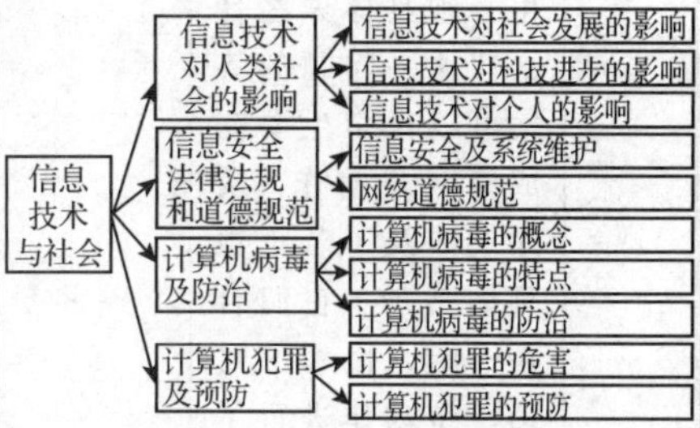 信息技术与社会的归类分析
层级分析法	层级分析法采用自上而下的逆向分析方法，从最终教学目标向下一级一级分析，直至最基础的教学内容；而实际进行教学时，则是从下而上，从实现最基础的教学目标开始，逐级实现高级教学目标 。它主要用于分析智力技能这一学习类型的从属技能——学生为了有效地达到教学目标而必须掌握的那部分技能	从已确定的教学目标开始考虑，要求学习者获得教学目标规定的能力，他们必须具备哪些次一级的从属能力？要培养这些从属能力，有需要具备哪些再次一级的从属能力？依次类推	层级依赖关系图示	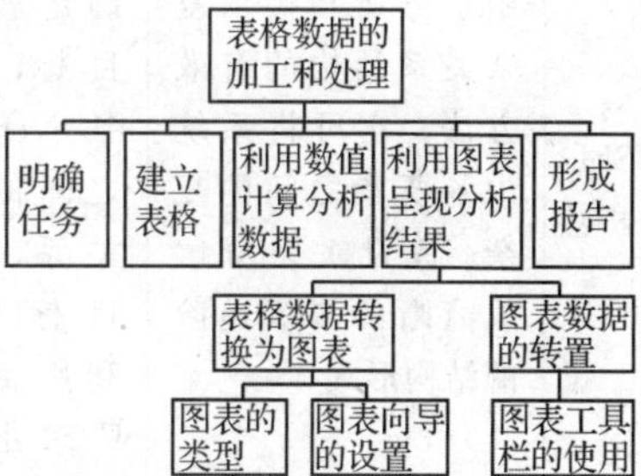 表格信息的加工和处理的层级分析
信息加工分析法	将学习目标要求的心理或操作的过程揭示出来的一种综合性的内容分析方法，这种心理或操作的过程及其所涉及的能力构成学习内容。适用于动作技能	按照信息加工的步骤，写出每步要做的事情，包括内隐的心理操作过程和外显的动作技能的操作过程	过程图示或步骤罗列	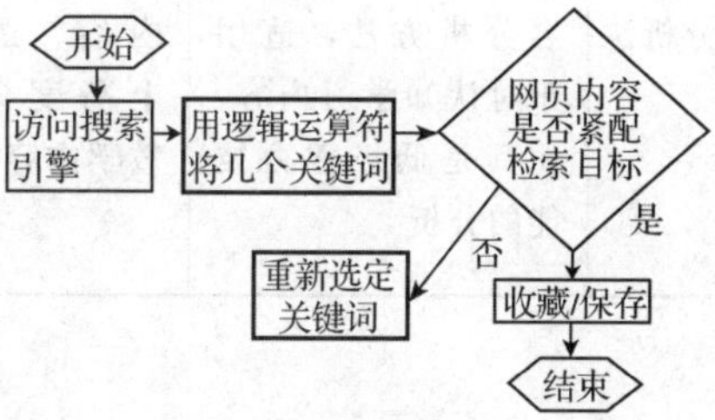 搜索引擎的信息加工分析

续表

分类	适用范围	分析方法	表达方式	举例
程序分析法	程序分析法用来确定与动作技能目标有关的从属技能。在对心理动作目标的各组成部分进行说明时，可以提出如下问题：“当完成这一步动作时，学生必须具体做些什么?”这一问题的答案可以说学生要完成第一步动作，实际上涉及了若干项具体活动。它们合在一起，代表了对第一步动作进行了程序分析①		流程图或步骤罗列	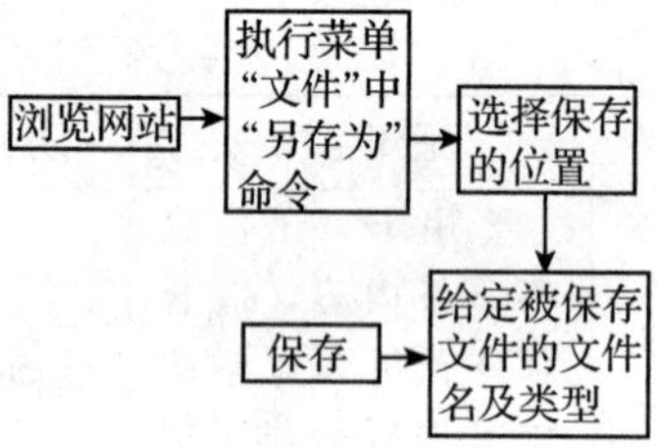 保存网页程序分析
ISM分析法	用于分析和揭示复杂关系结构的有效方法。它可将系统中各要素之间的复杂、凌乱关系分解成清晰的多级递阶的结构形式	包括三个操作步骤：抽取知识元素，确定教学子目标；确定各个子目标之间的直接关系，做出目标矩阵；利用目标矩阵求出教学目标形成关系图	关系图和矩阵图	
图解分析法	图解分析法是一种将教学内容要素及其相互之间联系用直观方式呈现的内容分析方法，适用于对认知学习内容，尤其是低级智力技能的分析	用一套图片或符号，简明扼要地从内容、逻辑上高度概括教学内容	带箭头的线段及简洁的数字、符号等	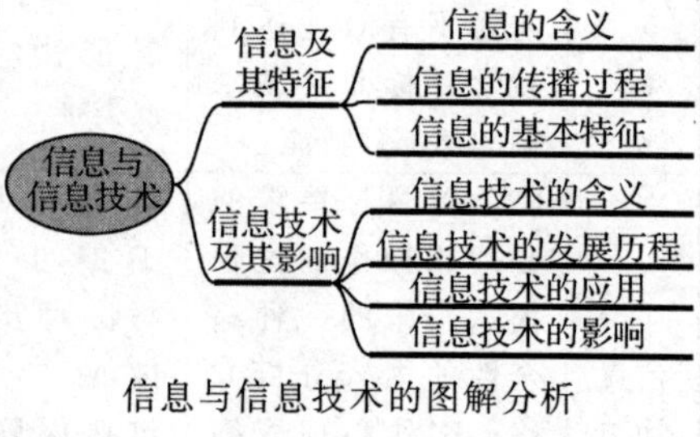 信息与信息技术的图解分析

① 盛群力，李志强：《现代教学设计论》，96页，杭州，浙江教育出版社，1998。

6.5.3　信息技术课堂教学策略、教学模式与教学方法梳理

从传统的教学论来看，微观教学策略实际上是指课堂教学过程和各种具体教学方法[①]，即教学方法是教学过程中的某一个侧面的一系列操作活动，如练习法、演示法、课堂提问法等。而教学模式是对多种教学方法的提炼和组合，它描述了一种稳定的、系统的教学结构，是教师在具体的教学活动中所参考的标准样式。[②] 教学模式所体现的不仅仅是教学方法，还包括从教学原理、教学内容、教学目标、教学过程、教学组织形式的整体、系统的操作样式，是规则化了的教学策略。

信息技术课堂教学中，信息技术教学模式和教学方法出现的频度远高于教学策略，因此我们有必要将信息技术教学内容与教学策略、教学模式、教学方法对照，便于一线信息技术教师理解信息技术课堂教学策略、教学模式和教学方法。我们查阅相关著作并进行了梳理，得到了信息技术教学内容与教学策略、教学模式、教学方法对照表，详见表 6-20。

表 6-20　信息技术教学内容与教学策略、教学模式、教学方法对照表

<table>
<tr><th colspan="2">教学策略</th><th>教学模式</th><th>教学方法</th><th>所适合的信息技术教学内容</th></tr>
<tr><td>替代性策略</td><td>五环节教学策略
九段教学策略
接受学习策略
掌握学习策略
先行组织者教学策略
情境—陶冶教学策略
示范—模仿教学策略</td><td>课堂讲授型教学模式</td><td>讲授法
讨论法
演示法
启发法
练习法
图解法
提问法
程序教学法</td><td>一、信息技术基础知识
1. 信息技术与计算机常识
2. 信息技术与计算机发展趋势
3. 计算机如何表示数据
4. 信息社会与信息安全
5. 信息道德</td></tr>
<tr><td rowspan="2">生成性策略</td><td>支架式教学策略
抛锚式教学策略
随机进入教学策略</td><td>自主探究型教学模式</td><td rowspan="2">实验(操作)法
范例教学法
案例教学法
迁移法
发现法
任务驱动教学法
合作学习法
“导学式”教学法
情境教学法
网络主题探究法(WebQuest)
基于问题的学习(PBL)
基于项目设计教学法
Big6 教学法
计算机游戏教学法
自我反馈法</td><td rowspan="2">6. 计算机硬件构成/工作原理/软件系统
7. 操作系统
二、信息技术应用软件操作技能
1. 文字处理
2. 用计算机画画
3. 多媒体技术
4. 网络技术
5. 数据库
6. 人工智能
三、算法与程序设计</td></tr>
<tr><td>协作学习策略
讨论
角色扮演
竞争
协同
伙伴
计算机支持的协作学习</td><td>合作探究型教学模式</td></tr>
</table>

① 皮连生：《教学设计》，174 页，北京，高等教育出版社，2009。

② 吴军其：《新理念信息技术教学论》，7 页，北京，北京大学出版社，2010。

6.5.4 信息技术不同学习结果类型的教学顺序

信息技术课堂中教学顺序的确定是信息技术教师进行教学时必然遇到的问题。由于不同类型的教学内容需要不同的教学顺序，鉴于高中信息技术教学内容分析框架是根据加涅的学习结果分类理论等形成的，因此这里分别按照言语信息、智力技能、认知策略、动作技能、态度五种类型学习结果加以讨论(表 6-21)。

表 6-21 不同学习结果类型的教学顺序

学习结果类型	教学顺序建议
言语信息	提供“先行组织者”→逻辑组织/意义联系→综合贯通
智力技能	归纳模式： 先提供观察材料和具体事例(正例或反例)→引导学生进行归纳处理→在教师的帮助下，学生形成概念
	演绎模式： 先提供概念或定义→再提供概念的具体事实或观察材料(正例或反例)→进行推理→得出结论
	探究模式： 学生识别问题→假设一种解决方法→对假设进行检验和修改→得出结论。探究模式有利于学生在参与学习活动的过程中发现有关概念和抽象原理
认知策略	策略认知阶段→策略体验/应用阶段→策略调节并内化阶段
动作技能	认知阶段→动作分解→连贯动作→自动化
态度	1. 让学生明白为什么产生所要求的态度——晓之以理 2. 让学生对某事、人、物产生情感——动之以情 3. 鼓励或强化学生产生行为倾向——诱发行为 4. 如果学生行为中有不正确的态度，就要及时纠正态度 5. 形成正确态度之后，要通过直接强化和间接强化增加学生产生良好行为的概率

6.5.5 信息技术教学活动安排的理论依据

教学活动安排的理论依据为信息加工学习观和建构主义学习观。信息加工学习观下教学活动的安排方法参考的是加涅的教学事件理论与史密斯和雷根的扩展教学事件。

(1)信息加工学习观

❖加涅的教学事件理论

加涅在结合行为主义心理学和认知心理学两派理论的基础上，运用现代信息论的观点和方法，视学习过程为信息接收和使用的过程，认为学习是学生和环境相互作用的结果，较完整地论述了产生学习的内因和外因(表 6-22)。目前，在教育技术领域，教学设计者普遍接受加涅的学习的信息加工论，并把它作为设计教学活动的主要理论依据。

表 6-22 教学活动程序——九段教学事件

	学习的内部过程	教学事件
1	接受	引起注意
2	期望	告知目标
3	工作记忆检索	回忆先前知识
4	选择性知觉	呈现刺激材料
5	语义编码	提供“学习指导”
6	反应	诱发行为
7	强化	提供反馈
8	检索与强化	评定行为
9	检索与归纳	增强记忆、促进迁移

❖史密斯和雷根的扩展教学事件

史密斯和雷根在加涅教学事件理论的基础上，将加涅的九大教学事件分成四个教学阶段：导入、(课堂教学)主体、结束(课堂教学)和评定，并扩展为15个教学事件(表6-23)，这些教学事件的主体也既可以是老师，也可以是学生。

表 6-23 扩展的教学事件

导入	主体	结束	评定
引起注意	回忆先前知识	总结和复习	评定行为
建立教学目标	处理信息与实例	迁移	评价反馈与补救
激发兴趣和动机	集中注意 使用学习策略	动机再激发和结束	
预习	练习 评价反馈		

(2)建构主义学习观指导下的教学活动安排

建构主义学习观认为学习是学生主动地建构内部心理表征的过程，知识不是通过教师传授得到的，而是学生在一定情境及社会文化背景下，借助他人的帮助，利用必要的学习资料，通过意义建构获得的。教师的教学就是为学生创设合适的学习情境，对自主性的个人或小组学习活动进行设计和安排。因此，教师对教学活动的安排应包含以下要点。

①呈现复杂的学习环境和真实任务。建构主义者认为，学校之外少有只需要基本技能和按部就班就能解决的问题，教学应确保每一个学生经历解决复杂问题的过程，让学生将其所学运用到现实世界的真实任务与活动以及多种情境中，如能源危机、环保问题等。

②注重活动过程和个性化体验。给学生提供运用所学知识解决真实、复杂问题的机会和情境，注重在这个过程中发展其感知、分析、判断、交流与决策等高级认知能力，以及学生个性化的体验，发展学生自主学习能力、与人合作的能力，并激发学生终身学

习的内部动机，促进学生的个性化发展。

③指导学生小组合作学习，促进深层理解。活动目的是帮助学生形成既能捍卫自己观点，同时又能尊重他人观点的能力，并与他人合作、协商，共同建构意义，在相互协商或交流的过程中促进学生对所学内容的深层理解。

6.5.6 信息技术教学设计各阶段教学评价工具和方法

第四章 4.6.3 中表 4-23 呈现了课堂层次教学设计评价的主要内容。其中评价①，可通过情感、价值观量表、问卷调查表、测验等方式获取相关数据；评价②可通过观察法和随堂提问来获取相关信息；评价③可通过成长记录袋、观察记录表、测试题、问卷调查表和访谈调查表来对课堂过程进行评价；评价④可通过成长记录袋、测验、观察记录表、问卷调查表等方式对课堂的实施效果、教学质量的高低进行评价。

下面详细介绍这几种评价方式。方法 1～4 主要针对学生评价的方式，工具 5～6 主要针对课堂评价的工具，方法 7 是针对学生作品的分析评价方式。方法 8 既可以评价学生又可以评价学生作品。

(1)观察

信息技术课堂中教师已经有意无意地用到了观察法，直接观察学生课堂参与程度、言谈举止等各种状态，可以随时随地直接了解学生真实客观的情况，并据此对学生做出分析评价。经验丰富的教师会在课堂教学中运用观察学生问题，不断调整教学策略以调动学生积极性。

(2)测验

信息技术课的测验通常是教师适当安排一些题目或任务让学生来完成，教师可以按照某个标准根据学生完成情况打分来对学生近期的学习情况进行评估。

(3)成长记录袋

在信息技术课中我们也常将其称为电子档案袋，将能够反映学生进步的作品系统地收集起来，放在学生独立的文件夹里。信息技术教师可以每隔一段时间，根据所收集的内容评价学生的进步情况。档案袋的类型如表 6-24 所示。

表 6-24 成长记录袋的类型

名称	目的	作品类型	特点
展示型档案袋	展示学生的成就	学生各个阶段的最佳作品	注重学生自我反省
过程型档案袋	描述学生的进步	反映学生进步的不同时期的同类作品	为教师、学生提供反馈，注重学生反思
评价型档案袋	确定学生是否达到预期的表现水平	依据一定的标准选择作品	为教师提供信息，不注重学生反省

(4)概念图

信息技术教师有时会让学生通过阅读课本或回忆所学知识来绘制知识点关系图，来确定学生对这些内容的理解和掌握程度。

(5)观察记录表

课堂观察是对学生的学习行为和结果进行评价的有效途径，相关工具较多，如弗兰德斯语言互动分类分析体系，表 6-25 是基于弗兰德斯语言互动分类分析体系的某课堂教学语言行为情况的观察记录。

表 6-25　某课堂教学语言行为情况的观察记录

观察事项 / 观察时间	接纳学生感觉	赞许学生行为	接受学生主张	问学生问题	讲解	指示或命令	批评或维护权威	回答老师的提问或按老师要求表述	主动表达自己的观点或向老师提出问题	静止或疑惑，暂时停顿或不理解
第 3 秒	√									
第 6 秒		√								
第 9 秒						√				
第 12 秒				√						
第 15 秒					√					
第 18 秒										√
……										
第 300 秒									√	
第 303 秒			√							

(6)调查表

通过调查，我们可以了解学生的学习效果和学习兴趣，了解各方面对教学过程和教学效果的意见，从而判断教学的有效性，为改进教学提供依据。调查的方法有访谈和问卷调查两种，必要时问卷可以和访谈结合使用。

(7)作品分析法

通过这种方法对对象的作品进行分析研究，了解情况、发现问题，可以了解对象的知识、技能、态度、能力的水平等。结合本研究中的信息技术必修课设计了相关评价表。“信息的获取”部分设计了“小组分工与组员评价表”详见表 6-26；表 6-27“信息的加工与表达”部分有“学生作品评价标准”详见，针对报刊类作品的“报刊类作品评价表”详见表 6-28，针对 PPT 作品的“演示文稿作品学生互评表”详见表 6-29。这些评价表可用于评价③和评价④。

表 6-26　小组分工与组员评价表

小组任务		组长		
组员姓名	分工情况	组员评价		
		工作表现	合作意识	完成任务
(备注)评定等级：A—典范　B—良好　C—及格　D—还需努力				

表 6-27 学生作品评价标准

评价指标（分值）	分值	具体指标	量化等级分值				得分	各项小计
			优	良	中	一般		
思想性（30 分）	6	内容积极、健康向上，反映青少年的审美情趣和审美能力						
	8	主题明确，能够科学地表达完整的意义						
	5	联系社会、生活和学习实际						
	6	文字内容通顺，没有错别字和繁体字						
	5	须注明引用资料的来源和出处						
创造性（25 分）	10	题材新颖，构思独特，设计合理，原创成分高						
	8	内容、结构设计独到						
	7	作品具有想象力、个性表现力						
艺术性（25 分）	15	版面设计生动活泼，色彩搭配协调，表现风格引人入胜						
	10	图文并茂，文字清晰易读						
技术性（20 分）	10	选用制作工具和制作技巧恰当						
	10	技术运用准确、恰当简洁						
合计总得分								

表 6-28 报刊类作品评价表

项目	具体标准	满分	得分
内容(40)	图片、文字等信息要围绕主题并正确、完整、有意义	15	
	封面设计合理，有一个准确的标题，能精确地表达主题	10	
	对引用的网络资源要写明网址	5	
	页面的张数不得少于 4 张	10	
技术(40)	标题级别层次分明，作品结构清楚，能体现行文脉络	5	
	文字字体、字号、颜色、字间距、文字效果等设置恰当	10	
	文字、图片搭配合理	5	
	能合理地设置段落格式(缩进、段间距、行距等)	10	
	页眉页脚、分栏、首字下沉、艺术字等设置恰当	10	
页面(5)	页面美观、简洁，文字清晰，一目了然	5	
创意(5)	作品设计有创意	5	
演示(10)	展示流畅清晰，而不是简单地让大家去读屏幕	5	
	演讲者仪态大方、声音洪亮	5	
总分			

表 6-29 演示文稿作品学生互评表

项目	具体标准	分数	得分
内容(40)	信息要围绕主题并正确、完整、有意义	10	
	有一个准确的标题幻灯片，能精确地表达主题(封面)	5	
	对引用的网络资源要写明网址	5	
	幻灯片的张数不得少于5张	10	
	正确、恰当地使用图片、文字等信息	5	
	有背景音乐	5	
技术(36)	动画效果设置合理	8	
	文字字体、字号、颜色使用恰当	6	
	文字、图片(等其他媒体)搭配合理	6	
	能正确的使用超级链接，作品结构清楚	10	
	背景音乐设置正确	6	
页面(10)	文字清晰，一目了然	5	
	页面美观、简洁	5	
创意(4)	演示作品设计有创意	4	
演示(10)	演示过程流畅自然，而不是简单地让大家去读屏幕。	5	
	演讲者仪态大方、声音洪亮	5	
作品点评	特色与不足：		

(8)量规

在信息技术课中，学习过程以学生为中心，学习活动大多是任务驱动式，学习结果一般是电子作品、调查报告、观察心得等。这就要求相应的评价工具不但要关注学习过程，还要操作性好、准确性高。量规可以从多个方面详细规定评级指标，如表6-30所示。

表 6-30 研究性学习的量规

分数	问题	信息收集	分类	分析	最终产品
1	教师给出问题	只是从非电子的渠道搜集信息	学生使用教师开发的基于计算机的分类结构	学生复述了所搜集的信息	学生使用了有限的媒体展示了自己的发现，如书面报告
2	学生在教师的帮助下确定问题	从多种电子和非电子的渠道搜集信息	师生共同开发基于计算机的分类结构	学生在教师的指导下分析了信息，并得出了结论	学生有效地使用综合媒体，展示了自己的发现

续表

分数	问题	信息收集	分类	分析	最终产品
3	给出主题后，学生自己确定问题	从多种电子和非电子的渠道搜集信息	师生为基于计算机的分类结构共同想办法，学生自己创建了分类结构	学生分析了信息，并在教师的指导下得出他们自己的结论	学生有效地使用综合媒体，以多种方式展示了自己的发现
4	学生围绕一个主题，自己确定问题	从多种电子和非电子的渠道搜集信息，并正确地标明了出处	学生为给信息分类，自己开发了基于计算机的结构，如数据库	学生分析了信息，并得出他们自己的结论	学生有效地使用综合媒体以多种方式展示了自己的发现，并发布到网上

参考文献

中文文献

[1][美]Jane A. G. Kise. 不同的人格 不同的教学[M]. 王文秀，译. 北京：中国轻工业出版社，2009.

[2][美]W. 迪克，L. 凯瑞，J. 凯瑞. 系统化教学设计(第六版)[M]. 庞维国，等，译. 上海：华东师范大学出版社，2007.

[3][美]托马斯·费兹科，约翰·麦克卢尔. 教育心理学：课堂决策的整合之路[M]. 吴庆麟，等，译. 上海：上海人民出版社，2008.

[4][美]R. M. 加涅，W. W. 韦杰，K. C. 戈勒斯，J. M. 凯勒，等. 教学设计原理(第五版)[M]. 王小明，庞维国，陈保华，等，译. 上海：华东师范大学出版社，2007.

[5][美]Jeanne Ellis Ormrod. 教育心理学(上)[M]. 彭运石，彭舜，等，译. 西安：陕西师范大学出版社，2006.

[6][美]P. L. 史密斯，T. J. 雷根. 教学设计(第三版)[M]. 庞维国，屈程，韩贵宁，邱于飞，译. 上海：华东师范大学出版社，2008.

[7][美]David A. Sousa. 心智、脑与教育：教育神经科学对课堂教学的启示[M]. 周加仙，等，译. 上海：华东师范大学出版社，2013.

[8][美]洛林. W. 安德森. 布卢姆教育目标分类学修订版(完整版)——分类学视野下的学与教及其测评[M]. 蒋小平，张琴美，罗晶晶，译. 北京：外语教学与研究出版社，2009.

[9][美]W. 迪克，L. 凯瑞，J. 凯瑞. 教学系统设计[M]. 上海：华东师范大学出版社，2007.

[10][美]阿瑟·A. 卡琳，乔尔·E. 巴斯，特丽·L. 康坦特. 教作为探究的科学[M]. 北京：人民教育出版社，2008.

[11]艾跃进. 大学生实用口才学[M]. 天津：南开大学出版社，2004.

[12]安桂清. 论学情分析与教学过程的整合[J]. 当代教育科学，2013(22).

[13]鲍同梅. 中小学教学设计的问题透视[D]. 上海：华东师范大学，2004.

[14]曹一鸣. 从数学本质的多元性看数学教育的价值——对新课标“人人学有价值的数学”的解读[J]. 中国教育学刊，2005.

[15]巢宗祺，雷实，陆志平. 全日制义务教育语文新课程标准解读(实验稿)[M]. 武汉：湖北教育出版社，2002.

[16]陈果安. 现代写作原理[M]. 长沙：中南工业大学出版社，1995.

[17]陈华彬，梁玲. 小学科学教育概论[M]. 北京：高等教育出版社，2003.

[18]陈隆升. 语文课堂教学研究——基于“学情分析”的视角[D]. 上海：上海师范大

学，2009.

[19]陈琦，刘儒德．当代教育心理学[M]．北京：北京师范大学出版社，1997.

[20]陈向明．理论在教师专业发展中的作用[J]．北京大学教育评论，2008(1).

[21]陈晓慧．教学设计[M]．北京：电子工业出版社，2005.

[22]陈旭远，杨宏丽．论交往教学[J]．教育研究，2006，27(9).

[23]陈瑶．论学情分析的三个阶段[J]．当代教育理论与实践，2014，6(3).

[24]陈瑶．学情分析研究综述[J]．当代教育理论与实践，2014，6(6).

[25]陈智敏，刘美凤．近五年关于学习者分析要素的现状研究——基于中国知网2008－2013年相关数据[J]．软件导刊(教育技术)，2013，12(10).

[26]陈智敏，刘美凤．学情分析的五个层级[J]．学周刊，2016，15(4).

[27]成芬．北京市小学生英语学习焦虑研究[D]．北京：首都师范大学，2008.

[28]程胜．如何分析学情[M]．上海：华东师范大学出版社，2014.

[29]程新民．把握数学教育本质 重视数学思想教学[J]．山东教育(中学刊)，2000(17).

[30]辞海编辑委员会．辞海[M]．上海：上海辞书出版社，1979.

[31]崔春．语言与交际[M]．杭州：浙江大学出版社，2006.

[32]戴炜栋，束定芳．试论影响外语习得的若干重要因素——外语教学理论系列文章之一[J]．外国语，1994 (4).

[33]丁恺．课堂教学的“学情分析”研究[D]．上海：华东师范大学，2009.

[34]丁炜．钱晓琳．培养有能力的交际者——美国的口语交际教学[J]．外国中小学教育．2003(2).

[35]董蓓菲．全景搜索 美国语文课程、教材、教法、评价[M]．上海：华东师范大学出版社，2009.

[36]董丽丽．教学设计评价的理论研究——从教学设计的三个层次出发[D]．武汉：华中师范大学，2013.

[37]董玉琦．信息技术课程与教学研究[M]．北京：人民教育出版社，2005.

[38]段青．中小学信息技术教学设计[M]．长春：东北师范大学出版社，2006.

[39]樊琪．科学学习心理学——科学课程的教与学[M]．北京：中国轻工业出版社，2002.

[40]范文．小学生学习习惯培养实践研究[D]．武汉：华中师范大学，2007.

[41]冯丽萍．认知视角的对外汉语教学论[M]．北京：北京大学出版社，2013.

[42]冯平．评价论[M]．北京：东方出版社，1995.

[43]冯颖妍．小学英语口语有效教学设计研究[D]．广州：广州大学，2012.

[44]冯忠良，伍新春，姚梅林，等．教育心理学[M]．北京：人民教育出版社，2000.

[45][荷]弗赖登塔尔．作为教育任务的数学[M]．陈昌平，唐瑞芬，等，译．上海：上海教育出版社，1995.

[46]付宜红．日本语文教育研究[M]．北京：北京师范大学出版社，2003.

[47]高佩红．课堂教学视频分析的方法研究[D]．长沙：湖南师范大学，2011.

[48]高清海．文史哲百科辞典[M]．长春：吉林大学出版社，1988.

[49]高玉祥．个性心理学[M]．北京：北京师范大学出版社，1989.

[50]顾志跃．科学教育概论[M]．北京：科学出版社，1999.

[51]顾志跃．小学科学学与教的研究[M]．上海：上海三联书店，2011.

[52]管建刚．我的作文教学革命[M]．福州：福建教育出版社，2007.

[53]郭爱莲．小学生英语学习良好习惯培养的研究[D]．天津：天津师范大学，2012.

[54]郭成．课堂教学设计[M]．北京：人民教育出版社，2006.

[55]郭松梅．基于新课程标准的小学英语教学设计[D]．上海，华东师范大学，2009.

[56][德]哈贝马斯．交往与社会进化[M]．张博树，译．重庆：重庆出版社，1989.

[57]郝玫，吴薇．十年来国内外语学习动机学习者层面实证研究综述——基于10种外语类核心期刊(2000－2011年)论文的统计分析[J]，太原理工大学学报(社会科学版)，2012，30(2)：66～69.

[58]何更生．知识分类学习论和教学论在作文教学中的应用研究[D]．上海：华东师范大学，2001.

[59]何克抗，郑永柏，谢幼如．教学系统设计[M]．北京：北京师范大学出版社，2002.

[60]何克抗．教育技术培训教程(教学人员·中级)[M]．北京：高等教育出版社，2007.

[61]何克抗，李克东，谢幼如，等．一项影响深远的重要教改试验[J]．语言文字应用，1998(4).

[62]胡德辉，叶奕乾．小学儿童心理学[M]．武汉：湖北教育出版社，1983.

[63]胡谊．教学设计——心理学的原理与技术[M]．上海：华东师范大学出版社，2010.

[64]华国栋．差异教学策略[M]．北京：北京师范大学出版社，2009.

[65]刘美凤，黄丹．浅析加拿大安大略省小学三、四年级的写作标准[J]．小学教学研究：理论版，2011(17).

[66]黄红安，文卫平．非英语专业本科生英语学习动机组成因素的实证研究[J]．国外外语教学，2005(3).

[67]黄建华．小学生英语学习习惯应当如何培养？[J]．基础教育外语教学研究，2003(8).

[68]黄秦安．数学教师的数学观和数学教育观[J]．数学教育学报，2004，13(4).

[69]胡军，臧爱珍，基础教育教材建设丛书编委会．小学科学教材开发与应用模式研究[M]．北京：人民教育出版社，2006.

[70][美]R. M. 加涅．学习的条件和教学论[M]．皮连生，王映学，郑藏，等，译，上海：华东师范大学出版社，1999.

[71][美]R. M. 加涅．教学设计原理[M]．皮连生，等，译，上海：华东师范大学出版社，1999.

[72]江苏中外母语课程教材研究所．当代外国语文课程教材评介[M]．南京：江苏教育出版社，2004.

[73]姜春霄，林刚. “教学设计”培训策略研究——中小学教师教学设计能力现状的调查与思考[J]. 现代教育技术，2007(2).

[74]姜涛. 物理探究课有效教学评价指标体系构建研究[D]. 重庆：西南大学，2013.

[75]解萌. 不同学段小学生科学探究特点研究[D]. 北京：首都师范大学，2014.

[76]金生鈜. 理解与教育——走向哲学解释学的教育哲学导论[M]. 北京：教育科学出版社，1997.

[77]靳开宇. 小学生书面作文言语表达特点的调查研究[D]. 长春：吉林大学，2006.

[78]靳玉乐. 中国基础教育新课程的创新与教育观念转变[J]. 西南师范大学学报(人文社会科学版)，2002，28(1).

[79]居梅芳. 小学英语单元整体教学设计的实践与研究——以上海版牛津教材为例[D]. 上海：上海师范大学，2013.

[80]康翠，刘美凤. 不同专业发展阶段教师教案编制的质性研究[J]. 中国电化教育，2013(11).

[81]康翠. 基于教师专业发展的学科教学设计研究——教案编制的视角[D]. 北京：北京师范大学，2011.

[82]孔企平，张维忠，黄荣金. 数学新课程与数学学习[M]. 北京：高等教育出版社，2003.

[83]孔企平. 小学儿童如何学数学[M]. 上海：华东师范大学出版社，2001.

[84]匡玉梅. 现代交际学[M]. 北京：中国旅游出版社，2003.

[85]赖小琴，刘炳升. 科学探究式学习的意义[J]. 教学仪器与实验，2003，19(1).

[86]雷体南. 信息技术教学论[M]. 北京：北京大学出版社，2013.

[87]李冬云. 小学生英语学习策略研究[D]. 北京：首都师范大学，2008.

[88]李桂明. 第二语言习得者获得不同习得能力的原因探微[J]. 长沙大学学报，2001，15(3).

[89]李海林. 言语教学论[M]. 上海：上海教育出版社，2000.

[90]李静. 学习者分析研究——以小学英语为例[D]. 北京：北京师范大学，2012.

[91]李龙. 21世纪教育的专业发展——教师个人发展规划[C]. 内蒙古师范大学现代教育技术研究所，2010.

[92]李龙. 教学过程设计[M]. 呼和浩特：内蒙古人民出版社，2000.

[93]李龙. 教学设计[M]. 北京：高等教育出版社，2010.

[94]李璐. 教学目标阐明的理论与实践研究——以小学信息技术课为例[D]. 北京：北京师范大学，2013.

[95]李芒，周玉芬，李子运. 论教学设计研究的十个方向[J]. 电化教育研究，2004，25(11).

[96]李芒. 论教学设计学的学科独特性与研究体系[J]. 中国电化教育，2005(7).

[97]李明洁. 口语交际课程要教什么？[J]. 语文教学通讯：初中刊. 2005(9).

[98]李其龙. 交往教学论学派[J]. 全球教育展望，1989，18(6).

[99]李清峰. 个人心理因素对英语学习的影响[J]. 南阳师范学院学报(社会科学版)，2002，1(5).

[100]李泉．对外汉语教学理论研究[M]．北京：商务印书馆，2006.

[101]李相群．情感因素对英语学习者的影响[J]．吉首大学学报(社会科学版)，2006，27(2).

[102]李沂．从活动到交往[J]．心理学报，1982，14(1).

[103]李艺．信息技术课程与教学[M]．北京：高等教育出版社，2005.

[104]李艺．信息技术教学研究与案例[M]．北京：高等教育出版社，2006.

[105]李艺，朱彩兰，董玉琦．普通高中信息技术课程标准及其研制概述[J]．中国电化教育，2003(7).

[106][苏]阿·尼·列昂捷夫．活动意识个性[M]．李沂，冀刚，徐世京，等，译．上海：上海译文出版社，1980.

[107]林崇德．核心素养的构建：回到原点的教育追问和反思——访北京师范大学林崇德教授[J]．基础教育课程，2016(9).

[108]林崇德．学习与发展——中小学生心理能力发展与培养[M]．北京：北京教育出版社，1992.

[109]林立．小学英语教学研究[M]．北京：首都师范大学出版社，2004.

[110]刘丙利．信息技术环境下中小学教师教学设计能力的现状与发展研究[D]．广州：华南师范大学，2007.

[111]刘兼，孙晓天．数学课程标准解读(实验稿)[M]．北京：北京师范大学出版社，2002.

[112]刘莉．外语学习听力焦虑研究综述[J]．齐齐哈尔大学学报(哲学社会科学版)，2009(2).

[113]刘美凤．教育技术基础[M]．北京：中国铁道出版社，2011.

[114]刘美凤．教育技术教程[M]．北京：清华大学出版社，2014.

[115]刘美娟．小学科学教师专业素质存在的问题及对策研究[D]．北京：北京师范大学，2008.

[116]刘美娟，刘美凤，吕巾娇．我国小学科学教师专业素质现状调查[J]．教学研究，2010，33(3).

[117]刘巧平．试论合作观下的口语交际教学[D]．上海：华东师范大学，2005.

[118]刘玄恩，刘永发．实用体态语——社交中的身姿与体态[M]．北京：华文出版社，1995.

[119]刘志平．小学数学教师教学设计存在的问题及其对策研究[D]．北京：北京师范大学，2008.

[120]刘志平，刘美凤，吕巾娇．小学数学教师教学设计存在的问题及原因分析[J]．中国电化教育，2010(2).

[121]刘志平，刘美凤，吕巾娇．小学数学教师教学设计的十大误区[J]．中国电化教育，2010(9).

[122]刘志平，刘美凤，吕巾娇．小学数学教师教学设计能力及其构成研究[J]．中国电化教育，2009(9).

[123]卢新祁．小学科学教学法[M]．长春：东北师范大学出版社，2005.

[124]鲁子问，康淑敏．英语教学设计[M]．上海：华东师范大学出版社，2008.

[125][美]国家研究理事会科学、数学及技术教育中心，《国家科学教育标准》科学探究附属读物编委会. 科学探究与国家科学教育标准——教与学的指南[M]. 罗星凯，张琴美，吴娴，等，译. 北京：科学普及出版社，2004.

[126]罗毅. 英语课程标准研修与教材分析[M]. 杭州：浙江大学出版社，2014.

[127]吕巾娇，刘美凤，史力范. 活动理论的发展脉络与应用探析[J]. 现代教育技术，2007，17(1).

[128]马冬娟，周爱芬，赖爱娥. 小学科学教育的理论与实践[M]. 北京：中国环境科学出版社，2005.

[129]马宏佳. 以科学探究为核心的科学教育教学策略研究[D]. 南京：南京师范大学，2005.

[130]马会梅. 关于提高教师教学设计能力的思考[J]. 教育与职业，2008(29).

[131]马秋英. 论数学的价值及数学教育的价值取向[J]. 山东行政学院·山东省经济管理干部学院学报，2005(4).

[132]马志强. 语言交际艺术[M]. 北京：中国社会科学出版社，2006.

[133]莫非. 实用口才学[M]. 广州：暨南大学出版社，2000.

[134]穆凤英. 试论课堂外语学习中的信任度——对克拉申的"情感过滤假设"的新认识[J]. 徐州师范大学学报(哲学社会科学版)，2000(1).

[135]倪宝元. 语言学与语文教育[M]. 上海：上海教育出版社，1995.

[136]倪文锦，欧阳汝颖. 语文教育展望[M]. 上海：华东师范大学出版社，2002.

[137]庞静. 云计算辅助教学支持的师范生教学设计能力培养研究[D]. 上海：上海师范大学，2010.

[138]裴显生. 写作学新稿[M]. 南京：江苏教育出版社，1987.

[139]彭聃龄. 普通心理学[M]. 北京：北京师范大学出版社，2004.

[140]皮连生. 教学设计[M]. 北京：高等教育出版社，2009.

[141]皮连生. 教学设计——心理学的理论与技术[M]. 北京：高等教育出版社，2000.

[142]皮连生. 学与教的心理学[M]. 上海：华东师范大学出版社，2009.

[143]皮连生. 智育心理学[M]. 北京：人民教育出版社，2008.

[144]齐沪扬. 传播语言学[M]. 郑州：河南人民出版社，2000.

[145]齐媛，张生. 教师教学设计能力述评[J]. 现代教育技术，2009(1).

[146]齐媛. 信息技术环境下中小学教师教学设计能力研究[D]. 长春：东北师范大学，2009.

[147]秦政坤. 浅析高师生的教学设计能力及其结构[J]. 松辽学刊(人文社会科学版)，2001，29(4).

[148]邱娟飞. 小学语文口语交际教学现状及对策研究[D]. 上海：华东师范大学，2005.

[149]邱若颖. 小学英语课堂教学设计研究[D]. 重庆：西南大学，2008.

[150]邱笑红. 人教版、苏教版小学语文教材习作系统研究[D]. 南京：南京师范大学，2008.

[151]全国中小学教师继续教育网. 2011年版义务教育课程标准解读(小学英语)[M].

北京：中国轻工业出版社，2013.

[152]邵瑞珍. 学与教的心理学[M]. 上海：华东师范大学出版社，1990.

[153]邵山. 网络学习支持系统对学习者特征的适应性策略[J]. 软件导刊(教育技术)，2008，7(11).

[154]盛群力，等. 教学设计[M]. 北京：高等教育出版社，2005.

[155]盛群力，褚献华. 现代教学设计应用模式[M]. 杭州：浙江教育出版社，2002.

[156]盛群力，李志强. 现代教学设计论[M]. 杭州：浙江教育出版社，1998.

[157]盛群力. 21世纪教育目标新分类[M]. 杭州：浙江教育出版社，2008.

[158]施良方. 课程理论——课程的基础、原理与问题[M]. 北京：教育科学出版社，1996.

[159]史力范. 小学语文口语交际的教学设计研究[D]. 北京：北京师范大学，2008.

[160]史力范，刘美凤，吕巾娇. 小学语文口语交际课程目标的设计研究[J]. 中国电化教育，2009(10).

[161][美]P. L. 史密斯，T. J. 雷根. 教学设计(第三版)[M]. 庞维国，屈程，韩贵宁，等，译. 上海：华东师范大学出版社，2008.

[162]史荣光. 语文素质教育的教学目标和课程结构[J]. 教育研究，1997，18(5).

[163]舒丹. 实用口才培训手册[M]. 北京：中国电影出版社，2005.

[164][美]Selma Wassermann，J. W. George Ivany. 新小学科学教育[M]. 宋戈，袁慧，译. 北京：北京师范大学出版社，2006.

[165]苏思慧，金盛华. 学习习惯及其形成的影响因素[J]. 学科教育，1999(9).

[166]孙建龙. 小学写作教学的理论与实践[M]. 北京：首都师范大学出版社，2007.

[167]孙鸣. 英语学习与教学设计[M]. 上海：上海教育出版社，2004.

[168]孙少坤. 小学英语教师教学设计能力体系的构建及运用研究[D]. 北京：北京师范大学，2010.

[169]孙维张，吕明臣. 社会交际语言学[M]. 长春：吉林大学出版社，1996.

[170]孙义农. 小学生心理辅导[M]. 杭州：浙江大学出版社，2003.

[171]谭顶良. 学习风格论[M]. 南京：江苏教育出版社，1995.

[172]唐菁君. 小学低年级课外科学探究活动的设计与开发——以“玩转纸世界”系列活动为例[D]. 北京：北京师范大学，2015.

[173]唐智松. 教育生理学[M]. 北京：线装书局，2013.

[174]陶德清著. 学习态度的理论与研究[M]. 广州：广东人民出版社，2001.

[175]陶西平. 教育评价辞典[M]. 北京：北京师范大学出版社，1998.

[176]田澜. 小学生学习习惯问卷的编制[J]. 心理学探新，2010(5).

[177]田良臣. 语文科口语课程的多维研究[D]. 上海：华东师范大学，2006.

[178]董小玉，刘海涛. 现代写作教程(第二版)[M]. 北京：高等教育出版社，2008.

[179]王超. 儿童英语学习兴趣、自我效能对英语学习影响的实证研究[D]. 北京：首都师范大学，2005.

[180]王东，高永华. 口才艺术——基础口才学[M]. 北京：光明日报出版社，1991.

[181]王光明. 数学教育应该重视数学的内在价值[J]. 教育理论与实践，2005，25(22).

[182]王慧萍. 建构主义视野下的口语交际教学研究[D]. 兰州：西北师范大学，2005.

[183]王吉庆. 信息技术课程与教学论[M]. 杭州：浙江教育出版社，2003.

[184]王嘉欣. 基于学生个体差异的小学英语合作学习策略研究[D]. 西安：陕西师范大学，2013.

[185]王雷，张淑苹. 因材施教的教育艺术[M]. 长春：东北师范大学出版社，2010.

[186]王丽娟，张亿钧，李少斌，等. 教学设计[M]. 海口：南海出版公司，2003.

[187]王蔷. 小学英语教学法教程[M]. 北京：高等教育出版社，2003.

[188]王素. 小学科技教育[M]. 北京：北京师范大学出版社. 2002.

[189]王馨，赵靓. 中小学教师教育技术水平考试参考用书——小学文科(教学人员·初级)[M]. 北京：清华大学出版社，2012.

[190]王雪梅. 论性格倾向对英语学习的影响[J]. 外语教学，2000，24(4).

[191]王玉玲. 小学英语教学问题解决方法[J]. 大连教育学院学报，2008，24(1).

[192]韦钰，[加]P. Rowell. 探究式科学教育教学指导[M]. 北京：教育科学出版社，2005.

[193]余震球. 维果茨基教育论著选[M]. 北京：人民教育出版社，1994.

[194]魏小娜. 语文科真实写作教学研究[D]. 重庆：西南大学，2009.

[195]沃建中. 小学数学教学心理学[M]. 北京：北京教育出版社. 2001.

[196]乌美娜. 教学设计[M]. 北京：高等教育出版社，1994.

[197]邬美娜. 教育技术学[M]. 合肥：安徽教育出版社，2004.

[198]吴军其. 新理念信息技术教学论[M]. 北京：北京大学出版社，2013.

[199]吴蕾. 教师对学情分析的认知与实践——以S小学的五位教师为例[D]. 上海：华东师范大学，2014.

[200]吴晓义，杜晓颖. 能力概念的多维透视[J]. 吉林工程技术师范学院学报，2006，22(4).

[201]吴一安，刘润清，[美]P. Jeffrey. 中国英语本科学生素质调查报告[J]. 外语教学与研究，1993(1).

[202]奚定华. 数学教学设计[M]. 上海：华东师范大学出版社，2001.

[203]向葵花. 小学教师教学设计现状调查与分析[J]. 师资培训研究，2004(4).

[204]谢利民. 教学设计[M]. 北京：中央广播电视大学出版社，2004.

[205]熊艳，中英小学科学课程标准比较研究[D]. 北京：首都师范大学，2006.

[206]徐敬标. 小学科学教学技能[M]. 上海：华东师范大学出版社，2010.

[207]徐善衍，韦钰，刘恕. 提高全民科学素质　全面建设小康社会[N]. 人民日报，2006-07-06.

[208]吴红梅. 表现性评价的实证研究[D]. 南京：南京师范大学，2007.

[209]徐晓雄. 论罗伯特·加涅学术思想及启示[J]. 宁波大学学报(教育科学版)，2009(1).

[210]徐英俊，曲艺. 教学设计：原理与技术[M]. 北京：教育科学出版社，2011.

[211]薛晓嫘. 基于课程标准的阅读学业成就评价研究[D]. 上海：华东师范大学，2006.

[212]杨开城．教学设计——一种技术学的视角[M]．北京：电子工业出版社，2010.

[213]杨开城．以学习活动为中心的教学设计理论——教学设计理论的新探索[M]．北京：电子工业出版社，2005.

[214]黄鸿博．自然与生活科技教材教法[M]．台北：五南图书出版股份有限公司，2011.

[215]杨心德，徐钟庚．教学设计中的任务分析[M]．杭州：浙江大学出版社，2008.

[216]杨新荣．新课程下小学数学教师课堂教学设计能力的现状研究[D]．重庆：西南大学，2006.

[217]叶澜．新编教育学教程[M]．上海：华东师范大学出版社，1991.

[218]尹相如．写作教程(第2版)[M]．北京：高等教育出版社，2004.

[219]于永昌．教学设计论[M]．沈阳：辽海出版社，2007.

[220]袁春艳．当代国际外语教学法发展研究[D]．南京：南京师范大学，2006.

[221]袁孝亭，曹琦编著．小学自然教育学[M]．长春：东北师范大学出版社，1997.

[222][澳]约瑟夫·P. 福加斯．社会交际心理学——人际行为研究[M]．张保生，李晖，樊传明，译．北京：中国人民大学出版社，2012.

[223]曾继耘．差异发展教学研究[M]．北京：首都师范大学出版社，2006.

[224]曾继耘．学生个体差异：研究方法与基本结构[J]．课程·教材·教法，2006(3).

[225]曾文光，曹荣．学习主体分析[M]．北京：中国文史出版社，2005.

[226]曾文婕．课堂教学设计[M]．北京：北京师范大学出版社，2011.

[227]张红霞．小学科学课程与教学[M]．北京：高等教育出版社，2010.

[228]张辉蓉．基于学习者差异诊断的教学目标刍议[J]．西南大学学报(社会科学版)，2013 (3).

[229]张景焕，金盛华，陈秀珍．小学教师课堂教学设计能力发展特点及影响因素[J]．心理发展与教育，2004，20(1).

[230]张莉，王飙．留学生汉语焦虑感与成绩相关分析及教学对策[J]．语言教学与研究，2002，20(1).

[231]张梅琳．小学科学课程中科学态度的教学设计研究[D]．北京：北京师范大学，2010.

[232]张梅琳，刘美凤．态度的结构及其教学启示[J]．教学研究，2009(6).

[233]张梅琳，刘美凤，董丽丽．小学科学课程科学态度教学的课程目标设计初探[J]．教育与教学研究，2015(8).

[234]张庆宗．外语学与教的心理学原理[M]．北京：外语教学与研究出版社，2011.

[235]张伟，徐宏江．4年级决定孩子的一生[M]．北京：京华出版社，2009.

[236]张先亮．交际文化学[M]．上海：上海文艺出版社，2003.

[237]张晓．中小学教师教学设计能力培训平台的设计与实现[D]．曲阜：曲阜师范大学，2012.

[238]张晓霞．全国中小学教师教育技术水平考试(NTET)教学人员初级考纲解读及应试指导[M]．长春：东北师范大学出版社，2006.

[239]张馨引，王伟．学习者个体焦虑度对英语学习的影响[J]．黑龙江教育学院学报，2014，33(1).

[240]张意忠. 教育评价的理论与实践[M]. 北京：高等教育出版社，2012.

[241]张志祯，喻凡，李芒. 课堂教学视频分析软件的设计与实现[J]. 中国电化教育，2010(6).

[242]张祖忻，章伟民，刘美凤. 教学设计——原理与应用[M]. 北京：高等教育出版社，2011.

[243]章志光. 心理学[M]. 北京：人民出版社，1984.

[244][苏]A.P. 卢利亚. 神经语言学[M]. 赵吉生，卫志强，译. 北京：北京大学出版社，1987.

[245]赵林森，郭启明. 教师口语[M]. 开封：河南大学出版社，1996.

[246]周慧. 高中信息技术教学设计研究——以某区高一信息技术必修课《信息技术基础》为例[D]. 北京：北京师范大学，2015.

[247]周亚娟. 信息技术环境下新入职中小学教师教学设计能力现状及发展对策研究——以广州某地区为例[D]. 长春：东北师范大学，2011.

[248]周玉仁，胡克英. 小学数学教学[M]. 北京：教育科学出版社，1988.

[249]朱京曦. 小学作文训练系统的设计[D]. 北京：北京师范大学，1997.

[250]朱佩荣. 季亚琴科论教学的本质(上)[J]. 全球教育展望，1993，22(5).

[251]朱作仁，祝新华. 小学语文教学心理学导论[M]. 上海：上海教育出版社，2001.

[252]祝智庭，李文昊. 新编信息技术教学论[M]. 上海：华东师范大学出版社，2008.

外文文献

[253]Anderson L. W., Krathwohl D. R. Taxonomy for Learning, Teaching and Assessing: A Revision of Bloom's Taxonomy of Educational Objectives (Complete Edition) [M]. New York: Longman, 2001.

[254]Anderson J. R. The architecture of cognition[M]. Cambridge, MA: Harvard University Press, 1983.

[255]Ausubel D. P. Educational Psychology: A cognitive View[M]. New York: Holt, Rinehardt & Winston, 1968.

[256]Cook V. Second Language Learning an Language Teaching [M]. London: Edward Arnold, 1991.

[257]Davis R. H., Alexander L. T., Yelon S. L. Learning System Design: An approach to the improvement of instruction[M]. New York: McGraw-Hill, Inc, 1974.

[258]Ertmer P. A., Quinn J. & Glazewski, K. D. The ID CaseBook: Case Studies in Instructional Design (4th Edition)[M]. Upper Saddle River, N. J.: Pearson/Merrill Prentice Hall, 2013.

[259]Gardner R. C. & Lambert W. E. Attitudes and Motivation in Second Language Learning[M]. Rowley, Mass: Newbury House, 1972.

[260]Gustafson K. L. & Branch R. M. Survey of Instructional Development Mod-

els [M]. New York: ERIC Clearinghouse on information & Technology, 2007.

[261]Harless J. Guide to front end analysis[M]. Newnan, GA: Harless Performance Guild, 1979.

[262]Harrow, Anita J. A taxonomy of the psychomotor domain: A guide for developing behavioral objectives[M]. New York: David McKay Company, 1972.

[263]Hauenstein A. D. A Conceptual Framework for Educational Objectives: A Holistic Approach to Traditional Taxonomies [M]. Lanham, MD: University Press of America,1998.

[264]J. M. Spector, M. C. Polson & D. J. Muraida. Automating instructional design: Concepts and issues[M]. Englewood Cliffs, NJ: Educational Technology Publications, 1993.

[265]J. Michael Spector, M. David Merrill, Jeroen van Merrienboer, Marcy P. Driscoll . Handbook of Research on Educational Communications and Technology(Third Edition)[M]. London: Routledge, 2008.

[266]Jenson W. R. , Sloane H. N. & Young, R. D. Applied Behavior Analysis In Education: A Structured teaching approach[M]. New Jerey: Prentice Hall, Englewood Cliffs, 1988.

[267]Jones E. E. & Nisbett R. E. The Actor and the Observer: Divergent Perceptions of the Causes of Behavior[M]. New York: General Learning Press, 1972.

[268]Kemp J. E. The Instructional Design Process [M]. New York: Harper & Row, 1985.

[269]Krashen S. D. Second Language Acquisition and Second Language Learning [M]. Oxford: Pergamon Press, 1981.

[270]Krathwohl D. R. A Revision of Bloom's Taxonomy: An Overview [J]. Theory into Practice, 2002(4).

[271]Larson M. B. & Lockee B. B. Preparing instructional designers for different career environments: A case study[J]. Educaitonal Technology Research and Development, 2009(1).

[272]Lenneberg E. H. The Biological Foundations of Language[M]. New York: John Wiley & Sons, 1967.

[273]M. David Merill. Levels of Instructional Strategy [J]. Educational Technology, 2007(6).

[274]McLagan P. A. Competencies: the Next Generation[J]. Training & Development, 1997(5).

[275]Merrill M. D. Component Display Theory [J]. Instructional-Design Theories and Models: An Overview Of Their Current Status, 1983(1).

[276]Misanchuk E. R. Uses and Abuses of Evaluation in Continuing Education Programs: On the Frequent Futility of Formative, Summative and Justificative Evaluation [M]. San Antonio: Texas, 1978.

[277]Morrison G. R. , Ross S. M. , Kemp, J. E. Designing Effective Instruction

(The Fourth Edition)[M]. New York: John Wiley & Sons, 2004.

[278]Nie H. D. An analysis of individual learner differences affecting second language acquisition [J]. Ann Arbor: ProQuest, UMI Dissertations Publishing, 2000.

[279]O'Malley, J. M. & Chamot A. Learning Strategies in Second Language Acquisition. [M]. Cambridge: Cambridge University Press, 1990.

[280]Parry Scott B. Just what is a competency? (And why should you care?)[J]. Training, 1998 (6).

[281]Patricia L. Smith, Tillman J. Ragan. Instructional Design(3rd Revised edition edition)[M]. New York: John Wiley & Sons, 2004.

[282] Paul Ernest. Mathematics Teaching: The State of Art. London: Falmer Press, 1989.

[283]Reigeluth C. M. & Stinson, D. The Decatur story: Reinvention of a school corporation-Collaboration: Developing partners in education [J]. The Indiana School Boards Association Journal, 2007(3).

[284]Reigeluth C. M. & Stinson D. The Decatur story: Reinvention of a school corporation-Culture and climate: The personality of school governance[J]. The Indiana School Boards Association Journal, 2007(4).

[285]Reigeluth C. M. & Stinson D. The Decatur story: Reinvention of a school corporation-Leadership and empowerment in Decatur's school transformation[J]. The Indiana School Boards Association Journal, 2007(2).

[286]Reigeluth C. M. & Stinson D. The Decatur story: Reinvention of a School Corporation-Mission and values for Decatur's school transformation[J]. The Indiana School Boards Association Journal, 2007(1).

[287]Rita Richey, Dennis C. Fields& Marguerite Foxon. Instructional design competencies: The standards (Third Edition) [M]. Syracuse, New York: ERIC Clearinghouse on Information and Technology in cooperation with the International Board of Standards for Training, Performance, and Instruction (IBSTPI), 2000.

[288]Robert J. Marzano, John S. Kendall. The New Taxonomy of Educational Objectives (2nd ed) [M]. Thousand Oaks, CA: Corwin Press, 2007.

[289]Robert J. Marzaro, Homes R. Guskey. Designing a New Taxonomy of Educational Objectives [M]. Thousand Oaks, CA: Corwin Press, 2001.

[290]Romiszowski A. J. Designing instructional systems: Decision making in course planning and curriculum design [M]. London: Kogan Page, 1981.

[291]Scriven M. The methodology of evaluation[A]. Perspectives of curriculum evaluation[C]. Chicago: Rand McNally, 1967.

[292]Scriven M. Types of evaluation and types of evaluator[J]. American Journal of Evaluation, 1996(2).

[293]Slavin R. E. Educational psychology: theory into practice [M]. Prentice-Hall: Englewood Cliffs. New Jersey. 1986.

[294]Slavin Robert E. Synthesis of Research on Cooperative Learning[J]. Educa-

tional Leadership, 1991.

[295]Smith P. L. & Ragan T. J. Instructional Design(3rd)[M]. New Jersey: John Wiley & Sons, 2005.

[296]Spector J. M., Merrill M. D., Elen Jan, Bishop M. J. Handbook of Research on Educational Communications and Technology(The Fourth Edition)[M]. New York: Springer, 2014.

[297]Uduma L. & Morrison G. R. How do instructional designers use automated instructional design tool[J]. Computers In Human Behavior, 2007, 23(1).

[298]Wigfield A. Expectancy-Value Theory of Achievement Motivation: A developmental Perspective[J]. Educational Psychology Review, 1994(1).

[299]Winzer M. & Grigg N. Educational Psychology in the Canadian Classroom [M]. Scarborough, ON: Prentice-Hall Canada, Inc., 1992.

[300]Wong M. R. & Raulerson J. D. A Guide to Systematic Instructional Design [M]. Englewood Cliffs, NJ: Educational Technology Publications, 1974.

[301]Woolfolk, A. E. Educational Psychology(3rd)[M]. New Jersey: Simon and Schuster, 1987.

后　记

教师掌握教学设计的理论和方法很重要。在教师工作的环节——教学设计、教学实施、教学效果评价与教学反思——中，教学设计最为重要，它是教师所有后续工作的重要基础。教师掌握教学设计的原理与方法，可以帮助教师更加科学地设计教学，提高教学成功的概率，也有助于年轻教师的快速成长，最终提高教学质量，促进学生的发展。

但是，如何能够让教学设计的研究成果为广大教师所用，这是中国和美国都面临的难题。为此，作为教学设计的研究者，我们做了一些努力，以便让教学设计距离一线教师更近。

(1)用学科教学的理论武装自己

教学设计是设计促进学习发生的外部环境，创设外部的学习条件，因而，教学设计必须要遵从揭示学习发生内部规律的学习理论，而且重要的是不能违背各个学科的学科本质。在我们从事学科教学设计的研究过程中，首要的就是要研读关于这个学科的国内外文献资料，理解并掌握相关学科的课程标准、学科本质、学科教学的规律等。让教学设计建立在学科本质和规律的基础之上，并让教学设计适合相应学段的学生的发展特征。

深刻理解学科，是教学设计者进行学科教学设计的首要任务。

(2)和教师一起从事学科教学设计的研究

研究者首先通过国内外文献对要研究的学科进行深入理解；之后，深入学校，通过听课观察、访谈等了解了学科教师的教学现状；再之后，与相关学科教师一起按照教学设计的原理和方法进行针对学科的教学设计，教师再上课，分析教学效果，一起研究反思，不断提高。

这样做，一方面，可以直接帮助与我们合作研究的教师掌握教学设计的理论和方法，提高他们的教学质量；另一方面，研究者可以学会教师平时习惯的话语，了解教师教学设计的现状，他们的真实想法及其面临的困难和问题，从而让我们的研究与教师的实际工作更贴切，使研究成果更易于被广大教师所接受。

(3)使用基于设计的研究方法

学科教学面临的情境是复杂的、动态的，因此，很难一下子就形成一个完美无缺的学科教学设计方案。这就需要我们依据学科本质和教学设计的相关理论形成一个相对合理的学科教学设计的方案，之后，需要不断地去实践、反思、完善，再实践，再反思和再完善。只有这样，才能最终形成适合不断发展变化的学科教学情境的教学设计方案并逐渐形成学科教学设计的理论。

因此，基于设计的研究方法更适合学科教学设计理论的研究与实践。

(4)充分发挥学科专家和教研员的作用

永远都不能忽视专家在一个领域的长时间的实践经验和缄默性知识。即使我们透彻地理解了学科本质和学科规律(事实是我们很难在短时间内达到那样的水平)，但是，与学科专家和教研员长期从事相关学科的教学和研究相比，那都是微不足道的。因此，在学科教学设计的研究中，学科专家、学科教研员，当然还有学科教师都是我们做学科教学设计研究的重要的专家顾问，最后教学设计研究成果的形成都凝聚着他们的智慧。

总之，学科教学设计的研究与实践，应该形成由教育技术领域学者、学科教学论领域学者、学科教研员、学科教师等组成的跨学科、跨界学习与研究的共同体。多方的共同学习和努力，不断地研究与实践，持之以恒，才能建筑起学科教学设计的坚实大厦。

写到这里，深感我们的研究还很不够，研究还需要继续，也需要更加深入。

图书在版编目(CIP)数据

教学设计研究：学科的视角 / 刘美凤，康翠，董丽丽著. —北京：北京师范大学出版社，2018.3（2019.7重印）
ISBN 978-7-303-22907-9

Ⅰ. ①教… Ⅱ. ①刘… ②康… ③董… Ⅲ. ①教学设计—研究 Ⅳ. ①G42

中国版本图书馆CIP数据核字(2017)第239589号

营销中心电话 010-58805072 58807651
北师大出版社高等教育与学术著作分社 http://xueda.bnup.com

JIAOXUE SHEJI YANJIU XUEKE DE SHIJIAO
出版发行：北京师范大学出版社 www.bnup.com
北京市海淀区新街口外大街19号
邮政编码：100875
印　　刷：北京京师印务有限公司
经　　销：全国新华书店
开　　本：787 mm×1092 mm 1/16
印　　张：19.25
字　　数：465千字
版　　次：2018年3月第1版
印　　次：2019年7月第2次印刷
定　　价：48.00元

策划编辑：王剑虹　　责任编辑：王玲玲
美术编辑：王齐云　　装帧设计：王齐云
责任校对：陈　民　　责任印制：马　洁